普通高等教育市场营销专业“十二五”规划教材

国际市场营销学

主　编　成爱武　朱雪芹
参　编　杨小红　刘元元　徐　琴

机 械 工 业 出 版 社

本书遵循市场营销的基本原理，根据国际市场的特点，全面、系统地阐述了国际市场营销活动及其策略和方法。主要内容包括国际市场营销概论、国际市场营销环境、国际市场营销调研与信息系统、国际市场目标营销策略及其进入方式、国际市场产品策略、国际市场定价策略、国际市场分销渠道策略、国际市场促销策略、国际市场营销管理以及国际市场网络营销等，其中对国际会展、国际物流和国际网络促销进行了专门论述。

本书可作为高等院校经济管理类相关专业教材，也可作为从事国际营销活动人员的参考用书。

图书在版编目（CIP）数据

国际市场营销学/成爱武，朱雪芹主编. —北京：机械工业出版社，2010.10（2016.1重印）

普通高等教育市场营销专业“十二五”规划教材

ISBN 978-7-111-32148-4

Ⅰ.①国… Ⅱ.①成… ②朱… Ⅲ.①国际市场—市场营销学—高等学校—教材 Ⅳ.①F740.2

中国版本图书馆CIP数据核字（2010）第197943号

机械工业出版社（北京市百万庄大街22号 邮政编码100037）

策划编辑：曹俊玲 责任编辑：罗子超

版式设计：霍永明 责任校对：张玉琴

封面设计：张 静 责任印制：乔 宇

三河市国英印务有限公司印刷

2016年1月第1版第4次印刷

184mm×260mm・20.5印张・507千字

标准书号：ISBN 978-7-111-32148-4

定价：36.00元

凡购本书，如有缺页、倒页、脱页，由本社发行部调换

电话服务

社服务中心：（010）88361066

销售一部：（010）68326294

销售二部：（010）88379649

读者购书热线：（010）88379203

网络服务

门户网：http：//www.cmpbook.com

教材网：http：//www.cmpedu.com

前　言

进入21世纪后，我国企业乘着加入WTO的东风，以前所未有的速度融入了广阔的国际市场。在这个过程中，企业以及与国际市场经营相关的各个领域，都迫切需要拥有国际市场营销知识、了解国际市场营销活动规律的专业人员，因此，越来越多的高等院校不仅在工商管理专业和市场营销专业开设了“国际市场营销”课程，也在其他专业开设了“国际市场营销”的选修课程，以满足企业国际化对人才的需求。在这种情况下，不断开发和编写出版国际市场营销学教材就成为从事营销教学与研究的人们面临的一项重要而迫切的任务。近年来，尽管我国这类教材出版数量不断增加，但仍然不能满足社会发展的需求。正是在这样的背景下，基于机械工业出版社的大力支持，我们编写了本书。

全书共分为12章，其中第一章系统阐述了国际市场营销的基本概念、原理和指导思想；第二、第三章全面分析了国际市场营销的环境因素；第四章详细介绍了国际市场营销调研的内容、方法及其资料来源；第五、第六章分别介绍了国际市场目标营销策略以及国际市场的进入方式；第七至第十章是国际市场的4P’s营销策略，分别论述了国际市场产品及其品牌策略、国际市场价格制定方法及其策略、国际市场分销渠道选择和物流系统、国际市场促销方法及其策略；第十一章对国际市场营销管理及其组织方式进行了分析；第十二章介绍了国际市场网络营销。

本书的特点主要表现在以下几个方面：一是紧密结合我国企业的国际营销实践活动，在介绍国际市场营销原理和方法时，能够针对我国企业国际市场营销的特点展开论述；各章插入的案例、实例，主要选自我国企业国际市场营销活动的最新典型事例。二是反映了国际市场营销活动的一些新形式和新手段，如对国际会展、国际物流和国际网络促销等进行了专门论述。三是加强了分析训练设计。全书每章均以导入案例启动内容，章内各节插入实例和阅读材料，章后有分析讨论案例。另外，还附有关键词和思考题，关键词均以双语开列。

本书编写大纲由成爱武、朱雪芹起草，并经由全体参编人员多次讨论修改完善后确定。书稿的修改、统稿和定稿由成爱武、杨小红负责。全书编写的具体分工如下：第一、第二、第三章由朱雪芹编写，第四、第六章由成爱武编写，第五、第七、第八章由杨小红编写，第九、第十章由刘元元编写，第十一、第十二章由徐琴编写。另外，王凰娟和杨集芳两位研究生分别协助编写了第六章、

第九章的初稿。

本书在编写过程中参考、借鉴了大量的国内外相关著作和教材，以及国内外管理学和营销学方面的最新相关研究成果，具体请参阅书后的参考文献。这些文献资料为本书的编写成稿奠定了基础，在此谨向所有的相关著作者表示衷心的感谢。

本书配有电子课件，凡使用本书作为教材的教师可登录机械工业出版社教材服务网 www.cmpedu.com 注册后下载。

由于我们水平有限，本书难免存在错误和不当之处，敬请各位读者批评指正。

编　者

目　　录

第一章　国际市场营销概论

【本章要点】

1. 国际市场营销的基本概念
2. 国际市场营销与其他相关学科之间的联系与区别
3. 企业从事国际市场营销的原因与形态
4. 当代国际市场营销新理论

【导入案例】

没有中国的成功，就没有诺基亚的机遇

20 世纪 80 年代，诺基亚成为中国最大的电缆设备供应商。1985 年，诺基亚北京代表处正式成立，这标志着诺基亚正式开始在中国投资发展。1995 年，诺基亚（中国）投资有限公司成立。20 世纪 90 年代，诺基亚的模拟式手机开始在中国销售。此后，诺基亚日益融入中国经济发展和中国人民的生活之中，成为其中不可分离的一分子。

25 年来，诺基亚在中国取得的成就有目共睹，诺基亚手机目前已拥有 2 亿用户，是中国移动行业的领导品牌。作为中国最大的外商投资企业之一，诺基亚在我国投资超过 40 亿欧元。2000～2008 年，诺基亚在我国累计出口总额超过 302.1 亿欧元。

正如前任诺基亚总裁兼首席执行官、现任诺基亚董事会主席约玛·奥利拉所说："诺基亚刚进入中国时并没有预料到中国将会发生的奇迹。我们进入中国，是因为我们坚信中国人民以及中国政府提升人民生活质量的决心和毅力；我们进入中国，是因为我们有着与中国共同成长的谦卑承诺。我们知道，没有中国的成功，就没有诺基亚的机遇。"

对于诺基亚来说，中国将进一步成为诺基亚全球范围内的创新基地，并在诺基亚的全球战略规划中扮演举足轻重的角色。

诺基亚在中国设立的研发中心要面向全球市场进行研发，这是推动中国成为其全球创新基地的重要步骤。诺基亚在中国设有 10 个研发中心，拥有强大的研发能力。未来，诺基亚将更加注重立足中国、面向全球研发产品和服务，在中国首先研发的产品和服务可以服务于全球，让中国真正成为其全球的创新基地。

这说明全球营销不再是可有可无，而是必经之路！全球市场已趋于一体，世界不再有世外桃源！无论是顶级公司，还是中小企业，都将与世界名牌共舞！

（根据以下资料整理：马骁毅．没有中国的成功，就没有诺基亚的机遇［N］．光明日报，2010-06-13.）

第一节 国际市场营销概述

一、市场营销的概念

市场营销译自英文“marketing”一词，原意为实现消费供求的经济行为。将市场营销作为一门独立的学科进行研究，始于20世纪初。它属于管理学科的范畴，是指导工商企业经营销售决策的学科。20世纪初，市场营销还主要限于推销和促销活动，随着社会产品的增加及企业营销活动的发展，市场营销的含义也随之扩大。学者们从不同的角度给市场营销下了不同的定义。美国市场营销协会（American Marketing Association，AMA）的定义是：“市场营销是引导货物和劳务从生产者流向消费者或用户的企业商务活动过程。”此定义突破了“营销=推销”的认识。英国市场营销协会（England Marketing Association）的定义是：“一个企业如果要生存、发展和盈利，就必须有意识地根据用户和消费者的需要和潜在的需要来安排生产。”这基本揭示了市场营销的本质。日本企业界人士认为：“在满足消费者利益的基础上，研究如何适应市场需求而提供商品或服务的整个企业活动就是市场营销。”美国学者菲利普·科特勒（Philip Kotler）把市场营销定义为：“市场营销是通过交换程序来满足人类需要和欲望的人类活动。”综上所述，结合我国一些学者的观点，我们将现代市场营销定义为：企业为满足市场需求并获得利润而进行的一切与市场有关的经营和销售活动，它包括市场调查与预测、营销环境分析、消费者行为研究、目标市场选择、产品开发、价格制定、分销渠道选择、实体分配、商品促销、提供服务及售后保证等一系列与市场有关的企业活动。

二、国际市场营销的概念

20世纪60年代末70年代初，随着西方发达国家工商企业国际化过程的进一步加速，跨国公司、国际企业蓬勃兴起。人们开始站在“国际企业实体”的立场上，以全球市场为出发点，探讨和研究有关国际企业的经营问题，促使国际市场营销理论不断趋于成熟。由此可见，国际市场营销（International Marketing）是在国内市场营销的基础上形成和发展起来的跨国界的市场营销。国际市场营销可简单定义为：“企业超越本国国界的市场营销活动。”美国市场学教授菲利普·卡特纳（Philip R. Caterona）及约翰·海斯（John M. Hess）合著的《国际市场营销学》一书中指出：“国际市场营销是指在一个以上的国家进行的把企业的商品或劳务引导到消费者或用户手中的商业活动。”即企业进行国际市场营销是以国外消费者或用户为中心，以满足国外用户或消费者的需要和欲望为出发点。国际市场营销者也要首先确定市场需求，然后制定适当的价格、渠道和促销策略，将产品在适当的时机提供给适当的消费者。国际市场营销的目的及其达到目的的手段与国内市场营销一样，都是通过满足顾客的需求来实现企业利润。但是由于国际市场营销是跨越国界的营销活动，这就使国际市场营销者面临两个不可控的环境，如图1-1所示。

跨越国界本身决定了国际市场营销比国内市场营销带有更大更多的差异性、复杂性和风

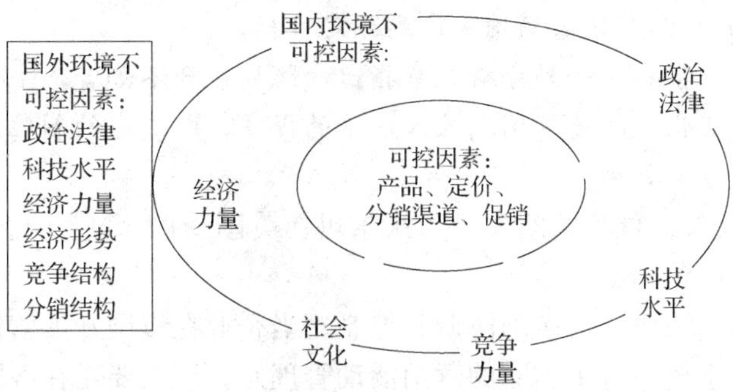

图 1-1　国际市场营销环境

险性。国际市场营销与国内市场营销的区别主要表现在以下几个方面：

(1) 国际市场营销管理是一种对"交叉文化"的管理，国际市场营销者与国内市场营销者面临着完全不同的环境因素，如不同的经济发展程度、不同的语言和价值观、不同的习俗、不同的政治制度和法律体系等。在营销学中，这些被称为不可控因素（Uncontrollable Factors）。这些不可控因素的国际差异，必然会导致各国在需求、定价、竞争状态、经营惯例等方面的差异性，企业只有面对不同的国际目标市场确立不同的营销决策，才能够在激烈的国际市场竞争中取胜。

(2) 国内市场营销与国际市场营销的可控因素（Controllable Factors）也有所不同。可控因素是指企业可以施加控制的营销组合因素，包括产品、定价、分销渠道和促销等。这些因素在各国市场上都有所不同。比如，企业在各个不同的国外市场上提供的产品、定价方法、中间商的选择、促销方式等都可能存在差异。

【实例 1-1】

低价策略失灵，沃尔玛在英国受挫

全球零售业老大——美国沃尔玛公司在 2006 年相继被迫退出韩、德两国市场，后来又在英国遇到麻烦。这让沃尔玛公司的高管们不得不反思，过去大张旗鼓推行的国际化战略是否应当调整一下。

据报道，英国一直是沃尔玛寄予厚望的海外市场。在 1999 年以 108 亿美元收购当地超市连锁集团阿斯达（Asda）后，英国已成为沃尔玛海外收入的最大来源地，所占份额约为 50%。而且，英国与美国的文化背景差异相对较小，使沃尔玛避免了因盲目复制本土模式而在韩、德两国遭遇失败的不快经历。在韩国，沃尔玛的卖场像仓库一样，货品一直堆到天棚，货柜高达五六米，很难讨好身材娇小的韩国家庭主妇。而德国人也不像美国人那样喜欢"一站式"购物，他们更习惯于到当地的阿尔迪等小型折扣店买东西。幸好沃尔玛在英国圈定对了目标客户群，而阿斯达的许多营销策略和沃尔玛十分一致，如十分推崇低价策略等。

沃尔玛在进入英国市场后也曾辉煌一时。截至 2003 年，阿斯达在英国的市场份额已超过塞恩斯伯里（J. Sainsbury），成为继特斯科之后的第二大零售集团。

然而，在经历了近 10 年的增长期后，阿斯达的市场份额出现下滑，销售增长速度也落后于特斯科和塞恩斯伯里。虽然沃尔玛从不单独公布各子公司的利润情况，但据内部人士透露，阿斯达2005年的利润和销售额均未达到预定目标。

英国《经济学家》杂志的一篇分析文章指出，阿斯达今不如昔，主要是因为沃尔玛忽略了英国人购物习惯的变化。随着英国人收入水平的提高，阿斯达的制胜法宝——“天天有低价”已失去了昔日的巨大魅力。

（资料来源：肖莹莹．低价策略失灵　沃尔玛在英国受挫［N］．经济参考报，2006-10-16.）

（3）国际市场营销需要进行多国协调和控制。当企业在多国开展营销业务时，营销管理的任务并不仅仅局限于把在每个国家的营销活动管理好，还需要对在各国的营销活动进行统一规划、控制、协调，使母公司和分散在世界各国的子公司的营销活动成为一个灵活行动的整体，只有这样才能贯彻和执行全球性营销战略（Global Marketing Strategies），从而使整体效益大于局部效益之和，以追求企业全球整体利益的长期化和最大化。

（4）国际市场营销环境复杂多变。主要表现如下：

1）影响国际市场营销的因素复杂。就经济因素而言，各国在生产力水平、分工状态、收入与消费及市场竞争等方面均存在明显的差异。有些国家生产力水平很低、分工很粗，而有些国家则生产力高度发达、分工精细；经济发达国家收入高、购买力强，经济不发达国家人均收入则很低、购买力十分低下。

2）国际营销环境的具体因素易变且难以估测。比如，几乎没有一个国家或企业会预料到国际原油价格因海湾战争而出现持续、大幅度上升的局面。

3）国与国之间的同盟与不同国家企业之间的联合、合作和结盟形成了一种特殊的垄断性营销环境，使企业不仅面临其他国家同类企业的竞争挑战，而且还会遇到国际性企业（如跨国公司）和其他国际组织的激烈抗争。

4）国际经济关系作为企业开展国际营销活动的附带性前提条件，也成为市场营销环境的组成内容，这使得国际市场营销环境的透明度更低，把握的难度也更大。

三、国际市场营销学与其他学科的区别

（一）与营销学的关系

第二次世界大战结束以来，随着国际贸易的蓬勃发展和国际投资的日益增加，特别是企业国际化的加速，西方国家工商业企业的国际营销活动达到空前规模。特别是20世纪70年代以后，由于石油涨价引起的世界性能源危机和经济危机，致使许多西方国家经济陷入滞胀和低速增长阶段，国内市场趋于饱和，企业间的竞争十分激烈，这使企业更加重视研究和推行国际化经营销售战略。随着企业国际营销活动的发展，逐步形成了国际市场营销学。这门学科运用营销学原理的概念与方法，研究企业进行跨国界营销的特殊问题。所以说，国际市场营销学是营销学的一个分支。也可以说，国际市场营销学是一门高级营销学（Advanced Marketing）。

（二）与国际企业管理的关系

较之国际市场营销学而言，国际企业管理（International Business Management）是一个研究范围更广的学科，其研究对象是国际企业的各种管理职能（包括营销、会计、财务、

人事、生产等）的综合运用和有机组合。因此可以说，国际市场营销学（International Marketing）、国际会计（International Accounting）、国际财务管理（International Financial Management）、国际人事管理（International Personnel Management）和国际生产管理（International Production Management）等已经独立出来的学科，都是国际企业管理的分支学科。再者，二者学科理论的基础不同，国际营销学是以营销学原理为其理论基础，而国际企业管理则以垄断竞争、内部化、资本化率、发展水平、比较优势、区位理论、产品生命周期等理论作为学科理论基础。但二者学科理论也相互关联，国际企业管理的学科理论对国际营销有重大影响。

1. 垄断优势理论

垄断优势理论最早由美国学者斯蒂芬·海默（Hymer）于20世纪60年代在其博士论文《国内企业的国际经营：关于对外直接投资的研究》中提出，其导师金德尔伯格（Kindleberger）加以完善。该理论的基本思路是，对外直接投资至少要具备以下四种优势：

（1）市场垄断优势，如产品性能差别、特殊销售技巧、控制市场价格的能力等。

（2）生产垄断优势，如经营管理技能、融通资金的能力优势、掌握的技术专利与专有技术。

（3）规模经济优势，即通过横向一体化或纵向一体化，在供、产、销各环节的衔接上提高效率。

（4）各国政府的课税、关税等贸易限制措施产生的市场进入或退出障碍，导致跨国公司通过对外直接投资利用其垄断优势。

2. 国际生产折中理论

1977年，英国瑞丁大学教授邓宁（J. H. Dunning）在《贸易、经济活动的区位和跨国企业：折中理论方法探索》中提出了国际生产折中理论（The Eclectic Theory of International Production）。1981年，他在《国际生产和跨国企业》一书中对折中理论又进行了进一步的阐述。该理论认为：企业对外直接投资必须有所有权优势、内部化优势和区位优势，只有当企业同时具备这三种优势时，才完全具备了对外直接投资的条件。

3. 比较优势理论

比较优势理论（Theory of Comparative Advantage）由英国著名古典经济学家大卫·李嘉图提出，他认为一国出口劳动生产率相对高的产品，进口劳动生产率相对低的产品，即一个国家的生产模式拥有比较优势。对于处于绝对优势的国家，应集中力量生产优势较大的商品，而处于绝对劣势的国家，应集中力量生产劣势较小的商品，然后通过国际贸易进行交换，这样彼此既节省了劳动，也得到了益处。假设A国在制造汽车方面强于B国，而B国在制造手机方面强于A国，这是“绝对优势”（Absolute Advantage）。如果A国在制造汽车和手机方面都对B国有优势，但是在制造汽车方面有更大的优势，那么A国会将资源投放在它干得最好的、利润最高的汽车生产上。而B国尽管制作手机的效率不如A国，但它可以将最好的资源投放在A国放弃的手机领域。这就是“比较优势理论”。比较优势理论的核心内容是“两利相权取其重，两害相权取其轻”。

按照这个理论，在全球化的条件下，后进国家就没有追赶和后来居上的可能，只能被动地服从于“客观规律”，即现有的世界分工格局。

（三）与国际贸易学的关系

无论是国际贸易还是国际市场营销，都是以获得利润收入为目的而进行的跨越国界的经济活动。尽管二者存在着某些共同点和相通性，但也存在以下区别：

1. 学科性质不同

国际贸易学是一门宏观学科，是经济学的一个分支，其研究对象是国与国之间的商品交换（进口与出口），其理论基础是：比较利益、互相需求学说、资源赋予学说等。国际市场营销学则是一门微观学科，是管理学的一个分支，其研究对象是企业所进行的跨国界的营销活动，其理论基础如前所述。

2. 跨国范围不同

国际市场营销并不一定意味着产品和劳务的国际转移，只要其营销政策具有“跨国”性质，其营销活动也就属于国际市场营销的范畴。例如，中国企业在日本设立了一个子公司，在日本从事生产并就地销售，这一企业进行的营销活动也属于国际市场营销的范围，因为其子公司在日本的生产与销售活动要受设在中国公司总部的指挥和监督，而国际贸易仅指进口或出口。除上述两点主要区别之外，国际贸易与国际市场营销还在市场调研、产品开发、分销渠道管理等方面存在着一定程度的区别，见表 1-1。

表 1-1 国际市场营销与国际贸易的区别

比较的内容	国际贸易	国际市场营销
行为主体	国家	企业
产品跨越国界	是	不一定
动机	比较利益	利润
信息来源	国际收支表	公司记录
市场调研	一般不进行	进行
产品开发	一般不进行	进行
分销渠道管理	一般不进行	进行

第二节 企业从事国际市场营销的动因和发展过程

一、企业从事国际市场营销的动因

如前所述，国际市场要比国内市场复杂得多，从事国际市场营销也比从事国内市场营销困难得多。那么，企业为什么还要进入国际市场，开展国际市场营销呢？

当今的世界经济是以各国的相互依赖为主要特征的。由于第二次世界大战后，各国通信事业的发展和交通运输设施的进步，世界贸易和投资得以迅速发展，在这种情况下，本国市场再也不是专供本国企业销售的场所，而是充斥着外国产品。以美国市场为例，美国约有 2/3 的进口钟表来自中国，美国进口的手机有 1/3 是中国货，美国家庭床边和书桌上的台灯有 60%印着英文“made in China”（中国制造），连美国人穿的运动鞋也有将近一半来自中国。面临这种竞争形势，企业为求得生存和发展，必须积极向外扩张，开发新的市场机会。越来越多的企业发现，国外市场的投资收益率要远远高于国内。有的企业在国外的业务成了公司的主要收入来源。表 1-2 显示了国际市场营销对美国一些大企业的重要性。

表 1-2　美国企业国际市场销售统计

公司名称	全球营业收入/10 亿美元	海外营业收入（%）
沃尔玛（Wal-Mart）	345.0	22.3
福特（Ford Motor）	160.3	46.1
通用（General Electric）	163.4	47.7
花旗（CitiGroup）	89.6	42.6
惠普（Hewlett-Packard）	91.7	65.0
波音（Boeing）	61.5	37.4
英特尔（Intel）	35.4	>78.0
可口可乐（Coca-Cola）	24.1	>71.0
苹果（Apple）	24.0	≈40.0
星巴克（Starbucks）	7.8	17.0

（资料来源：Annual Reports of Listed Forms，2007 and 2008.）

近年来，我国的企业也正在逐步向国际化迈进。各种非贸易形式的国际市场营销活动正在迅速发展。据我国商务部《中国对外贸易形势报告　2008 年秋季》显示，2008 年前三季度，我国商品进出口总额达到 19 671.3 亿美元，比 2007 年同期增长 25.2%。截至 2007 年 4 月，我国已经与 89 个国家和地区正式签订了税收协定。这为促进我国企业对外投资创造了一个良好的国际税收法律框架。由商务部、国家统计局、国家外汇管理局联合发布的《2008 年度中国对外直接投资统计公报》显示，截至 2008 年底，我国的 12 000 多家对外直接投资企业共分布在全球 174 个国家和地区，全球投资覆盖率为 71.9%。统计显示，从境外企业的地区分布看，亚洲、欧洲地区集中了境外企业数量的 71%。其中，制造商等非金融类经营机构已过万家。投资领域已涉及工农业生产、资源开发、工技贸结合、交通运输、工程承包、餐馆旅店等各行各业。目前，我国对外经济贸易形式正在由单一的对外贸易向较广义的国际企业（International Business）转变；正在由以商品进出口业务为依托的管理观念和组织机构向多元化、国际化转变。

归纳起来，从企业角度来看，从事国际市场营销至少应基于以下重要原因：

1. 延长产品生命周期

产品在本国已处于生命周期（Life Cycle）的衰退期（Decline Stage），但在其他某些国家却正处于导入期（Introduction Stage）或成长期（Growth Stage）。产品进入一个新市场，相当于延长了产品的生命周期。例如，20 世纪 70 年代末，黑白电视机在日本已进入衰退期，但在我国则处于成长期。这时日本电视机厂商在我国政府刚刚放松对家电产品的进口限制之际，将黑白电视机出口到我国这个庞大的市场上，使黑白电视机的生命周期延长了多年。

2. 实现规模经济效益

地区多样化，可以扩大销售量，增加生产量，使单位成本下降，研究与开发费用也可在营业额基础上分摊，从而实现规模经济效益（Economy of Scale）。美国可口可乐公司在第二次世界大战期间依靠政府在世界各地建成 64 个可口可乐装瓶厂，5 年内实现了别人 25 年才能达到的海外经营规模，从而大幅度削减了产品成本，投资回报率高达 56.7%。

3. 规避竞争

在某些场合，国内市场的竞争激烈程度高于国外市场。在这种情况下，企业到国际市场上另辟蹊径，反而可以得到生存与发展的机会。美国市场是世界上最大的市场，因此很多美国企业把其主要营销业务都集中在美国国内，不愿到复杂的国际市场上去冒险。然而近年来，美国市场上充斥着外国产品，许多产品在美国市场上竞争的激烈程度远远高于国际市场。迫于国内竞争的压力，不少美国企业不得不到国际市场上去寻求新的营销机会。近年来，我国市场也出现了类似情况，其结果是逼出了一大批外向型的企业。在 20 世纪 80 年代初的全国家用电器消费热中，各地纷纷开办电扇厂，短短几年，全国的电扇厂就从几十家发展到 1985 年的 2 000 多家。一场激烈的竞争之后，到 1988 年底仅剩下 200 余家，年产电扇能力 4 000 多万台。此时，生产电扇的两大生产基地——长江三角洲和珠江三角洲的电扇厂及时对产品结构进行了调整，使电扇开始批量出口。

4. 地区多样化

国际市场营销往往比产品系列化（Product-Line Diversification）更优越。最典型的例子是美国的里格利公司（Wrigley）。该公司只有口香糖一个产品系列（Product Line），但该公司的地区多样化政策使口香糖的生产和营销业务遍布世界各主要地区，从而使该公司一直保持在美国《幸福》杂志公布的 500 家大公司之列。

5. 发挥企业的竞争优势

企业无论大小，都有一定的相对竞争优势，关键在于如何去发掘和使用。中国联想企业集团发展初期，凭借其科研能力开发出的联想 Q－286 微机的市场不仅遍布中国各地，而且行销海外，成为美国 IBM 公司的指定配套产品，公司成立 7 年，创汇数千万美元。

6. 获取国外先进的科技管理知识、市场信息和资金

现代社会科技迅速发展，迫使企业不断去迎接新技术革命的挑战，谁能尽早获得新的科技知识，谁就会在竞争中拥有巨大的优势。通信的现代化也使信息越发显示出其巨大的作用与效益。例如，万宝电器集团通过其在我国香港和美国的两家总经销商，不断地获取反馈信息，使产品在质量、款式、功能和色彩等方面不断改进，始终紧跟国际先进水平。

对于大多数发展中国家的企业来说，进入国际市场的一个重要原因是取得国内短缺的外汇，用外汇进口生产急需的国内没有供应的物资、技术和设备，以便进一步发展生产力，提高竞争能力。

7. 现代化的交通以及通信的发展使企业的国际市场营销活动大为方便

国际直拨电话、电传、传真等通信工具的发展，快捷的航空运输业务和日趋完善的集装箱海运服务，使时空距离大大缩短，跨国经营的许多物理障碍大为减少。

8. 与出口相比，国际市场营销是一个含义更广的概念

国际市场营销不仅包括进口和出口，还包括国外的投资和生产制造活动。因此，较之出口贸易而言，国际市场营销还具备以下几个优点：

（1）可以避开关税、配额等贸易壁垒。进入 20 世纪 90 年代以来，国际贸易是以保护主义为主要特征的，我国许多产品的出口都因进口国的关税、配额等贸易壁垒而受到限制，而发达国家对那些同类产品生产比较落后的国家，往往无配额限制。如果将生产移到目标市场国或第三国就可以避开重重限制。例如，我国棉纺织品出口受到欧美等国的配额限制，但欧盟对毛里求斯出口的针棉织品就没有配额限制。毛里求斯只有一个针棉织厂，而且棉纱还需从南非进口。利用这一空隙，我国在毛里求斯办起了“香港上海针织有限公司”，这样既绕过了欧洲的贸易障碍，又带动了我国针织品对毛里求斯的出口。

(2) 享受本国政府及外国政府的优惠待遇。美国经济学家给前任美国总统克林顿开出的经济药方中，最重要的就是让外贸出口带动美国经济从低靡走向复苏。但是，扩大出口的基础在于企业，要让企业在国际市场上竞争，就要在政策上给这些企业一定的优惠。各国政府对企业的海外开拓都给予积极支持。例如，韩国政府对出口超过 1.5 亿美元的企业，在税收、信贷方面给予好处。日本政府设立专项贷款，期限 12 年，年息仅为 2.7%，支持中小企业扩大出口。英国政府海外贸易委员会向决定进入国际市场的企业提供高达 10 万英镑的“进入市场保证方案”。美国政府在本国市场竞争中严格执行反托拉斯法，但允许在国际竞争中同行组成卡特尔，对在出口领域做出杰出贡献的个人、企业、团体可授予由总统亲自签署、签名的总统“E”字奖。我国为鼓励出口设置“出口退税制度”。

许多国家限制进口，但鼓励外资的投入，并相应地规定了一些鼓励外来投资的优惠条件。企业到国外直接投资，可以享受这些优惠待遇。英国库珀斯—莱布兰公司（Coopers & Lybrand）战略管理部门主任格雷迪·米恩斯甚至说：“今后十年任何公司要取得成功，几乎都必须参与世界市场竞争。”

二、企业进行国际市场营销的发展过程

国内市场营销是企业利用本国的资源在国内生产，产品在国内市场销售，市场营销形态比较单一。而国际市场营销则是企业的资本或资源在国际间流动，一般需要经历以下三个发展阶段：

1. 出口营销阶段

企业总部（决策中心）设在本国，在本国生产，然后将产品销往国外，即企业在一个以上的外国进行经营销售活动。本阶段要分三步走：第一步，通过贸易公司或经销商对国际市场进行试销，即小规模地将产品打入国际市场；第二步，当市场看好时，该公司向国外市场派遣区域性贸易代表，协助经销商从事推销工作；第三步，当区域性贸易代表向公司报告市场规模大、前景好时，该公司就开始在国外市场建立自己的销售机构。

2. 跨国营销阶段

如果在国外市场上的销售子公司取得的销售业绩很可观，公司便可考虑在国外市场投资建厂。具体来说，就是企业在设在本国的总部作出决策后，通过采用在海外委托制造、独立制造和合资制造等方式，在国外建立生产基地从事生产，并直接在该国就近销售。其商品并未从本国出口，但生产产品的原材料可能从第三国或从本国进口，即一个企业在一个以上的外国从事生产经营销售活动。

3. 全球营销阶段

企业由设在本国的总部作出决策后，通过在海外直接投资，设立公司或附属机构，从事产销活动，将设在外国的工厂生产的产品转销到第三国。这一阶段的重点是建立跨国公司，确立以全球市场为舞台，以追求全球整体利益最大化为目标。

我国企业在国际化的过程中，也要经历上述几个阶段。首先，通过其他企业从事出口业务，与国外市场建立间接业务关系；其次，拥有外贸进出口权的企业，可与国外市场建立直接业务关系，定期派员出国收集市场信息；其三，开始在海外直接投资，生产产品，提供劳务，设置专门处理国际业务的部门，并在国外建立常设机构，最终使企业从内销型转变为跨国经营型。这就是说，我国企业在其向国际化发展的不同阶段，应以不同的方式进入国际市场，任何企业都不可能指望一步实现跨国经营。例如，日本的大企业在海外开拓市场时就是采用稳步发展的方法。还有我国的首钢总公司最初就是通过间接和直接出口自产产品进入海外市场的，随着经验的丰富、企业的壮大，它们又采用参股、购买、新建等手段在海外建立独资、合资生产企业和销售公司，还通过工程承包方式进入国际市场。积极开拓海外市场已使首钢总公司成为一家跨行业、跨地区、跨国经营的大型企业集团。

第三节　跨国营销理念的演变

一、市场营销观念的演变

市场营销观念（Marketing Concept）是贯穿企业市场营销活动的指导思想，即引导企业开展市场营销活动的观念、态度、思维方式和营销哲学。它是企业处理与其他利益人之间关系的一个准则。西方工业发达国家的企业营销观念大致经历了五个阶段：生产观念、产品观念、推销观念、营销观念、社会生态营销观念。生产观念、产品观念、推销观念又称传统营销观念，营销观念和社会生态营销观念又称现代营销观念。二者的区别见表 1-3。

表 1-3　传统营销观念与现代营销观念的区别

观　　念	出 发 点	中　　心	营 销 手 段	目　　的
传统营销观念	企业	利润	推销、广告	为利润而销售
现代营销观念	消费者	用户需求	整体营销	满足用户需要并获得利润

二、国际市场营销观念

国际市场营销观念是指导企业开展国际业务活动的思想观念。它影响企业对国际营销的态度，可以概括为以下三种国际市场营销导向：

1. 国内市场延伸观念

国内市场延伸观念是指国内企业力图把国内产品销售到国外市场去。它把国际业务看做第二位，是国内业务的延伸。即国内业务优先考虑，国外业务被视为国内业务有利可图的延伸，其主要动机是解决生产能力过剩的问题。它对国际市场营销的典型看法是，如果产品能在国内某地销售，就可以在世界其他地方销售。企业很少针对国外市场调整营销方案。企业的导向是以与国内销售同样的方式将产品销售到国外市场。采用这一观念的企业要善于寻求与国内具有相似性需求的市场，国内的产品才容易被国外客户接受。这种营销方法属于民族中心型。

2. 国别市场观念

一旦意识到海外市场差异的重要性以及海外业务的重要性，企业的业务导向就可能转向国别市场策略。以这一观念为导向的公司，是以国别为基础，认识到国际市场的高度不同，因而对每一个国家制订独立的营销计划，采取不同的营销策略。各子公司独立制订营销计划和目标，国内市场和各个国外市场都有单独的营销组合方案，彼此之间几乎没有影响。国别市场观念强调针对每个市场调整产品，不考虑与其他国家市场的协调问题。广告活动、定价、分销决策也是采用当地化策略。拥有这一观念的企业并不寻求营销组合因素之间的相似性，而是强调适应每一个国外市场。他们相信每个市场的特殊性更需要本地的营销投入，因而控制权通常下放。这种营销方法属于多中心导向型。

3. 全球营销观念

以全球营销观念为导向的企业通常称为全球公司，它的营销活动是全球营销，它的市场范围是整个世界。实施全球营销策略的公司追求规模效益，开发具有可靠质量的标准化产品，以适中的价格销往全球市场，即相同的国外市场组合。全球营销观念的关键是其前提，即"世界市场趋同"，企业寻求以近乎相同的方式满足市场的需求和欲望。依据这一导向，公司尽其所能试图在全球范围内实施标准化。一些决策在全球范围内普遍适用，而另一些决策需要考虑当地影响。整个世界被视为一个市场，企业制定全球营销策略。例如，可口可乐公司、福特汽车公司和通用汽车公司等全球营销公司都属于全球营销观念的体现者。这种营销方法属于地区中心型。

全球营销观念将一组市场（不管是国内市场还是国外市场）视为一个单位，把具有相似需求的潜在购买者群归入一个全球细分市场，只要成本低，文化上可行，就制订谋求标准化的营销计划。这可能意味着，公司的全球营销计划包括标准的产品和因人而异的广告；或者是对所有国家都采用标准化的主题，但根据不同国家、不同文化的独特市场特征作一些形式上的调整；或者是标准化的品牌和形象，调整产品满足特定国家的需求。换句话说，从全球角度制订营销计划和营销组合方案，只要营销组合可行就寻求标准化效益，只要文化的独特性要求调整产品和形象，就予以调整。无论何时何地，只要可行，公司就将其工艺、标识、大部分广告、店面装潢和布局等标准化。

随着我国企业所面临的竞争环境越来越国际化，对于许许多多涉足国际营销的企业来说，最有效的导向就是全球导向。这意味着一家公司经营范围内的所有国内市场和国外市场，构成一个可以进入的全球市场，只要成本合理、文化可行，就采用标准化的营销组合。正如西奥多·莱维特在其《市场全球化》一文中指出的"全球营销、全球经营、全球广告和全球品牌，其前提是'世界市场趋于大同'"。他认为，巨大的细分市场具有共同的需求，即都需求质量高、价格合理、标准化的产品。例如，利维·施特劳斯、丰田、福特、麦当劳和可口可乐都是在世界范围内向细分市场出售相对标准化产品的公司，谋求以相同的产品满足市场的需求和欲望。但这并不意味着不同国家的营销无须关心文化差异对营销策略的影响，对有些文化价值敏感的产品就需要调整，以适应当地的需求。例如，宝洁公司对于一次性尿布运用全球营销观念，但对于在亚洲市场销售的洗衣粉则采用国别市场战略。通过不断的实践，人们越来越认识到，公司实际上采用的是多种导向的混合。

三、当代国际市场营销新理论

在市场营销学的初创阶段，只限于研究销售技术和广告业务。到第二次世界大战后，随着资本主义经济的高速发展，市场营销的内容也进一步延伸。到20世纪70年代，社会中心论营销观的出现，进一步修正了营销观念的不足，它强调企业决策要坚持企业获利、顾客需要得到满足和社会获得长远利益三者兼顾。20世纪80年代以来，尤其是经济全球化的加速发展，国际市场营销理论有了突飞猛进的发展。

【实例 1-2】

美国烟草大王为适应环境改名

美国大烟草厂商菲利普·莫里斯公司在2001年就计划易名为高特利集团（Altria Group Inc.）。菲利普·莫里斯公司董事长兼执行主管为公司易名专门发表的声明称，集团已经不再是几年前的那个菲利普·莫里斯公司，新的名称将帮助公司树立更加鲜明的企业形象。分析家认为，这不仅仅是一次简单的易名，它更具有深层次的战略意义，菲利普·莫里斯正逐渐远离烟草。在提倡高质量生活的年代，越来越多的人意识到烟草不只代表帅气，更代表癌症和死神。烟草曾为菲利普·莫里斯公司带来巨额利润，但这几年却使其面临无法估计的有形和无形损失。

莎士比亚说："玫瑰不管叫什么名字，闻起来都是甜美的。"孔子说："名不正则言不顺。"以生产万宝路牌香烟闻名于世的美国菲利普·莫里斯集团觉得"名不正，'烟'不顺"，于是就把公司名称改为"高特利"，但这并不能改变该公司的本质。

（资料来源：王茁，顾洁．美国故事中国启示［M］．北京：清华大学出版社，2006.）

当代国际市场营销新理论主要体现在如下几个方面：

（一）国际市场大营销理论

20世纪80年代以来，世界上贸易保护主义回潮，政府干预加强。企业的国际市场营销活动面临着各国特别是西方发达国家日益滋长的贸易保护主义和政府干预的威胁和影响，面临着壁垒较高的被封闭的市场。如日本的大多数市场都或多或少地受到有形和无形壁垒的保护，使得外国公司进入时，不仅会遭遇高额关税，而且难以雇用到良好的日本经营商，再加上日本人国货意识强，无论外国产品和服务质量多高，如何受到消费者的青睐，也难以使产品或服务到达他们手中。又如，欧盟、美国对特定进口商品限制配额、征收反倾销税、提高关税、加强技术出口管制，等等。国际上贸易保护主义的回潮和政府干预的加强，使企业在国际市场上步履维艰。

在贸易保护主义盛行的今天，企业如何打开被封闭或被保护的市场？仅仅采用传统的四大营销组合策略，消极地适应企业外部环境，显然已不能奏效，这就迫使企业必须采取某些特殊技巧去积极地影响甚至改变国际市场营销环境。实践证明，在出现贸易保护主义回潮和政府干预的条件下，即使4P's安排妥当，产品也未必能卖得出去，企业的生产经营也可能会失效。菲利普·科特勒在1986年提出的大市场营销理论，为企业提供了新的思路。

大市场营销是指为了成功地进入特定市场，并在那里从事业务经营，在策略上必须协调运用经济的、心理的、政治的和公共关系等手段，以获取外国各有关方面如外国经销商、供应商、消费者、市场营销研究机构以及有关政府人员、各国集团和宣传媒介的合作和支持。大市场营销在理论上的突破主要表现在以下几个方面：

1. 强调企业由单一方位的战略转变为全方位的进攻战略，强行打入被封闭或被保护的市场

大市场营销面临的首要问题是如何打入国际市场，特别是进入封闭的国际市场。这势必要求国际营销企业制定全方位的营销战略，通过对产品（Product）、价格（Price）、分销（Place）、促销（Promotion）等传统的营销手段和政治权力（Political Power）及公共关系（Public Relation）等新的营销手段的合理组合（即6P's），来实施大市场营销策略，通过正面的积极诱导和政治权力，强行打入市场，如百事可乐打入印度市场。

首先，应用政治权力策略打开国际封闭市场。为打入封闭的国际市场，营销者必须得到有影响力的政府部门和立法机构的支持。例如，某一制药公司要将其新产品打入某国市场，必须获得该国卫生部门的批准，获得有关主管部门的许可。这就要求营销者必须了解国际目标市场的权力分布及结构，并据以设计总体战略、制订战术性的实施方案。采取政治上的技能和策略，利用提供专业知识、提供合法要求以及通过声望等政治权力手段，通过组成战略同盟如签订特许经销协议、合资经营及合作经营等方式，打入封闭市场。其次，应利用公共关系策略打入国际封闭市场。企业必须主动地、积极地充分了解国际目标市场的社会信仰、态度和价值观，并利用各种传统媒介与目标市场的广大公众（包括政府部门、各个外资集团、广大消费者及一般公众等）搞好关系，以树立企业及其产品的良好形象，通过正面积极的诱导，取得公众的支持和合作，打开被封闭的市场。例如，为公共事业捐款、赞助城建和文化教育事业的发展、与当地的舆论界搞好关系等。事实证明，只要企业重视搞好公共关系，便有利于打入封闭市场。

【实例1-3】

百事可乐成功进入印度市场

20世纪70年代后期，“可口可乐”和“百事可乐”都想进入印度市场。最初，印度政府拒绝了两大公司进入印度的要求，想要保护本国饮料市场。之后，印度政府又提出，它们若要进入，就必须接受一些附加条件，诸如规定产品出口份额等。可口可乐公司拒绝接受这些条件，而百事可乐公司在审慎考虑后，向印度政府提出三条保证，要求印度政府提供重新进入的机会。百事可乐公司承诺与印方合资办企业，转让食品加工、包装和水处理等技术，帮助印度出口一定数量的农产品。这样，随之而来的大批产品出口不仅能为印度创造外汇收入，而且在一定程度上可以保护印度国内市场。百事可乐公司作出的保证受到印度当地政府的欢迎，被正式批准进入印度市场开设合资公司。

（资料来源：杨海红．百事可乐与可口可乐在印度市场的营销策略分析［J/OL］．北大纵横，2010-06-30. http：//www. ceconline. com/sales-marketing/ma/8800056503/01/.）

2. 打破了环境因素不可控的传统理论

大市场营销理论认为，传统的市场营销理论的缺陷就在于仅仅把产品、定价、分销、促销视为可控因素，而把市场环境视为不可控因素，企业只能适应它、顺从它。这一理论严重束缚了人们的思想和行为，使企业在贸易保护主义和政府干预面前束手无策。事实上，某些环境因素可以通过企业的活动加以改变。只要采取积极的、进攻性的战略，通过谈判、广告宣传、公共关系、战略性合伙经营、立法方面的活动等，可以为企业的产品进入市场扫除环境障碍。大市场营销理论的提出，打破了环境不可控的传统理论的桎梏，解放了人们的思想。特别是在贸易保护主义抬头的今天，这一理论的实践，使不少企业“柳暗花明”，重振雄风。

【实例 1-4】

中韩“大蒜战争”

2000 年 6 月，中韩“大蒜战争”，韩国对我国出口的大蒜征收 300% 进口税，金额约 1500 万美元；我国则采取相应措施，禁止约 5 亿美元规模的韩国生产的手机与聚乙烯进口。事实上，韩国从我国进口大蒜只不过 1529 万美元。如果大蒜问题得不到解决，我国将抵制韩国的手机及聚乙烯产品，总价值超过 5 亿美元。孰轻孰重，韩国政府不会因小失大。结果这场“战争”以双方相互妥协而告终。

（资料来源：北京青年报，2001-04-28.）

3. 发展了市场营销组合理论

传统的企业营销组合（Marketing Mix）理论认为，市场需求引起供给，企业只需去发现需求，并设法组织供应以满足之。因此，企业通常只强调产品、价格、分销和促销 4P's 的营销组合。大市场营销理论认为，这正是传统理论的陷阱之一。事实上，市场往往是封闭型的或被人为保护的，传统的 4P's 组合已不能完全解决企业产品的市场打入问题，需要在传统的 4P's 要素的基础上，再加上 2P's（政治权力和公共关系），构成合理的 6P's 营销组合，才便于企业打入国际封闭市场。

（二）战略组合理论

国际市场营销战略组合（International Marketing Mix）是指企业运用系统方法进行国际营销管理，针对国内及国际营销环境，将各种营销手段，包括国际市场产品设计、定价、分销、人员推销及广告等促销手段，进行最佳的组合，使它们互相配合，相得益彰，最好地发挥组合的综合效应。

当代著名市场营销学家美国西北大学的菲利普·科特勒教授首次提出了“大市场营销”概念，即在 4P's 的基础上加上 2P's（政治力量和公共关系）成为 6P's。随后于 1986 年，他又进一步提出了 10P's，即在 6P's“大市场营销”的基础上再加上 4P's：探查（Probing）、划分（Partitioning）、造优（Prioritizing）、定位（Positioning）。他明确指出：“战略营销计划过程必须先于战术性营销组合的制定，战略营销计划过程也是一个 4P's 过程，即探查、划分、造优、定位。只有在做好战略营销计划过程的基础上，战术性营销组合的制定才能顺利进行。”科特勒认为 4P's 是一种战术组合，其目的是在已有的市场中提高本企业产品的市场占有率；而 10P's 组合是一种战略组合，目的是要打进和占领新市场。从 4P's 营销战术组合到 10P's 营销战略组合的发展，是市场营销组合理论的重大突破，为开拓国际市场提供了新的营销战略。

国际市场营销战略组合具有以下特征：

1. 国际市场营销战术组合是国际市场营销战略指导下的营销组合

国际市场营销战略本质上就是企业经营管理战略。因此，企业必须从战略的高度设计和确定企业营销活动的方向、中心、重点、发展模式以及资源的调配，优化战略营销计划过程的探查、划分、造优和定位等 4P's 要素组合，在市场营销战略的指导下，制定合理的战术性营销组合。只有这样才能使企业打开国际市场。否则，离开了上述战略4P's，企业战术营销组合的4P's就没有灵魂，没有方向。

2. 国际市场战略营销组合是多层次的组合

国际市场战略营销组合是营销战略性要素和战术性要素的有机组合，而各策略又分别由许多因素组成。例如，在战术组合要素中，产品又具有许多不同的特点，诸如质量高低不同，服务水平不同，包装具有多种体积、颜色，且制成包装的原材料也不同，品牌及售后保证也经常发生变化；产品价格形式多样化，如基本价格、折扣价格、付款日期、信贷项目等；分销则包括销售渠道、储存设备、运输设施、存货控制等；促销有广告、人员推销、营业推广、公共关系等，其中广告策略又有许多种类。因此，企业必须针对国际目标市场需求的特点，制定多种国际市场营销组合策略，并从中选择最佳的营销组合策略。

第四节　走向国际市场的中国企业

一、经济全球化是中国企业走出去的必然选择

（一）什么是经济全球化

简而言之，经济全球化是指转向一个更为一体化与相互依存的世界经济。经济全球化有两个组成部分：市场全球化和生产全球化。

1. 市场全球化

市场全球化是指把历史上独特的和分离的国家市场合并为一个巨大的全球市场。对于这一概念的争论，已延续了一段时期。上述概念意味着不同国家中消费者的嗜好和偏爱正在趋同于某些全球标准，从而帮助创建了全球市场。换言之，通过向世界提供标准化的产品，可以帮助创立一个全球市场。

当前最为全球化的市场不是消费品市场（该市场中各民族的嗜好与偏爱的差异化，阻碍了全球化的发展），而是能满足全世界普遍需求的工业品和原材料市场。这些产品包括初级产品市场中的铝、油、小麦等，工业产品中的微处理器、商用飞机等。另外，在许多全球市场中，同业公司常常作为竞争对手出现于一个又一个国家。例如，可口可乐与百事可乐、福特与丰田、波音与空中客车等公司。一个公司进入一个竞争对手没有进入的国家市场，另一个公司会马上跟进，以免被竞争对手占先。随着一个又一个竞争对手的跟进、模仿经营，把一个又一个国家市场变成了一个日益趋同的全球市场。

2. 生产全球化

生产全球化是指企业中的一种趋势，即从全球各地区筹供商品和服务，以利用各国在生产要素（如劳动力、能源、土地和资本）上的成本和质量差异。通过这种做法，企业希望降低总成本构成、提高质量或改善它们所提供商品的功能，从而提升竞争能力。以波音公司为例，波音777包含了132500个主要零部件，这些零部件由世界上545个供应商生产。波音公司把零部件生产外包给国外供应商的部分理由是，这些供应商都是世界上从事该项活动的顶尖企业，这样可以拥有一个全球供应网，以便获得更佳的最终产品，并能获得供应商所在国购买飞机的订单。

当然，生产的全球化也不是可以无限扩大的，在实施生产全球化、把生产活动扩展到全球各区位、实现优化配置的过程中，会出现大量的障碍，使企业的生产经营活动困难重重。这些障碍包括各国间正式与非正式的贸易壁垒、运输成本，以及与各种经济和政治风险相关的问题。因此，我们既要抓住全球化带来的好处，又要审慎对待全球化带来的风险，面对环境的变化，采取有效的应对措施。

全球导向带来的这一好处经常被人们提及，实例很多。例如，惠而浦公司成功开发出高效、无氟冰箱，该冰箱在一次评比中还获得了"效率最高奖"。该公司的好几个国际分部为开发这一冰箱均作出了贡献，欧洲分部提供了绝缘技术，巴西子公司提供了压缩机技术，美国分部提供了设计和制造专长。在对意大利消费者进行的一项研究中，惠而浦公司发现，如果微波炉能烤制食品，则销路会很好。瑞典研究人员开发出了 VIP Crisp，该款式在欧洲成为畅销品，不久引入美国。雀巢公司泰国分部的咖啡销售业绩平平，市场的增长速度没有预期的快。该分部借用了雀巢公司希腊分部在夏季促销中使用的冷咖啡饮料——NestleShake，经过适当改造后引入泰国市场，并且还设计了调制饮料的容器，为宣传这种饮料还引入了 Shake 这一舞蹈，举办了 Shake 小姐比赛。雀巢咖啡在泰国的销售额从 1987 年的 2500 万美元提高到 1993 年的 1 亿美元。

（二）经济全球化的推动力

1. 贸易和投资障碍的减少

20 世纪 20～30 年代，世界上许多国家对国际贸易和对外直接投资构筑起强大的壁垒。国际贸易壁垒多数是对进口的制造商品收取高额的关税，征收高额关税的主要目的是保护国内的工业免遭"外国的竞争"。然而，这种对他国实施敌对贸易政策的后果是导致贸易战的升级，最终抑制了世界的需求，使世界经济下滑。

汲取这一教训，第二次世界大战以后，西方工业发达国家在美国的倡议下，承诺它们将撤去各国间妨碍商品、服务和资本自由流动的壁垒。《关税及贸易总协定》（GATT）的条约正是这一目标的体现。现在 GATT 不仅适用于制造商品，而且还扩大到服务领域，对专利、商标、版权提供了强大的保护，并成立了世界贸易组织（WTO）来监管国际贸易制度的实施。

除了减少贸易壁垒外，许多国家还逐步取消了直接对外投资（FDT）的限制。解除一国对外投资的管制，会使外国公司更容易进入本国市场，并对两国间的投资实施保护。

国际贸易壁垒的减少使企业的市场扩大到世界范围，企业能够把生产置于最佳的区位，并服务于全球市场。这样，企业可以在一国设计其产品，在另外的国家生产零部件，再在其他国家进行装配，然后把最终产品销往全世界，开展全球化经营。因此，贸易壁垒的减少成为经济全球化的推动力。

2. 技术变革的作用

减少贸易壁垒使市场和生产全球化成为理论上的可能，而技术变革使全球化成为现实。自第二次世界大战结束以来，世界在通信、信息处理和运输技术上取得了很大的发展，如因特网和万维网的出现与迅猛发展。用 WTO 前任总干事雷纳托·鲁杰罗的话说：电信事业正在创造一批全球的观众，运输也使世界变成一个地球村。

（1）微处理器与电信。微处理器的开发，使高功率、低成本的计算机得以迅猛发展，大大提高了个人和企业的信息处理能力。微处理器也构成了许多电信技术发展的基础。在过去30年中，全球通信因卫星、光电纤维和无线技术，以及现在的因特网和万维网的发展而发生了革命性的变革。这些技术依靠微处理器进行编码，传输和解码巨量的在信息高速公路上流动的信息。微处理器在功率增大的同时，成本不断下降，出现了摩尔定律（Moore's Law）的现象，预计每经过18个月，微处理技术功率将翻一番，而其生产成本将减少一半。

（2）因特网和万维网。因特网和万维网如今快速发展。1990年，连接因特网的使用者不到100万，至2009年，根据研究公司comScore网络公布的最新数据，全球15岁以上的互联网用户已经达到6.94亿人。因特网和万维网肯定会发展成为未来全球经济的信息支柱。1994年上网交易的实际价值几乎为零，中国B2B研究中心的统计显示，2008年中国电子商务B2B市场交易额达到21480亿元，同比增长40.2%。例如，1996年12月戴尔电脑公司宣布每日网络销售额达到100万美元。如今戴尔公司的网上销售额已经占到总销售额的三成。思科公司有93%的生意是通过cisco.com网站的在线交易完成的。从查询产品价格、下订单、确认仓库存货数量、通知制造商生产、付款到交货等所有过程，全是利用网络完成。

综观全球，电信网的出现给企业提供了一个公平的交易平台，打破了地域、范围及时区的一些限制。企业不分大小，网络一律允许它们以前所未有的低成本向全球扩张其业务活动。

（3）运输技术。自第二次世界大战以来，运输技术也已取得了若干重大创新。其中最为重要的是商用大型喷气式客机、超级货轮及集装箱运输的出现和发展，大大简化了从一种运输模式转到另一种运输模式的装卸活动。商用喷气式客机的出现，缩短了从一地到另一地的差旅时间。

集装箱运输业务发生了巨大变化，大大降低了远距离的货运成本。在没有集装箱运输之前，货物装卸是劳动密集型的，搬运转运时间长、成本高。在20世纪70～80年代，集装箱运输的推广使装卸过程只需要数名码头工人用几天的时间就能完成。从1980年至今，世界的集装箱货运业务迅速增长，一方面大大促进了国际贸易量的增长，另一方面更新了运输方式。在美国，每吨英里的铁路货运成本从1985年的3美分下降到1997年的2.4美分，这大部分得益于集装箱的推广运用。

（三）经济全球化的抑制作用力

除了上述的推动力外，还存在几种可能阻碍企业开展全球化运营的抑制作用力，即管理层的短视、组织文化和国家控制力。

1. 管理层的短视和组织文化

在很多情况下，管理层完全无视发展全球营销的机会。一般来说，患有短视症和坚持母国中心导向的企业不会从地域上进行扩张。

2. 国家的控制力

每个国家都会通过控制高科技产业和低科技产业的市场路径和准入来保护当地企业的利益。这种控制涉及对烟草的专控，也涉及政府对广播电视设备以及数据传送市场的控制。由于关税总协定、北美贸易协定和其他经济协议的作用，如今关税壁垒在高收入国家已基本消失。然而，非关税壁垒（NTBS）仍然使有意进入别国市场的企业困难重重。

二、经济全球化背景下的我国企业现状

改革开放以来，经过30多年发展，我国企业取得了很大的进步。我国已然成为“世界工厂”。但应该看到，我国企业尤其是工业企业的发展，并没有成就我国工业的自有国际大品牌，大多数企业还是在OEM/ODM业务中苦苦挣扎，难以脱身。这种为别人做嫁衣的做法，严重影响了我国企业在经济全球一体化中的竞争。

随着我国融入国际社会程度的不断加深，我国经济在世界经济产业链中的角色、地位日益显著，我国企业到海外拓展市场并实现产业结构升级、提高在国际市场上的市场份额以及扩大投资到了刻不容缓之际。

1. 管理水平与管理手段落后

我国企业面临的严峻挑战之一是传统的管理已不能适应经济全球化的要求，具体表现如下：在硬件方面，现代化的管理技术落后，商业自动化设备体系不健全；在软件方面，企业的业务流程缺少明晰化、简单化、协作化、一体化，不利于提高管理效率；在团队建设方面，员工缺乏强烈的使命感、归属感和主人翁意识，企业的凝聚力和抵御外来风险的能力低。

2. 企业分销渠道建立不畅

传统的销售渠道通路长、层级多，呈金字塔式。这种渠道结构的缺点是：①企业缺乏灵活性、适应性；②我国企业在大范围内的分销网络不健全；③企业缺乏一个高效的运输体系来支持大范围的分销网络；④传统的营销网络以简单的契约来维持，网络成员都在追求最大化利益，因此厂商矛盾容易激化，不利于实现共赢。

3. 适应异国文化的问题亟待解决

经济全球化使企业面临一个跨文化的、差异化的国际环境，而我国企业在国际市场营销中仍以本国的文化体系作为参照标准。具体表现在：

（1）缺乏对他国商务惯例和习俗的了解。在制定市场营销战略时，有些企业总认为对方有与自己相近的利益、动机和目的，而缺乏对他国商务惯例和习俗的了解，从而招致不满和误解而失去商机。

（2）不了解他国的商业文化、管理理念和经营方式。由于东西方文化的差异，我国企业在与外方谈判签约时，往往由总经理、项目负责人、营销和公关专家组成谈判小组，而西方国家往往是由项目负责人和高级财务总监组成谈判小组，由于中方缺乏财务分析专家，在谈判签约时就不能得到令人满意的结果。

4. 整合营销观念淡薄

传统的营销手段多侧重4P's整合的运用，在当今经济全球化背景下，仅仅着眼于企业内部可控制的营销组合已不能达到预期目的。当今市场，保护型的壁垒市场随处可见，要打开这种市场，成功地进入特定市场，并在那里从事业务经营，就需要开展整合营销，以博得外国或地区各有关方面的合作与支持，从而达到预期的目的。而我国企业的整合营销意识普遍缺乏，具体表现在：

（1）缺乏系统的整合营销观念。由于营销沟通手段不能整合使用，难以将各种手段共同服务于创建某一既定的形象概念。不同的手段分别交给不同的部门把握，各部门又各行其是，势必造成自身形象在消费者心目中的混乱。

（2）不重视目标的一致性。比如，很多历史悠久的品牌在不同时期的广告会使用不同的代言人物、使用不同的制作方式，它们反映出的品牌的核心联系应当是一致的，但一些企业很难做到。

5. 品牌管理水平滞后

经济全球化意味着经营的品牌化，市场竞争名牌胜。而我国企业及其产品缺乏的恰恰是品牌、品牌意识、品牌策划和品牌营销。表现在我们的很多企业廉价卖出自己的品牌，甚至无偿转让。我国企业在品牌的创立上往往简单地依靠大规模的广告和促销，缺乏战略性和系统性，致使消费者只知其名不知其效用。

我国企业在面对全球经济一体化、复杂化、跨国化的挑战时，应针对当前企业营销中存在的问题，采取有效对策，积极开展国际化营销创新，才能与国际大企业抗衡，并分享经济全球化给企业带来的利益。

三、我国企业国际营销者的任务

1. 制定全球化营销战略，积极参与国际市场竞争

美国著名的管理学家彼得·德鲁克说："一个企业——无论大小，要想在任何一个发达国家中维持领导地位，就更需要在全世界的发达国家市场中取得并维系领导地位。它必须能在全球每个发达国家中研究、设计、开发及制造，且能从任何发达国家间自由地出口货品。企业必须要跨国化（Transnational）"。因此，我国企业要提升自己的核心竞争力，首先要有一个全球化的营销战略。全球营销战略简而言之，即"思维上的全球化、行动上的地方化"。具体指：企业把世界视为一个整体市场，认识到国家间的市场需求有许多共性，同时又有差异性，在需求共性的基础上制定营销策略，然后根据国别市场需求的不同进行营销策略的调整。它将全球标准化和地方化相结合，一方面可以保持标准化带来的低成本优势，另一方面又可以灵活地满足国别市场的不同需求。尤其是全球信息技术的发展，使信息交流加强，世界市场消费倾向趋同，标准化的营销空间越来越大。因此，以全球标准化为主、适当考虑地方化的营销战略必将成为成功企业的选择。若想取得战略上的成功，要注意以下三点：

（1）企业的全体人员要有战略意识。也就是说，企业必须以追求全球市场利益最大化为目标，在全球范围内寻求和配置能实现成本和效用最佳组合的人、才、物资源，在全球范围内寻求最佳的市场机会和竞争优势。

（2）在国别市场开展本土化营销时，要在成本上可行、文化上适应。也就是要把品牌本土化、人员当地化、宣传口号当地化，促销方法符合当地文化，以此拉近企业与民众、与当地政府的距离，从而产生亲近感，同时要符合低成本的原则。

（3）企业的产品和目标市场要符合标准化营销所要求的条件。例如，营销高档耐用消费品、代表国家形象的产品、名牌产品、廉价品的企业，以及以高消费阶层、青少年消费者为目标市场的企业，更适宜采用标准化营销。

2. 铸造核心理念，提高管理水平，增强对全球化环境的适应力

在经济全球化背景下，企业间的根本竞争已不再是生产技术、战略规划等技术层面的竞争，而是企业核心理念的竞争。建立符合市场经济规则、符合国际化运作趋势、符合人文精神的理念已成为提升企业核心竞争力所必需。为此，企业必须采取兼容并蓄的方针，即始终坚持以核心理念为原则管理企业，同时开展营销创新。在创新营销上，一方面要学会使用现代化的管理技术，在硬件方面向国外同行学习，并根据自身特点，加快改造，建立完善的商业自动化设备体系，如商品销售终端网络（POS）、电子信息交换系统（EDI）、网络信息交换系统（VAN）、快速反应系统（OR）、有效适应消费者系统（ECR）等各种商业企业信息管理系统，用于提高企业的经营管理和自动化水平。在另一方面即软件方面，要实行业务流程重组，将业务流程进行合理安排，提高管理效率。同时，加强团队建设，建立一支具有国际化管理风格和国际化经营理念的领导团队，吸收来自世界各国的思维方式、思想观念、经营意识、管理文化、管理智慧，不断促进企业经营管理的改革、完善和创新。还要建立学习型组织，使企业员工能快速掌握新知识，具有更强的创新意识和创新能力，从而增加与外商竞争的砝码。

3. 构建灵活的营销渠道网络，为业绩增长建立一个良好的平台

我国企业必须针对国际市场的具体情况制订高度协调的整体营销计划，树立统一而清晰的品牌形象，建立低成本、有效的整体渠道。整体渠道是指营销者应关心从生产者到最终消费者的整个分销渠道，即产品交给下一个环节并不是万事大吉，而是关心产品营销的各个环节，以保证产品快速、有效、低成本地流动，直到消费者手中。

4. 建立品牌形象

品牌形象是品牌的灵魂，是品牌传递给市场的信息。有了鲜明的品牌形象，才易于消费者识别和记忆。否则，品牌就是一个没有实际内涵的空壳，更谈不上品牌价值。

关 键 词

市场营销（Marketing）
国际市场营销（International Marketing）
国际市场营销观念（International Marketing Concept）
大市场营销理论（Big Marketing Theory）
交叉文化（Cross Cultural）
经济全球化（Economic Globalization）
国际营销过程（International Marketing Process）

思 考 题

1. 简述国际市场营销的概念。
2. 简述国际市场营销与国内市场营销的区别与联系，国际市场营销的特别之处体现在什么地方。
3. 简述国际市场营销与国际贸易的区别与联系。
4. 简述垄断优势理论和内部化理论对国际市场营销的影响。
5. 简述开展国际市场营销的动因与形态。
6. 简述当代国际营销新理论对企业开展市场营销活动的启示。
7. 简述在开展国际市场营销方面我国企业的现状及对策。
8. 简述在全球化背景下的企业市场营销对策。
9. 试讨论经济全球化的利弊。

【案例分析讨论】

三井布局中国钢铁股

在中国钢铁工业行业重组如火如荼的同时，外资的渗透无所不在。行业重组、米塔尔并购、QFII持股等，都为这个“夕阳”产业的喧嚣注入了热量。《环球财经》记者着意分析了宝钢2006年第三季度公报，结果赫然发现，在它的股东结构中，高盛、摩根士丹利、花旗、瑞银、瑞信等国际资本大鳄已经联合持有它总股份的11%强了。另外，从各大上市公司公布的2006年第三季度公报来看，经过几次煞费苦心的调仓，QFII们目前在中国钢铁股的投资概念上，普遍处于囤积居奇的状态。但是，几乎很少有人注意到，一个对中国钢铁股商业价值有更深刻影响的大网，正在中国钢铁业中布局。三井物产，被称为日本的“产业组织者”，也是日本企业的“总后勤部长”，正在中国钢铁产业链中多点布线，“帮助”中国钢铁股进行转型。《环球财经》记者调查发现，在中国钢铁产业链中，从源头的铁矿石，到中间的钢铁生产、物流和供应链，再到末端的钢铁出口和消费，处处都有三井的身影。三井财团作为日本六大财团之首，通过旗下的新日铁、三井物产和丰田汽车等企业对中国的钢铁行业施加了巨大的影响。对于投资者来说，一个关键的问题是：钢铁股转型的前景是什么？是成为钢铁产业链的上游和下游都没有控制力的国际粗加工基地，还是提高科技含量和市场控制力，完成产业结构的升级？如果是前者，我们相信伴随着中国环境政策的紧缩，这种高污染的粗加工环节必然受到很大影响，真正成为不具有长期投资价值的“夕阳产业”。如果是后者，中国的钢铁股也许会在三井的帮助下焕发生机。投资者需要透视这场喧嚣背后的故事。

中国钢铁行业保持有许多“世界之最”。中国钢产量已经连续多年居世界第一位，是世界上最大的钢铁生产国和最大的钢铁消费国。然而，《环球财经》记者调查发现，如此的“钢铁盛世”与实际的中国汽车用钢及其他方面钢铁高端产品短缺相比，显得很不协调。据悉，国内钢铁企业在汽车用钢项目上的生产技术能力有限，特别是用于轿车生产的高端汽车用钢更是匮乏，市场上超过50%的汽车用钢依赖进口。其中，冷轧薄板生产技术，尤其是作为“高科技产品”的高档汽车面板生产技术被卢森堡阿赛洛、日本新日铁、韩国浦项、德国蒂森克虏伯钢铁等为数不多的几家外资钢铁巨头掌控。在这样的全球产业格局面前，中国的钢铁企业选择了与国外企业合资生产。在很多行业流行过的“以市场换技术”的做法在钢铁领域再一次出现。于是，日本三井财团便顺利地全面进入了觊觎已久的中国钢铁行业。三井财团旗下新日铁的汽车板研发能力属世界一流水平，三井财团与中国钢铁生产企业合资的第一步就是由新日铁完成的。2005年11月9日，宝钢、新日铁和阿赛洛公司三家共同投资建成宝钢新日铁汽车板有限公司，投资总额为65亿元人民币，注册资本为30亿元人民币。其中，宝钢出资50%、新日铁出资38%、阿赛洛出资12%。公司年生产规模达到170万t汽车板，主要生产设备及核心技术均来自新日铁。宝钢在全国的汽车板市场所占份额相当大。2005年宝钢的代表产品冷轧汽车板全年销售172.6万t，其国内市场份额由2004年的47.3%提升到了51.6%。一汽的载重汽车、红旗轿车、捷达轿车、上海大众的桑塔纳轿车以及神龙、广州本田、风神汽车等都大批量采用宝钢的汽车板。通过给丰田、本田这样的日本汽车企业提供钢板，新日铁达到了在中国市场分一杯羹的目的。日本钢铁企业历来有着为日资汽车企业提供配套钢板的传统，在中国这个新兴汽车市场，当然也不例外。

与宝钢的合作为三井撬动中国市场奠定了战略支点，借宝钢的影响，三井的势力在中国钢铁业蔓延开来。如果说和中国钢铁生产企业的合资可以看做三井财团在中国种下的一棵树，那么众多钢铁下游合资企业就是这棵树赖以生存的根须。《三井帝国启示录》的作者白益民向《环球财经》记者作出分析，一方面，三井物产凭借其出色的物流管理技术和经验与中国企业合资建立钢铁物流供应链；另一方面，三井财团下属的丰田汽车和其他的日系企业大量地采购钢铁合资企业的产品。通过这两个主要的手段，三井财团的影响力得以巩固和发展。此前，在 2002 年 12 月 2 日，全球最大的综合商社三井物产已与宝钢合资建立了上海宝井钢材加工配送有限公司。在上海宝井兼并地方企业的过程中，三井物产也总是参与其中。在宝井系的广州宝井、福州宝井、杭州宝井和无锡宝井中，三井物产都拥有股份，平均持股份额为 3 成左右。借助雄厚的资金技术实力，以及财团企业对钢铁产品的需求，三井物产对宝井系的影响力和控制力非常明显。在我国另外两个主要的钢材制造消费区域东北地区和华中地区，也出现了三井财团的身影。在东北，鞍钢集团、长春第一汽车集团和三井物产三方合资组建了长春一汽鞍井钢材加工配送有限公司。

三井试图通过对中国钢铁业上下游产业链的全方位渗透，输出先进的技术、供应链管理，并在铁矿石源头和钢铁用户末端进行布局，来对中国钢铁产业“施加影响”。在日本，三井被称为“产业组织者”，三井财团的核心企业——三井物产广泛投资于高档钢材和汽车零部件、彩钢等其他领域，而财团支柱企业之一的丰田汽车更是直接参与到中国钢材市场。通过这两个主要企业的协力配合，三井财团在中国钢铁产业中的布局得以完成并有效地运行：1994 年 4 月 20 日，三井物产、宝钢集团、宝山区月浦镇工业公司以及意大利塞柯成套咨询工程公司合资兴建上海意达彩涂钢材制品有限公司。1997 年 4 月 25 日，三井物产、新日铁、伊藤忠丸红钢铁株式会社、香港北海集团、广州经济技术开发区工业发展集团有限公司和广州啤酒厂合资兴建的广州太平洋马口铁有限公司全面投产。1998 年 9 月 16 日，三井物产、上海船厂及川田工业株式会社共同出资建立了上海上船川田钢结构有限公司。2002 年 4 月，丰田决定在中国生产乘用车时，首先考虑以较低廉的价格从中国最大的钢铁企业上海宝山钢铁公司采购车门用钢制部件，将来还会考虑采购车身用的表面处理钢板。2003 年 9 月 29 日，三井物产、日本株式会社 YOROZU 与宝钢国际公司投资 2.17 亿元，合资兴建广州万宝井汽车部件有限公司。公司合资期限为 50 年，主要从事汽车用悬架部件的冲压、组装及关联部件的制造、销售，生产能力可以满足每年 22 万辆小轿车的配件需求，主要为东风日产汽车提供配套。2003 年 12 月开始，丰田选择石家庄钢铁有限责任公司作为其汽车转向轴的主要供应商。2004 年 2 月 10 日，三井财团下属的丰田通商株式会社在天津泰达开发区注册了天津丰田通商钢业有限公司，从事钢板的切割加工业务，直接为丰田第二工厂配套。公司注册资本 966 万美元，投资总额 2415 万美元。2005 年 5 月 19 日，三井物产、石家庄钢铁有限责任公司、日本株式会社神户制钢所及日本双日株式会社合作“快速铁”制造项目，总投资 9900 万美元，拟利用外资 3627 万美元。2006 年 6 月，三井物产与日本重要的钢管制造商旭钢管工业合资建立的广州盛旭汽车配件公司开始运行。该公司的建立主要是为了满足日系汽车企业对钢管的需求……随着时间的推移，三井财团在中国钢铁行业的势力越来越大，时至今日已经不容忽视。正如曾经在三井物产工作 12 年、现在专门研究日韩财团模式的白益民对《环球财经》记者所分析的，三井所代表的日本财团已经充分地诠释了“到中国去投资”这句话的深刻内涵，那就是：利用中国钢铁行业要生存、要发展的迫切需求，转移国内已经落后的产业技术和设备，在中国市场上获取高额的利润和市场份额，同时通过财团内企业或是日本企业之间的充分协作达到长期掌控中国乃至全球钢铁行业和市场的目的。通过这种全方位的渗透，三井财团在与中国钢铁相关企业的合作过程中占据了极其有利的主动地位。无论是面对铁矿石涨价，还是面对钢铁企业的并购重组，三井财团都可以从容应对，谋求自己最大的利益。

三井财团在中国钢铁行业的布局明显体现出以下几个特点：

(1) 投资以技术领先为基础。中国钢铁行业的生产技术实力相对低下，产品的技术含量较低。以 2005 年的板（带）材生产线为例，虽然全年总产量过亿吨，但仍多集中在普通钢材。新日铁正是看准了中国钢铁生产技术落后、大量高档产品必须进口的现实，以提供生产设备和技术为诱饵进入了中国的钢铁行业。

(2) 三井财团下属企业在合资企业中持股暗含规律。在本文中列举的大多数合资企业中，不仅三井财团下属的新日铁直接参与持股和提供技术，而且三井财团的核心企业三井物产也参与持有 5%～10%的股份。这是十分值得注意的，三井物产虽然是世界上最大的综合商社，但在钢铁行业中实际上并没有专属的钢铁企业。除了投入资本金，三井财团实际上还扮演着更重要的角色，那就是组织协调所有与三井财团合资建立的钢铁企业以及下游的相关企业。新日铁就好比三井财团的先锋，依靠其先进的生产技术和管理经验吸引合资者前来合作，而在进军中国钢铁市场的过程中，真正运筹帷幄的却是三井物产。

(3) 十分注重政府公关。在中国，钢铁是垄断程度非常高的行业。投资者要想进入这样的行业，就一定要了解政府的战略意图和可能的动向，与投资地政府甚至更高层次政府建立融洽的关系，从而推动投资项目的进行符合投资方的意愿。JFE 和广州钢铁企业集团的合资项目的顺利完成就非常好地体现出了日本企业对中国国情的深刻理解。在政府的战略规划中，位于珠江三角洲核心、连接粤港澳的南沙将建设成为世界性的制造中心。区域内将先后建成钢铁、造船、石化、汽车基地和高新技术产业园及交通、物流中心。在广州市政府高度重视与支持下，JFE 与广钢高层多次互访和谈判，经短短 5 个月时间便完成了可行性研究，达成协议。与其说是 JFE 和广州钢铁企业集团合作，不如说是 JFE 的投资行为切中了广州政府的需求。

(4) 在钢铁产业链的每个环节都有投入，且关联程度很高。为了生产汽车用钢，三井财团与宝钢合资建厂；为了钢铁产品的流通便捷，三井财团参与建成了上海宝井；为了丰田汽车和其他日系汽车制造企业的需要，三井财团参与建立了广州盛旭汽车配件公司和广州万宝井汽车部件有限公司等一批配套供应企业。这些企业环环相扣、互相配合。在中国钢铁企业为产销两旺欢欣鼓舞时，三井财团的下属企业也从三井财团宏大的中国战略部署中得到了更大的利益。

（资料来源：张凌，邵振伟．三井“潜入”——外资如何布控中国钢铁市场［J］．环球财经，2006（12）．）

讨论题：

1. 日资加紧布局中国，日本企业纷纷寻找股权渗透的孔道，对此你有何看法？三井是如何进入中国市场的？

2. 经济全球化导致国与国之间相互依赖性加强，从三井在中国钢铁行业的布局中，分析相互依赖的结果是什么？

3. 国际资本不断向我国渗透，原材料和钢铁产品依赖国际市场，我国钢铁业未来最佳的选择是什么？三井给我们的启示是什么？

第二章 国际市场营销环境（上）

【本章要点】

1. 国际市场的概念和基本格局
2. 国际市场环境分析
3. 国际市场政治和法律环境

【导入案例】

古巴睡衣风波

沃尔—马特公司在加拿大销售古巴生产的睡衣，后来在美国的沃尔-马特公司总部的官员意识到此批睡衣的原产地是古巴，便发出指令，要求撤下所有违法销售的睡衣。因为那样做违反了美国的法律（赫尔姆斯—伯顿法）。这一法律禁止美国公司及其在国外的子公司与古巴通商。而加拿大则因美国法律对其公民的侵犯而恼怒，他们认为加拿大人有权作出选择，购买古巴生产的睡衣。这样，沃尔-马特公司便成了加美对外政策冲突的牺牲品。沃尔—马特在加拿大的公司如果继续销售那些睡衣，则会因违反美国法律而被处以100万美元的罚款，而且相关人员还可能会因此而被判刑。

（资料来源：菲利普 R 凯特奥拉，玛丽 C 吉利．国际营销［M］．崔新建，改编．14 版．北京：中国人民大学出版社，2009.）

第一节 国际市场营销环境的分析与评估

一、国际市场的概念

国际市场也称世界市场。它不是一个地理概念，而是一个经济概念，是指商品、资金和技术等在国际间的流动和转换或国际间商品、资金和技术流动的市场，是国际经济体系中的一个重要组成部分。国际市场的外延指的是国际或地区间的经济贸易往来；其内涵是指国际商品经济关系的总和，包括各种形式的国际交易活动背后的生产者、经营者和消费者之间的经济关系。

二、国际市场的基本格局

从事国际营销的企业要把自己的产品打入国际市场，参与国际竞争，必须对海外市场进行分析研究，寻找和发现国际营销机会，这就要求首先对国际市场进行划分，明了国际市场的基本格局。通常从以下两个角度来对国际市场进行划分。

（一）按照区域划分

按照区域划分国际市场是指按地理位置、语言区域、经济发展水平来划分国际市场。

1. 按地理位置划分

我国企业在开展国际营销业务时，常把国际市场分为欧洲市场、北美市场、南美市场、亚洲市场、中东市场、非洲市场等。按地理位置划分国际市场的理由是：①位置接近，便于管理，例如，企业在欧洲的营销活动可以通过设在法国的公司总部来统一管理；②同一地理区域的各国顾客会有相似的文化背景；③一些区域性的经济贸易组织是按地区划分和组织的，例如，欧盟、拉美自由贸易联盟、欧洲自由贸易区等，它们对国际营销影响很大。

2. 按语言区域划分

按语言区域划分国际市场是指以不同的语言文化为标准来划分国际市场，可以分为英语区市场、西班牙语区市场、汉语区市场、印度语区市场、阿拉伯语区市场、孟加拉语区市场、泰米尔语区市场和马来语区市场等。到2050年，汉语区市场将成为涵盖人口最多的国际市场；阿拉伯语区市场、印度语区市场、英语区市场和西班牙语区市场将以大致相同的"市场份额"构成国际市场的"第二梯队"；"第三梯队"为孟加拉语区市场、泰米尔语区市场和马来语区市场。

3. 按经济发展水平划分

根据世界银行的划分，通常以人均国民生产总值（GNP）作为衡量指标。根据这个指标及国家经济实际发展状况，通常将GNP在8000美元以上的国家称为工业化国家，将GNP在3000～8000美元的国家称为上等收入国家，将GNP在1000～3000美元的国家称为中等收入国家，将GNP在1000美元以下的国家称为中下等收入国家，将GNP在500美元以下的国家称为低收入国家。

（二）按技术经济结构划分

根据技术经济结构的不同，可将国际市场分为原始农业经济国家市场、原料输出国家市场、工业化国家市场和工业经济国家市场。

1. 原始农业经济国家市场

在原始农业经济国家里，大部分人从事农业生产，他们消费了自己生产的大部分产品，并将余下的产品以物易物，换取简单的货物和服务，几乎没有出口的机会。

2. 原料输出国家市场

原料输出国家自然资源丰富，但其他方面十分贫乏。国家大部分收入来源于出口这些自然资源。这些国家是提炼设备、工具和备用品材料处理设备以及卡车的理想市场，也是一般消费品和奢侈品的市场。

3. 工业化国家市场

工业化国家的制造业在GNP中所占比重达10%～20%，国民经济越来越依靠进口纺织品原材料、钢和重型机器，但不会增加纺织品、纸品的需求。富裕阶层希望进口新商品以满足需求。

4. 工业经济国家市场

工业经济国家是制成品和投资资金的主要出口国。工业国之间互相进行制成品贸易，同时也向其他经济类型的国家出口商品，以换取所需的原材料和半成品。工业国中大规模的生产活动以及大量中产阶级的存在，使这些国家成为各种商品的巨大市场。

三、国际市场营销环境分析

（一）国际市场营销环境的内涵

国际市场营销环境是指企业内部条件和外部因素的总和，基本上由三个层次构成。这三个层次分别是企业内部环境（包括企业领导者素质、产品质量、分配渠道、代理商素质）、市场环境（包括购买者数量、购买力水平、需要与欲望、购买习惯）和一般环境（包括经济、科技、政治、法律、文化、人口等因素）。

企业的营销活动从国内市场发展到国际市场，其基本功能、原则及企业可控制的基本因素未发生变化，关键的变化是由不可控因素组成的外部营销环境发生了变化，由一元的、单面的环境变成了多元的、多面的环境。因此，企业在从事国际市场营销活动之前，要对国际市场环境进行分析。

（二）国际市场营销环境分析方法

美国的一些跨国公司一般采用环境扫描方法，即由熟悉环境的专家和企业营销人员组成环境扫描小组，将所有可能出现的与企业营销活动有关的因素都列举出来，最后把比较一致的意见作为环境扫描的结果，从而得出相关的主要环境因素。该方法分析的基点在于准确地把握环境，找准企业经营的位置，以合适的价格、合适的渠道、合适的促销手段，向合适的市场推出自己的产品，以占领目标市场，使环境机会最终转化为企业机会。

例如，某烟草公司通过信息系统和市场营销活动调查了影响企业市场营销的一些相关环境因素，最后确定以下因素足以影响企业业务的动向。

（1）有些国家的政府颁布了法令，规定所有的香烟广告和香烟包装上都要印上关于吸烟危害健康之类的严厉警告。例如，在美国，1984 年里根总统签署了一项新法令，规定在所有的香烟广告和香烟包装上都要印上“吸烟会引起肺癌、心脏病、肺气肿并危害孕妇”、“戒烟可以使健康免受严重危害”、“孕妇吸烟可能导致胎儿受伤、早产和新生儿体重不够”、“香烟内含有一氧化碳毒气”等四条警告。

（2）有些国家的某些地方政府禁止在公共场所吸烟。例如，英国伦敦地铁从 1984 年 7 月 9 日起开始禁止吸烟；我国北京市环境保护局规定从 1985 年 6 月 1 日起，在局级机关办公室、会议室等公共场所禁止吸烟。

（3）许多国家吸烟人数下降。例如，据统计，美国成年人吸烟的比例 1982 年为 37%，1983 年为 29%，这一年美国人少吸了 311 亿支香烟；据日本国营烟草专卖局调查，1983 年日本约有 200 万人戒了烟。

（4）这家烟草公司的研究实验室发明了用莴笋叶制造无害烟叶的方法。

（5）发展中国家的吸烟人数迅速增加。据估计，我国目前有 3 亿多人吸烟，其中青年人所占比例最高。

通过环境扫描，这家企业得出如下结论：上述（1）、（2）、（3）条环境因素给这家烟草公司造成环境威胁；（4）、（5）条环境因素则给这家烟草公司带来市场机会，使这家公司可能享有“差别利益”。这样，这家烟草企业就可根据环境中有利和不利的因素，制定趋利避害的国际营销战略。

第二节　国际市场营销的政治环境

一、政治环境因素的影响

国际市场营销的政治环境是指影响企业进行国际市场营销的各种政治因素，包括政府的作用及行为目标、政治的稳定性、政治干预、东道国的国际关系、各进口国政府对外来产品所持的态度等。

1. 政府的作用及行为目标

政府在经济中所起的作用主要有如下两个方面：

（1）参与者。一般中央计划经济类型的国家和低度开放的国家，政府对企业的参与程度与所有权程度很大。政府在经济活动的所有权与参与程度对国际营销企业的影响有：①政府参与程度很高，国际企业的力量会减弱，政府可能阻碍企业在特定市场的经营；②政府的所有权决定某些产品和服务最大的购买者可能是政府，此时国际企业的营销能力会降低；③政府可能与企业合伙，若政府作为国际企业的唯一合伙人，企业营销组合的可控制因素将降低。

（2）规范者。政府是经济法律的规范者，政府制定的货币或金融政策，通过社会规章来限制影响营销者的定价和使用工具。

政府的行为目标取决于政府自身的利益，各国政府追求的利益不同，一般有以下几种目标：

1）保护国家主权。政府将外来企业视为潜在的主权威胁而加以严格限制。

2）安全防御。政府除建立军事防御体系外，还在一些领域如基础设施、国防工业、重要原料供应中排斥外国企业的影响力。

3）繁荣生活。政府会对有助于提高本国人民生活水平的外国企业给予鼓励。

4）国家声誉。多数国家或政府都将本国的声誉作为实现其目标的一种手段。

5）意识形态。政府将把保护某种意识形态的存在并促进其发展作为目标之一。

2. 政治稳定性

国际企业在营销活动中，要关注政府的政治稳定性。如果一国政治经常处于不稳定状态，则国际企业要采取停止投资、减少在该国的经营活动或者全部撤出该国市场等措施，以减少损失。评价一国政治的稳定程度应注意以下几点：

（1）政权更替的频率。政权的更替代表着企业政治环境的变化。若变化过于频繁、过于突然，企业便会面临一连串不确定因素，无法在策略上作出及时的调整。即使其他投资环境再好，外国企业也会望而却步。

（2）文化的分裂。文化分裂也与政治稳定性密切相关。

（3）宗教冲突。宗教信仰的分歧是造成政治分裂、政治不稳定的重要原因。

（4）暴力、示威、罢工等事件。

3. 政府政策的稳定性

在与对外商务有关的政治因素中最为重要的是政府政策的稳定与否。政府也许会更换，新的政府也许会上台，但不管哪一届政府执政，跨国公司所关心的是法规和行为准则的连续性。为此，应通过两个方面来衡量：

(1) 主要政党的政治观点。因为任何一个政府取得支配地位有可能改变对外投资的现行态度。例如，在英国，传统上工党往往比保守党对外贸的限制更为严格，工党上台会实行进口限制，而保守党执政会实行贸易自由化。为此，一个精明的国际营销者，必须对一国的政治观点及态度进行评估，以作出正确的决策。

(2) 民族主义。经济民族主义是评价商业气候的一个重要因素。所有国家都存在某种程度上的民族主义，也可以称为强烈的民族自豪感和团结心。这种自豪感带有反对外来经营活动的倾向。经济民族主义的主要目标是维护本国经济自治，因为人们认为他们国家主权的维护与他们的自身利益是一致的。这种民族主义情绪表现形式多样，包括号召人民只买国货、进口限制、限制性关税和其他贸易壁垒。一国感到外来威胁的意识越强，民族主义情绪就会越强烈，贸易保护主义的呼声就越高。

4. 政府干预

政府干预是指政府在执政党的国民经济发展战略的指导下采取的各种措施，使外国企业在国际营销方面改变其经营政策、经营方式及相关经营策略的行为。政府干预的主要形式包括没收、征用、国有化、本国化及其他管制。

(1) 没收、征用和国有化（Confiscation Expropriation and Nationalization）。没收是指政府强迫企业交出其财产，不给企业以任何经济补偿。没收是国际企业面临的最严重的政治风险，企业投资一夜之间损失殆尽。某些发展中国家往往不顾国际企业的警告，以法令取得外资企业的财产，因为这实在是一项非常便利的交易方式。

征用是指政府强迫企业交出财产，但给企业一定的经济补偿。对国际企业而言，政府的征用绝不是企业自愿的交易。一些国家看到国际企业日益扩张，本国经济却越来越依赖外国企业，于是征用之风渐起。

国有化是指政府将企业的资产收归国有，由政府接管。国有化与没收和征用的区别在于：在没收和征用情况下，外资企业让出来的财产可能由政府接管，也可能由私营企业接管。而国有化，其财产只能由政府接管。

对国外投资企业进行没收、征用和国有化的根本原因是，政府认为要实现本国的经济目标和维护国家利益，产权就必须归本国政府或国民所有，不能掌握在外国人手中。尤其是从事某些行业的国外企业，如从事公共水电、采矿、石油等资源开发行业的企业首当其冲。以往曾经出现的没收、征用和国有化现象的著名事例有：墨西哥政府于1937年接管了外资铁路事业，1938年又接管了其境内的外资石油工业；危地马拉政府于1953年接管了外国拥有的香蕉园；秘鲁政府1969年没收了美国标准石油公司在其境内的所有资产；伊朗政府于1979年没收了所有外来投资；法国政府于1983年将所有银行收为国有。近几十年来，采用这些极端的政府干预措施的国家逐渐减少，这是因为越来越多的国家的政府意识到外资对本国经济发展的巨大作用，采取极端措施不利于引进外资，还会遭到国际企业母国的强烈反对，甚至是严重的经济制裁。国际企业也采取各种措施保护自己，如与当地企业、政府合办企业，培训、聘用当地人在公司中担任重要职务等。

(2) 本国化（Domestication）。本国化实际上是一种逐渐地控制外来投资的过程。政府对外国企业进行多方面的限制，迫使该企业一步一步地出售股权，直至该企业由本国控制。政府实施外资企业本国化通常采取的措施是：将所有权逐步转移到本国国民手中；提拔一大批本国居民在外国企业中任要职；本国国民的决策权增加；更多的产品在本国生产，取代进口装配；设计特别的出口管制，控制国际企业的活动。国际企业遭遇本国化蒙受的损失可能是灾难性的。比如，在规定时间内被迫出售股权，价格上会受到损失；国际企业中一定比例的本地高级管理职员能否称职是个很大的问题；国际企业必须购买本地原材料和零部件，但是，本地又无质量合格的货源，国际企业就必须在当地投入大量资本、技术培训人员，提高货源的质量。

（3）外汇控制（Exchange Control）。有些外汇短缺的国家常对外汇的使用进行严格的限制，目的是保持一定数量的外汇以满足本国的基本需要。外汇控制在两个方面对国际企业产生影响：一是利润和资本不能任意返回母公司；二是原材料、机器设备和零部件等生产经营所需物资不能自由进口。在实际外汇管制中，也可实施多元汇率体系对产品实施外汇管制，以调节某种必需品或奢侈品的贸易。其方法是对必需品采用最优（低）汇率，对奢侈品采用不同的高汇率。例如，缅甸使用三种汇率：官方汇率（6 缅元＝1 美元）、市场汇率（100～125 缅元＝1 美元）及进口税汇率（100 缅元＝1 美元）。由于缅元为不可兑换货币，即官方不允许将其按市场汇率自由兑换成能在国外使用的货币，投资者会因税收负债及无法将利润汇回国内而受到严重影响。在这种汇率体系下，税负会变得很重。例如，按照 6 缅元兑换 1 美元的官方汇率，一笔 135 000 缅元的利润价值 22 500 美元，但按市场汇率投资者仅盈利 1 000 美元。汇率的差异意味着投资者必须为他不存在的 21 500 美元的收入纳税。

（4）使用地方含量法律。除了限制生活必需品的进口，以迫使人们购买本地产品外，国家常常要求一部分国内销售的外国产品具有地方含量，即包含本地生产的部件。使用外国生产部件组装产品的公司常遇到这一限制。例如，欧盟对“螺丝刀经营”要求地方含量大于 40%，而北美自由贸易协议要求来自其成员国的汽车的地方含量大于 62%。

（5）进口限制（Import Restriction）。进口限制是指东道国政府所采取的限制进口的各种措施，如许可证制度、外汇控制、关税、配额等。东道国政府实施进口限制是为了保护本国工业，这必然会对国际企业的营销产生影响。例如，巴西政府曾规定进口商为取得进口许可证，必须在进口之前 360 天内交纳进口押款。此规定使进口成本至少增加 50%。这样做会削弱或中断成熟工业部门的正常生产。

（6）税收控制（Tax Control）。有些国家的政府对外资企业征收额外的税收。这种歧视性的税收政策会使国际企业的利润大减，同时也表明政府对国际企业在本国经营的不欢迎态度。有时也是为了增加财政收入，政府会违反与国际企业签订的协议，提前结束免税期，给外国企业的经营带来不利影响。

（7）劳动力限制（Labour Restriction）。许多国家的工会力量特别强大，它们在政府的支持下，要求国际企业给予工人优惠待遇并禁止临时解雇员工。这对国际企业营销活动会产生一定影响。例如，墨西哥不但不准外资企业临时解雇当地员工，还通过一个由政府代表和劳资双方组成的国家委员会，修订有关法令，使劳工有权分享外资企业的利润。

（8）价格控制（Price Control）。在通货膨胀严重的时期，东道国政府有可能实行价格控制，直接干预国际企业的定价策略。如果价格控制只针对制成品，企业则要承受原材料涨价所造成的损失。一般来说，生活必需品的价格最容易受政府的控制。

5. 东道国的国际关系

在研究一国的政治环境时，还应当考虑该国的国际关系，东道国与国际企业母国的关系及与其他国家的关系，因为这些关系对国际营销都会产生影响。

东道国与国际企业母国良好的关系对企业在东道国开展营销活动是非常有利的。如果两国的关系敌对，东道国政府和公民就可能对国际企业采取某种不利的政策和态度，企业则要面临较大的政治风险。

东道国与其他国家的关系是另一个不可忽视的国际关系。如果东道国与许多国家敌对，则企业在该国投资就要谨慎。东道国参加国际组织的状况也对其经济贸易政策产生影响。例如，世界贸易组织（WTO）成员国不得擅自增设新的贸易壁垒。一般说来，一个国家参加的国际组织和国际协定越多，其被束缚的方面就越多，采取极端性措施的可能性就越小。

【资料阅读 2-1】

关于药品进入美国市场的申请和批准规定

美国的食品和药物管理局（FDA）对进入美国市场的药品进行检验的制度十分严格，审批谨慎，要求国际企业提供的申请资料繁多且复杂。FDA 官员介绍，许多外国药品制造商通常寻找一家美国药品制造商开展合作，以转让生产许可证的方式生产外国药品，即通过美国药品制造商向 FDA 提出申请，经批准后在美国生产。外国制造商收取生产许可证转让费和（或）产品提成费。这样做，外国药品制造商免去了提供大量申请资料所承受的周折和长期等待时间，而且也容易获得 FDA 的批准。

（根据以下资料整理：陈岭 . TRIPS 协议视野下美国药品的专利保护［OL］. 中国法院网，2008-11-26. http：//www. chinacourt. org. ）

二、国际经营的政治风险

通过以上分析可以看出，国际经营的政治风险一般来自以下四个方面。

1. 总体政局风险

总体政局风险产生于企业对东道国政治制度前景认识的不确定性。例如，印度尼西亚 1998 年 5 月发生的骚乱，导致许多华人企业损失严重。总体政局不稳定不一定会迫使企业放弃投资项目，但肯定会干扰企业经营决策和获利水平。总体政局风险包括政权更替、政变、骚乱、外来侵略等。

2. 所有权风险

所有权风险产生于企业对东道国政府注销或限制外商企业行为认识的不确定性。所有权风险包括没收、征用、国有化等。

3. 经营风险

经营风险主要表现在企业对东道国关于国际企业经营的相关规定认识不清，如地方含量法律、劳动力问题、价格管制、税收管制、进口限制等。例如，20 世纪 70 年代可口可乐公司在印度的经营，被要求地方企业股份占 51％以上、公开配方等。

4. 转移风险

转移风险产生于对东道国政府限制经营所得和资本的汇出认识的不确定性。转移风险还包括货币贬值的风险。

三、政治风险评估

对政治风险的评估旨在预测东道国政治的不稳定性，以帮助国际企业的管理者评价并确定政治事件及其对当前及将来国际市场营销决策的影响。对政治风险的评估能够帮助国际企业经营者决定是否有必要对可能蒙受的损失投保，设计信息网络及预警系统；为未来可能发生的不利政治事件制订应变计划；积累过去政治事件的相关资料并建立数据库，就政治经济形势向企业最高决策者提供建议、警告，对信息网络所收集的资料作出解释。

世界上许多国家的大型跨国公司越来越重视对国际营销中政治风险的评估，以减少受到某种程度上的、出于某种政治动机造成的损害。

1. 政治环境的评估方法

政治环境评估的常用方法有实地走访、专家咨询、德尔菲法、定量分析法等。

（1）实地走访（Grand Tour）。实地走访是指由一位或数位企业高层管理人员，首先对打算投资的国家进行初步的市场调研，掌握一些最基本的情况，然后到投资国进行实地走访。到达该国后，可以通过与政府官员和商界人士会晤，了解当地政局、经贸政策、投资环境等信息，但走访结果可能是表面的。

（2）专家咨询（Old Hands）。专家咨询是指向了解政治方面情况的专家进行咨询。这些专家通常是外交人员、当地政治家、资深商人、政界和商界的消息灵通人士、专业咨询人员等。

（3）德尔菲法（Delphi Technique）。这种方法的程序是企业要求若干位专家分别就政治环境的评估问题独立发表自己的意见，企业将专家们的意见汇总后，将结果再次发给每位专家。各位专家可以在参考他人意见的基础上，更正自己最初的意见。企业将这一过程重复若干次，直到专家们的意见最终确定。实践证明，专家们最终的结论，要比最初任何一位专家的观点都客观正确。

（4）定量分析法（Quantitative Methods）。许多企业除使用定性分析方法外，还使用定量法评估政治风险。其中，最常见的是判别分析法（Discrimination Analysis），即将一系列可计量的因素用数学关系式表示出来，用以预测某一事件发生的可能性。该方法要求预测人员收集多种数据，复杂的分析要用计算机来完成，并且由专家对结果进行分析解释。

2. 政治环境评估的内容

企业在研究国际营销的政治环境时，可对本企业从事营销的政治敏感性（Political Sensitivities）进行初步分析。评估的内容可分为两类：一类是企业外部因素；一类是企业内部因素。

（1）企业外部因素。企业外部因素主要有：

1）企业母国与东道国的关系。两国之间的关系越密切，国际企业从事营销活动就越顺利。

2）产品与行业。企业涉足生产和经营原料、公用事业、通信、药品及国防产品时，其面对的政治风险较大。

3）企业经营规模及地址。企业经营规模越大，被东道国视为威胁的可能性就越大。如果国际企业的地址选在东道国的大都市，尤其是在其首都，企业面临的政治敏感度就越高。

4）企业的知名度。国际企业知名度越大，政治敏感度越高，风险也越大。

5）东道国的政治状况。东道国政治越不稳定，对国际企业干预越多，企业风险也越大。

（2）企业内部因素。企业内部因素主要有：

1）企业的行为。由于国际企业的经营政策和管理行为的差异，企业在东道国公众中的形象也不一样，形象、声誉好的企业政治敏感度低，形象与声誉差的国际企业政治敏感度高。

2）企业对东道国的贡献。企业为东道国提供了多少就业机会、向政府缴纳了多少税金、带来多少资源与先进技术、出口额提高多少等贡献都会影响其政治敏感度。

3）经营的当地化。国际企业经营的当地化表现在很多方面，如使用当地原材料、零部件和服务，使用当地的管理技术人员，在当地开发新产品，使用当地的牌子等。经营越当地化，政治敏感度越低。

4）子公司对母公司的依赖性。在东道国的子公司对母公司的依赖性越强，在当地受政治损害的可能性越小，政治敏感度越低。因为如果子公司受到东道国政府的管制，子公司也可以依靠与母公司在关键性资源与市场等方面的紧密关系，独立运转和发挥作用。

现在有一些外国学者提出了一种测定产品政治敏感度的方法。这种方法是对 12 个问题逐一回答，由总评分的高低来判断产品的政治敏感度。这些问题是：

①本产品的供应是否需经政治上的讨论或立法机构授权才能经营（如石油、运输设备、公共设施）。

②是否有其他产业依赖本产品或以其当做再加工的原料（如水泥、钢铁、电力）。

③本产品是否有社会经济生活方面的重大影响（如医药品、食品）。

④本产品对东道国的国防是否有重要影响（如交通设备、通信设备）。

⑤本产品对农业生产是否重要（如农业机械、化肥）。

⑥本产品是否必须利用当地资源才能有效地营运（如利用当地劳动力、原料）。

⑦近期内是否会有与本产品竞争的产业出现（如各种小型或投资少的制造业）。

⑧本产品与大众传媒是否有关（如印刷业、电视）。

⑨本产品是否属于服务产品。

⑩本产品的使用、设计是否基于某些法律上的需要。

⑪本产品对使用者是否有潜在的危险性。

⑫本产品的营销是否会减少东道国的外汇。

对这些问题回答为“是”的，则可能性越大，本产品的政治敏感度就越高；反之，则政治敏感度越低。

四、政治风险控制

1. 政治风险控制策略

（1）寻求当地合作者。这是最常见的应付政治风险的策略。合作者可以是政界人士、成功的当地企业家，也可以是政府、企业。这样做既可以利用合作者在东道国的各种关系和影响力，使企业减少政治风险，也可以使企业比较容易跨越文化的障碍。

（2）突出技术上的不可替代。国际企业将产品的研究与开发工作放在母国进行，在东道国只从事某种特殊产品的生产。企业应向东道国强调这种产品对东道国的特殊贡献，同时使东道国政府了解该产品的生产技术是不可替代的。

（3）运用当地资金。与当地人合资的好处之一是可以利用在当地的借款来取代向东道国大量带进资金的做法以缩小政治风险。而且，企业若能保持相当数量的借款额度，东道国政府采取的不利行动会对当地经济产生较大的负面影响。这就使东道国有所顾忌，不敢对国际企业贸然采取行动。然而东道国对向外国企业贷款往往有所限制。

（4）减少固定资产的投资。国际企业可采取“有形”的资产与“无形”的营销技术和生产技术分开的策略，让当地人士拥有固定资产，减少被东道国接管的机会。国际企业还可以考虑转移经营行业的类别，免遭没收的厄运。例如，美国国际电话电报公司（ITT）在秘鲁的子公司，1960 年末被征收后，立即将其经营活动转向秘鲁较易接受的行业，如兴建喜来登（Sheraton）宾馆及制造电器设备。

（5）搞好公共关系。如果国际企业在当地建立了良好的公众形象和有利的公众舆论，它所面临的政治风险要小得多。

（6）控制市场营销。如果东道国征用投资，一个有效的应付方法是控制产品在非东道国市场的销售。东道国会因此失去市场，并且无法打入该企业已拥有的世界市场。

2. 企业对政治风险的控制手段

风险在本质上是永存的。保险学上所谓的消除风险，实际上是在最小成本水平上承受风险。控制风险是指通过各种技术经济手段将政治风险降低、减少、分散或转移。风险控制的基本手段有：

（1）风险回避。它是指放弃对风险较大国家的投资计划，断绝对风险较大区域的贸易往来，闭关自守，不参与国际市场营销。

（2）风险抑制。可以采取多种措施减少风险实现的概率及经济损失程度。具体措施有：加强对派出经理、技术人员、工人驻地的警戒，防止当地宗教冲突和内乱的影响，拍卖撤回企业，办合资企业，突出技术上的不可替代性，保持子公司对母公司的依赖；在当地的投资中，使固定资产的投资降到最低限度。

（3）风险自然。对一些无法避免和转移的风险采取现实态度，在不影响企业根本利益的前提下承受下来，撤退生产要素，丢卒保车。

（4）风险转移。一般通过投保、提供担保（由东道国银行提供）和借助公共关系等办法实现风险转移。

【实例 2-1】

西尔斯百货在拉丁美洲

美国最大的百货公司西尔斯百货公司在拉丁美洲形象很好，在一次次民族主义浪潮中都能生存下来主要依靠的是其自身形象。例如，让员工分享利润，让雇员都成为公司的辩护人；原来 20%的商品采购来自当地的制造厂商订货，现在已达到 90%，结果是当地一千多家供应商依赖西尔斯。这就是西尔斯让企业的经营尽量符合东道国的愿望和要求，借助公共关系的力量使企业面对风险化险为夷。

（资料来源：中国教学案例网 . www. cctc. net. cn.

第三节　国际市场营销的法律环境

由于不存在一套统一的国际商法适用于对外经营业务，国际市场营销者必须特别注意业务所在国的法律。例如，与法国客户做生意的中国公司必须对付中国和法国两种司法、两套税收制度、两套法律体系以及凌驾于法国商法之上的欧盟的法律规定。在日本、德国或任何一个国家的经营活动，情景与此相仿。国内或国与国之间适用于商业活动的法律是国际商业活动法律环境的基本组成部分。

不同国家的法律体系之间存在着很大的不同而且十分复杂，所以本章不可能分别探讨各个国家的法律。有些问题对于大多数国际营销业务具有普遍性，所以在国外经营时，应予特别注意。

一、法律制度的类型

世界法律概括起来有两大体系。这两大法律体系间不仅在理论上存在很大差异，而且法律体系内部也有很大差异。同时，对其原理的解释也会大不相同。

（一）英美法系

英美法系（也称案例法或普通法或不成文法）的基础是传统、过去的做法以及法院通过对成文法、法规与过去的裁决的解释而作出的判例，是“通过高等法院过去的判例体现对立法的解释，高等法院对相同的成文法进行解释，或者将已确立的、成为惯例的法律原理应用于一组类似的实事”。英国以及英联邦国家等使用此法。

英美法系的特点是：①采用判例法，实行先行约束力原则；②重视程序法，例如，关于“不可抗力”的理解，英美法系是指合同双方在合理范围内都无法预见的各种自然灾害，“包括发水、雷电、地震”。这些灾害被认为是上帝的行为，而只要能预测到的就不属于不可抗力，如结冰气候，就需企业提前采取防范措施。大陆法系认为“不可抗力”属于自然力，“包括罢工、暴动、空调故障率、水患、雷电”。

（二）大陆法系

大陆法系源于罗马法，又叫成文法，建立在成文法无所不包的体系之上。法国、德国和欧洲大陆各国，以及南美各国、日本、土耳其、中国等国使用此法。在大陆法系下，法律体系被分成三个独立的法律：商法、民法和刑法。其特点是：①采用成文法，强调系统化、条例化、法典化和逻辑化。②法律的实施以条文为依据。例如，“商标法”根据成文法的解释是注册在先，即谁先注册谁就拥有商标的使用权，而判例法则强调使用在先。

二、东道国的法律对营销组合的影响

各国都制定法律，可以对产品、价格、分销、促销等市场营销活动进行调节。这些法律在不同的国家有很大的差异，企业要进行国际市场营销活动，就必须了解各国的国内法及其差异，遵守目标市场国的法律规范。

与企业国际营销比较密切的国内法规有：产品法、质量法、标准法、商标法、包装法、促销限制规定、工业产权保护法等。这些法律对国际营销的影响表现在以下几个方面：

1. 对产品的影响

在设计产品的物理性能和化学性能时，必须注意各国在安全性、纯度、功能等方面的要求。例如，日本要求护发护肤用品不能含有甲醛，所以欧美一些出口厂商只好对产品生产作出相应调整。

在产品的包装、标签、牌号、商标、保证和服务等方面，东道国可能有特殊的要求，有关的法律有产品责任法、标准法、包装法、商标法等。例如，印度规定商标中不得使用河流、山川的名字；丹麦的包装法规定软饮料的瓶子必须是可回收的，这使许多法国矿泉水厂商望而却步。东道国制定的这些法律除了保护消费者权益外，有时是为了保护国内市场，限制外国产品的进入。例如，日本对汽车安全方面的苛刻要求，使希望进入日本市场的欧美汽车制造商大为头疼。

2. 对价格的影响

大多数国家都有控制物价的法规。发达国家对价格的控制松一些，发展中国家的控制较为严格，通常规定最高限价、最低限价或限制价格变动。有些国家直接控制利润率。例如，阿根廷政府规定，制药公司的标准利润率为11%。对价格的管制，可能是全面的，也可能只针对某一特定项目。例如，法国曾经冻结全面产品价格，而日本只对稻米的价格加以管制。一般实施价格管制的产品通常是必需品，如食品、日常用品、药品等。

3. 对渠道的影响

在营销组合策略中，渠道策略受法律限制的程度是最轻的，企业可以比较自由地在市场上现有的渠道中进行选择。但是，当企业在当地与经销商或代理商签订或终止某一协议时，都要涉及法律问题。大多数国家规定独家分销是合法的。

4. 对促销的影响

各国法律对促销的规定比较多。促销的主要方式有广告、人员推销、营业推广、公共关系等。各国都制定了与促销有关的法规。例如，阿根廷规定，在刊登药品广告之前必须获得卫生局的批准；英国政府禁止烟酒类产品在电视上做广告；在德国，只要你在广告中使用了比较方法，竞争对手就可能到法院要求你出示广告中所明示或暗示的优越性证据；吹捧性广告在美国是可以接受的，但在加拿大却可能被判定为欺骗行为；加拿大法律规定，所有的宣传表达都要经过检查，以确保向公众的介绍不是虚假行为；在芬兰，只要不采用“免费”一词，不强迫消费者购买产品，有奖销售在相当大的范围内是允许的；而在奥地利，凡是对消费者采用优惠待遇的现金折扣方法都是被禁止的；法国规定，以地域成本价格出售产品或者以购买另一件产品为条件赠给顾客礼品或予以奖励都是违法的。

另外，工业产权保护法、反倾销法、竞争法等对企业开展国际营销活动具有重要作用。

工业产权是发明专利、专有技术、商标所有权和版权的总称。许多公司花费巨资建立象征高质量和其他特性的品牌和商标，如IBM、可口可乐、柯达、海尔等，以吸引消费者购买本公司的产品。企业也花费巨大的投资开发新技术、新工艺，如微软的计算机软件、杜邦的尼龙、强生的创可贴、索尼的随身听等。这些工业产权通常要受法律保护。

许多国家参与制定了一些保护工业产权的国际公约，相互承担保护工业产权的义务。这方面主要的国际公约有《保护工业产权的巴黎公约》、《商标注册马德里协定》和《建立世界知识产权组织公约》等。

【实例 2-2】

中国驰名商标境外被抢注

“英雄”（金笔）在日本被抢注，“大宝”（化妆品）在美国等国被抢注，“红星”（二锅头酒）在欧盟等地被抢注，“大白兔”奶糖的商标也在日本等国被抢注。2004 年，市场上又爆出了海信、东林商标在德国被抢注的消息。目前，世界上大多数国家和地区都采取“注册在先”原则，即谁先在该国和该地区注册商标，谁就拥有商标的专用权，并获得该国和该地区的法律保护。因此，进军海外市场“商标注册要先行”。此外，一旦商标被抢注，作为事件主体的相关企业，一定要积极地“站出来”维护自己的权利，要尽快启动法律程序来解决问题。

（根据以下资料整理：洪宾．中国驰名商标境外被抢注［N］．深圳商报，2004-09-19.）

反倾销法又称反倾销税法，是指一国认为输入的外国商品进行倾销时，在应征的进口税外，再课以倾销税（或反倾销税），以保护本国有关产业的立法。反倾销税额按倾销差额征税。反倾销法一般表现为国内规范与国际规范两种形式。

反倾销法的国际规范主要包括国际双边条约和多边条约，其中最有影响的就是 GATT/WTO 的《反倾销守则》。

【资料阅读 2-2】

我国遭遇的“非市场经济地位”与反倾销调查

我国遭遇的外国反倾销调查已经超过 600 起，为全球之最。由于一些 WTO 成员不承认我国的市场经济地位，使得我国企业在应诉反倾销调查中处境极为不利，不但败诉率高，而且常被裁定难以接受的高额倾销税率。“非市场经济”标签最主要的影响在于成本价值的“替代国”问题。按照 WTO 规定，如果是非市场经济国家，调查“倾销”时将引用与出口国经济发展水平大致相当的市场经济国家（替代国）数据，国外大多选择新加坡等国，但新加坡劳动力成本高出我国 20 多倍，我国的产品自然被计算成倾销。1982 年，我国输美蘑菇罐头被控倾销，美国商务部居然选用印度尼西亚在空调房中培植的蘑菇，来计算我国自然生长的蘑菇的成本，硬是不肯从中扣除空调费用，从而裁定我国蘑菇出口构成倾销。同样，在 2009 年裁定的我国输美彩电反倾销案中，美国选择印度作为我国彩电业的替代国，中印两国彩电业的规模、技术和产量均不在同一档次，计算的结果自然是我国彩电的成本远高于在美售价。2009 年 9 月 12 日，奥巴马签署决定，美国将对中国输美的小轿车和轻型卡车轮胎征收为期三年的惩罚性关税，依次为 35%、30%、25%。2009 年 8 月，欧盟委员会在布鲁塞尔宣布，欧盟已对从我国进口的葡萄糖酸钠发起了反倾销调查。2009 年 8 月，印度某公司向印度反倾销局提出申请，要求对原产于我国等国的树脂启动反倾销调查。2009 年 8 月，欧盟反倾销委员会通过投票表决，支持欧盟委员会对产自我国的无缝钢管征收为期 5 年的正式反倾销税。2009 年 4 月，美国先针对我石油管发起反倾销反补贴的“双反”调查，10 月 7 日，又宣布对包括管线管、标准管和压力管在内的我国钢管发起“双反”调查，对我国钢管整体出口造成了严重影响。

（编者根据有关资料整理．）

三、国际商务争议的解决

（一）司法管辖权的选择

在国际商务中发生法律争端时的司法管辖权，应据以下情况来决定：

（1）合同中规定的司法管辖权条款。

（2）合同签订的地点。

（3）合同条款的执行地。

如果合同中已明确了司法管辖权条款，就可按第一种情况执行。如果出现分歧可根据后两种情况决定，但为了降低不确定性，避免不必要的矛盾，国际营销者在签订合同时应写明裁决方式。

（二）国际商业争端解决的途径

解决国际商务争端的第一步都是采用非正式的方式，如果非正式的方式不能取得成功，就必须采取果断的行动方式，这些方式包括调解、仲裁和诉讼。

1. 调解

调解是指争端双方要求第三方调解分歧从而达成一致协议，这种协议不具有约束力。为使调解方式更为有效，调解人应为双方所信任，调解人应认真听取双方的意见，探讨各种解决冲突的有效途径，所有双方与调解人之间的会议应保密。

2. 仲裁

如果调解失败，下一步解决争端的途径是仲裁。仲裁通常是由有关双方选择公正知情的一方或几方作为仲裁人，然后由仲裁人判定事情的是非曲直并作出双方同意执行的裁决。

正式仲裁组织所采用的程序基本相似，即刚接到仲裁请求时，国际商会首先尝试在争端双方间进行调解。如果调解失败，便开始启动仲裁程序。原告和被告分别从可接受的仲裁人中挑选一人进行辩护，国际商会仲裁法庭则指定第三名成员。这一成员通常从一批杰出的律师、法学家或教授中挑选。仲裁的程序简单、直接、速度快、费用低，能维护企业的商誉。因此，选择通过仲裁方式解决在国际商务中的争端的国家越来越多。

下面介绍国际商会为一家英国公司和一家日本制造商进行仲裁的实例。英国公司和日本制造商签订了一份合同，英国公司愿意以每个 80 美分的价格从日本公司收购 10 万个塑料玩具娃娃。在此基础上，英国公司与第三方达成协议，以每个 1.4 美元的价格将这批玩具全部卖出。可是还没交货，日本制造商遇到罢工。罢工导致玩具的生产成本增加。英国公司被告知，玩具娃娃的交货价格已从每个 80 美分提高到 1.5 美元。英国公司坚持按原价格购进，双方发生纠纷。

习惯于大陆法的日本人认为罢工是无法控制的，属于不可抗力，因此可以不遵守原来合同中规定的条款。习惯于普通法的英国人认为罢工是商业活动中的正常行为，并非不可抗力。双方认为除了仲裁和诉讼无法解决这一争端，于是双方首先选择了仲裁。国际商会指定一名仲裁人听取双方的意见，最后裁定双方按比例分摊损失。双方对仲裁结果感到满意，从而避免了一场花费巨大的诉讼。

以下是当今世界著名的仲裁中心：

• 泛美商事仲裁委员会（The Inter American Commercial Commission）

• 加拿大—美国商事仲裁委员会（The Canadian American Commercial Arbitration Commission）

• 伦敦仲裁法庭（The London Court of Arbitration）

• 美国仲裁协会（The American Arbitration Association）

• 国际商会（The International Chamber of Commerce）

• 美洲商业争端解决中心（The Commercial Dispute Resolution Center of the American）

我国国际贸易促进委员会对外经济贸易仲裁委员会自 1950 年成立以来，受理过许多案件，有丰富的经验，已逐步得到国际商会的信任，是我国企业依赖的主要仲裁机构。当然要使仲裁结果顺利执行，必须满足如下两点：①当发生争端时，争端双方同意根据某仲裁法庭的规则和程序进行仲裁；②双方同意服从仲裁裁决。当前，有 120 多个国家签署了《承认和执行外国仲裁裁决公约》（US Convention on the Recognition and Enforcement of Foreign Arbitral Awards）。

3. 诉讼

诉讼是指在发生经济争端后，当事人一方向有管辖权的一国法院起诉，请求法院按照法律规定作出判决，解决争端。其最大的特点是强制性。

大多数国家之间发生商业纠纷都很少选择诉讼，因为诉讼费用大、时间长。例如，在印度，很多违反合同案件的审理要等上十年甚至更长的时间。除此之外，还有以下一些原因：

（1）担心会给人留下不良印象并损坏公共关系。

（2）担心在国外法庭会受到不公正待遇。

（3）难以收回判处的罚金。

（4）缺乏保密性。

为此，解决国际商务中的争端最好按以下步骤进行：首先对受损失方进行安抚，若安抚不起作用，就进行调解、仲裁，直至诉讼。诉讼应是其他方法均告失败后采取的最后一步。

四、国际公约及国际惯例

企业从事国际市场营销，不仅要遵守目标市场国和本国的法律规定，而且还要了解国际上与市场有关的公约、条例和惯例。

国际条约是国际经济法最重要的渊源。国际营销行为必须符合当事人所在国缔结或参加的有关国际经济贸易方面的条约，以及普遍性国际经济组织所作出的有关国际经济问题的决议。国际条约包括双边条约和多边条约。第二次世界大战以后，多边条约逐渐增多，几乎涉及所有的国际经济领域，如布雷顿森林协定、关税与贸易总协定、多边清算贸易协定等。这些条约不仅在调整成员国间的经济关系方面发挥了重要作用，而且还广泛影响到非成员国，有力地促进了国际经济的发展。第二次世界大战以后，为了协调国际经济关系，世界上成立了一些相应的国际组织，如世界银行、国际标准化组织、经济合作与发展组织等。这些国际组织的规章和规范在相当程度上影响了各国的涉外经济立法，也影响了企业的国际市场营销。

国际惯例是指在国际交往中逐渐形成的不成文的法律规范，其特点是：经过长期的实践，虽不成文但一经当事人在合同中认可采用，就有相当的约束力，如国际贸易中的价格条款（FOB、CIF 和 CFR 等）就属于这种性质。惯例被广泛认可往往就形成了规则，成为国际交往中自觉遵守的规范，如国际法协会制定的《1932 年华沙—牛津规则》、国际商会制定的《1980 国际贸易术语解释通则》、《跟单信用证统一惯例》等。企业如果不懂得国际惯例，则在国际营销中就会遭到不必要的损失。例如，出口按 CIF 价格成交，由卖方投保并付保险费，但海上风险却是由买方承担的。如果不了解这一惯例，而从卖方投保并付保险费这一点出发，误以为海上风险由卖方承担，则当发生海上风险时，卖方主动承担损失，就不免吃大亏。

目前，对于国际营销影响较大的国际条约、公约与惯例有以下几方面。

（一）有关国际货物买卖的条约和惯例

1. 国际货物买卖公约

1964 年，28 个国家参加了海牙的外交会议，并制定了两个公约：《国际货物买卖统一法公约》和《国际货物买卖合同统一法公约》。但这两个公约都未达到统一国际货物买卖法的预期目的，1978 年联合国国际贸易法委员会起草了《联合国国际货物买卖合同公约》，并于 1980 年在维也纳国际外交会议上通过。该公约已于 1988 年 1 月 1 日正式生效。

公约的主要内容包括以下几个方面。

（1）公约的基本原则。公约的基本原则包括建立国际经济新秩序的原则、平等互利原则与兼顾不同社会、经济基础和法律制度的原则。这些基本原则是执行、解释和修订公约的依据，也是处理国际货物买卖关系和发展国际贸易关系的准绳。

（2）适用范围。第一，公约只适用于国际货物买卖合同，即营业地在不同国家的双方当事人之间所订立的货物买卖合同，但对某些货物的国际买卖不能适用该公约也作了明确规定。第二，公约适用于当事人在缔约国内有营业地的合同。但如果根据适用于“合同”的冲突规范，则该“合同”应适用某一缔约国的法律，在这种情况下，不管合同当事人在缔约国内有无营业场所也应适用“买卖合同公约”。对此规定，缔约国在批准或加入时可以声明保留。第三，双方当事人可以在合同中明确规定不适用该公约。

（3）合同的订立。包括合同的形式与要约、承诺的法律效力。

（4）买方与卖方的权利与义务。第一，卖方责任主要表现为三项义务：交付货物、移交一切与货物有关的单据和转移货物的所有权。第二，买方的责任主要表现为两项义务：支付货物价款和收取货物。第三，详细规定买方和卖方违反合同时的补救办法。第四，规定风险转移的几种情况。第五，明确规定违反合同和预期违反合同的含义，以及当这种情况发生时，双方当事人所应履行的义务。

我国于 1981 年 9 月 30 日签署了国际货物买卖公约，并于 1986 年 12 月 11 日交存核准书。我国在提交核准书时，提出两项保留意见：①不同意扩大公约的适用范围，只同意适用缔约国当事人之间签订的合同；②不同意用书面以外的其他形式订立、修改和终止合同。

2. 国际货物买卖惯例

国际货物买卖惯例主要涉及的是贸易价格条件（也称贸易价格术语或贸易术语）问题，贸易价格条件既是货物买卖中的计价标准，又是确定合同双方当事人权利和义务的准则。国际货物买卖惯例主要有以下几种：

（1）国际贸易术语解释通则。国际贸易术语的解释是由国际商会 1935 年制定的，后经多次修改，现行的文本是《2000 年国际贸易术语解释通则》。该通则对内陆交货、装船港船上交货（FOB）以及成本加运费和保险费交货（CIF）等 13 种贸易术语作了详细解释，具体规定了买卖双方的权利和义务。该通则在国际上已得到广泛承认和采用，是国际货物买卖最重要的国际惯例。

(2) 华沙—牛津规则。华沙—牛津规则是国际法协会在1932年制定的。它对CIF合同中双方所承担的责任、费用和风险作了详细规定，在国际上有较大的影响。

(3) 美国1941年修订的国际贸易定义。该定义对美国经常使用的贸易术语作了解释，具体规定了在各种不同的贸易术语中买卖双方在交货方面的权利和义务。它对FOB这一术语的解释，同国际商会制定的《国际贸易术语解释通则》所作的解释有较大区别。美国的这一国际贸易定义，在南北美洲各国影响较大。

(二) 关于产品责任的适用公约

产品责任是随着现代工业生产的发展，许多新产品投入市场，消费者受到伤害的案件不断增多而逐渐形成和发展起来的。产品责任法属于社会经济立法的范畴。它主要调整产品的制造者、销售者和消费者之间基于侵犯行为所引起的人身伤亡和财产损害的责任。它的各项规定或原则大都是强制性的，双方当事人在订立合同时，不得事先加以排除或变更。产品责任法主要是确定产品的制造者和销售者对其生产或出售的产品所应承担的责任。如果他们提供的产品存在某种缺陷，致使消费者的人身受到伤害或财产受到损失，则生产或出售这一产品的制造商、批发商乃至零售商都要对消费者承担赔偿损失的责任。产品责任法的主旨是加强生产者的责任，保护消费者的利益，所以它是保护消费者的法律。

在世界各国中，美国的产品责任法制定得比较早。第二次世界大战以后，西欧一些国家也开始重视产品责任问题，并拟定了一些有关产品责任的国际公约。1976年，欧洲理事会制定了一项《关于人身伤亡的产品责任公约》，但至今尚未正式生效。1985年，欧洲共同理事会通过了《关于有缺陷产品的责任的指令》，要求各成员国采取相应的国内立法予以实施，但允许各成员国有某些取舍余地。该指令对欧盟成员国的产品责任法产生了重大影响。为了统一各国关于产品责任的法律冲突规则，海牙国际私法会议于1973年10月1日通过了一项《关于产品责任的法律适用公约》。该公约于1978年10月1日生效。公约共有32条，除对产品责任的法律适用规则作出规定外，还对“产品”、“损害”和“责任主体”作了明确规定。

(三) 工业产权保护公约

目前，世界上相互承认和保护的工业产权国际公约主要有以下几个。

1.《保护工业产权巴黎公约》

这个公约简称《巴黎公约》，于1883年3月20日在巴黎缔结，并由成员国组成“保护工业产权同盟”，简称“巴黎同盟”。该公约于1884年7月7日生效，后经多次修订。截至1990年2月，已有100多个国家加入该公约。我国也于1984年12月19日加入，该公约于1985年3月19日起对我国生效。

巴黎公约的基本原则和重要条款是：

(1) 国民待遇原则。在工业产权保护方面，公约各成员国必须在法律上给予公约其他成员国相同于其本国国民的待遇。

(2) 优先权原则。享有国民待遇的人如果在公约的任何一个成员国提出专利申请或商标注册申请，他便有权自该申请日起享有一定时期的优先权。如果他在优先权期间又向公约的其他成员国提出同样的申请，则有权要求这些国家将首次申请日作为以后申请的申请日。

（3）专利权、商标权独立原则。公约各成员国所授予的专利权和商标权是相互独立的，有权根据本国专利法的具体规定独立作出判断，不受公约其他成员国就同一专利或商标作出判断的影响。

（4）专利权的强制许可和撤销。如果专利权无正当理由于授予专利权后的三年内或者于专利申请日后的四年内未能在专利授予国付诸实施，则各成员国有权采取非独占性的强制许可措施。

（5）展览产品的临时保护。公约成员国应按其本国法律，对在成员国领域内举办的官方或经官方认可的国际展览会上展出的产品的发明和商标提供临时保护。

（6）驰名商标的保护。无论驰名商标是否取得商标注册，公约各成员国都应禁止他人使用相同或类似的商标，拒绝注册与驰名商标相同或类似的商标。

2.《建立世界知识产权组织公约》

1967 年 7 月 14 日，51 个国家在斯德哥尔摩会议上签订了《建立世界知识产权组织公约》，并根据该公约成立了政府间的国际机构——世界知识产权组织。该公约自 1970 年 4 月 26 日起正式生效，我国于 1980 年 3 月 4 日交存加入书，该公约自 1982 年 6 月 4 日起对我国生效。

根据公约，该组织的主要任务和职权是：

（1）在促进全世界对知识产权的保护方面，鼓励缔结新的国际公约，协调各国立法，给予发展中国家以法律、技术援助，搜集并传播情报，以及办理国际注册或成员国间的其他行政合作事宜。

（2）在各知识产权同盟的行政合作方面，该组织将各同盟的行政工作集中于日内瓦国际局。目前，该组织已成为知识产权方面的十几个同盟的行政执行机构。

（3）对发展中国家在技术转让、立法等方面予以援助。

3.《商标注册马德里协定》

该协定于 1891 年 4 月 14 日在马德里签订，1892 年 7 月生效，以后又经多次修订。目前有 32 个国家参加了该协定，但美国、英国和一些英联邦国家没有参加，第三世界国家参加的也不多。我国于 1979 年 7 月 14 日提交加入书，但加入时提出如下声明：①通过国际注册取得保护，只有经商标所有者专门申请时，才能扩大到中国；②该协定仅适用于中国加入生效之后的注册商标。

4. 世界贸易组织（关税与贸易总协定）

关税与贸易总协定是一个政府间的多边协定，在 1947 年 10 月 30 日由 23 个国家签订，并于 1948 年 1 月 1 日正式生效。该协定自签订以来，曾就关税减让进行了八个回合的谈判。由于缔约国经常就贸易的重大问题进行磋商，"关税与贸易总协定"已发展成为一个永久性的国际性机构——世界贸易组织，简称 WTO。该组织成立于 1995 年 1 月 1 日，总部设在日内瓦，目前有 134 个成员。我国是关税与贸易总协定的缔约国之一，但 1950 年退出。1986 年 7 月，我国政府正式提出恢复我国的缔约国地位的要求，经过 15 年的艰苦谈判，终于于 2001 年 11 月达成入世协议，成为 WTO 的正式成员。

世贸组织的基本法律原则有：

（1）公平贸易原则。各成员的出口贸易不得采取不公正的贸易手段进行或扭曲国际贸易竞争，尤其是不能采取倾销和补贴的方式在他国销售产品。

（2）关税减让原则。关税减让一直是多边国际谈判的主要议题。关税减让谈判一般在产品主要供应者与主要进口者之间进行，其他国家也可参加。双边的关税减让谈判结果，其他成员按照“最惠国待遇”原则可不经谈判而适用。

(3) 透明度原则。要求各成员将有效实施的有关管理对外贸易的法律、法规、行政规章、司法判决等迅速加以公布，以使其他成员政府和贸易经营者加以熟悉；各成员政府间或政府机构之间签署的影响国际贸易政策的现行协定和条约也应加以公布；各成员在其境内统一、公正和合理实施各项法律、法规、行政规章和各项判决。

(4) 针对“国营贸易企业”的原则。世贸组织对国营贸易企业的主要要求是，在进行有关出口的购买或销售时，应只以商业上的考虑作为标准，并为其他成员企业提供参与这种购买或销售的充分竞争机会。

(5) 非歧视性贸易原则。这一原则具体表现为“一般最惠国待遇”及“国民待遇”。WTO成员之间的贸易必须实行最惠国待遇。也就是说，在这个多边贸易谈判机制里的所有成员国之间达成的双边贸易协定，都适用第三国，成员国间的贸易均按相关协议时最优惠的条款进行。国民待遇是指在贸易条约或协议中，缔约方之间相互保证给予对方的自然人（公民）、法人（企业）和商船在本国境内享有与本国自然人、法人和商船同等待遇。其目的是为了公平竞争，防止歧视性保护，以实现贸易自由化。

(6) 一般禁止数量限制原则。在货物贸易方面，世贸组织仅允许进行关税保护，而禁止其他关税壁垒，尤其是禁止以配额和许可证为主要形式的“数量限制”。但禁止数量也有一些重要例外，如国际收支困难的国家被允许实施数量限制；发展中国家的“幼稚工业”也被允许加以保护。

关 键 词

国际市场（International Market）
政治环境（Political Environment）
没收（Confiscation）
征用（Expropriation）
国有化（Nationalization）
法律环境（Legal Environment）
国际公约（International Conventions）
国际惯例（International Practice）

思 考 题

1. 试论国际市场营销中可能出现的政治风险及如何防范。
2. 简述国际商法对市场营销组合因素的影响。
3. 如何看待国际商业争端的解决途径。
4. 假如你是一个贸易公司的经理，并给公司起了一个独特的名字，你如何在全球市场保护你的公司的名字不被侵犯？
5. 简述反倾销法在国际市场营销中的运用。

【案例分析讨论】

温州鞋的海外遭遇

2004年9月17日，在“欧洲鞋都”——西班牙东部小城埃尔切的中国鞋城，约400名不明身份的西班牙人聚集街头，烧毁了一辆载有温州鞋集装箱的卡车和一个温州鞋商的仓库，造成约800万元人民币的经济损失。这是西班牙有史以来第一起严重侵犯华商权益的暴力事件。

事实上，从2001年开始，温州鞋在海外遭抵制事件年年都有发生，且有上升趋势：2001年8月至2002年1月，俄罗斯曾发生过一次查扣事件，温州鞋卷入其中。那次查扣货物历时最长，整个浙商损失大约3亿元人民币，个别企业损失达千万元以上。2003年冬，20多家温州鞋企的鞋类产品在意大利罗马被焚烧，具体损失不详。2004年1月8日，尼日利亚政府发布"禁止进口商品名单"，温州鞋名列其中。2004年2月12日，俄罗斯内务部出动大量警力查抄莫斯科"艾米拉"大市场华商货物，包括温州鞋商在内的中国商人此次损失约3000万美元……

相关数据和背景资料显示，温州外销鞋产量早在2001年就比上一年猛增了40%，接近总产量的30%，仅从温州海关出关的皮鞋就价值4.6亿美元。温州排名前10位的鞋厂里有好几家以生产外销鞋为主，如"东艺"、"泰马"等，包括"泰马"在内的几家温州鞋厂还和沃尔玛签订了生产协议，为这个全球零售业霸主大量生产供超市出售的廉价皮鞋。

我国是世界上最大的鞋类生产国和出口国，目前有各类制鞋企业两万多家，出口企业超过5000家，2003年全国制鞋总产量近70亿双，占世界总产量的53%，鞋类出口占世界出口总量的60%以上，并处于主导地位，在资源、劳动力、价格等方面有比较大的优势。"中国鞋"出口的主要市场是美国和欧盟，其中美国市场占出口的50%以上。

从产品层次看，目前我国鞋业出口产品绝大部分仍是中低档品种，价格较低，一般在10～30美元之间，有的甚至低于10美元。2004年9月发生在西班牙的"焚鞋"事件中被烧掉的鞋平均单价只有5欧元。出口鞋中高档及自有品牌产品所占比例很小，且出口产品多以贴牌生产（OEM）方式进行。例如，我国生产的鞋类产品大都在美国的低档鞋店销售，虽然在美国的中、高档鞋店中也可觅到"中国鞋"的影子，但价位明显低于意大利、西班牙、巴西等国的产品，而且所有中国制造的皮鞋都没有自己的品牌，均使用国外商标和品牌。一些同档次贴牌生产的鞋的价格在国外市场都要低于原产国产品的价格，有些甚至低于越南、泰国等国的出口产品。从出口企业看，民营企业占绝大部分；从生产地域看，主要分布在浙江温州、福建晋江和泉州以及广东、山东、四川等地区，并已建立起多个鞋业制造基地；从出口规模看，出口金额在10万美元以下的企业超过2200家，占出口企业总数的近一半。

在传统东方文化"财不外露"思想的影响下，华商在国外一般本着"多一事不如少一事"的态度，只管埋头赚钱而极少"参政"。这种低调的姿态刚开始还是可行的，但随着当地华商数量越来越多、生意越做越大，必然会引起一系列的问题。"海外华商必须组织起来，用团体的力量去影响当地的政治生态，如有意识地去游说当地政府，从而确保自身权益得到有效保护。"我国商务部有关人员进一步指出："如果海外华商能从多次事件中有所警醒，不再是一盘散沙，坏事也许可以由此变成好事。"事实上，为了使温州鞋更好地参与国际竞争，温州鞋革协会早在2003年就开始筹办"鞋类出口委员会"，筹备组由东艺、泰马、吉尔达等外销鞋大户组成。2004年3月，鞋类出口筹备委员会在柏林有了第一次大动作，组织13家企业联手在柏林开辟了一个新市场，统一了价格、装修和竞争策略。温州鞋革协会秘书长朱峰表示，以后肯定要推广这一模式。

自2004年西班牙埃尔切火烧温州鞋以后，温州市政府和鞋业界也引以为戒，采取了一系列的主动措施。"温州市鞋革商务考察团"对西班牙进行了为期一周的考察。在西班牙期间，考察团与西班牙有关方面进行了广泛的座谈交流，取得了良好的效果，并在当地引起了较大反响。埃尔切地区的电视台和阿里坎特省省报、埃尔切市市报、经济报及3家中文媒体——《欧华报》、《西华报》和《欧洲侨报》对考察团的活动分别进行了报道。考察团此行取得了比预期还要好的成果。通过与西班牙鞋业界几个重要社团主要人物的广泛接触与交流，增进了彼此的了解，联络了感情，沟通了渠道，达成了共识。正如欧盟鞋业协会主席卡尔沃先生在谈话中表述的：一是表示理解，因为西班牙鞋业也经历了同样的历程，因此对中国鞋业的快速发展表示理解；二是寻求合作，双方可以在共同利益上寻找合作机会；三是面向未来。他建议，为了两地的发展、为了防止埃尔切事件的再次发生，西班牙和中方的鞋业协会成立一个协调委员会，让事情可以在桌面上得到解决。

目前，我国鞋业生产能力过剩，出口企业数量过多，相当一部分制鞋企业，特别是一些规模不大的企业普遍存在着短视行为。一方面，企业不注重科研、开发和设计，多以来样加工或以相互模仿、抄袭为主，很少投入必要的资金研究、开发产品，很少投入时间和精力去搞系列的市场调查、分析。这些问题，值得探讨和反思。因为在很长一段时间里，“我们左右不了国际环境，能够改变的只有自己。”哈杉鞋业董事长王建平说：“我们今天再不要提倡价廉物美了。我们是牺牲了我们的环境和资源把货运到国外去，获得一点点加工费。我们付出的代价可能使我们的子孙都会受到影响。”

与此相比，奥康和康奈则不同。康奈迄今在意大利、西班牙、美国等国家已开有90家国际专卖店，且都“经营良好”。康奈和奥康贴牌外销产品所占比例均不大，奥康大约是20%，康奈也很少。两家企业都宣称低于10美元的贴牌生产不做，而哈杉和东艺的口气则没有这么强硬。

自2005年1月1日起，欧盟取消了从中国进口部分鞋类产品的配额，这意味着温州鞋在欧洲获得了更为广阔的市场空间。

（根据以下资料整理：

[1] 中国鞋网.

[2] 中华工商时报，2005-07-05.）

讨论题：

1. 本案例给了你哪些启发？对环境的分析在我国企业开展国际化营销中的作用如何？

2. 结合本案例，谈谈面对环境危机，企业营销者应该如何应对。

3. 如何理解“我们左右不了国际环境，能够改变的只有自己”？温州鞋在国际市场的出路何在？

第三章 国际市场营销环境（下）

【本章要点】

1. 国际市场经济环境的层次
2. 区域经济一体化的形式、动因以及给国际市场营销带来的影响
3. 国际经济环境及其对国际市场营销的影响
4. 国际文化环境及其对国际市场营销的影响
5. 国际金融与外汇环境对国际市场营销的影响

【导入案例】

星巴克的奇迹

星巴克（Starbucks Coffee）的起源是1971年西雅图的一间小咖啡屋，在短短近40年时间发展成国际著名的咖啡连锁店品牌，星巴克的成长可以称得上是一个奇迹：它在全球的连锁店达4000多家。星巴克1992年在美国上市，如今股票价值在经历了四次分拆之后已经攀升了20多倍，收益之高超过了通用电气、百事可乐、微软、IBM等大公司的收益总和。星巴克于1996年正式跨入国际市场，在日本东京银座开了第一家海外咖啡店，不到十年的时间，星巴克进入了世界32个市场，现在更是以每天增加三四家星巴克的速度在成长，这样惊人的速度令人不得不在这样辉煌成就的背后探索其中的奥秘。

固然，星巴克高品质的咖啡、和谐的员工关系策略都是星巴克得以在市场上经久不衰的原因，而星巴克最吸引人的地方是把这样一种在西方传承数百年的古老消费品，变成一种时尚的代名词，重新演绎现代人的生活方式和文化内涵。

星巴克从品牌名称到Logo设计都让人产生联想，并充满好奇。“星巴克”一名取自美国古典冒险小说《大白鲨》，主人公是一位船上的大副，他有丰富的航海经验，幽默坚定，爱喝咖啡。星巴克的Logo形象设计则来自于多数人都熟悉的古老的海神故事。荷马在《奥德赛》中描述了海神如何将水手引诱到水中，让他们在销魂的音乐中幸福快乐地死去。中世纪的艺术家们把这些生灵刻画成美人鱼，从此这些生灵传遍了整个欧洲，人们用它们装饰大教堂的屋顶和墙壁。星巴克徽标中的那个年轻的双尾海神，就是由中世纪的故事演绎而成的。星巴克自助式的经营方式，使顾客强烈地感觉到它的自由风格。

星巴克在中国的成功也有赖于浓郁的文化情调和舒适的环境氛围，为此星巴克将目标群体定位在具有一定消费能力的“小资”人群和商务人士上。

李先生是北京某公司的一位老板，由于业务的关系使得他经常光顾咖啡店。于是，他便成了附近星巴克的一个常客。店里最深处米黄色灯下的一个位置几乎成了他的专座。据他讲，他在这里已先后约过50多位客人。除少数至朋好友外，绝大部分来自于生意场，大家在这里轻声而温和地商量着几十万甚至上百万生意上的事情。他虽不怎么习惯喝咖啡，但这

里的气氛文雅、静谧、亲切，非常适宜生意人交流，使大家感觉仿佛不是对手，而是朋友。许多在办公室谈不成的事，在这里就能谈成。这点和酒店、酒吧甚至一些知名的快餐店不同，那些吃饭的地方过于嘈杂。虽然都是一种放松，但这里的放松更显得有品位。

星巴克在选址上非常注重靠近所定位的目标群体。经过调查，下午和傍晚时分人气最旺，不少店直到零点还有顾客。当地的店长介绍说，这些大都是附近的人。这点不像酒店，也不像娱乐场所，人们不会为喝一杯咖啡而跑得很远，一般都是就近方便。所以星巴克的选址一般在写字楼集中的商务区域、休闲娱乐场、繁华的商业区等地方。在风格上，主要突出美式风格。每个新店的地点确定下来之后，都要及时将店面形状绘成图样发往美国，由位于美国西雅图的星巴克总部统一设计，然后再发回国内进行装修。在色调上一般用的是暗红与橘黄色，加上各种柔和略带暖色的灯光以及体现西方抽象派风格的一幅幅艺术作品，再摆放一些流行时尚的报刊杂志、精美的欧式饰品等，写一些诸如"咖啡是你一辈子的情人"等温存的话语，人们在这里交往就会觉得非常富有亲和力。

进入星巴克，店内经常会播放一些爵士乐、美国乡村音乐以及钢琴独奏等，这些正好迎合了那些时尚、新潮、追求前卫的白领阶层。他们天天面临着强大的生存压力，十分需要精神安慰，这里的音乐正好起到了这种作用，确确实实让你在消费一种文化中，催醒你内心某种也许已经消失的怀旧情感。

一位顾客反映，星巴克会尽量选一些舒缓、优美的轻柔音乐，使人们沉醉其间，从而增加消费，这一点和一些快餐店截然相反。那些快餐店的音乐一般都是快节奏的，以期在音乐的暗示下，让你快点吃完走人。天津的一位星巴克店长也直言不讳地说："星巴克期望你久坐在店中，不少人本来待不上一小时就走的，结果为了美妙的乐曲待了两三个小时，咖啡也从一杯可能增加到三四杯。人流量不增，咖啡销量却有可能翻番。如果店内的气氛不好，人家喝不完一杯就想走人，而且很可能再不会来了。"

这位店长还指着一些正在上网的人说道："你来到店里，只要带上一台笔记本电脑，加插一块无线网卡，就可以无线高速上网。这样，不仅可以聊天、玩游戏，还可进行亲情交流、和远在天涯的人谈生意，等等。在我们这里，梦想中便捷而浪漫的现代生活已经成真。"

（根据以下资料整理：

［1］任健，何清．从星巴克读懂文化营销［J］．销售与市场，2010-01-07.

［2］中国咖啡商务网．http：//www.21coffee.com.）

第一节　国际经济环境

一、国际市场规模

市场规模是指可接受的商品及服务总量，或者是拥有的购买力。市场规模的大小影响着产品的销量。因此，市场规模是分析国际市场的基本要素，而市场规模的大小通常受两大因素的影响，即人口和收入。

（一）人口

人口（Population）是构成市场的主要因素之一。国际企业既要关心潜在市场的当前人口规模，也要了解市场的人口增长率。人口增长率不同会带来未来市场的人口规模的变化。一般来说，经济越发达，人口增长率越低。人口增长率对国际企业营销产生双重影响：①人口增长标志着人口规模的扩大，对许多商品的需求也会增加；②人口增长过快会影响经济发展，限制了人均收入的提高，减少需求。

人口的年龄结构对市场规模也有一定影响，在老年人比重高的国家和地区，药品和保健用品的销售量比较大；在年轻人比重高的地方，化妆品和时装的销售量比较大。从人口密度看，国际企业希望在人口密度较大的地区从事营销活动，因为此地购买力集中，企业在促销、渠道方面容易得到好的效果，但此地的竞争也非常激烈。

【资料阅读 3-1】

全球人口正迅速步入老龄化阶段

联合国经济和社会事务部《2007 世界经济和社会概览》显示，随着人口死亡率的降低、生育率的下降和寿命的延长，劳动适龄人口的比例将出现缩减，世界上大多数国家的人口正在迅速步入老龄化阶段。

联合国负责经济和社会事务的前任副秘书长奥坎波说，世界人口的年龄分布正在发生深刻变化，老龄化已成为一种普遍现象，不同的地区正在经历老龄化过程的不同阶段。目前，发达国家老龄化人口的比例为 21%，比发展中国家 8%的比例高出许多，但从绝对人口数量来说，全球老龄人口的 63%还是居住在发展中国家。他说，在今后 50 年中，60 岁以上人口的增长将占世界人口总增长量的一半左右。虽然人口老龄化反映了人类的进步，但其也对社会的发展造成压力，给经济增长、社会福利和卫生保健体系带来挑战。

在今后的几十年中，发展中国家人口老龄化的速度将超过发达国家和经济转型国家。到 2050 年，全球 60 岁以上的老人将有 79%居住在发展中国家。报告强调，人口老龄化现象的一个显著特征就是老龄人口本身的构成上出现了变化。就世界范围而言，增长速度最快的是 80 岁以上的老人，尽管他们现在仅占 1.5%，但今后 40 年，他们的数量将增长 4 倍。

（资料来源：卞晨光．联合国调查称：全球人口正迅速步入老龄化阶段［J］．科技晚报，2007-06-21.）

（二）收入

人均收入（Income）常用来衡量一个国家居民的密集程度和一个国家的经济发展水平。高收入国家比低收入国家具有更强的购买力。在国际市场营销中，人们常用人均 GNP 来代表人均收入。但在运用时应注意以下几点：

（1）人均收入直接影响市场规模，但不一定能准确反映实际购买力。人均 GNP 的数据一般用美元表示，用美元表示的人均收入正确与否，在很大程度上取决于汇率是否合理，是否能正确反映两种货币的实际购买力。在现实生活中，许多国家的货币都或多或少地被高估或低估了。

（2）各国的人均收入指标不一定具有国际可比性。各国对 GNP 计算的范围有所不同。一些发达国家列入的 GNP 项目，在发展中国家可能并没有列入。

（3）国际企业衡量市场规模更注重国民生产总值，而不是人均收入。许多消费品需求收入弹性很小，其市场与人口数量直接相关，却未必与人均收入有关。如生活必需品和低廉商品。比如，2008 年比利时的人均收入为 43 010 美元，印度为 830 美元，但印度的货车、公共汽车、水泥和钢铁的消费量却比比利时高，因为印度国民生产总值是 9 280 亿美元，而比利时为 4 470 亿美元。

（4）收入分配不均等可能使人均收入不能反映一国实际需要量。在收入分配不公平、贫富差距存在的情况下，仍使用人均收入来衡量市场规模，其结果是不真实的。例如，科威特的人均收入与美国相当，但其是个典型的两极分化的社会，少数富翁占有大量财产，而广大民众收入很低。所以，除了奢侈品外大多数产品的人均需求量少于美国。这种现象就要求国际营销人员注意处于不同收入阶层人口的购买力和需求的特点，位于收入两极的人口往往代表不同的市场。

二、区域经济一体化

区域经济环境是指由一定的范围组成，某一特定经济联盟的国家或区域的经济环境。其目的是通过减少区域内贸易壁垒和关税壁垒来寻求经济互利，给成员国带来经济利益。

（一）区域经济集团存在的原因

成功的经济组织是以经济、政治、文化和地理的有利因素为基础的。经济组织带来的利益必须远远超过其损失。区域经济集团存在的具体原因如下：

1. 经济原因

建立经济联盟的原因就是发展和扩大市场机遇，它们通过成员国之间的关税优惠和对非成员国的关税壁垒来扩大市场、保护市场，以刺激内部经济的发展，同时各成员国的成员从较低的关税中得到实惠。

2. 政治原因

经济共同体能促进各国之间政治上的和谐。欧共体最初建立的原因就是对俄罗斯强大的经济政治实力的威胁所作的一个反映，但通过政治联盟获得的经济利益，推动了欧共体走向了欧洲联盟化。

3. 地理原因

国家比邻以及交通网的形成可以为区域集团的形成提供基础。交通网是欧共体形成的首要促进因素，英法海底隧道的开通又进一步加强了共同市场的联系。而地理位置相隔很远的国家建立经济联盟就要克服许多障碍。

4. 文化原因

文化的相似性会缓和一国与他国结成经济联盟所带来的冲击，因为所有成员国都理解他们联盟的前景，所以文化越相似越能形成共同市场。

（二）区域经济一体化的形式

区域经济一体化的形态从低级到高级划分为关税同盟、自由贸易区、共同市场、货币同盟、经济与货币联盟、完全经济一体化六种形态。目前影响面比较大、涉及优惠范围比较广的区域经济一体化区域组织有欧洲联盟（EU）、北美自由贸易区（NAFTA）等。

1. 自由贸易区

自由贸易区（Free Trade Area）是指两个以上的国家之间就减免关税和成员国之间的

非关税壁垒达成协议，同时各成员国仍然对区域外国家实施各自的关税规则。

2. 关税同盟

关税同盟（Custom Union）是更进一步的经济合作方式，它是指关税同盟国不仅能享受自由贸易区内关税减让和免税优待，而且对同盟外进口的产品采用统一的对外关税。

3. 共同市场

共同市场（Common Market）是指成员国间完全废除关税和数量限制，建立对非成员国共同的关税。同时，劳动力、资本等生产要素可以在成员国之间自由流动。

4. 政治同盟

政治同盟（Political Union）是区域经济一体化程度最高的区域性合作组织。它包括完全的政治和经济一体化。如欧盟签订的《马斯特里赫特条约》规定，货物、人员、资本和服务在各成员国间自由流动；实行统一货币政策、共同的外交和安全政策、共同的司法体制。

不同经济共同体的特征比较见表 3-1。

表 3-1 不同经济共同体的特征比较

一体化的阶段	取消关税和配额	一致的关税和配额体系	取消对要素流动的限制	经济、社会和法律政策的综合协调
自由贸易区	是	否	否	否
关税同盟	是	是	否	否
共同市场	是	是	是	否
政治同盟	是	是	是	是

（三）区域经济一体化的组织形式

1. 欧洲联盟

欧洲联盟（European Union，EU），简称欧盟，是由欧洲共同体（European Communities）发展而来的，是一个集政治实体和经济实体于一身，在世界上具有重要影响的区域经济一体化组织。1991 年 12 月，欧洲共同体马斯特里赫特首脑会议通过《欧洲联盟条约》，通称《马斯特里赫特条约》（简称《马约》）。1993 年 11 月 1 日，《马约》正式生效，欧盟正式诞生。2007 年，保加利亚和罗马尼亚正式加入欧盟，成员扩至 27 个国家，见表 3-2。

表 3-2 欧盟成员国情况

联合区	成员（加入时间）	人口	GDP /10 亿	人均 GDP	进口商品和服务/10 亿	出口商品和服务/10 亿
欧盟（European Union，EU）		百万	美元	美元	美元	美元
比利时（Belgium，创始国）		10.5	257.3	30004	215.6	222.9
丹麦（Denmark，1973）		5.4	176.7	31422	82.5	87.8
德国（Germany，创始国）		82.4	2026.7	27438	742.0	837.2
希腊（Greece，1981）		11.4	148.2	21675	43.5	30.4
西班牙（Spain，1986）		43.5	704.5	24681	250.7	193.0
法国（France，创始国）		61.0	1458.7	28877	436.7	417.6

（续）

联合区	成员（加入时间）	人口	GDP/10亿	人均GDP	进口商品和服务/10亿	出口商品和服务/10亿
	爱尔兰（Ireland，1973）	4.2	132.2	36238	94.7	116.3
	意大利（Italy，创始国）	58.6	1154.3	26496	298.3	288.5
	卢森堡（Luxembourg，创始国）	0.5	25.3	59853	35.6	40.6
	荷兰（Netherlands，创始国）	16.4	414.7	31306	292.6	323.3
	奥地利（Austria，1995）	8.2	215.2	30736	105.7	116.1
	葡萄牙（Portugal，1986）	10.6	117.8	18966	84.9	37.9
	芬兰（Finland，1995）	5.3	142.3	30420	50.0	61.5
	瑞典（Sweden，1995）	9.0	282.3	30392	111.0	139.2
	英国（United kingdom，1973）	60.4	1664.9	30237	543.4	466.3
	捷克（Czech Republic，2004）	10.2	71.9	19700	68.1	67.0
	爱沙尼亚（Estonia，2004）	1.3	9.3	15885	9.3	8.4
	塞浦路斯（Cyprus，2004）	0.8	10.3	20203	—	—
	拉脱维亚（Latvia，2004）	2.3	13.0	13724	8.1	5.4
	立陶宛（Lithuania，2004）	3.4	17.8	14020	13.7	10.8
	匈牙利（Hungary，2004）	10.1	61.6	16928	60.7	62.7
	马耳他（Malta，2004）	0.4	3.9	17079	—	—
	波兰（Poland，2004）	38.1	210.4	13349	84.9	81.2
	斯洛文尼亚（Slovenia，2004）	2.0	24.4	20890	17.6	17.2
	斯洛伐克（Slovak Republic，2002）	5.4	27.6	15409	28.3	27.5
	保加利亚（Bulgaria，2007）	7.7	17.4	8754	15.2	12.1
	罗马尼亚（Romania，2007）	21.5	52.6	8722	28.4	22.6
	三个候补国家					
	克罗地亚（Croatia）	4.4	24.2	12164	15.3	12.4
	马其顿（Macedonia FYR）	2.0	4.0	6580	2.4	1.8
	土耳其（Turkey）	72.9	261.2	7843	102.1	92.6

（资料来源：菲利普 R 凯特奥拉，玛丽 C 吉利．国际营销［M］．崔新建，改编．14 版．北京：中国人民大学出版社，2009.）

欧盟的宗旨是“通过建立无内部边界的空间，加强经济、社会的协调发展和建立最终实行统一货币的经济货币联盟，促进成员国经济和社会的均衡发展”，“通过实行共同外交和安全政策，在国际舞台上弘扬联盟的个性”。

欧盟市场的特点是：打通了成员国间的贸易障碍；联盟国家经济一体化，立法相互靠拢，公民定居谋职自由，人、资金自由流动，在实现商品自由流通的同时，欧盟也注意统一质量标准，保障消费安全。

欧盟单一的市场建设给中国企业开展国际营销带来机会的同时，也带来威胁，主要表现在：

（1）欧盟统一的大市场、统一标准，能使中国企业开展有针对性的营销活动，从而降低营销成本。

（2）欧盟壁垒的存在。欧盟由 27 个成员组成，各自的利益与共同的“欧洲利益”未必完全重合，加之内部决策机制固有的缺陷（如重大事务须一致通过的表决原则），往往导致有关的中欧关系提案容易一致通过，而事关具体成员国利益的议题则难以形成共识，更谈不上一致通过。

2. 亚太自由贸易区

亚太是亚洲与太平洋一词的简称。亚太地区是指太平洋沿岸各国，包括南北美洲濒临太平洋的国家、太平洋内岛国、大洋洲及亚洲东部各国和地区，随着亚太地区经济的迅速崛起和世界经济发展重心的逐渐东移，以及世界经济区域集团化趋势的日益明显，在这样的背景下加快了实现亚太经济区域合作的步伐。

亚太自由贸易区全称为亚洲及太平洋自由贸易区，是现今亚洲及太平洋经济合作组织（APEC，简称亚太经合组织）所预先确立的一项总目标。1989 年 11 月，在澳大利亚总理霍克的提议下，美国、日本、加拿大、澳大利亚、韩国、东盟等国家的 27 位外交部长和经济部长在堪培拉举行了“亚太经济合作部长级会议”的首次会议，标志着亚太经合组织问世。APEC 的产生，使得亚太地区经济合作发展很快。1994 年 11 月 14 日，亚太经合组织 18 国首脑会议确定 2020 年前成立“亚太自由贸易区”。

3. 北美自由贸易区

北美自由贸易区（NAFTA）由美国、加拿大和墨西哥三国组成。三国于 1992 年 8 月 12 日就《北美自由贸易协定》达成一致意见，并于同年 12 月 17 日由三国领导人分别在各自国家正式签署。1994 年 1 月 1 日，协定正式生效，北美自由贸易区宣布成立。

协定的宗旨是：取消贸易壁垒；创造公平的条件，增加投资机会；保护知识产权；建立执行协定和解决贸易争端的有效机制，促进三边和多边合作。

4. 东南亚国家联盟

东南亚国家联盟（ASEAN），简称东盟，它的前身是马来亚（现马来西亚）、菲律宾和泰国于 1961 年 7 月 31 日在曼谷成立的东南亚联盟。1967 年 8 月 7～8 日，印度尼西亚、泰国、新加坡、菲律宾四国外长和马来西亚副总理在曼谷举行会议，发表了《曼谷宣言》，正式宣告东南亚国家联盟成立。同月 28～29 日，马来西亚、泰国、菲律宾三国在吉隆坡举行部长级会议，决定由东南亚国家联盟取代东南亚联盟。

东盟成员国有 10 个（截至 2000 年底）：文莱（1984 年）、柬埔寨（1999 年）、印度尼西亚、老挝（1997 年）、马来西亚、缅甸（1997 年）、菲律宾、新加坡、泰国、越南（1995 年）。总面积约 450 万 km^2，人口约 5.12 亿。观察员国为巴布亚新几内亚。

5. 南方共同市场

1991 年 3 月 26 日，阿根廷、巴西、巴拉圭、乌拉圭在巴拉圭首都签署《亚松森条约》，宣布建立南方共同市场。1995 年 1 月 1 日，南方共同市场正式运行。玻利维亚、智利、秘鲁随后以“经济互补协定成员”的身份加入。南方共同市场成立之后，通过了一系列合理利用资源、保护环境、协调宏观经济、加强文化科技合作等协议。在 2003 年第 24 届南方共同市场首脑会议上制定了旨在加速地区一体化进程的“2006 议程”。

6. 大阿拉伯自由贸易区

大阿拉伯自由贸易区（The Greater Arab Free Trade Area，GAFTA），拥有 22 个成员，分别是：阿尔及利亚、巴林、科摩罗、吉布提、埃及、伊拉克、约旦、科威特、黎巴嫩、利比亚、毛里塔尼亚、摩洛哥、阿曼、巴勒斯坦、卡塔尔、沙特阿拉伯、索马里、苏丹、叙利亚、突尼斯、阿拉伯联合酋长国和也门。

（四）区域经济一体化对国际市场营销的影响

区域经济一体化对国际市场营销的影响如下：

（1）促进了集团内部的贸易自由化，从而对各成员国企业间的国际市场营销提供了宽松的经济环境。

（2）地区经济一体化具有不同程度的保护性与排他性，对非成员国企业的国际市场营销构筑起环境障碍，主要表现在：①特惠效应，区域内生产贸易企业受到优惠，区域外企业受到歧视；②增长效应，市场规模的扩大导致区域内企业生产规模扩大，以替代区域外企业。

三、全球市场的发展阶段

1. 罗斯托的划分方法

美国经济学家罗斯托（Rostow）在《经济成长的阶段》中提出，世界各国经济的发展大致可归纳为以下五大阶段：

（1）传统社会。处于传统社会阶段的国家，生产力水平低，未能采用现代科技方法从事生产，人们的知识文化水平很低，大部分人为文盲或半文盲，甚至有些地方尚处在自给自足的经济状态中。这是一个十分有限的国际营销市场。

（2）起飞前夕。起飞前夕阶段是经济起飞阶段的过渡时期。在此阶段内，现代的科学技术知识开始应用在工农业生产方面，各种交通运输、通信及电力设施逐渐建立，人们的教育及保健也受到重视，只是规模还小，不能普遍实行。这些国家通常收入和财富分配不均，贫富悬殊，中产阶级不多。因此，进口产品的种类和档次差异很大。

（3）起飞阶段。大致已形成了经济成长的雏形，各种社会设施及人力资源的运用已能维持经济的稳定发展，农业及各项产业逐渐现代化。这类国家的工业发展具有一定的规模，国民生产总值增长比较快，工业占国民生产总值的比重越来越大。这类国家往往需要进口先进的机器设备等，以完善自己的工业体系，对工业制成品的进口逐渐限制、减少。

（4）趋向成熟阶段。起飞阶段的后一个时期就是趋向成熟阶段，在此阶段内，不但能维持经济的长足发展，而且更现代化的科技手段也应用于经济活动中，同时，处在此阶段的国家，都能多方面地参加国际市场营销活动。在这类国家中，消费者的购买动机注重产品特性和质量，喜欢高质量、高档定型的产品。这类国家出口大进口也大，进口产品各种各样，包括原料、半成品、劳动密集型产品、奢侈品等，是国际营销规模较大的市场。

（5）高度消费时期。高度消费时期的经济阶段，注重永久性消费产品及各项服务业的发展，个人收入猛增，公共设施、社会福利设施日益完善，整个经济呈现大量生产、大量消费的状态。在这类国家中，整个社会“富有”和“贫穷”的人数极少，大多数消费者属于“中产阶级”。消费者偏重理智动机，极少情绪动机，因此产品必须既经济又可靠。

2. 产业结构划分法

从产业结构来看，世界各国经济发展水平可分为以下四种类型：

（1）自给自足型经济。处于这一类型的国家的经济结构以传统农业为主，制造业和其他产业微乎其微。由于劳动生产率极其低下，产品绝大部分供自身消费，剩余产品很少，因而商品经济很不发达，市场基本封闭，有限的对外贸易仅限于偶然调剂，进入这类国家的市场机会很少。

(2) 原料出口型经济。这类国家拥有某种储量极为丰富的自然资源（如石油输出国组织成员国拥有大量的石油资源），资源开采部门发展迅速，其他产业部门较落后，国民经济结构呈单一经济的不合理状况。原料出口型经济国家可以通过资源出口获取大量外汇，因而支付能力很强。这类国家对其支柱产业所需的先进生产设备、运输工具等有旺盛需求，高档消费品也有一定的市场。

(3) 新兴工业化型经济。这类国家的加工及制造业发展迅速，并超过了农业发展的速度，带动了能源、原材料、中间产品和生产设备的进口需求量，同时将其生产的优质、低价产品销往世界各地。这类国家有许多，如巴西、新加坡、韩国、墨西哥等，其居民购买力较强，消费需求呈现多元化趋势，市场繁荣稳定。

(4) 发达工业化型经济。这类国家主要是指北美、欧洲一些国家以及日本和澳大利亚。这类国家的经济特点是产业结构层次高，工农业高度发达，生产力水平高，技术先进，资金充裕，是资本、技术及高科技产品、合成材料等的主要输出国，同时需要进口大量的原材料和能源，中间产品和最终消费品业具有一定的市场。这类国家消费市场庞大，人均收入及消费水平高，是国际市场营销的主要场所。

四、东道国的经济环境要素

（一）经济体制

经济体制有市场经济体制和计划经济体制两种基本类型。市场经济体制是由市场机制所决定的关于生产资料的配置和使用的经济体制。在计划经济体制下，政府通过集中计划在全国范围内进行生产资源的配置和使用。介于两者之间的是混合经济体制。世界上并不存在纯粹的市场经济体制或纯粹的计划经济体制，绝大多数国家实行的是混合经济体制，区别只在于是更接近市场经济体制还是更接近计划经济体制。

经济体制的属性直接影响一国政府对经济的干预程度，从而影响企业的国际市场营销活动。在实行高度集中的计划经济体制的国家，政府直接掌管国民经济的管理权，对外国企业的产品和投资大都采取限制甚至禁止的态度，而且这些国家的市场机制不健全，垄断现象较为严重，实行这类经济体制的国家不利于企业的国际市场营销活动。在实行自由市场经济体制的国家，政府一般对外国企业的产品和投资持积极的欢迎态度，特别是给予外国投资企业以优惠的政策和待遇，如减免税政策、享受国民待遇等。而且这些国家市场信息充分，市场机制健全，价值规律和价格机制充分发挥其市场调节作用，优胜劣汰的市场竞争原则能得到充分体现。实行这类经济体制的国家是国际营销活动的良好场所。就混合经济体制而言，又可分为两种情况：第一种是政府干预经济的程度较高，政府大量投资兴办国有企业，投资于基础产业，实行外汇管制、进出口垄断和资本输出限制，而市场调节程度很小。在这种情况下，国际营销企业面临的经营环境就比较严峻。第二种是政府对经济实行有限的干预，尽量让市场机制发挥作用。此时，该国政府只是对经济发展过程中出现的偏差予以纠正，放松对外汇交易、商品进出口和资本流动的限制。在这种情况下，比较有利于企业的国际市场营销活动。

（二）通货膨胀

通货膨胀对经济的发展是一个严重的问题。将通货膨胀控制在一定的限度内，是各国政府的努力目标。有些国家为了控制通货膨胀，宁愿牺牲更高的经济增长速度。在名义收入不变的前提下，通货膨胀率越高，实际收入就越低，这就导致消费者的实际购买力下降，从而对市场产品的有效需求也下降；但另一方面，消费者又担心手中持有的货币会随着通货膨胀的持续升高而更加贬值，因而也会将手头的货币急于转换为商品或超前消费，这又会促进目前的市场需求。所以，通货膨胀对于市场需求具有双重的影响。通货膨胀会引起原材料、劳动力等价格的上升，这会导致产品成本的增加。企业为了减轻成本上升的压力，维持日常的生产经营，并获得一定的利润，就必须通过提高产品的价格，而且提价行为会随着通货膨胀的不断升高而持续。根据价格-需求弹性理论，价格越高，需求量则越低，特别是需求弹性较大的商品，其需求量的下降速度要快于价格的上升速度。如果企业不提价或提价幅度不大，企业就不能获得足够的现金流入来维持经营和赢得一定的利润。

因此，企业在进入某个国际市场之前，应详细了解该国的通货膨胀状况，并分析能否采取必要的防范措施，对于那些在一定时期内通货膨胀率很高的国家，企业在进入时一定要慎之又慎。

（三）国民收入

1. 国民生产总值

国民生产总值（Gross National Product，GNP）是指一个国家在一定时期（通常为一年）内所生产的产品和提供服务的市场零售价格总额。国民生产总值可以用当年产品和服务全部开支的总和来计算，也可以用生产这些产品和服务时所得的全部收入的总和来计算。国民生产总值是衡量一个国家经济发展实力和购买力的重要指标，也是一个比较可靠的描述商品潜在需求的指标。表 3-3 为 2008 年代表国家或地区 GNP。一般说来，高额的国民生产总值会创造巨大的市场需求量，从而为外国企业的产品出口提供市场机会。对于经济发展程度相近的国家而言，一个国家的进口总量与其国民生产总值呈正比。但不同商品的市场需求量与国民生产总值数量的关联程度不等。具体来说，工业品（如水泥、机床、石油等）市场需求量与国民生产总值的数量呈正比，而消费品特别是高档消费品的市场需求量与国民生产总值数量的正比例关系则表现得不是很明显。

表 3-3　2008 年代表国家或地区 GNP

名　次	国家或地区	GNP/美元	名　次	国家或地区	GNP/美元
1	美国	60337021750891	7	意大利	2255285029445
—	欧元区	13487691988379	8	巴西	1576868956496
2	日本	5070674229451	9	西班牙	1562982200461
3	中国	4370419989088	10	俄罗斯	1557150837069
4	德国	3686794174149	—	南亚	1535901780071
5	法国	2882798423836	11	加拿大	1391402977811
6	英国	2696583920586	12	印度	1212608147264

（续）

名　次	国家或地区	GNP/美元	名　次	国家或地区	GNP/美元
13	墨西哥	1068799783289	17	土耳其	785502373624
14	澳大利亚	968531815400	18	瑞士	533484135513
15	韩国	935199219636	19	波兰	517405533033
16	荷兰	877536632434	20	比利时	501496632680

（资料来源：根据世界银行2009年10月7日发布）

2. 经济增长速度

经济增长速度通常用国内生产总值（Gross Domestic Product，GDP）的增长率来描述。国内生产总值是国民生产总值扣除来自国外的投资、财产和报酬收入后的剩余值。通常，国内生产总值的年平均增长率越高，说明经济增长的速度越快，市场的规模和潜力就越大。

（四）收入分布状况

在许多国家和地区，收入分配很不公平，贫富差距悬殊，这就使得国民生产总值和人均收入两个指标在反映该国或该地区的市场规模时可能产生偏差。所以，在评估一个国家或地区的经济环境时，还应考虑该国或该地区的收入分布状况，只有这样才能较为正确地评估市场的实际购买力。

收入分布状况可用基尼系数来衡量。基尼系数（Gini Coefficient）是指在全部居民收入中，用于进行不平均分配的那部分收入占总收入的百分比。世界银行发布的一组数据中，最高收入20%人口的平均收入和最低收入20%人口的平均收入这两个数字的比，中国是10.7倍，美国是8.4倍，俄罗斯是4.5倍，印度是4.9倍，最低的是日本，只有3.4倍。

（五）居民的储蓄状况

居民的总收入通常分为两部分：一部分作为支付手段，用于现时的消费；另一部分则暂不开支，作为储蓄。储蓄的最终目的是为了未来的消费。所以，一定时期内储蓄的多少将直接影响现时支出数量和市场购买力。在居民货币收入一定的情况下，储蓄数量越大，现时支出数量和市场购买力就越小；反之，则现时支出数量和市场购买力就越大，给企业提供的现时市场机会就越多。当然，当居民储蓄增多时，潜在购买力就增强，企业产品在未来的实现就相对容易。

通常用储蓄额、储蓄率和储蓄增长率三个指标来反映一个国家、地区或家庭的储蓄状况。储蓄额是居民储蓄的绝对数量，反映一定时期内的储蓄总量。储蓄率是指储蓄额占居民总收入的比例。储蓄增长率则反映某一时期的储蓄增长速度。通过这三个指标，可以分析一定时期消费与储蓄、居民收入与支出的变化趋势。

影响居民储蓄状况的因素有很多，除了家庭的人口数量、就业人数、收入水平、市场商品的供给状况等因素外，储蓄动机、储蓄习惯与偏好、社会文化传统也是影响居民储蓄状况的重要因素。比如，有的居民储蓄是为了集中收入购买住房或高档耐用品；有的是为了将来子女的教育；有的是为了养老，使未来的生活有保障；有的居民受传统文化的影响比较节俭，他们的储蓄纯粹基于一种习惯和偏好，并无特殊的动机，如日本、韩国、新加坡、中国香港等国家和地区的相当一部分居民储蓄即属此类。

（六）消费者的信贷状况

世界上的许多国家，特别是西方工业发达国家，消费者不仅以其货币收入购买他们需要的商品，而且可以通过信贷借款来购买商品。消费者信贷是指消费者凭信用先取得商品使用权，然后按期归还贷款。消费者信贷可分为分期付款和一次性付款，其中分期付款又包括住宅分期付款、汽车分期付款、高档消费品分期付款和信用卡信贷等形式。

消费者信贷不仅可以增加和刺激消费者需求，提高消费者的购买力，而且还会带动相关产业和产品的发展。比如，向消费者提供住宅信贷，除了可以直接增加住宅的销量外，还可以推动建材、建筑、装潢等行业的发展。

（七）基础设施

一个国家或地区的基础设施是评估一国或地区经济环境的重要指标之一。基础设施主要包括交通运输、能源供应、通信设施以及商业基础设施等。一个国家或地区的基础设施直接影响着国际市场营销的效率与效益。

交通运输包括陆地运输、空中运输及水上运输。陆地运输又包括公路运输和铁路运输。交通运输条件的具体内容有：公路与铁路的长度与等级、各种车辆的数量与运载能力、飞机场的等级与数量、河道的长度及分布状况、港口的数量与等级、船舶的数量及运载量、交通指挥系统的健全程度等。一个国家或地区的交通运输条件影响着企业原材料的供应和产品的实体分配。

能源包括电力、石油、天然气及煤炭等。能源供应影响着投资项目能否按期完成，形成的生产力能否被充分利用。同时，能源供应也影响着某些耗能产品的销售状况，很难想象在一个电力供应严重不足的国家，消费者会争着去购买电视机、电冰箱等家用电器；同样，在汽油供应短缺的国家，摩托车和汽车不会有太多的消费者购买。

通信设施条件包括国际互联网、电话、电传、邮政等通信条件及报纸杂志、电视、广播等大众传播媒体的发达程度。通信条件是否完善直接影响国际营销企业的分支机构与供应商、销售商、顾客、公司总部的信息沟通，从而决定着国际营销企业，特别是分支机构对于市场信息能否及时了解。大众传播媒体的发达程度影响着消费者对于企业产品信息的接收，不发达的媒体必然会限制企业的促销活动。

商业基础设施包括广告公司、保险公司、市场营销调研公司、咨询公司、商务中介公司、会计师事务所、税务师事务所等。商业基础设施相对于交通运输、能源供应及通信设施等“硬基础设施”而言是一种“软基础设施”。“硬基础设施”和“软基础设施”都是企业在开展国际市场营销活动时所必须考虑和依赖的基础设施。各种基础设施越发达、越完善，企业的国际市场营销活动就越顺利、越安全，从而就能提高国际市场营销的效率与效益。商业基础设施的有关情况可以从政府和贸易协会提供的资料中获取，也可从专门的咨询顾问公司处获得，甚至可以派专人去东道国进行调研，获得一手资料。

东道国的经济环境因素还有很多，如人口因素，包括人口总数、人口结构、人口分布、人口增长、人口流动、人口密度等；又如该国的科技发展状况、财政状况、金融状况、外贸状况、失业率、城市化程度等。

第二节　国际市场营销的社会文化环境

一、社会文化的定义

社会文化从广义来讲，是指某一社会集团的价值观、社会规范的综合体。它包括从物质到精神的各个要素。主要的文化要素有语言文字、价值观念、宗教信仰、教育水平等。社会文化从狭义来讲，是指一个组织长期实践中形成的，为广大员工所遵守、理解和支持的价值观、道德规范和行为标准。本节主要从广义的文化上来探究文化对国际市场营销的影响。

（一）语言文字

语言被人们描述为文化的镜子。语言从本质上讲是多方位的，它不仅适用于有声语言，而且也适用于国际商业中的形体语言。信息通过使用的文字、说话方式和形体语言来表达和传递。语言带给市场营销人员的首要问题是信息沟通的障碍。语言是信息的载体，市场营销人员要想了解顾客的需求，说服顾客购买，必须克服语言的障碍。如果市场营销人员能够使用顾客的母语，就能大大增加对顾客的说服力。对于在国外设有子公司的企业而言，语言文字方面的要求更高。对于有长期业务往来而且非常重要的海外市场，派往当地的人应该掌握当地的语言。选择合格的经销商或代理商可以帮助跨越语言和文字的障碍；或在当地找到熟悉了解国际企业母语的管理人员。这些人才既对本国文化了如指掌，又能与母国企业的人员进行交流，有利于促进企业的业务发展。

对产品说明书、广告、品牌方面的文字翻译尤其要谨慎。品牌翻译失误的一个著名例子是美国通用汽车公司生产的“NOVA”牌汽车，此车在北美很畅销，但在拉美市场却一直打不开销路。原来，在当地语言中，“NOVA”的意思是“跑不动”。一般品牌及公司名称的翻译需要由精通当地语言文化的人来最后审定。有些公司尽量使其品牌及公司名称在各国均能发音，但在各国语言中又无具体含义，如索尼（SONY）、埃克森（EXXON）等。

人类学教授爱德华·霍尔把文化分成两类：高语境文化和低语境文化。前者沟通主要依靠语境和非语言沟通；后者词句意思清晰，直截了当。象征性语言（Nonverbal Language）属于高语境文化，也要引起营销人员的注意，经理们必须设法明白语言背后隐藏的文化。形体语言属于象征性语言的范畴。相同的形体语言由于文化不同，其含义有所不同，甚至相反。在许多场合，象征性语言交流比实际文字更为重要，并且人们会有不一致的理解。

（二）价值观念

价值观念是指人们对事物的评价标准和崇尚风气。价值观念决定了人们的是非观、善恶观和主次观，决定着人们的行为。不同的国家、不同文化背景的人，在价值观念上往往有巨大的差异。例如，美国人强调个人的作用，喜欢标新立异，与众不同；而日本人则崇尚精诚合作的团队精神。这些不同的价值观念最终导致了消费行为的巨大差异，这是营销活动中值得注意的。

时间观念是价值观的重要组成部分。不同文化背景下的人对待时间往往有不同的态度。例如，美国人时间观念很强，谈生意安排时间很紧，常常是一见面就谈，今天来，明天走。这在阿拉伯国家却被视为傲慢无礼、不尊重人，他们喜欢慢慢来。日本人也很注重时间观念，但与美国人不同，日本人比较重视实施效率，而美国人比较重视决策效率。

对财富和物质利益的态度不同也体现了价值观念的不同。今日的美国社会是一个工商业高度发达的社会，这也许与美国人信奉的价值观念有关，他们认为财富占有的多少是衡量一个人取得成就以及获得社会认同的主要标准。但是，在佛教或印度教盛行的国家，"无欲"被认为是一种值得追求的理想境界，因此人们对物质的占有欲望很微弱。当然，随着全球经济的一体化，不同国家对财富和物质利益态度的差异正在缩小。商业活动在亚里士多德时代很少为西方人的价值观所赞同，只是在近代工业文明兴起后，商业活动才取得了应有的地位。在轻视商业活动的国家中，优秀人才不会进入商业领域。在有些国家的历史上，只有地位低下的阶层或流浪海外的人才会去从事商业活动。在这种社会里，国际市场营销在人员招募或分销渠道方面会面临许多困难。

【实例 3-1】

宝洁公司与婴儿尿布

美国婴儿尿布头号生产商，世界知名的市场营销战略之王宝洁公司跨国经营婴儿尿布的教训同样很有代表性。宝洁公司在 20 世纪 80 年代把美国市场上最受欢迎的婴儿尿布引出国界，进入我国香港和德国市场。在一般情况下，宝洁公司每进入一个市场都要经过"实地试营销"，以发现可能存在的问题。但是这次宝洁公司认为，尿布就是尿布，婴儿尿就是婴儿尿，这种尿布已经在美国销售多年，受到普遍好评，因此，决定跨越试销阶段。可是接下来发生的事情却大大出乎宝洁公司的意料。我国香港的消费者反映，宝洁公司的尿布太厚，德国的消费者却反映，宝洁公司的尿布太薄，吸水性能不足。同样的尿布，怎么可能同时太厚又太薄呢？宝洁公司经过详细调查才发现，婴儿一天的平均尿量虽然大体相同，但婴儿尿布的使用习惯在我国香港和德国却大不相同。我国香港的消费者把婴儿舒适作为母亲的头等大事，孩子一尿就换尿布，因此，宝洁公司的尿布就显得太厚；而德国的母亲比较制度化，早晨给孩子换块尿布然后到晚上再换一块，于是宝洁公司的尿布就显得太薄。

因此，宝洁公司进入我国内地市场后，更注重市场的特殊性。为深入了解我国内地的消费者，宝洁在我国内地建立了完善的市场调研系统，开展消费者追踪并尝试与消费者建立持久的沟通关系。宝洁公司在我国内地的市场研究部建立了庞大的数据库，把消费者意见及时分析，反馈给生产部门，以生产出更适合我国内地消费者使用的产品。

（根据以下资料整理：蒋光宇．宝洁公司为何失算［N］沈阳日报，2004-03-18.）

（三）宗教信仰

宗教信仰影响人们的生活态度、需求偏好、购物方式。不同的宗教信仰对同一事物有着不同的态度，会导致人们不同的需求和消费模式。各种宗教都有自己的节日，这些节日直接影响国际市场营销活动。在许多信仰基督教的国家，圣诞节前一个月的商品零售额会高出其他月份几倍。节日前夕居民除购买食品外，还要购买大量的生活用品，节日商品需求非常旺盛。所以，国际营销人员要特别注意了解各国节日，适时推出自己的产品。

各种宗教都有其独特的禁忌。例如，印度教视牛为圣明，其教徒不仅不吃牛肉，连与牛相关的产品也不使用。

宗教组织本身是大型的团体购买者，是其教徒购买决策的重要影响者。一般宗教组织认为某种新产品、新技术对宗教构成威胁，就会限制使用和引进；反之，如果宗教组织认为某产品或技术对宗教有利，就会号召教徒使用和购买，能有效地促进该产品和技术的推广和普及。

（四）教育水平

各国的教育体系、方法、内容差别很大，也是营销人员决策时要考虑的因素之一。据统计，美国、日本、德国、法国、英国、韩国、俄罗斯成人文盲率不足5%。一般地，经济越发达，文盲率越低。各国教育的差异给营销活动带来如下影响：

1. 教育是市场细分的标准之一

教育程度高的国家，乐器、艺术品、高档文具等产品都比较好销。因为人们的文化素养较好，对这类产品的需求量大。同样，一些尖端的科技产品也有比较大的市场。

2. 对市场营销调研效果有影响

在文盲率高的国家，营销人员难以与被访者进行信息沟通，问卷回收率比较低，也难以获得第一手资料，无法找到合适的调研人员和调研机构。

3. 影响市场营销组合决策

产品包装上的文字以及产品目录和产品说明书等要考虑消费者的受教育程度。在选择传播媒介时，必须考虑公众受教育程度。在文盲率高的国家，广告促销最好选择电视、无线电或现场示范。

二、文化适应与文化变迁

文化并不是静止的，它是慢慢变化的。文化的变化既给企业带来了机会，也给企业带来了威胁，主要表现在以下几个方面：

（一）价值观念与生活方式的改变

美国人的文化对许多国家具有重大影响，但美国人的价值观、生活方式也发生着相当大的变化。人们从普遍制度化的忠诚转向个人潜能的发挥与个人的满足，体现在对休闲的偏爱、对安全感的需要等。价值取向从物质价值转向生活素质与社会价值的现代取向，辛勤工作、奉献、独立进取的价值观转向安逸、便利、安稳的价值观念。美国属于高收入和高消费国家，其总的消费倾向是对产品需求的范围广、层次高、质量精、式样新颖和多样化。产品的坚固耐用，不是人们追逐的重点，而是注重产品使用方便、安全和舒适。同时，美国人很注重各项服务条件，关心是否可以选择分期付款、赊销、信用卡或现金等购买方式，是否有周到的售后服务，如送货上门、保修、保换、保退等。这些价值观念及生活方式的改变，对市场营销人员而言，针对美国市场，提供节省时间、安全可靠和方便服务的商品，会增加企业的市场竞争能力。

日本人生活节俭，挣钱、存钱的价值观和生活方式也在发生变化。现在越来越多的日本人想的是如何消费享受，如何体现富有。20世纪80年代，日本人称之为“3C”时代，即追求汽车（Car）、彩电（Color TV）和冷气机（Cooler）；进入20世纪90年代，日本人转向“3V”，即假期（Vacation）、别墅（Villa）和出国访问（Visit）。日本又流行追逐健康的产品、高消费、出国旅游、业余消遣、追求生活的情趣等。而新一代的女性独立趋势越来越强，她们住单身公寓，买高档消费品。日本的高收入阶层一般是企业高级经营管理人员、大学教授、高级研究人员、高级医生、政府机关高级官员等，这些人士的需求高档、多样化，并且拥有高档的住宅、公寓、汽车等，家庭主妇和职业妇女在日本已成为许多消费运动的推动力量，她们推动参观学习、娱乐、体育、旅游等各种消费运动，形成日本的一个消费特色。

（二）环境意识的增强

越来越多的消费者正在自觉地接受环保观念，因而审美观和价值观也有巨大的变化。认为制造商对产品的生产、包装、使用乃至废弃所造成的污染都负有责任。消费者环保意识的提高，也使环保行业成为一个最兴旺发达的行业。例如，日本东京各百货商店的部分商品贴上经官方环保协会鉴定的环保标志，尽管售价高出5%～10%，但购买者仍络绎不绝；德国许多公司的产品自觉地接受由科学家、企业代表、消费者保护协会成员及环保专家组成的委员会的鉴定；我国也开始关注绿色食品的生产。

（三）文化融合的趋势

文化融合是指由于经济全球化，国与国文化的交叉影响，使各国的消费向国际化、个性化的方向发展，即各国消费者的消费趋同、趋优。例如，日本的家用电器、照相机；美国人的电影、音乐、快餐和饮料；欧洲人的住房、服装、文娱用品和悠闲情调，成为各国许多消费者共同追逐的目标。人们竞相使用世界名牌产品，尤其是青年人，能很快适应外来文化的影响，模仿力极强，行为易于趋于一致。这样的消费趋势是那些在国际著名品牌公司求之不得的。许多著名的跨国公司的销售收入和利润的一半以上都来自国际营销。

另外，个性化的商品随着个性化的时代也悄悄来临。许多消费者希望自己比别人拥有更多独特的商品，他们对商品的选择不再以价格的高低、质量和性能的优劣为取舍的重要标准，而是看商品是否别具一格，是否符合自己的心意。

（四）文化适应策略

1. 谨防自我参照标准

自我参照标准（Self-reference Criterion）是指国际市场营销人员在决策时，会无意识地参照自己的文化价值观、参考以往的成功经验；国际市场营销者深受母国文化的影响，往往以自身的文化价值观作为其判断和决策的基础。事实上，一个被普遍认同的观点是——“在跨文化管理中，在某个特定的文化中有效的办法在另一个文化里可能没有效果。”

【资料阅读3-2】

中国龙与西方龙的区别

首先，中国的龙代表的是神圣。而在西方，龙一般代表邪恶。中国龙和西方龙虽然是虚幻的，但是也有相似与不同之处。相似之处都是体形巨大，会腾空飞翔。不同之处是中国龙会喷水，西方龙会吐火；西方龙有双翼，中国龙有四爪。西方龙则更像恐龙一些。“中国龙”这个词翻译成英文是“the Chinese Dragon”。“dragon”这个词源于拉丁文，有“大蛇，凶暴的人，严厉而有警觉性的女人”的意思。从这个意思引申出“撒旦、魔鬼”的意思。从这里可以看出，“dragon”原没有“龙”的意思。常用语“blind dragon”是“陪客”的意思；“the（old）dragon”是“魔鬼撒旦”的意思。在动物学名词中“dragon”是一种蜥蜴的名字。

（资料来源：束江涛．我们是不是龙的传人［OL］．生活新报网，2006-12-09. http：//www. shxb. net）

因此，国际市场营销者要力争克服自我参照惯性，跨国公司在制定国际营销策略时，必须考虑策略的灵活性，并具有对东道国文化的敏感性。

2. 文化借鉴

在保持本身文化主体特色的前提下，借鉴外来有用的文化。例如，我国澳门地区的“一二三四”，即一国两制、三种货币和四种语言。

3. 必须因地制宜

因地制宜（Adaptation）是国际营销中的一个重要概念，它体现了人们处理国际营销活动的态度。事无大小，都要因地制宜，量体裁衣，或适当调节。事实上，表面上不太重要的事有时起着关键的作用。对于不同的文化，要能认同接受。凡是与异国人士、企业、政府机构打交道的市场营销人员都必须因地制宜地遵守对待不同文化的指导原则，即宽容、灵活、谦逊、公平与公正、能适应不同的工作节奏、有好奇心与兴趣、对他国要了解、喜欢他人、能赢得别人的尊重、能入乡随俗。

三、商业惯例

一个国家的商业习惯受到社会文化的影响。由于文化的差异，使得各国的商业习俗与惯例有很大差别。

（一）美国人

美国人的商业惯例表现在以下几个方面：

（1）美国人讲究效率，做生意比较干脆，决策意识强烈，自我协调观念敏锐，容易给人一种居高临下，舍我其谁的印象。

（2）美国人在社交场合和谈判桌前风格完全不同。在社交场合中的美国人很宽容、彬彬有礼、不轻易拒绝别人；而在谈判时，他们会直截了当地抱怨产品的质量太差、价格太高甚至拒绝与你做生意。

（3）商业谈判法律化。美国企业经营法律化，对于美国人来说，可以不信任朋友，而只依赖法律，他们不会因为你们是朋友而给你格外照顾。朋友归朋友，生意归生意，要先做生意再做朋友。

（4）做生意注重财务指标。在谈判时，他们要研究潜在交易伙伴的财务能力、盈利水平（利润率、投资回收期等），对盈利率的关心甚于对增长率的关心。

（二）日本人

日本人的商业惯例表现在以下几个方面：

(1) 重视个人信用。看重交易对象的个人信用是日本人特有的商业习惯。为了确认交易对象的信用，他们会从各个方面进行广泛交流及拜访，以增进彼此的了解。日本人愿意与交易对象建立长期稳定的合作关系，不过分追求短期利益。

(2) 谈判过程缓慢。日本人强调各自的职责范围，也强调上下级管理层的共识，讲究稳妥、准确。因此，他们不会在交涉、商讨当场达成协议，而是要等到会后与有关人员商讨后再作决定。

(3) 一次订单小而频繁。日本商人订单数量较小，花色品种繁多，小数量的订单下得十分频繁，非常麻烦，所以要有绝对的耐心。这是由日本市场的销售状况所决定的。

(4) 严格要求商品质量及交货期。除交易合同的规定之外，日本人往往还提出若干附加条件，特别是退货条件。退货制度在日本社会已根深蒂固，所以进口商品的质量好、交货及时利于销售，就能减少退货现象的发生。

(5) 回扣制度。回扣制度是指卖方在交易过程中支付给买方的现金或其他商品的总称。日本的回扣制度属非公共性质，支付标准不明确，对不同的交易对象所给的回扣也不尽相同。

(三) 拉美人

拉美人对自己的国家都非常自豪，也很有感情。因此，在谈判时最好不要谈论国家管理和政治。对商定的约会要穿着深色西服准时出席，但不要由于等待谈判对手一个小时而大惊小怪。双方见面时要不停地握手，以示友好、礼貌和尊重。与拉美人做生意别指望很快收到货款，信用证至少要 90 天期限。

(四) 阿拉伯人

阿拉伯人的商业惯例表现在以下几个方面：

(1) 谈判过程随意。与阿拉伯人谈生意，一开始涉及业务是非常不礼貌的，他们会与你闲聊几个小时。在谈判中，随时会因亲朋好友来拜访而被打断。阿拉伯人生性好客殷勤，你必须接受这种生活方式。

(2) 要通过代理人谈生意。无论与私营企业还是与国营企业做生意，都要通过代理人，否则生意就无法顺利进行。因此，你要在业务中多次强调，你需要得到代理人的帮助，而代理人不喜欢你把他看成一个贪财的人。

(五) 欧洲人

欧洲国家众多，语言各异，是世界上最大、最富有的市场之一，各国商人都想进入。人们把欧洲各国的商业惯例归纳如下：一丝不苟，尊重头衔的德国人；穿戴考究，喜欢聊天的法国人；情绪多变，讲究商业节约的意大利人；性格坦率，精于计划的荷兰人；乐于讨价还价的希腊人；注意礼仪，崇尚老牌子，不愿讨价还价的挪威人和瑞典人。

(六) 非洲人

在非洲经商没有规律可谈，要想成功就得忍耐、灵活，准备适应当地的理念和变化不定的情况。

第三节　国际金融与外汇环境

一、国际金融环境与国际市场营销的关系

国际金融作为国际经济关系的重要组成部分，对国际市场营销有着十分重要的影响。国际市场营销不同于国内市场营销，它是一种跨国界的经济活动，这种活动涉及国际间货币资本的周转和流通。国际间货币的周转与流通主要是通过外汇实现的，所以国际市场营销者必须了解和关注外汇、汇率、外汇交易等事项。汇率的波动对于国际市场营销企业的进出口贸易、海外直接投资、生产决策及财务管理等均会产生重大影响。例如，国际市场营销企业母国货币汇率上浮，该企业出口产品的价格就会上涨，从而就会降低该产品的国际竞争力，出口就会由此而减少；企业在本国汇率有利的时候，将东道国的货币兑换成本国的货币，可以获得更大的收益等。影响汇率波动的因素很多，国际市场营销者只有正确地评估这些因素可能给汇率带来的变化，才能作出符合实际的决策。国际金融组织直接或间接地为企业创造资金来源，企业也可以通过国际金融市场融通资金，这都为企业的市场营销活动的顺利开展提供了有力保障。综上所述可知，国际金融环境对国际市场营销活动的影响是重大的。

二、国际金融与外汇市场

（一）国际金融市场的概念及构成

国际金融市场是指居民与非居民之间，或者非居民与非居民之间进行国际性金融业务活动的场所及关系总和。国际金融市场的构成内容可以依据不同的标准进行分类。若从经营的业务种类上区分，可以分为国际资金借贷市场、国际外汇市场、国际证券市场和黄金市场；若从货币和接受者本身来区分，可以分为离岸金融市场（经营非居民的境外货币存贷业务）和在岸金融市场（经营非居民的境内货币存贷业务和居民的境外货币存贷业务）；若从时间上区分，可以分为短期资金融通的国际货币市场和长期资金融通的国际货币市场等。

（二）国际货币市场

国际货币市场（International Money Market）也称短期资金市场，是资金的借贷期限在一年以内的货币借贷交易市场。它主要包括短期信贷市场、短期证券市场和贴现市场。

1. 短期信贷市场

短期信贷市场是银行对客户提供一年或一年以内短期贷款的市场，目的在于解决临时性的资金需要和头寸的调剂，贷款的期限最短为一天，最长为一年，也可为三天、一周、一个月、三个月、半年等。短期信贷市场的利率以伦敦银行同业拆借利率为基准，交易通常以批发形式进行，多则几百万英镑，不需要担保或抵押，完全凭信誉，交易简单，并完全通过现代通信设施进行。

2. 短期证券市场

短期证券市场是国际间进行短期证券交易的场所，期限不超过一年。交易的对象有短期国库券、可转让的银行定期存单、银行承兑汇票和商业承兑汇票。

国库券是西方各国财政部为筹集资金需要或进行短期经济和金融调控而发放的短期债券，期限一般为三个月或半年，利率视具体情况而定。

3. 贴现市场

贴现市场是对未到期的信用凭证（国库券、债券、汇票等）按贴现方式进行融资的场所。贴现就是把未到期的信用凭证打个折扣（按一定的贴现率）向银行或有关金融机构换取现金的一种方式。在凭证到期时，银行或金融机构持该凭证向发票人或承兑人兑取现金，如果该凭证还未到期而银行或金融贴现业务机构又急需现金，可将此凭证向中央银行进行再贴现。贴现业务是货币市场资金融通的一种重要方式，贴现率一般要略高于银行利率。中央银行通常在再贴现业务中通过再贴现率的调节来影响市场利率和控制信贷规模。

（三）国际资本市场

国际资本市场是指国际间的借贷期限在一年以上的中长期资金融通的场所。国际资本市场分为国际信贷市场和国际证券市场。

1. 国际信贷市场

国际信贷市场是指政府机构、国际金融机构和国际银行向客户提供中长期信贷的场所。政府贷款的期限长、利率低，但提供贷款时往往附加一些约束条件。政府贷款的期限最长可达30年，利息最低的可为零。附加的约束条件如：规定贷款只能用于购买指定的授贷国的商品，或规定授贷国必须在经济政策或外交政策方面作出某些调整或承诺。国际金融机构的贷款有国际货币基金组织贷款、世界银行集团贷款和地区性开发银行贷款。

2. 国际证券市场

国际证券市场是指筹资者直接到国际金融市场发行债券或股票以及买卖债券或股票的场所。筹资者可以是政府机构、国际组织，也可以是企业、公司或银行。证券市场可以分为证券发行市场和证券交易市场。证券发行市场是新证券发行市场，也称初级市场或一级市场，它的功能在于筹资者通过发行市场，将新证券销售给投资者，以达到筹措资金的目的。证券交易市场是已发行证券的流通市场，包括证券交易所和场外交易市场。证券交易所是最主要的证券交易市场，也称为二级市场，是买卖不上市的证券市场，由证券商在其营业所自营或代客户买卖，有人称场外交易市场为“三级市场”。

（四）外汇市场

外汇市场（Foreign Exchange Market）是外汇的交易场所或交易网络。在当今世界上，外汇交易活动并非在一个固定的有形场所进行，外汇交易者可以通过电报、电话等通信网络或计算机网络来进行外汇交易活动。外汇交易种类很多，一般有以下几种：

（1）即期外汇交易（Spot Exchange Transactions）。这是指交易双方以当天的汇价成交并在隔天交割的外汇买卖活动。它主要是为了满足机构和个人因从事贸易、投资等国际经济活动而产生的对外汇的供求而进行的，为外汇市场的主要组成部分。

（2）远期外汇交易（Forward Exchange Transactions）。这是指交易双方以约定的汇价在将来某一约定的时间进行交割的交易。约定的时间可以是一个月，也可以是三个月或六个月，通常不超过一年。

（3）套汇（Arbitrage）。这是指为获取汇率差价而从事的外汇交易。如果不同外汇市场上的汇率存在差异，在低汇率的市场上大量买进某种外汇，同时在高汇率的市场上卖出该种外汇，就可以从汇率差价中获取利润。

（4）套利（Interest Arbitrage）。这是指利用两地间利率的差异，调整资金以赚取利息差额的活动。由于套利活动的存在，各国间利率的微小差异都会迅速引起资金在国家间的流动，各国利率因而会趋于一致。

（5）远期外汇合约（Forward Exchange Contract）。它由外汇交易双方自由订立，除了交割期的规定外，其他与即期外汇交易一样。

（6）外汇期货交易（Foreign Exchange Contract）。外汇期货交易是在有组织的期货交易所进行的。在外汇期货市场上并不直接进行外汇交易，交易的对象是外汇期货合同。外汇期货合同的交货期限和金额等条款都是标准化的。

（7）外汇期权交易（Foreign Exchange Option Transactions）。这是指外汇交易双方订立合约，在一特定时期内有权按协议价进行一定数量的某种外汇的买卖活动。

（8）掉期交易（Swap Transactions）。这是指银行在外汇市场上与一客户同时达成一笔数额相等、货币相同，但交易方向相反的即期外汇交易和远期外汇交易，即在购买一笔即期外汇的同时又出售一笔数额相同的、同一币种的远期外汇，或在出售一笔即期外汇的同时购入相同数额、同一币种的远期外汇。掉期交易是一种即期交易与远期交易相结合的交易方式。

三、汇率及其变动

（一）汇率的含义

汇率（Foreign Exchange Rate）是指外汇货币市场上各种货币的换算比率，它用一个国家的货币表示另外一个国家货币的价格。外汇可以采用直接标价法（Direct Quotation）或间接标价法（Indirect Quotation）。直接标价法是以本国货币表示外国货币价格的标价方法，它表示一定数量的外国货币所能兑换的本国货币的数量。间接标价法是以外国货币表示本国货币价格的标价方法，它表示一定数量的本国货币所能兑换的外国货币的数量。

（二）汇率制度

汇率制度有两种基本类型，即固定汇率制度和浮动汇率制度。

1. 固定汇率制度

固定汇率制度是指两国货币的汇率基本固定，只允许在一定的幅度内进行浮动。1944年，西方发达国家在美国布雷顿森林召开了联合国货币金融会议，以美元为中心汇率的固定汇率制度就是在这次会议上确立的。

固定汇率制度相当于金本位制，以美元为例，1美元含黄金1/35盎司。《国际货币基金协定》规定参加国际货币基金的成员国的货币的平价应以黄金或美元表示，使各国货币盯住美元并与美元挂钩。当时，固定汇率制度在稳定国际金融秩序方面起到了积极的作用。

2. 浮动汇率制度

在浮动汇率制度下，一国政府不规定本国货币与外国货币的官方汇率，也不规定汇率上下波动的界限，任由外汇市场根据外汇的供求状况自发地决定本国货币对外国货币的汇率。

外币供过于求，外币的价格就下跌，外币的汇率就下浮；外币供小于求，外币价格就上涨，外币的汇率就上浮。

世界上共有150多个国家实行浮动汇率制度，而这些国家大致上可以分为两种类型：发达国家实行单独浮动或联合浮动的汇率制度，而绝大多数发展中国家实行盯住汇率制度或“一篮子货币”的汇率制度。这些被盯住的货币，要么直接是发达国家的货币，要么是由它们的货币组成的“一篮子货币”。

（三）汇率变动

1. 影响汇率变动的因素

在纸币本位制度下，汇率决定的基础是纸币所代表的价值量，实际汇率随外汇市场的供求变化而涨落。因此，进一步探讨汇率变动的原因，关键在于把握影响两国货币价值之比，特别是影响外汇供求关系的各种因素。这些因素相互联系、相互制约，共同促使汇率的变动。影响汇率变动主要有以下因素：国际收支；相对通货膨胀率；相对利率；经济增长；财政赤字；外汇储备；投机活动；政治干预。

2. 汇率的变动对国际市场营销企业的影响

（1）对进出口贸易的影响。外汇汇率的波动引起货币价格的增值或贬值，进而影响产品的进出口。一国货币贬值后，该国出口商品的外币价格下降，外国对其出口商品的需求上升，出口规模得以扩大；同时，该国的进口商品的本币价格上升，会抑制国内对进口商品的需求，进口规模得以缩小。一国货币增值后，该国出口商品的外币价格上升，外国对其出口商品的需求下降，出口规模因而缩小；同时，该国进口商品的本币价格下降，会扩大国内对进口商品的需求，进口规模因而扩大。此外，一国货币汇率的波动也会影响其他国家产品的进出口。例如，甲国的货币贬值后，该国的产品由于价格便宜，大量进入乙国市场，冲击了乙国与丙国原有的关系，减少了乙国对丙国产品的进口。

（2）对投资的影响。当一国货币增值时，该国货币的购买力相对上升，该国企业愿意到海外进行投资；而外国企业则因其国家货币的购买力相对下降，去货币增值国进行投资的积极性就小多了。反之，当一国货币贬值时，外国货币的购买力相对上升，有利于吸引外国企业去该国进行新的投资；而本国企业因本国货币的购买力相对下降，一般不太愿意到海外进行新的投资。

（3）对生产决策的影响。汇率的波动会使企业的原材料、劳动力等资源的成本发生变化。当一国货币贬值时，该国的子公司扩大生产规模，就可以降低经营成本。当一国货币增值时，企业一般会通过采取购买原材料和技术转移等措施，充分发挥和利用本国的生产能力，同样这也是出于节约生产成本的目的。

（4）对财务管理的影响。汇率的波动，对国际市场营销企业的整个财务管理的影响主要表现在财务资源、跨国资本流动及财务结算等方面。例如，国际市场营销企业可以在利率低的地方贷款，以节约还贷资金。在资本流动方面，母公司必须利用本国货币汇率有利的时机，将东道国的货币兑换成本国的货币，以求获得更大的收益。汇率对财务结算的影响，表现在对收入的影响。如果东道国的货币增值，子公司在东道国所获收益兑换成本国货币量，就会大于东道国货币贬值时所兑换的本国货币量。

3. 汇率风险

汇率风险（Exchange Rate Risk）也称外汇风险（Foreign Exchange Risk）和汇兑风险（Exchange Risk），它是指国际市场营销企业在从事国际营销活动的过程中，因外汇汇率的变动而蒙受损失的可能性。它一般包含外汇结算风险、转换风险、经济风险等。

四、国际金融组织

国际金融组织是维持国际货币体系运行的跨国性机构组织，可分为：①全球性的国际金融组织，主要有国际货币基金组织和世界银行集团；②区域性的国际金融组织，分布在各洲及各地区，如欧洲复兴开发银行、亚洲开发银行等。国际金融组织对稳定国际金融、扩大国际贸易、加强国际经济合作、促进世界经济发展等发挥着日益广泛的积极作用。

（一）国际货币基金组织

国际货币基金组织（International Monetary Fund，IMF）的主要任务是，当该组织的成员国出现收支不平衡时，向该成员国提供短期贷款，用于贸易和非贸易的经营项目的支付，以解决成员国国际收支一时不平衡的问题。

（二）世界银行集团

世界银行集团（World Bank Group）是一个统称，它由国际复兴开发银行（International Bank For Reconstruction and Development，IBRD）、国际开发协会（International Development Association，IDA）和国际金融公司（International Finance Corporation，IFC）构成。世界银行集团的主要任务是向会员国的发展项目提供资金，主要目标是帮助发展中国家发展经济。

（三）区域性国际金融组织

区域性国际金融组织是全球性国际金融组织的地区翻版和重要补充，其主要任务是为本地区国家的社会经济发展提供资金和金融服务。目前，最主要的区域性金融组织有：亚洲开发银行、非洲开发银行、泛美开发银行、加勒比开发银行、欧洲复兴开发银行和欧洲投资银行。

关 键 词

区域组织（Regional Organization） 共同市场（Common Market）
关税同盟（Customs Union） 经济环境（Economy Environment）
社会文化环境（Socio-cultural Environment）
自我参照标准（Self—reference Standard）
金融外汇环境（Financial Foreign Exchange Environment）

思 考 题

1. 试分析影响国际市场规模的因素。
2. 简述区域经济一体化的形式与动因分析。

3. 简述影响国别经济环境的因素。

4. 简述国际总体经济环境秩序建立的基础。

5. 简述文化变化对国际市场营销策略产生的影响。

6. 试讨论企业市场营销者应如何应对跨文化环境带来的影响。

7. 分析文化环境构成要素。

8. 课堂讨论：如何把我国的自行车打入欧洲市场？

【案例分析讨论】

“迪斯尼”品牌成功与跨文化营销

美国沃尔特·迪斯尼公司自1928年创办以来，塑造了许多可爱的卡通形象，受到世界各地人们尤其是儿童的喜爱，成为了庞大的娱乐和商业帝国。对迪斯尼的文化品牌塑造过程进行认真分析，借鉴其成功经验，将有利于我国文化产业发展中文化品牌的成功打造。

一、迪斯尼品牌运营分析

1. 商品开发

1924年，沃尔特·迪斯尼与哥哥制作的第一个系列片《爱丽丝喜剧》上映后一炮打响，深受好评。1926年，制片厂改名为“沃尔特·迪斯尼公司”，随后诞生的《米老鼠》、《三只小猪》、《白雪公主》、《木偶奇遇记》等一批影片先后获得成功，随着米老鼠、唐老鸭等经典形象深入人心，“迪斯尼”也从一个姓氏变为家喻户晓的品牌。

迪斯尼集团庞大的架构非常复杂。但大致由以下部门组成：娱乐制作部（电影发行、家庭娱乐、演出和音乐）、迪斯尼主题乐园与度假区、迪斯尼消费品部（迪斯尼授权、出版、游戏、零售、直销）、媒体网络（无线网络、有线媒体、互联网络）、国际业务分支等。

总的来看，迪斯尼通过不同的载体销售同样的产品内核。专家分析，迪斯尼整体商业模式包括四个方面：源头是迪斯尼的动画制作，除开票房，通过发行、销售拷贝和录像带，迪斯尼赚到了第一轮收入。在这一轮收入中，迪斯尼通过美国以及海外市场收入数亿美元，解决了成本回收的问题。

2. 主题公园

主题公园创收构成第二轮收入。遍及世界各地的迪斯尼乐园吸引了大量游客游玩消费。迪斯尼在美国本土和全球各地授权建立了大量的迪斯尼专卖店，通过销售各种玩具、食品、礼品等品牌产品赚进第三轮收入。目前，其相关消费品主要包括迪斯尼动画形象专有权的使用与出让、品牌产品的生产和销售以及相关书刊、音乐以及游戏产品的出版发行等。

3. 影视制作与网络媒体

迪斯尼旗下的电影和传媒网络业务。在电视和网络媒体方面，迪斯尼从1954年就进军电视领域，1996年收购美国广播公司，先后开通家庭频道、卡通频道、历史频道等10个无线和有线电视频道。1994年以来，在纽约百老汇先后推出了大型音乐舞蹈剧《美女与野兽》、《狮子王》等。迪斯尼还拥有72个电台，并涉足电子商务和无线通信服务领域。1995年，迪斯尼推出的三维动画片《玩具总动员》获得成功，让迪斯尼把工作的重心逐步转向三维动画，“总动员”系列（超人总动员、海底总动员、赛车总动员）三维动画新片均取得不俗票房。据悉，迪斯尼全球总收入的2/3以上是由旗下的电影和传媒网络业务创造的。

二、迪斯尼的成功经验给我们的启示

1. 利润模式

经济学家们把迪斯尼的利润模式称为“利润乘数”，一个大于1的利润基数为被乘数。经过几个波次的创新、扩张、延伸，即相乘后，升级为新的利润之积。显然，积的利润远远大于被乘数的利润，其中的乘数起了关键作用。对于拥有强势消费娱乐品牌的公司来说，利润乘数模型是一个强有力的盈利机器。一旦投入巨资建立了一个品牌，消费者就会在一系列的产品上认同这一品牌。企业就可以用不同的形式，从某一产品、产品形象、商标或是服务中重复地收获利润。

专家们指出，利润乘数模式借助已经广为市场认同的形象或概念进行包装生产，可以产生良好的效益。关键是你如何对你所选择的形象或概念的商业价值进行正确的判断。你需要寻找的是这样一种东西，它的商业价值是个正数，而且大于1，否则这种东西不但对你毫无意义，反而会对你造成伤害。

若要复制迪斯尼的利润童话，就得精心打造品牌形象或概念品牌，没有这一核心利润（大于1），想做乘法，其利润之积只能是越乘越小。这就要求文化企业牢固树立市场意识，紧紧抓住市场需求。市场是无形的手，以市场为参照已经成为文化企业重要的经营理念。文化企业从艺术创作、艺术生产、市场营销、剧场管理等每一个环节都要苦练内功，要靠极精致的艺术产品去抢占市场、去赢得市场。

2. 塑造高质量品牌

迪斯尼在树立品牌方面，从一开始起点就很高。迪斯尼在最初创办动画工作室时就提出一个原则：讲究作品质量，精益求精，绝不粗制滥造。迪斯尼还十分重视技术创新和应用，敢为人先、敢于投资、不计成本。电影史上第一部有声卡通片、第一部彩色卡通片和第一主题游乐公园都是迪斯尼公司首创的。

迪斯尼产品的高质量深入人心。1928年，迪斯尼公司制作的米老鼠动画片《威利号蒸汽船》获得成功之后，迪斯尼世界品牌自此开始创立。世界性的品牌的建立意味着拥有世界性的广泛声誉和稳固的拥护者，它是国际传播领域“强有力的战略性武器”。这给我们的启示是：要扭转我国在世界信息传播领域中的被动局面，首先要建立属于我们自己的世界性媒介品牌。在国际新闻、文化市场竞争日益激烈的今天，有效运用属于自己的媒介品牌力，才有可能向世界提供高质量的有效信息产品，以积极影响世界舆论。

3. 建立完整的产业链

迪斯尼公司一直十分注重自身品牌的多元化商业开发，从单一的影视制作发展为多元的产业链条。公司的营业收入大约一半来自商品销售，而影视拍摄收入占30%、主题公园收入占20%。我国的电影电视业应借鉴迪斯尼的做法，在做好主业的基础上，也应注重自身品牌的产业延伸和商品的多元化开发。

4. 注重合作经营策略

迪斯尼在进行产业延伸和全球扩张的过程中，十分注重与外部企业、组织、国家的合作。它深谙“合作增效”之道，每吸纳进一个媒介品牌就能尽其所有，发挥出该品牌的最大价值潜能。在如今全球化的趋势下，我们要加强与外部企业之间的合作，做到资源整合、利益共享，建立合理有效的合作模式，以实现利益的最大化。

5. 灵活运用全球化与本土化营销策略

20世纪90年代欧洲迪斯尼的惨败，让迪斯尼认识到：忽视欧洲与美国的文化差异，对营销策略没有作适当性的文化调整是失败的根本原因。一方面，法国人具有极强的民族自豪感和优越感，他们对本土文化感到骄傲并且竭力维护和发扬，他们不认同美国文化，因而从心理上排斥迪斯尼的进入；另一方面，迪斯尼采取了与日本相同的全球标准化的经营模式，即将美国文化原汁原味地移植到法国，从而遭到惨败。

另外，欧美饮食习惯的差异对法国巴黎附近的迪斯尼主题公园的破产起了推波助澜的作用。迪斯尼最初拒绝采用适应欧洲顾客的饮食服务方式。在1993年成立的欧洲迪斯尼饭店，提供的座位不足。美国人可以在任意需要的时间来迪斯尼乐园和迪斯尼世界吃午餐，然而欧洲人则不同，他们都在一点钟左右吃午餐。欧洲的顾客也不能接受站着排队等上一小时左右。更糟糕的是，欧洲迪斯尼饭店不提供葡萄酒或者啤酒。那是因为美国的迪斯尼餐馆是家庭式餐馆，酒精饮料不适合这种场合。归根到底，这是因为忽视了文化差异的影响才遭遇了经营困境。

法国巴黎迪斯尼乐园为了扭转经营状况不佳的趋势，针对法国人的早餐口味准备了远比“美式早餐”丰盛的食物，甚至在财务状况不断恶化的情况下，还改变了公司保持了多年的制度，决定在主题公园“魔幻王国”供应啤酒和白酒。但实行了一段时间之后发现，这些举措并没有对提高公园的客流量起到明显的促进作用。后来管理者们观察到，来迪斯尼乐园的欧洲人并没有像他们想象的那样坚持原有丰富早餐的习惯，而是希望自己表现得更像美国人——早餐并不那么重要。而“魔幻王国”卖酒的实际收入也只占预期收入的一小部分。

对于迪斯尼家族来说，欧洲市场的惨败只是其跨文化经营辉煌业绩的一个临时污点。在接下来的调整中，迪士尼充分认识到文化因素的重要性，他吸取经验教训，制定了相应的战略并在本地化过程中采取适当的战术，尤其是在处理欧洲和美国文化的重要差异方面取得了显著的成果。

迪斯尼作为美国文化的代表，在日本这个东方国家取得成功并不是偶然的。虽然它们之间存在很大的文化差异，但是因为第二次世界大战的历史形成了日本对美国文化的推崇和认同，因而从心理上很容易接纳迪斯尼的进入；其次，日本人崇尚集体主义，是世界上最爱结伴旅行的人群，因而为迪斯尼提供了一定的消费群体；再次，日本东京作为第一个在亚洲开办的迪斯尼，其更包含了更大的潜在市场。

因此，在东京迪斯尼乐园建立之初，管理层就决定：“不要让我们日本化。”甚至连东京迪斯尼乐园的标记牌也是用英文写的。迪斯尼集团认为，如果形成园区欢乐祥和的氛围是可控的，那么游客从中能得到的欢乐也是预先可以度量的，当然也是可以出售的。因此，把握游客的快乐需求成为迪斯尼乐园的“主题思想”。沃尔特·迪斯尼曾经致力研究“游客学”，审视公司的每一项决策是否站在游客的角度，为了准确把握游客需求的动态，公司内部设调查统计部、信访部、营销部、工程部、财务部和信息中心等部门。沃尔特曾经说道：“把握游客需求动态的积极意义在于：其一，能够及时掌握游客的满意度、价值评价要素和及时纠偏；其二，从中可以找到迪斯尼创新发展的关键点。”

事实上，迪斯尼乐园在全球建立每个主题公园前都对“本地化”的问题进行过深入探讨。而每次他们的决定都是：借鉴迪斯尼核心业务（动画片人物形象和场景）的优势和资源，把迪斯尼能够带给人们的奇妙体验复制到世界各个角落，把公司以“快乐”为经营的理念转化到每个员工的具体工作中，成为全体员工的工作理念和服务承诺。因为尽管世界各地对快乐的理解和表现都不一样，但不同人群对“迪斯尼品牌的快乐”要求则有着令人吃惊的一致性。

（根据以下资料整理：

[1] 汤莉萍，殷瑜，殷俊．世界文化产业案例选析［M］．成都：四川大学出版社，2006.

[2] 田芳．迪斯尼商业模式对于文化企业的启示［J］．企业活力，2006（6）.）

讨论题：

1. 分析迪斯尼成功和失败的原因是什么？
2. 从本案例中可以给国际市场营销者带来哪些启示？
3. 谈谈你对本土化营销和全球化营销的认识。
4. 迪斯尼品牌塑造的成功经验给我们带来哪些启示？

第四章　国际市场营销调研与信息系统

【本章要点】

1. 国际市场营销调研的概念及调研程序
2. 国际市场营销调研的内容及信息要点
3. 国际市场营销调研的方法和信息来源
4. 国际市场营销调研的组织方式
5. 应用各种国际市场调研方法应注意的问题
6. 国际市场营销信息系统的概念和构成

【导入案例】

皮尔·卡丹的中国市场调查

皮尔·卡丹服装公司是最早进入中国市场的国外服装企业。当时，中国作为一个正在发展的巨大市场对他们充满了吸引力，但是他们既不了解中国政府对外资企业的政策，也不清楚中国市场的需求特点。为了确定是否进入中国市场，皮尔·卡丹服装公司决定进行中国外贸服装市场的调查，并明确提出调查目的就是为是否进入中国市场提供详细的信息。其中，调查的具体内容包括：首先，搞清楚中国政府对外商投资，特别是对外贸服装产业的投资政策；其次，了解中国是否有外贸服装市场，北京是否有外贸服装市场；第三，要了解是否存在相关需求。由于当时中国经济并不发达，人均收入水平较低，人们的服装消费水平也很低。因此，他们要知道拥有12亿人口的中国是否是一个巨大的外贸服装市场；第四，要明确目标顾客是谁，即有哪些人能够接受国际知名品牌的外贸服装，皮尔·卡丹外贸服装的买主是谁；最后，还要了解中国潜在的外贸服装市场规模有多大，具体需求构成是什么等。针对这些问题，皮尔·卡丹公司用了近两年的时间，对中国外贸服装市场进行了认真详细地调查，他们借助外国企业人数调查资料、婚姻登记统计资料、旅游者出入境统计资料、外国领事馆和外国商社在华人数统计资料、中国出国留学和商务考察人数统计资料，对国内的人均收入水平、职业构成等进行了系统深入地调查分析，准确地掌握了中国外贸服装市场的潜在需求规模和特征。前期的市场调查结果为卢尔·卡丹公司制定中国市场营销策略奠定了良好基础，使其在中国市场得到了顺利发展。多年来，该公司不仅在中国市场打出了品牌声誉，而且也获得了骄人的销售业绩，目前皮尔·卡丹西服的销售量每年已超过20万套。

（根据以下资料整理：皮尔·卡丹服装市场调查案例［OL］.2009-08-02. http：//www. 21cnci. com/view/48188. html.）

第一节　国际市场营销调研概述

企业在竞争激烈的国际市场开展市场营销活动，首先要了解复杂的国际业务和市场环境，才能根据市场客观状况和发展变化规律制定相应的市场营销策略。为此，开展市场营销调研活动就成为国际市场营销活动取得成功的前提和基础。国际市场营销调研作为营销调研中的一种类别，有其特定的规律和特点，只有明确其概念、作用和程序，以及国际市场营销调研与国内市场营销调研的联系及区别，才能取得科学有效的资料信息。

一、国际市场营销调研的概念及作用

市场营销调研（Marketing Research）是系统的设计、收集和分析数据资料，并提出与企业面临的特定营销状况有关的调查研究结果的活动。国际市场营销调研是依据市场营销调研的基本原理和程序，在国际市场范围内系统地收集和分析有关国际市场的情报信息，为企业开展国际市场营销活动提供决策依据的活动过程。

国际市场营销调研（International Marketing Research）在企业的国际市场营销活动中发挥着重要作用。当一个企业要进入国际市场时，首先面临要进入哪个国家的决策。通过市场营销调研就可以了解各个国家和地区的经济发展水平和政治法律、文化语言以及自然环境等状况，为正确选择一个有利的目标市场提供决策依据。在进入目标市场国家后，为了制定正确的市场营销策略，需要清楚了解该东道国的市场环境、消费者行为特点、市场竞争状况以及有关商业活动的法律法规等具体情况，市场营销调研活动则可为其获得有关资料，特别是针对性较强的一手资料。在国际市场营销活动进行的过程中，为了及时掌握各项市场营销活动的进展及其效果，也需要经常开展一些相关的调研活动，收集各项市场营销策略进展中的动态数据资料，据此监测和评价市场营销活动的实施效果。由此可见，在整个国际市场营销活动过程中，国际市场营销调研是一项必不可少的重要环节，也是保证国际市场营销活动成功的关键和基础工作。

【资料阅读 4-1】

发达国家的国外市场调研

国际市场是各个国家为其自身利益而充分竞争的场所，因而错综复杂、变化多端。为了掌握和了解国际市场的供求变化趋势和规律，美国等经济发达国家都非常重视对国际市场的调查研究。在美国，不仅制造商有自己的市场研究机构，批发商、零售商、咨询公司、广告代理公司、报社、杂志出版社、广播电台、电视台、银行、贸易协会、大学的经济和管理学院以及政府机关等，都直接从事市场调查研究工作。美国制造业93％以上的企业都通过自己的市场调查机构或委托市场研究公司开展市场调查研究活动。日本企业也非常重视市场调查研究，例如，三井物产公司有一个称为“三井全球通信网”的市场信息部门，其信息专线就长达40000km，仅东京总公司一天就要处理30000份情报。有人说，三井物产的情报网几乎超过了美国中央情报局，因为该公司的信息比日本外务省和通信社还迅速。发达国家重视市场调查研究的程度从其拥有众多的咨询和调查机构可见一斑。例如，美国拥有世界上最多的这类机构约8700多家，其中著名的有兰德公司、斯坦福国际咨询研究所和AC尼尔森公司；英国有2000多家，著名的有伦敦国际战略研究所；法国有1000多家；德国有700多家；日本有500多家。发达国家的市场研究机构一般都有以下特点：一是拥有庞大的调研组织和研究人员，并逐步走向专业化和商品化；二是调研技术发展很快，并结合进行市场预测；三是随着电子技术的发展，调研手段越来越先进；四是以经济市场调研为中心，同时也进行政治、军事和其他方面的调研。

（资料来源：闫国庆．国际市场营销学．北京：清华大学出版社，2004：115-116.）

二、国际市场营销调研与国内市场营销调研的区别

与国内市场调研活动相比，国际市场营销调研是在多国环境下开展的跨国调研活动，尽管市场营销研究的方法和技术同样适用在国际市场营销调研活动中，但由于在国际市场上从事市场营销活动，企业要面临比国内市场更为复杂的市场环境以及更多的不确定因素。因此，国际市场营销调研又具有以下特点：

（一）调研活动复杂、难度大

国际市场营销活动是在多国环境下进行的市场营销活动，由于语言文化的差异，各个国家的消费者对调研者提出问题的理解程度和敏感程度有很大差异，在有的国家属于常识问题，到另一个国家可能就需要反复说明和解释。例如，运用量表进行调查时，在受教育程度高的发达国家可以采用多级量表，而在文盲率比较高的不发达国家只能采用最简单的二元量表。

（二）调研数据缺乏可比性

通过数据资料的比较分析来寻找最佳的市场机会是国际市场营销调研的目的之一，但由于不同国家的统计指标以及商品分类不同，使数据资料缺乏可比性。例如，同样是电视机，德国将其归入“消遣娱乐类”商品，美国则归入“家具类”商品。如果要调查分析电视机市场状况，就很难进行直接比较。缺乏可比性的还有度量单位的差异，如美国习惯用磅或者吨表示重量，但其他发达国家则习惯用千克表示。数据可比性的缺乏使国际市场调研在进行资料收集和分析时，不适宜采用标准化的调研设计，而是要根据具体情况灵活调整方案，甚至要制定多套调研方案。在进行数据处理和分析时，国际市场营销调研也要比国内市场调研复杂。

（三）语言问题影响资料的获取和应用

在国际市场营销中，经常需要从国家政府机构获取一些基本信息和统计资料，但由于语言障碍会直接影响资料的获取。例如，欧洲的丹麦、挪威都用英文公布统计数据，而瑞士的统计数据一般却用德文或者法文发布。对于我们来说，获取这些数据就需要具备三种外语能力，这就为数据资料的获取带来了很大困难。

（四）调研成本高

国际市场营销调研要获取的是跨国的资料数据，由于距离遥远，获取一手资料常常要付

出很高的成本费用。首先，差旅费就是一笔很大的开支；其次，问卷设计费也比国内调研的投入要高。因为在进行国际市场调研时，由于自我参照准则的存在，问卷设计者常常不自觉地会设计出带有明显本国文化特色的问卷，即使用于其他国家时进行了很好的语言翻译，但仍然会产生不适用的情况。这就需要根据不同国家的文化背景，聘请多个翻译进行修改，由此就会产生更多的成本。在获取二手资料时，国际市场的数据来源费用也高于国内，因为各个国家提供的统计资料在可靠性、可比性和及时性方面都存在差异，在利用时必须对这些资料进行筛选、评估和解释，比起国内市场，这也是一笔不小的开支。

三、国际市场营销调研的组织方式

由于国际市场营销调研活动比国内市场调研更加复杂和困难，为了保证按照科学原则获取有效的国际市场信息，企业必须建立一套与本身条件相适应的国际市场营销调研组织方式。开展国际市场营销调研的组织方式一般有两种：一是在本企业内设立正式调研机构；二是委托企业外的市场调研组织进行调研。

（一）企业内设立正式调研部门

一些规模比较大、国际市场营销调研任务较多的企业，常常选择在企业内部设置专门的市场调研部门，由该部门全面负责市场调研工作。企业内的调研部门又可分为集权式组织、分权式组织、整合式组织和专职调查人员四种形式。

1. 集权式组织形式

集权式组织形式是在企业总部设置市场调研部门，负责企业全部的调研工作。这种组织形式具有能够吸引高层次研究人员、利于提高研究水平、便于协调以及可充分利用各种资源等优点，因此特别适用于组织开展与国际市场营销战略有关的重大调研活动。例如，企业将要进入或者撤出哪个国家，针对各个国家或地区市场上的竞争形势变化应该如何调整竞争战略等。这种方式的缺点是可能对国际市场营销一线的情况不太了解，在选择调研项目时可能脱离实际等。

2. 分权式组织形式

分权式组织形式是企业总部不负责调查工作，由各部门根据自身情况自行安排调查活动。分权式组织形式的优点是调研项目的选择更接近实际，调查研究工作可做得更专业、更深入。特别适合制订日常营销决策和短期营销计划所需信息的调研。这种方式的缺点是调研内容在各部门之间可能产生重复，致使成本上升；另外，由于各部门自己组织调研，调研标准也难以控制。

3. 整合式组织形式

为了弥补上述两种组织形式的缺陷，可以采取整合式组织形式。这种形式是在公司总部设置一个拥有高度行销研究能力的机构，负责与各部门的联系和协调，提供建议和支持；各部门也拥有自己的调研人员，专门负责本部门的调研工作。整合式组织形式综合了集权式和分权式的优点，因而适应面较宽。这种形式的缺点是当公司机构和各部门之间的职责权限不清时，容易产生管理控制上的冲突和矛盾。

4. 专职调查人员的组织形式

有一些企业采用设置专职调查人员的组织形式来负责国际市场营销调研工作。相比较设立正式调研部门而言，专职调研人员的职责明确、成本较低。专职人员形式还可以根据企业国际市场营销规模的大小，灵活采用专职和兼职两种方式。当国际市场调查任务多时，在企业内部设置专职市场调研人员；反之，则采用兼职形式，以利于降低成本、提高效益。

企业内部设置的调研组织到底选用哪一种方式，一般要考虑以下因素：

(1) 要考虑哪一种组织方式能够快速有效地满足企业对国际市场信息的需求。

(2) 要考虑设置调研组织的部门有无市场营销决策权力，以及企业国际市场营销调研工作量的大小。

(3) 要考虑有无熟悉调研专业技术的领导人才，以及有没有训练有素、经验丰富的营销调研人员等。

(二) 委托调研形式

委托调研（Entrust Research）就是借助企业外的市场营销调研机构开展国际市场营销调研工作，被委托的调研机构要负责全部调研环节的任务，即从设计调研方案开始一直到提交调查报告为止。委托调研既可以委托国内的调研公司，也可以委托调研对象国本地的调研公司，或者是第三国著名的国际调研公司。委托调研的优点主要是专业的调研机构能够保证调研的质量，减少了不能获得客观真实信息的风险，而且相对来说调研成本也比较低。这种方式的缺点有：①高水平的委托调研机构费用较高；②企业无法完全控制调研的实施过程，只能被动等待调研结果。

委托调研的关键是选择委托单位，选择时要从三个方面进行考察：

(1) 要对委托调研机构的业务能力进行审查，看其是否拥有国际市场调研的经验和资质，特别是要考察他们开展国际市场实地调研的技术水平。

(2) 要同时考察多个调研机构，从中选择最优秀者作为被委托单位。

(3) 要根据调查任务的难易程度选择本国或国外的调研机构。选择好委托机构后，一定要与其签订正式的委托调研合同，用法律手段对其进行约束。

【实例 4-1】

联合利华的市场调查

联合利华是利用当地调查公司开展市场调查工作的典范。该公司在世界各地销售的产品大多是根据当地的具体情况设计生产的。为了建立真正的国际品牌，它们采用了“领袖国家”战略，即首先找出那些用一个品牌就可以吸引大量消费者的国家，对其展开详细的市场调查工作。接着，对设在不同国家的分支机构所开发的新产品进行相关的调查。最后，当地调查公司会反复核查这些调查结果，并找出可能阻碍这些新产品在当地推广的因素。

（资料来源：罗杰．贝内特，吉姆·布莱斯．国际营销［M］．刘勃，译．3 版．北京：华夏出版社，2005.）

第二节 国际市场营销调研程序

国际市场营销调研是用科学的方法，系统地收集和分析资料的过程。为了使调研符合科学方法的要求，在进行调研时要尽可能依据一定的程序。国际市场营销调研的程序一般包括五大步骤，即确定问题和调研目标、制订调研计划、收集信息资料、整理和分析信息资料以及撰写调研报告。

一、确定调研问题和调研目标

国际市场营销调研活动的第一步是界定需要研究的问题，明确调研的目标。具体来讲，就是对要调研的问题进行概括性陈述，并确定详细的情报资料构成。作为整个调研的第一步，这项工作的完成情况对后续各项调研活动能否顺利开展具有很大影响，不仅直接关系到调查结果能否满足国际市场营销决策的情报需要，而且会影响市场营销决策的质量和水平。因为在调查活动开始前，如果没有搞清楚调研的目的，不能正确说明和界定要调查的问题，则在开展调查活动时，就可能选择错误的调查对象和调查方法，收集的资料也可能缺乏针对性，资料的整理和分析等一系列工作都可能失去应有的效用，从而使调查研究的全部投入和辛苦劳动付之东流。因此，在开展国际市场营销调研时，一定要按照以下步骤认真做好这项工作。

（一）前期准备工作

在确定问题之前，调查者必须进行与企业高层决策者和有关专家交谈讨论、对相关二手资料进行分析、了解企业的基本状况等前期准备工作，为准确判断和定义问题奠定基础。

1. 与决策者进行讨论

若要准确界定调研问题，则与决策者讨论至关重要。因为市场调研是为高层管理者提供决策依据，根据决策者对整个企业的把握以及他们的目标确定调查主题，满足其有关信息的要求是市场调研的基本任务。因此，调研人员要主动与决策者进行广泛的沟通交流，围绕企业生产经营以及市场营销活动面临的问题展开积极讨论，共同研究确定调查的目标和内容，以准确把握调查研究的方向。

2. 组织专家访谈

在获知了决策者的有关想法以后，对行业内的专家进行访谈对界定市场营销调研问题也很有帮助。访谈对象既可以是企业内部的技术开发、生产运营和市场营销等方面的专业人员，也可以是企业外部对该企业和其所在行业非常了解的相关人士。访谈一般采用非结构化的面谈方式，以便于灵活捕捉专家的真知灼见。

3. 二手资料分析

二手资料能够提供非常广泛的背景信息。例如，国家对该行业的有关政策、法规以及未来的发展规划，市场需求状况及其发展趋势，企业所在行业的历史资料，当前整个行业的经营情况、竞争状况以及技术更新速度等。通过二手资料的分析可以清楚地了解企业开展调研活动的背景，对于准确制订调研计划具有很大帮助。

4. 进行企业情况分析

企业情况分析的具体内容有：企业生产销售情况、技术开发活动、获利水平、市场占有率、本企业在竞争中的地位、企业的渠道策略及其管理情况、促销策略及其效果以及企业内部管理机制和组织机构设置状况等。同时，要了解企业决策层的组织目标和最高决策者的个人目标，并尽量将其目标具体化和清晰化。

（二）调研问题的环境背景分析

环境背景分析包括内部环境和外部环境两大部分。其中，内部环境分析是指企业情况分析。外部环境分析的内容主要有国际市场的需求状况分析、经济环境分析和政治法律环境分析等。市场需求状况分析的具体内容包括目标市场规模及其分布状况，消费者的购买行为、购买心理及其发展变化趋势，消费者的收入水平和文化教育状况等。经济环境分析的主要内容既包括一般经济条件分析，如该市场居民的总收入、可支配收入、可自由支配收入、价格水平、储蓄状况等，也包括经济发展水平及其发展速度，经济发展对消费者购买行为的影响等经济态势分析。政治法律环境分析则要了解与该行业及其市场需求有关的国家政策，有关专利、商标、贸易及税收的法律法规等。

（三）确定调研问题

在对企业情况进行充分分析以后，就可以根据企业国际市场营销活动中存在的问题和面临的各种环境挑战，确定调研题目。同时，还要注意以下事项：

1. 调研目标要合理可行

所谓合理可行就是目标要切合实际，既不能把范围定得太宽，以避免不必要的浪费；也不要把范围定得太窄，以防止研究结果不能满足国际市场营销决策的要求。为了避免上述两类问题的发生，在确定调研问题时可以先对国际市场营销研究问题作一般化的比较宽泛的描述，然后确定调研问题的关键部分，据此形成调研问题的具体内容。

2. 善于把国际市场营销管理决策问题转换为市场调研问题

国际市场营销管理决策问题与市场调研问题既有密切关系，又是两个不同的概念。管理决策问题是行为导向式的，它要指出企业发展的方向，提出解决企业面临问题的方案，即决策者应该采取什么行动；而市场营销调研则是信息导向式的，它的任务是要对影响企业发展的各种因素进行识别和评价，为决策者正确制订方案提供相应依据，即要确定需要什么信息，如何有效地获得这些信息。例如，“是否开发新产品”是一个管理问题，而“新开发产品的消费者偏好和购买倾向是什么”则是市场营销研究问题。正因为两者之间存在着上述差异，因而不能把管理决策问题直接作为调研主题，必须在充分掌握有关信息的基础上，根据经营管理决策的要求将其相应转换为市场营销调研问题。

二、制订调研计划

调研目标明确以后，为保证国际市场营销调研工作的顺利进行，就必须制订周密的调研计划。国际市场营销调研计划主要包括以下内容：

（一）确定调研内容和资料来源

根据调研目的确定调研内容是制订调研计划的第一步也是非常关键的一步。为了准确列出需要调研的全部内容，首先要召集制订调研计划的有关人员，采用讨论方式，针对调研目的提出调研项目，把可能想到的调研内容详细罗列出来。然后，再对调研项目进行分类和重要性分析，并把全部项目按照分类结果列成项目清单。最后，按照类别、重要性程度及其资料获取的可能性程度对清单上的各项目进行排序，选出符合调研目标要求且有可能获取的项目作为调研内容。

国际市场营销调研的信息资料一般按其来源分为两类：一手资料和二手资料。一手资料（Primary Data）又称为原始资料，是为某一特定目的而专门收集的资料。一手资料的收集过程复杂，耗费时间长、费用大，而且需要较高的调研技术和方法。二手资料（Secondary Data）又称为现成资料，是为其他目的或用途已经收集好的资料。这类资料来源广泛，获取费用较低，但准确性和适用性较差。确定资料来源就是分析所需资料是一手资料还是二手资料，这要根据具体的调研目的来确定。需要说明的是，二手资料常常是国际市场营销调研的主要资料来源，这与国内市场营销调研有所差异。因为在进行国内市场营销调研时，一般不需要考虑获取国内一般环境信息，如政治、经济、法律、文化等。但在进行国际市场营销时，这些信息却是选择目标市场、制定市场进入策略最重要的依据。

（二）选择调研方法和调研手段

国际市场调研方法的确定与调研的地点和对象有关。因此，首先要根据调研目的和内容确定调研地点和调研对象。调研地点直接影响调研资料的代表性及调研方法的选择，也影响调研费用预算。国际市场范围广，特别是多国市场调研涉及的地理范围很大，因此在确定调研地点时，既要符合调研目的的要求，又要考虑调研费用的承受能力。调研对象则完全要根据调研目的和内容进行选择，以保证调研资料的准确性和代表性。

调研地点和调研对象确定后，就可以选择使用何种调研方法来收集资料。收集一手资料的方法主要有三种：调查法、观察法和实验法。调查法是通过对被调查对象提出问题而获取所需资料的方法。根据与被调查者接触方式的不同，调查法又分为面谈访问、电话访问、邮寄调查、电子邮件访问和因特网访问等方式，其中面谈访问是市场调研中最常用的方法。

在国际市场调查中，常用的调查手段有问卷和仪器。问卷又称为调查表或询问表，是以问题的形式系统地记载调查内容的一种印件，也是收集一手资料最常用的方法。市场调查中所使用的仪器是指一切可以用来记录信息的仪器设备，如摄像机、照相机以及各种测试仪器等。这些仪器设备使用起来比较方便，而且能够减少人为因素的影响，能够更为客观地反映被调查事实，因而是国际市场调查活动中常常使用的工具，在广告调查中其应用则尤为普遍。

（三）确定抽样设计

调查方法确定以后，就要考虑具体的调查技术。由于国际市场范围大，调查对象非常复杂，组织全面调查成本高、难度大，因此常常采用抽样调查。抽样调查是从总体中按照一定原则抽取部分单位作为样本进行调查，并用样本结果说明总体情况的调查方法。进行抽样调查前首先要做好抽样设计，其关键是解决三个问题：抽样的目标总体、样本大小及抽样方法。

抽样的目标总体（Target Population）由调查对象总体构成，其具体范围由调查目的和调查特性所决定。

样本（Sample）的大小对调查结果的准确性有一定影响。样本越大，调查结果越可靠；反之，则调查结果的代表性就越差。但是，样本越大调查费用也越大。因此，要根据抽样误差的要求合理确定样本数。

抽样方法基本分为两大类：随机抽样和非随机抽样。随机抽样（Probability Sampling）也称为概率抽样，其抽样遵照随机原则进行，即总体中每一个个体都有相同的被抽中的机会。随机抽样的样本代表性高，且能控制抽样误差，从而提高了调查的准确程度。但是随机抽样的组织方法复杂，需要的时间较长，调研成本较高。非随机抽样（Nonprobability Sampling）是指按照调查人员的主观判断确定样本的抽样方法。这种方法操作简单、省时省力，但是无法估计和控制抽样误差，准确性差。

（四）估计调查时间和费用

调查时间和费用的估计也是调查计划的必要内容。调查时间是指完成整个调查研究计划所需要的时间，调查费用则包括交通费、调查费、交际费等各种费用。由于调查时间和调查费用之间互有影响，故应放在一起考虑。

三、收集信息资料

收集信息资料是国际市场营销调研活动的具体实施阶段，也是能否获得调研计划规定的数据资料、完成调研目标要求的关键。这一阶段的关键是做好以下两个方面的工作：

（一）进行人员培训

为了保证收集信息活动的顺利开展，需要对参加调研的有关人员进行严肃认真的甄选和培训，还要制定有关的监督措施和纪律规定，以避免出现不能按照计划规定收集实际资料，使整个调研结果失去应有价值的后果。参加实际调研的访问人员要求必须具备一定的基本素质，如具有一定的社会交际能力、较强的语言文字能力等，以保证其能够理解调研问题，并能够正确地向被调查者解释说明问卷，以及处理在调研中出现的有关问题。在国际市场调研中，最好是在当地选择符合条件的调查人员，因为他们没有语言障碍，也易于与本地被调查者进行沟通。但是，对甄选出的调研人员一定要进行培训，培训内容一般包括对实地调查的要求、对问卷内容的解释和填写要求、调研的基本程序和技能、如何处理调研中遇到的问题等。

（二）调研过程的管理与监督

对调研人员的管理与监督是保证调研顺利进行和资料质量的重要环节，其内容主要包括以下三点：

（1）在整个调研计划的实施过程中，应该坚持质量控制管理，以保证调查研究成果的准确性和有效性。由于在抽样、现场调研及资料整理时容易出现差错，因此这几个方面应作为质量监控的重点。监控方法可以使用抽查、核对以及调研现场查看等方式。

（2）对调研进度进行控制。为了保证调研项目能够按时完成，必须对调研工作进度进行监督和控制。具体控制内容包括：要求调研人员定期提交书面报告，对调研的进行情况作以汇报；定期与调研人员交谈，了解工作进展等。

（3）对调研费用进行控制。如果调研由企业自己组织进行，可以通过调研费用额度控制调研成本。如果是委托调研，企业与调研机构事先要达成有关费用的协议，该协议就是费用控制的基本标准。调研机构的费用应控制在协议以内，如果费用超出标准，除非有充分理由，否则企业不予支付。

四、整理和分析信息资料

要使调查收集到的资料数据真正成为有用的情报信息，就必须对其进行整理分析，也就是要对收集到的资料数据进行检查、核实、整理和统计分析，以得到决策需要的研究结果的过程。这一阶段包括以下三项内容：

（一）整理原始资料

在收集资料的过程中，获得的原始资料往往杂乱无章，而且存在很多错误和问题，因此需要在分析以前对其进行检查、校订和核实。资料整理就是要对资料的准确性和完整性进行检查核实。准确性检查是指要对资料的内在逻辑关系进行判断，看其是否存在内容矛盾、答案混乱等问题，对准确性较差的资料要加以剔除。检查资料的完整性就是要看计划要求的资料是否收集齐全，回收的问卷中缺项是否较多等。一份问卷如果缺项太多，就不能参加统计分析；当缺项多的问卷占的比例较大或资料有遗漏时，就需要组织补充调查。

（二）对资料进行分类汇编

资料分类汇编就是根据资料的性质、内容或特征的不同进行区别归类，或按照调研目的的要求，提出各种统计指标，并根据这些指标对资料进行分类。在进行资料分类时，不但要根据资料的差异性划分不同的类别，而且更要注意资料的相同性。同一资料只能归于一类，不能重复归类，以免造成统计失误。在划分类别时，应尽量分得细些，以便于把所有资料信息都反映出来，从而提高资料的利用效果。

（三）资料分析

经过分类汇编后的资料就可以根据调查目的的要求进行分析。资料分析可借助于各种统计分析方法，其中最常用的是各类资料的频率分析。频率分析既简单，又易于使人们通过频率分布表清楚了解调查结果。因此，频率分布统计是最基本的资料分析方法。另外，在资料分析中还应争取多使用一些更先进的统计技术和决策模型，以便于从调查资料中获得更多的有用信息。

五、撰写调研报告

撰写调研报告是国际市场营销调研工作的最后一步。调研报告是反映整个研究成果的表现形式，也是衡量整个市场调研质量和水平的重要标志，更是研究者将自己的成果向外界发布、与研究项目的委托者和使用者进行沟通的有效方式。对于企业来说，开展市场调查活动的目的就是为了获得包含着决策所需信息和依据的调研报告。因此，在进行了大量艰苦细致的调查研究后，提交调研报告就成为整个调研过程中最重要的工作。

撰写调研报告一般要求达到三个目的：①要使读者能够充分了解本次调研的主要问题及其作用；②要提供相关的资料和数据以支持报告中的结论；③要对资料作出解释，使读者能够正确理解其含义。

为了实现上述目的，调查报告一般要求包括以下五部分内容：

（1）绪论。这一部分主要是说明调研的目的、调研的过程、时间、地点、对象、资料收集方法和抽样方法等。

(2) 研究分析。这是调查报告中篇幅最大的部分。在这一部分中，要对调查研究中发现的基本事实资料进行有组织、有重点、层次分明的陈述。

(3) 结论。这一部分要把主要研究成果统一摘集形成结论。

(4) 建议。针对调查发现的问题提出有关对策建议。

(5) 附录。这一部分包括调查报告中引用的数据资料、统计报表、资料的分类统计数据、研究方法的详细说明以及获取二手资料的有关参考文献等。

调研报告是企业进行国际市场营销决策时的重要参考依据，因此在撰写调研报告时，一定要实事求是，如实反映情况和问题。调研结论要明确，切忌模棱两可、含糊不清。整个报告要简明扼要、重点突出，便于决策者参考。一般性调研报告的文字要通俗易懂，尽量少用专业词汇，以提高读者的阅读兴趣，同时要注意避免引起误解。

第三节 国际市场营销调研的内容

国际市场营销调研的内容包括两大方面：一是关于整个市场环境的信息，如将要进入的国家或地区的宏观环境、市场竞争状况以及消费者行为等；二是为了制定具体的营销策略所需要的信息，包括产品、价格、渠道和促销等。国际市场营销调研的内容，如图 4-1 所示。

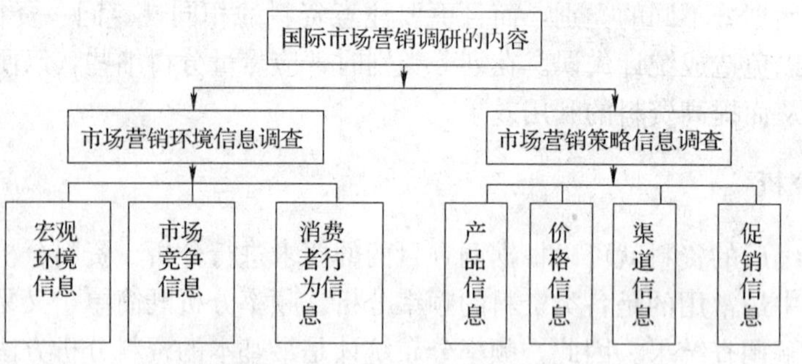

图 4-1 国际市场营销调研的内容

一、国际市场营销环境调研

企业在开展国际市场营销活动时，首先面临的决策问题是进入哪个国家或地区市场。为此，就需要研究分析整个国际市场上不同国家的宏观环境状况、市场竞争状况和消费行为特点，对其市场吸引力大小进行判断，据此选择市场吸引力大、进入障碍小的国家或地区作为目标市场。

(一) 宏观环境调研

国际市场营销的活动范围是多国市场，其环境包括国内和国外若干个国家的宏观和微观层面。因此，国际市场营销环境调研是一个立体、多层次的调研活动。其中，每个层次的调研内容主要包括人口统计情况、经济发展状况、政治法律环境、社会文化环境以及自然环境等方面的资料信息。

1. 人口统计情况

人口统计情况是最基本的市场营销环境信息，因此进行宏观环境调研首先是从人口开始。人口统计情况调查的主要内容有该国家或地区的总人口规模、人口增长率和死亡率、人口的地理分布、人口的年龄结构、宗教信仰群体结构、城乡人口比例、家庭数量及平均家庭人口数、家庭生命周期各阶段的分布情况等。

2. 经济发展状况

经济发展状况调研的主要内容包括市场规模、经济发展水平以及基础设施水平三大因素。

（1）市场规模。影响市场规模的主要因素是人口和收入。其中，人口因素可通过人口统计指标来分析。收入调查的具体内容主要包括居民的总收入水平、可支配收入水平、可自由支配收入水平、可任意支配收入以及物价水平的变化等。另外，还要调查影响收入的其他经济指标，如就业率、失业率、贫富差别程度、消费结构以及通货膨胀、消费者储蓄与收入的比例、储蓄种类、消费信贷的规模以及应用范围和发展趋势等。

（2）经济发展水平。经济发展水平决定了一个国家或地区的生产消费特点。反映经济发展水平的主要指标是国民生产总值和国民收入。另外，三大产业产值及其比重、价格指数等也是分析经济发展水平的重要指标。经济发展水平的调查内容主要就是收集分析上述指标及其发展变化。

（3）基础设施水平。基础设施水平与经济发展有着直接联系，它是影响企业进入该市场后能否顺利发展的重要环境因素。基础设施的调查内容包括：

1）该市场的运输状况。例如，总体运输能力、运输方式以及运输成本高低等。

2）能源供应。例如，能源的供求状况、能源价格、能源供应的政策等。

3）通信设施。主要调查该市场有哪些通信方式，通信技术是否先进，通信服务质量状况如何等。

4）商业基础设施。包括金融机构、广告代理、销售渠道、咨询服务以及市场调研组织的数量、专业水平、服务能力和效率等情况。

3. 政治法律环境

国际政治环境调查的内容主要有：有关国家的政治体制，政局的稳定性程度，政府实行的政策及其连续性，政府在经济中的作用及其参与经济活动的程度和方式，政府对外国企业在本国从事经营活动的态度及可能采取的干预措施，有关外汇限制、进口限制、价格限制、市场份额等市场规定，以及该国政府与我国的关系等。

国际法律环境调查就是要分析研究国家的各项法规、法令、条例的内容，有关法律对企业经营活动的制约和影响，对市场需求发展趋势的影响等。特别是有关的经济立法，如经济合同法、商标法、广告法、税收法、反不正当竞争法、环境保护法以及有关保护消费者权益的条例等，更是企业研究的重点。

消费者权益组织在国际政治法律环境调查中是一个特别值得重视的内容，因为这些组织的职能是保护消费者利益，监督企业的生产经营活动。一旦发现企业有损害消费者利益的不良行为，就会毫不留情地予以揭露。虽然这些组织不一定代表政府和法律，但能够引导社会舆论和影响消费者行为，对企业的行为有很大的制约作用。因此，有必要对这些组织的发展和活动内容进行研究，以便于同其建立和保持良好的关系。

4. 社会文化环境

社会文化环境是造成不同国家、不同地区市场消费差异的主要因素之一，对其进行调研有助于准确分析和把握该市场的需求特点。这方面具体需要获取的资料信息包括：该国家或地区的消费者的语言、文化教育程度、家庭、宗教信仰、价值观念、美学偏好、风俗习惯，以及这些文化因素对消费者购买心理和购买行为的影响等。

5. 自然环境

自然环境直接影响一个市场的生产经营活动和消费需求，故在选择国际营销的目标市场时，必须进行有关这方面的调研。调研的主要内容包括：该国家或地区的气候条件、地理位置、地形地貌等，以及这些自然状况对产品功能、产品包装等方面的影响和要求。

（二）市场竞争调研

企业在国际市场上的竞争者有本国企业，也有东道国和其他国家的企业，竞争形势要比国内更为复杂。因此，国际市场营销的竞争调查要分层次、逐步深入地展开进行。具体内容应包括以下几个方面：

1. 市场当前的竞争状况调查

市场当前的竞争状况调查是指要调查了解国际市场上本企业所在行业的竞争结构及竞争程度。其中，竞争结构是指在一定的国际市场范围内，同一行业企业或相近行业中，可能参与国际市场竞争的同类企业或替代产品竞争企业的数量及其基本状况。因此，竞争结构的调查内容包括：在该国家或地区市场上，与本企业属于同一行业的企业有多少，生产销售的产品种类与本企业相同的有哪些企业，这些企业来自哪些国家，其竞争实力如何。竞争者的市场份额分布，市场竞争的特点，如常用的竞争策略有哪些、价格竞争的激烈程度等。另外，还要调查该市场上是否有相关替代产品、替代产品的生产销售状况及其发展趋势如何，等等。

2. 主要竞争对手调查

在了解市场一般竞争状况的基础上，还要深入分析主要竞争对手的情况。其调查内容有：

（1）主要竞争对手是谁，他们为什么要进入该国家或地区市场。

（2）主要竞争者的产品状况。既要调查他们的产品结构、产品的优势和劣势，也要调查市场对他们产品的评价等。

（3）主要竞争者的市场地位。例如，竞争对手的目标市场、市场占有率、销售额和盈利水平、在市场竞争中的优势和弱点等。

（4）主要竞争者的市场营销策略。例如，主要竞争者的新产品和现有产品销售情况如何，产品包装有什么特点，产品更新换代的时间周期是多长；他们的产品价格定位是什么，最高价和最低限价差距有多大；分销渠道的组织结构是地区性的还是功能性的，渠道模式是宽渠道还是短渠道，是否有能力影响和控制整个分销渠道；他们的促销理念是什么，采用什么方式进行促销，重点促销一般在什么时间等。

3. 可能出现的新竞争对手的调查

可能出现的新竞争对手的调查是指要调查有哪些企业或个人有可能成为新的竞争对手，并分析其主要进攻的目标和市场策略，以及对整个市场目前竞争态势的影响，对本企业在市场中现有地位和发展的影响等。

（三）消费者行为调研

消费者购买行为调研就是对消费者购买决策过程和购买行为表现进行调查分析，以了解和掌握消费者购买行为的一般规律。

1. 消费者购买决策调研

消费者的购买决策共包括五个阶段：认识需求阶段、寻找信息阶段、评价分析阶段、购买阶段和购后评价阶段。在不同的阶段，调研的主要内容又有所差异。

（1）认识需求阶段。该阶段的主要调查内容是哪些原因促使消费者产生了对需求的认识。例如，消费者产生需求是原有物品短缺造成的，还是由于收入变化产生的影响？是消费趋势或消费流行推动的结果，还是新产品的吸引力或企业促销宣传效果激发的？等等。另外，还要分析这些原因是消费者内在生理机能的反映，还是外部环境刺激所造成的结果，这些需求可能引导消费者购买哪一种产品或服务，以及需求强度大小和变化情况如何，等等。

（2）寻找信息阶段。该阶段的调查任务是要了解消费者获取信息的渠道有哪些？主要渠道是什么？最信赖哪种渠道传播的信息？消费者是否知道本企业的有关信息？从哪些渠道获取到本企业的信息？以及对本企业信息的评价如何等。

（3）评价分析阶段。该阶段是消费者的购前活动，是促使消费者实现购买行为的关键步骤。要了解消费者的评价结果，就要调查消费者的评价标准和评估模式，分析其心中理想产品的性能指标，研究影响消费者评价比较的主要因素有哪些，以及消费者对本企业产品或服务的看法，等等。

（4）购买阶段。该阶段的调查任务是要研究影响消费者购买决心的因素有哪些，最重要的因素是什么，影响结果是促进了消费者的购买行为，还是动摇了消费者的购买决心等，为企业采取促进消费者购买行为发展的对策提供依据。

（5）购后评价阶段。该阶段调查的主要内容是要了解消费者在使用商品时的反映，以及采取的相关行动。这个阶段的调查应通过售后服务网连续跟踪进行，使企业能够及时根据市场反馈调整营销策略，从而提高竞争力。

2. 购买行为调研

购买行为调研是指对消费者实际购买活动进行调查研究，以了解消费者的购买活动规律。具体调研内容包括以下几个方面：

（1）购买时间调查。这是对消费者购买商品的时间规律进行调查，具体要了解消费者的购买频率、购买时间间隔、具体购买时间等，为合理组织商品采购、商品上市和确定营业时间提供依据。

（2）购买地点调查。主要调查内容是消费者常去购物的商业街区和商店类型，以及选择购买地点的主要标准。

（3）购买方法调查。购买方法包括购买方式和支付方式两方面，其中购买方式调查就是要了解在消费者购买活动中，现购、订购以及邮购的比例情况。支付方式调查则是要了解消费者付款时，采用现付、预付以及分期付款的情况。

（4）购买数量调查。这是指调查消费者一次购买数量和购买品种数。

二、国际市场营销组合调研

国际市场营销组合调研为企业制定市场营销策略提供参考依据，调查的内容与企业当前面临的问题、国际市场营销的具体活动以及市场营销目的有关。一般来说，主要包括国际市场价格策略、产品策略、渠道策略以及促销策略等调查内容，如图 4-2 所示。

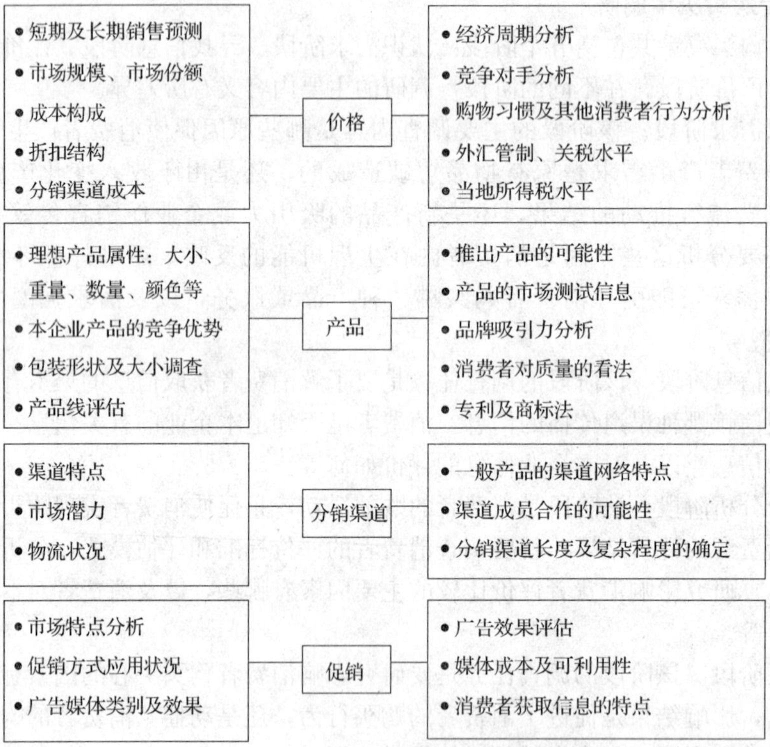

图 4-2 国际市场营销策略信息

（一）价格调查

在制定国际市场产品价格时，企业必须掌握三个方面的情报信息，即市场需求特点、影响成本的因素和竞争状况。

有关市场需求特点的调查内容有：目标市场国家或地区的短期及长期市场需求预测，经济周期的规律和特点，消费者的价格敏感性，产品的价格弹性，消费者的购买习惯以及其他购买行为特点，不同价格策略对销售量的影响，等等。

成本方面的调查内容包括：出口产品的成本构成，国际分销渠道成本，东道国的外汇管制政策，关税水平，当地所得税水平，中间环节的折扣结构，等等。

有关影响价格竞争因素的主要调查内容有：市场规模，竞争者数量，市场份额分布，价格竞争方式，主要竞争对手的价格策略，等等。

（二）产品调查

产品是市场营销策略的基础，企业能否成功进入国际市场，直接取决于产品是否能够满足目标市场国家或地区消费者的需求。与国内市场相比，国际市场上产品种类繁多，消费者的产品需求差异也非常大，要正确制定产品策略，就必须进行以下内容的调研：

(1) 产品满足国际市场消费者需求程度分析。例如，目标市场消费者心目中的理想产品及其具体属性（大小、重量、数量、颜色等）是什么；本企业的产品与理想产品相比有什么差异；消费者对市场上竞争对手产品的评价；与竞争对手产品相比本企业产品有哪些优势；该市场的消费者对产品质量的看法是什么，本企业的质量标准与其是否有差异，等等。

(2) 调查向该市场推出本企业产品的可能性。例如，我们的品牌是否有吸引力，消费者为什么要购买我们的产品，他们能否很容易地掌握产品的使用方法，市场容量是否足够大，我们的产品线能否满足该市场需求等。

(3) 调查分析产品的包装、运输要求，以保证产品能及时、完好地进入国际市场。

（三）分销渠道调查

与国内市场分销渠道相比，国际分销是跨国界的市场营销活动，因此国际市场营销分销渠道调查也比较复杂。调查的主要内容包括：

1. 渠道特点

渠道特点调查是指要调查一般产品的渠道网络模式。例如，美国渠道网络由进口商、经销商、代理商、零售商等环节构成，渠道长，且零售环节的业态类别很多，有些大型零售机构还兼做进口和批零业务等，渠道通畅；西欧市场的物流特点是仓库小，存货少，供货稳定、持续，包装美观；而日本的渠道复杂且长、层次多。

2. 市场潜力

市场潜力方面的具体调查内容包括市场规模、发展潜力、市场分布是否集中、营销基础设施水平高低以及是否有适当的合资对象等。

3. 物流状况

物流状况调查的内容有：目标市场国家的自然条件、运输状况，包括运输工具、道路、仓库、物流水平、通信水平、物流成本等信息。

4. 中间商的类别及其水平

具体调查内容包括：该市场上中间商的种类、各类中间商的基本状况、主要中间商的效率、不同渠道环节的折扣率、零售网点的分布及其方便程度，以确定分销渠道的长度及复杂程度。

（四）促销调查

由于不同国家和地区的语言、文化以及政府对信息传播的规定不同，在开展国际市场促销活动时，需要进行以下有关内容的调查：

(1) 市场特点，即消费者获取信息的主要方式有哪些，企业常用的促销方式是什么，消费者对各种促销方法的敏感程度如何，他们接触各类广告媒体的规律是什么。

(2) 调查各种促销方式的应用情况，如广告、人员推销、公共关系的适用范围，政府关于各种促销方式的有关政策和限制有哪些等。

(3) 对广告媒体进行调研，要了解广告媒体的种类，各类媒体的影响力，成本费用和促销效果，以及不同媒体发布广告的有关限制和规定。

(4) 调查竞争对手采用的促销方式及促销效果。

(5) 对渠道成员的促销作用进行调研，如他们是否愿意承担或组织促销，企业合作促销的积极性如何，以及对哪种促销方式感兴趣等。

第四节　国际市场营销调研的方法

一、一手资料和二手资料

根据资料的来源途径，国际市场的信息资料可分为一手资料和二手资料。一手资料也称为原始资料，是为了解决面临的问题而专门收集的资料，其获得途径是通过访问调查、观察、可控实验等实地调查方法，直接从调查对象处收集。这种资料的获取难度大、成本高，特别是国际市场范围广，调查对象差异大，收集一手资料需要的时间长，调查组织也比较复杂。二手资料不是为了目前正在研究的特定问题，而是为了其他目的已经收集的数据资料。这些资料的获得途径有政府出版物、书刊报纸、新闻报道、贸易简报、贸易组织出版物以及企业内部报表等。与一手资料相比，二手资料的获取途径多、获得成本低、时间短、费用低。但由于二手资料不是为了自己面临的问题而专门收集的，而是利用别人收集的现成资料，因此存在针对性不强、资料信息本身比较粗糙、无法满足调研的要求等问题。另外，由于国际市场上各国的统计信息系统标准差别较大，如发达国家的国民经济指标统计非常完善、及时，但一些发展中国家的资料统计体系不完善，数据资料经常拖延，在指标含义和具体统计内容上各国也不尽相同。因此，二手资料还存在缺乏可比性、通用性等问题。

一手资料与二手资料的区别见表 4-1。

表 4-1　一手资料与二手资料的比较

项　目	一 手 资 料	二 手 资 料
收集目的	为了当前要解决的问题	为了其他问题
收集程序	复杂、困难	简单、快速
收集成本	高	低
收集时间	长	短

二、实地调研方法

一手资料是经由实地调研获得的，具体方法主要有三种：调查法、观察法和实验法。

（一）调查法

调查法（Interviewing）是通过向被调查对象提出问题而获取所需资料的方法，根据与被调查者接触方式的不同，调查法又分为面谈访问、电话访问、邮寄调查、电子邮件访问和因特网访问等方式。

1. 面谈访问

面谈访问（Personal Interview）是市场调研中最常用的方法，具体是通过调查人员直接访问被调查对象来获取信息资料。这种方法的优点是在与被调查者面对面的交谈询问中，能够观察到被调查者的反应，还可以与被调查者相互启发，使调查不断深入下去，从而可获取到其他方法难以收集到的资料。其缺点是费用高，对调查人员的调查技术要求高。面谈访问又可分为三种方式：

（1）户内访问。即调查人员到被调查者家中进行面谈调查。

（2）拦截访问。在被调查者比较集中的地点现场拦截调查对象并进行面谈调查，这种方法较之户内调查更为方便，目前普及程度较高。

（3）电脑辅助访问。它是指请被调查者坐在计算机前，操作鼠标或键盘回答屏幕上显示的问卷，调查人员则在现场进行指导。

2. 电话访问

电话访问（Telephone Interview）是由调查人员通过电话向被调查者提问以获取资料的调研方法。其优点是成本低、速度快。但在使用范围上有局限性，一般只能用于简单问题的调查。

3. 邮寄调查

邮寄调查（Mail Interview）是通过邮寄方式将事先设计好的调查问卷邮寄给被调查者，让其回答后再寄回的调查方法。这种方法具有调查范围大、费用低、被调查者回答时间充足、回答问题真实等优点。该方法的最大不足是回收率较低。

4. 电子邮件访问

进行电子邮件访问（E-mail Interview）首先需要获得电子邮件地址名单，然后将调查内容写成电子邮件寄给被调查者。电子邮件使用纯文本方式显示问卷，任何一个有电子邮件地址的人都可以收到问卷并回答。电子邮件不仅具有传统邮寄调查的优点，还具有很高的时效性。但存在以下不足：①由于电子邮件系统的限制，影响了调查所获数据的质量，因为纯文本无法阻止被调查者对仅有一个有效答案的问题同时选择“是”或“否”，也不能使用程控的跳跃形式；②邮件的信息长度有限。

5. 因特网访问

因特网访问（Internet Interview）使用网络语言，即超文本链接标示语言（HTML）设计问卷，并将问卷放在一个网站上。被调查者可以在调查公司拥有的潜在调查对象数据库中在线选择，也可以用常规的邮件、电话方式选择，大多数情况下是允许所有的网站浏览者或者是每隔 n 个浏览者参加调查。与电子邮件相比，网络调查使用 HTML 而不是纯文本构造按钮、选框和数据输入域，因而可以防止被调查者在单选题上选择多个答案，或者在不需要的地方输入答案，跳跃格式也可自动执行。还可以利用附加的调查刺激，如图表、动画或与其他网页的链接等。

【实例 4-2】

锐步运动鞋的市场调研

锐步国际有限公司在美国拥有 16%的运动鞋市场份额，它想向欧洲市场扩展。欧洲是一个潜力巨大的市场，也是各个大品牌激烈争夺的对象。锐步不想与耐克、阿迪达斯、彪马等在欧洲市场进行直接竞争，而是希望寻找新的途径如大众街头运动鞋市场进入。为此，该公司选择了瑞典、法国和瑞士三个欧洲国家进行了运动鞋市场调查，了解消费者的运动鞋偏好。

在具体调查时，该公司针对各个国家流行的访谈方式，采用了不同的调查方法。在瑞典是通过电话进行消费者访问调查；在法国，采用了中心地点或街道拦截访问调查法；在瑞士则是进入消费者家中，进行入户调查。这些调查都取得了预期的效果，数据资料也具有可比性。

（资料来源：纳雷希 K 马尔霍特拉．市场营销研究［M］．涂平，译．3 版．北京：电子工业出版社，2002：144.）

（二）观察法

观察法（Observation Research）是调查人员在调查现场对调查对象的情况直接观察记录，以获取一手资料的方法。采用观察法进行调查时，调查人员并不向所观察的被调查者提问、交谈，而是系统地观察记录人、事物及事件的行为模式。因此，这种方法的优点是调查结果客观可靠，调查过程简单方便，成本较低。观察法的缺点是只能在现场进行调查，需要的时间较长，由于观察到的只是外在的行为，无法考察被调查者潜在的动机、信念、态度和偏好等内在心理变化。

观察法可以根据不同的调查目的，选择不同的观察方式。主要有以下几种方式：

（1）现场观察。即通过参加各种展销会、订货会、展览会等，观察记录商品外观设计、包装、价格、销售等情况，据此分析有关产品在国际市场上的发展趋势。这种观察法是我国中小型企业开展国际市场调研最常采用的方法。

（2）顾客购买行为观察。这是通过利用一些仪器设备，如照相机、摄像机、录音机等，观察记录顾客购买行为的发展过程，特别是在超市选择商品的活动过程。这种方法常常用于为商品陈列、包装以及货架摆放等策略分析提供依据。

（3）人员观察。即选派调查人员在指定地点和规定的时间段，如实记录在自然状态下发生的事件。例如，客流量、车流量观察调查，顾客光顾商店人数调查等。

（三）实验法

实验法（Experiment）是在给定的实验条件下，通过试验对比的方法观察分析影响研究对象的各因素之间因果关系及其变化过程，从中获取有关信息的调研方法。运用实验法获取的信息资料排除了主观估计存在的偏差，数据资料可靠准确，在定量分析中有很重要的作用。但实验法调查需要的时间较长、费用较大，因而存在一定的风险。实验法在市场营销调研中的具体形式有：

（1）单组一次性实验。即没有参照组，也不收集实验前数据，仅对有关营销要素改变后的结果进行调查。例如，新产品试销实验调查。这是最简单的实验方法，因为没有任何对比，所以无法确定实验效果的大小及其变化程度。

（2）单组事前事后实验。这是指参与实验调查的虽然还是一个组，但是数据收集分两阶段，即不但要记录有关营销要素改变后的市场数据，也要记录改变以前的数据，然后进行两者的对比分析。由于这种方法仍然没有参照组，实验效果中包含有环境因素的影响。

（3）有参照组的事前事后实验。这种实验要求有两个组参加，即实验组和参照组，其中参照组在实验过程中没有被加入或改变任何营销要素。调查中同时收集两组事前事后数据，然后再进行两组数据的对比分析。这是比较完善的一种实验方式，因为通过与参照组的对比，可以消除环境因素对实验效果的影响。

（四）实地调研应注意的问题

与国内市场相比，国际市场环境的复杂性将使实地调研面临更多的挑战和困难。为此，在开展国际市场的实地调研活动时，应注意以下问题：

1. 问卷设计应注意的问题

问卷（Questionnaires）又称为调查表或询问表，是以问题的形式系统地记载调查内容的一种印件，也是各种调查法最常用的工具。问卷设计是应用这一调查工具的关键，其中的每一个问题既要围绕调查目的提出，同时又要考虑被调查者的反应。由于国际市场调研是在语言文化不同的国家进行，问卷设计还将面临一些新的问题。首先是问卷使用的语言要适应当地语言文化环境的特点。如果问卷是用母语设计的，就需要做好翻译工作，避免因为粗心的翻译导致令人尴尬的错误，从而使问卷调查面临困难。为此，可借鉴回译法和平行译法减少翻译错误。回译法（Back Translation）的基本步骤是分别请一位母语为某外文但又懂中文的翻译，以及一位精通该外文的中文翻译，请前者将中文版本问卷翻译成外文，后者再将外文翻译成中文，然后进行两个版本问卷内容的对照，找出其中存在的病句和翻译错误，并进行修改。平行译法（Parallel Translation）是要求许多翻译各自独立翻译相同的问卷，然后由翻译专家组成委员会，对照各个版本，修改相互间的差异。

在发展中国家运用问卷进行调查时还可能会遇到另一个障碍，即由于文化教育水平偏低，可能有一些被调查者不识字。为此，需要根据被调查者的文化教育水平设计问卷中的提问方式，如尽量减少文字表达的内容，更多采用图、表等形象化的辅助问题。要尽量避免问卷内容太多太长，以及需要被调查者思考或不易表达的开放式问题。

2. 面谈访问可能存在的问题

由于有些国家既缺少具备收集准确信息能力的当地调查公司，又缺乏大量训练有素、经验丰富的调查人员，加之各个国家在经济、政治、信息与技术以及社会文化等方面存在差异，所以面谈访问的可行性和普及性也有很大差别。例如，在北美洲和欧洲的发达国家，电话访问是进行面谈访问的首要选择方式，因为他们的电话普及率已经达到了100%。但是在发展中国家，由于许多家庭还没有电话，选择这种方式调研就会产生很大的误差，但采用户内调查效果较好。同样是欧洲发达国家，商场拦截式调查在瑞典等一些欧洲国家比较流行，但法国、荷兰却以中心地点和街道访谈为主要方式。在大多数发达国家，邮件调查都非常普遍。因为这些国家的邮政系统非常完善，居民的文化教育程度高。但是在非洲、拉丁美洲和亚洲的一些发展中国家，人口中文盲比例高，而且大多数人居住在农村，邮寄调查就不容易进行。其他的利用现代电子网络技术进行调查的方法更是如此，因为发展中国家中上网和计算机的普及率还很低。由此可见，在进行国际市场实际调查时，当确定统一采用某种调查方法时，一定要根据各个国家或地区的特点来选择恰当的接触方式。

3. 抽样调查面临的问题

在国际市场营销调研中，采用抽样方法进行实地调查往往面临很多困难，表现在以下几个方面：

（1）确定调查目标时需要考虑的因素要比国内调查复杂得多。在国际市场上，同一调查对象在不同国家可能是不同的人群。例如，美国妇女在汽车及其他耐用消费品的购买活动中占据重要地位，因此在进行这类商品的市场调研时，妇女是调查目标的重要组成部分。而在沙特阿拉伯，调查总体只需考虑男性居民，因为这样的购买活动完全由男人决定。

(2) 缺少抽样总体名单。在一些国家，人口统计工作不健全，城市管理差，街道行政区划图不完善，住房又无统一编号。这种情况就很难获得总体名单，甚至通过商业渠道也无法获得。在这种情况下，没有完整的总体编号，随机抽样就无法进行。

(3) 难以接近被访对象。在有的国家，妇女不能随便接受陌生人的访问，上层人的住宅有高高的围墙和严格的门卫，这些都使直接访问面临很大困难。

正是由于上述问题，在国际市场上的抽样调查多以非随机抽样法为主。这样不仅能够获得相对及时和客观的资料，而且成本较低，实施也比较容易。为了提高非随机抽样的代表性，一般可通过加大样本量、采用简单方便的便利抽样法进行调查。

三、案头调研

案头调研（Desk Research）又称为二手资料调研或文献调研，是通过查询和研究现成资料实现调查目的的过程。在国际市场营销调研中，案头调研是应用最为广泛的一种调研方法。

（一）案头调研法的作用

与实地调研相比，案头调研的特点是以收集文献性信息为主，获得的都是已经加工过的现成资料，而且调查不受时空限制，既能收集到反映市场变化趋势的历史资料，也能获得不同国家相关的现成资料，而且调研成本低、时间短。因此，案头调研在国际市场调研中具有重要的作用，表现在以下几个方面：

(1) 案头调研是国际市场营销信息的主要来源。在进行国际市场营销的目标市场选择时，通过案头调研可以方便快捷地获得有关国家和地区的人口、收入、政治法律以及经济发展状况等宏观环境资料，为决策提供充分依据。这是实地调研无法实现的。

(2) 案头调研是国际市场调研的前提和基础。国际市场营销调研一般都是从收集二手资料开始，因为在国际市场上进行实地调研需要的经费远远高于国内市场，加之文化、语言的差异，经常使实地调研无法进行。在这种情况下，案头调研提供的资料就可以解决很多问题，而且为有效开展实地调研奠定了基础。

(3) 案头调研能够为深入开展国际市场研究提供思路。在开展正式调研前，通过二手资料的调研能够为明确调研主题、确定调研方案提供依据。特别是在多国别、多种文化和语言交错的国际市场上，明确调研问题、调研对象和内容常常会面临较大困难。这种情况下，通过案头调研收集二手资料，进行市场的初步分析，就会使人们对需要研究的问题有更深入的了解。

(4) 案头调研有助于对国际市场进行横向比较和分析。实地调研由于资金、人力等的限制，往往只能对一个市场的当前情况进行深入调查，无法同时获得多个国家市场的信息，而案头调研可以同时获得多个国家有关事件的信息。特别是二手资料都是经过加工且已公开的信息，有些指标全世界都是统一的，因此获得这些信息有助于进行全球市场的横向对比研究，对于掌握全球市场总体状况具有重要意义。

（二）案头调研法的资料来源

与实地调研相比，由于收集的是二手资料，故案头调研的过程简单、方便，主要是通过文献检索、资料查询等手段获取需要的资料。因此，案头调研的关键就在于掌握二手资料的来源。国际市场营销调研所需的二手资料来源渠道非常广泛，一般可分为企业内部资料和企业外部资料两大来源。

1. 企业内部资料

为了保证生产经营活动和企业各项决策的顺利进行，每个企业都建立了一套自身的生产经营管理信息系统，这些信息正是国际市场营销调研最重要、最基础的二手资料来源。其内容主要包括以下四个方面：

（1）财务资料。财务资料即企业财务会计部门汇总、整理的各种财务、会计和成本分析资料，如会计报表、成本核算、资金来源及分配、产品价格、销售收入和利润等。

（2）业务资料。由企业市场营销部门积累的各种购销资料即为业务资料，如订货单、进货单、发货单、各种购销合同、发票、国内外市场客户资料、渠道成员管理资料、促销资料以及售后服务记录等。

（3）统计资料。这是指计划统计部门汇总分析和保存的相关资料，如企业长期计划、年度计划、季度计划，企业生产经营活动成果统计报表，包括日报表、月报表、季度报表和年报表以及各类分析报告等。

（4）其他资料。其他资料是指企业其他部门积累的各种资料，如生产技术部门的生产状况记录和分析资料，新产品开发资料，工艺、设备状况等。

2. 企业外部资料

企业外部的国际市场营销信息非常广泛，既可以通过国际组织、行业协会获取相关信息，也可以从政府机构、学术单位得到公开但有价值的资料。企业外部资料的主要来源有：

（1）政府统计部门和有关主管部门公布的资料。各个国家的政府统计部门、财政金融机构、外经贸部门，以及工商管理部门等定期公布的各种国内经济活动统计数据、国际贸易统计数据、政策法规等是国际市场营销人员获得基本信息和其他有用报告的主要来源。例如，我国国家统计局每年都会公布年度统计数据《中国贸易外经统计年鉴》，还出版刊物《国际经济信息》，这些都包含有当年对外贸易经济活动的丰富信息。英国中央统计局发表的《每月统计摘要》(Monthly Digest of Statistics）也是一种内容丰富、内容广泛的统计刊物，内容涉及英国的社会、经济、文化、市场、投资等多方面统计资料。日本贸易振兴会及其“海外市场调查会”提供日本国内外详细的市场资料。各国的地方政府能够提供一些非常有用的官方数据，港务局也是能够提供这方面资料的官方机构之一。像美国的旧金山、荷兰的鹿特丹、澳大利亚的悉尼和我国的香港，这些世界有名的港务局都通过提供有关数据资料服务帮助和推进国际市场营销活动。

（2）国际组织和外国使馆、驻外机构提供的信息。一些著名的国际组织会定期发布包含有关国际市场历史数据和当前数据的统计报告，以及包含经济预测、趋势等方面信息的报告。这些组织有联合国（United Nations)、经济合作与发展组织（Organization for Economic Cooperation Development)、欧洲联盟（the European Union)、东南亚国家联盟（Association of South-east Asian Nations)、世界贸易组织（the World Trade Organization)、世界银行（the World Bank)、国际货币基金组织（the International Monetary Fund）和国际金融组织（the International Finance Corporation）等，这些都是重要的信息来源。其中，经合组织（OECD）出版的《主要经济指标》是综合性、时间性和代表性很强的统计月刊，主要发表发达国家的工业生产指数、物价指数、国内对外贸易指数、批发零售贸易指数、货币供应量和利息等多方面信息。IMF 发布的三种半月度报告:《国际货币基金组织调查(及增刊)》(IMF Survey)、《工作文献》(Working Papers) 和《政策讨论文献》(Policy Discussion Papers) 既可以索取印刷版,也可以在国际货币基金组织的网站 (www.imf.org) 上下载。驻我国的外国使馆和我国的驻外机构也经常发行和提供一些贸易统计数据、工商企业名录以及商业惯例等资料。

(3) 新闻出版资料。国内外新闻、出版部门定期或不定期公开出版的报纸、杂志、统计年鉴、企业名录也是二手资料的重要来源。特别是一些商业贸易类和行业性质的报纸杂志,如我国的《国际商务研究》、《中国对外贸易》、《中国对外经济统计年鉴》、《中国对外贸易经济合作企业年鉴》、《重要经济贸易法规资料选编》等出版物都能够提供非常重要的国际市场信息。国外的如美国《华尔街日报》(The Wall Street Journal)、《财富》(Fortune) 杂志,英国的《金融时报》(Financial Times)、《经济学家》(The Economist) 等则是研究美国市场和英国市场的重要信息来源,其中《华尔街日报》发表的"道·琼斯商品价格指数"和《金融时报》编制的"金融时报商品价格指数"是研究世界商品市场必不可少的经济指标。

(4) 商会、行业协会、大型商业银行和投资公司。行业协会经常会发布本行业国际市场的有关信息,提供行业发展的有关统计资料,以及企业名录等。一些民间组织也经常发布一些与市场有关的信息,这些都可以成为获取国际营销调研资料的途径。总部设在巴黎的国际商会是最高级别的商会,会员是各个国家的全国性商会,以公开发表有关国际商务信息而著称。还有国家级、地区级的商会,这些商会一般会提供会员名单、贸易习惯、当地商业状况和贸易规则等信息。

行业协会一般都会进行专题调研,提供有关产品、渠道和市场需求具体状况的信息服务,并经常发表和保存有关行业营销特点和发展状况的信息,定期出版一些刊物。例如,中国纺织工业协会就有自己的国际贸易信息中心,并发行行业性报纸《中国纺织报》,为企业提供该行业国际市场的有关统计信息。

大型商业银行和投资公司的国际部定期收集和发布有用的统计信息,如美洲银行 (Bank of America) 的世界信息服务部 (World Information Services),能够提供国家展望、国家数据预测和国家风险监控等服务;巴克莱银行 (Barclays Bank) 能够为客户提供目标国的市场信息;普华永道会计师事务所在许多国家发布一系列指南性出版物,包括出口、融资、保险、货运等。这些对于初涉国际市场的营销人员来说,都是获得相关信息服务的重要渠道。

(5) 学术研究机构。科研院所、大专院校以及咨询机构和专业调研企业也是国际营销调研资料的重要来源。其中,科研院所和大专院校一般都拥有设施良好的图书馆和档案馆,各种信息资料来源丰富,保存完整。一些研究机构利用这些数据资料开展研究,并通过技术报告和其他出版物形式公布成果。例如,美国杨伯翰大学的戴维 M. 肯尼迪国际研究中心为世界 100 多个国家和地区绘制了"文化表",每年更新。一张典型的表包括该国人文方面的大量信息,如风俗习惯、礼貌礼节、生活方式等。

出版咨询机构和专业调研企业长期从事某一方面的市场研究活动,他们公布的市场调研报告往往是专业性更强的信息资料。例如,美国的尼尔逊调研公司,在全球 27 个国家和地区设有分支机构,年营业额高达数亿美元。商业国际公司 (Business International Corporation）每年收集和出版 131 个国家的最新经济数据，其主要出版物有《海外 56 国投资、许可证交易、贸易状况》（Investment，Licensing and Trading Conditions Abroad for 56 Countries）、《国际商业》（International Business ）、《亚洲商业》（Business Asia）、《欧洲商业》（Business Europe）、《拉美商业》（Business Latin America）等，涉及这些地区的经济结构、人口总量和结构、劳动力和工资、对外贸易、生产和消费的水平和结构、政治经济展望与一些特别国家开展进出口业务的限制和支持等内容广泛的信息。中国收视调查咨询中心和法国索福瑞（Sofres）研究集团合资成立的 CVSC-Sofres-Media 公司从 1997 年开始，对我国城市的电视收视率进行了连续调查，他们通过观众填答收视日记的方法，记录了 12 200 个家庭、40 000 名电视观众的收视习惯。这些都是获取国际营销信息的重要来源。

（6）国际电子数据库。自从 20 世纪 90 年代以来，数据库的数目及提供数据库服务的供应商快速增长，这使大多数公开信息都可以从电子数据库中获得。电子数据库提供的信息数据不但全面、丰富，而且及时、成本低，目前已经成为获取国际市场营销情报资料的重要来源。美国的 DIALOG 检索系统中的 PTS 数据库是世界上最大的介绍世界贸易和工业信息的数据库，其信息来源于世界各国 2400 多种国际贸易期刊、政府出版物、公司信息发布及政府和公司部门的调研报告、年度报告等，能提供多种形式的信息，如全文、文摘、预测和统计数据、表格等。该数据库可以通过互联网（www. dialog. com）访问。互联网上有许多能够提供国际贸易信息的网站，如 www. exporthotline. com，该网站有几千份市场营销研究报告、一个行业图书馆、80 个国家的市场情报和大量的链接。国内的中国国际贸易网、世界贸易网、亚洲国际贸易网、中国进出口网、世界进出口网等也是获得国际市场信息的重要网站。

【资料阅读 4-2】

中经网统计数据库

中国经济信息网的“中经网统计数据库”是一个内容涵盖宏观经济、产业经济、行业经济、区域经济以及世界经济等各个领域的基础资料库。其中的海关月度数据库以中国海关统计数据为基础，收集了 1995 年以来的进出口统计数据，内容涉及进出口总值、主要商品进出口量值、进出口商品分贸易方式总值、进出口商品分类章总值、分地区进出口总值、分国家进出口总值和外商投资企业进出口等多方面的 3 万多个指标，拥有 300 多万条数据。世界经济统计数据库以经济与发展组织（OECD）的主要宏观经济指标数据库（OECD Main Economic Indicators，MEI）为数据来源，提供自 1960 年以来的年度、季度、月度数据，包含 30 个 OECD 组织成员国、6 个非成员国，以及国际主要经济组织如欧盟、西方七国、欧元区、北美自由贸易组织等；指标专题覆盖国民核算、劳动就业、价格指数、金融贸易、行业经济以及趋势调查指标等 20 余个专题大类，全面深入地反映了世界主要国家的经济发展趋势。

（资料来源：根据中国经济信息网主页内容整理，http：// www. cei. gov. cn/portals/104/aboutus/a/a01. htm. ）

（三）案头调研法应注意的问题

由于案头调研收集的二手资料不是为了目前的研究目的而专门调查的资料，在使用时会产生可靠性、及时性等方面的问题。为此，应用案头调研收集资料时要注意以下问题：

1. 二手资料的最初来源

从二手资料的最初来源可以分析其可靠性与准确性，因为最初来源与调查目的直接相关。例如，政府机构公布的数据一般要考虑为政治目的服务，故可能存在某些不可靠问题。这种情况在一些发展中国家尤为突出，因为政府为了粉饰本国经济发展状况，常常有意提高或压低某些指标数值。另外，有些国家公开发布的统计资料是由私人机构收集的，由于私人机构没有权威性，不能以行政命令的方式进行调查，得到的数据可靠性相对较低。因此，在使用二手资料时，要注意资料最初是由谁收集的、收集资料的目的是什么，进而分析判断二手资料的可靠性与客观真实程度。

2. 资料的收集方法

收集资料的方法与过程是否科学，直接影响资料的准确性。二手资料在最初收集时采用的是随机抽样还是非随机抽样、样本量大小如何以及实地调查的过程管理是否严格，都是应用二手资料时要考察的问题。因为在调查过程中如何就这些方面作出选择，对调查结果造成的误差是不一样的。

3. 资料的及时性

虽然收集二手资料需要的时间短，但由于二手资料是别人已经应用过的现成资料，资料的时滞可能比较长。例如，人口普查数据、政府统计部门出版的统计年鉴等，其公布的资料往往都是1～2年前的数据，不能反映当前的状况。特别是对一些市场变化迅速的行业来说，这些数据反映的情况与当前现实有一定差距。另外，发达国家的情报系统非常先进，统计数据不仅全面，更新也比较及时；发展中国家的情报信息相对落后，历史资料保存工作较差，而且更新比较缓慢，资料缺乏及时性。因此，对二手资料的及时性一定要特别注意，如果时滞较长而不能满足调查需要，就要重新选用更新较快，能够反映当前状况的资料。

4. 资料的可比性

资料的可比性是对各个国家或地区市场进行横向比较分析的基本要求，但由于各国的统计分类并不完全一致，因此在国际市场营销调研中获得的二手资料常常无法直接进行比较。例如，意大利将一切电焊设备，包括备件、电焊条以及为了相同目的所用的其他电焊装置和附件作为一类放在一个栏目下，这样的资料就无法直接进行各国电焊设备市场的比较。在国际市场营销调研中，从不同国家获得的二手资料经常会面临这种问题。为了保证资料的通用性，就需要进行二手资料的整理分析。

5. 资料的可获得性

尽管二手资料来源广泛，但并不能保证在所有国家都容易得到有关国际市场营销的二手资料。在许多发展中国家，可靠、及时的二手资料非常缺乏，特别是零售业和批发业的信息。在这种情况下，就要考虑采用案头调研是否能够满足资料需求。如果资料的可获得性很差，就需要通过实地调研的方法获取原始资料。

【资料阅读 4-3】

欧洲国家二手数据的可比性

国际市场的有关统计信息的不可比性普遍存在，即使在已经形成统一市场的欧盟内部，各国数据分类的标准也并不相同。例如：

人口统计资料在欧洲并不是由政府机构收集的，一些国家雇用私人研究机构进行统计。

教育水平是衡量社会地位的一个标志，但欧洲各国衡量教育水平的方法不同。通过考试的级别、在校时间、最终文凭等分别是一些国家所采用的衡量标准。

婚姻状况是确定一国家庭结构趋势的重要因素。一些罗马天主教国家，法律只承认三种婚姻状况：单身、已婚和丧偶。而离婚、同居或单亲家庭在这些国家都不被承认。

欧洲各国划分社会地位的标准也不同，职业、教育程度、财产分别被作为一些国家划分社会地位的标准，而标准不同，划分的社会等级也就没有可比性。

广告和促销支出也存在三方面值得质疑之处：①有些国家采用估计值，有些国家采用实际值；②来自于媒体报道的资料并不全面，如电影广告可能未被计算，印刷媒体仅考虑主标题；③一些国家的数据包含付给广告代理的佣金，而另一些国家却不包含。

（根据以下资料整理：杰拉尔德·奥尔巴姆，埃德温·杜尔，杰斯珀·斯特兰斯科夫. 国际营销和出口营销［M］. 张新生，吴侨玲，译. 5 版. 北京：中国人民大学出版社，2007：235-236.）

四、国际市场营销的其他信息来源

实地调查和案头调查是我们获取国际市场营销信息资料的两种主要途径。除此以外，我们还可以通过其他途径获得有用的信息。

（一）人员交谈

调查表明，国际市场营销企业获得的市场信息中有 2/3 来自于人员交谈㊀。这些人员来自以下几个方面：

（1）公司在国外的子公司人员、驻国外办事处人员、国外相关合作企业人员等。这是最重要的外部信息人员来源，因为他们既熟悉本公司的产品和服务，又了解国外当地情况。同时，他们本身的任务就是要经常与国外的中间商、政府官员、消费者和供应商进行接触交流，期间就会了解到大量有关国际市场的信息。这些信息往往最为有效和及时，是公司抓住国际市场机会的最佳信息来源。

（2）朋友、熟人、国际市场专业咨询人员以及政府官员等。这些人掌握的信息比较广泛，既包括市场需求变化、东道国政策动态方面的信息，也可能掌握竞争者的信息。由于这种信息是在人际交往过程中通过面谈交流方式传递的，信息内容常常比较敏感，且动态性较强，有时还可能是其他途径无法获得的重要信息。因此，应该特别重视这一来源的信息。

（3）国外市场上的分销商、消费者和供应商。从事国际市场营销一线工作的人员在与其

㊀ 沃伦 J. 基坎，马克 G 格林. 全球营销原理［M］. 北京：中国人民大学出版社，2002.

进行正常的工作联系与交易中往往能够从他们中获得很多有价值的信息。

（二）直接感知信息

直接感知信息是指企业人员通过视觉、触觉、听觉、嗅觉和味觉等感觉器官了解到的有关目标市场国家或地区的有关信息，这种来源为人员信息提供了一个重要的背景支持。直接感知来源受到必须亲临现场考察的限制，因此在国际市场营销信息中所占比例较小，但是提供的信息更为真实、生动，如果及时利用往往能带来非常显著的效果。

（三）相关活动

相关活动是指通过营销人员直接与国际市场接触获得有价值的信息。具体方式有以下几种：

（1）企业派人参加各种国际展览会、展销会、交易会，在这些国际会议上直接与国外客户交流获取有关信息。

（2）国际市场营销人员去国外实地考察，了解市场动态。

（3）外销人员在常规的国外市场推销活动中，积极主动了解有关市场的需求情况。

（4）通过与国外的进口商、代理商、批发商等渠道成员交流获得有关市场需求信息。

（5）通过购买国外竞争者的产品，分析了解其市场供应方面的信息。

【实例 4-3】

我国外贸纸罐包装企业的国际市场调查方法

我国外贸纸罐包装企业主要采取以下几种国际市场调查方法：

（1）函电往来。我国外贸纸罐包装企业同国外客户进行商品磋商，大多数是通过函电进行的。据上海市十多家外贸公司统计，以函电联系而达成的交易占到成交总额的70%以上。函电也是日常商品市场调研的主要方法。许多国外商人最愿意采取这种价廉而又能充分表达思想的联系工具。函电联系分为函件、传真和电报，有时也包括国际长途电话。国外客户往往通过函电通告有关商品的市场动态、价格涨落、销售状况及行市预测。另外，函电调研一定要主动，如果客询的商品一时供应不上，就要主动介绍相近似的商品。如客询长丝袜却无货可供，则可介绍混纺丝袜或尼龙袜，一则可以听到客户的反映，二则可望达成交易。不能因缺货而置之不理，因为这样既不礼貌，也会失去市场调查的好机会。

（2）当面洽谈。这是优于函电联系的市场调研方式。在洽谈过程中可以了解洽谈中的商品在国际市场上的状况，以及客商的反映，事后通过对洽谈内容的整理分析，还可以深入研究对方的心理活动。按照习惯做法，对请进来作业务洽谈的客商，一般均由企业领导设宴招待或举行工作便宴。在宴请时，客商往往无所不谈，此时，商品外销员从客商的谈话中可以获得真实的数据和动向。

（3）出国推销及考察。这是深入调查国际市场的重要机会，可以进行商品生产、市场趋势、竞争现状的调查。出国推销和考察以工贸结合为好，外贸部门与工业部门技术人员一起组成的纸罐包装产品、市场、推销三位一体的团队，可以更方便进行国际市场调查。例如，有一个推销羊毛衫的工贸合作出国小组，在某国洽谈业务过程中，该国商人拿出当地制造的与自己产品类似的纸罐包装产品，大谈该产品的优点，以此作为压低纸罐包装产品价格的依据。我方对该国纸罐包装产品进行“看、捏、闻”等检查后，直接指出该包装产品中掺混了15%左右的化学纤维，而我出口纸罐包装产品百分之百是羊毛，价格当然要高于当地产品。这一专业分析使该国商人心服口服，并按照我们的价格实现了交易。

(4) 举办出口商品交易会。在我国的出口商品交易会中，尤以在广州举行的中国出口商品交易会影响最大、效果最好，它是由我国各进出口公司联合举办的商品集市，自 1957 年首次举行以来，每年春秋两季各举行一次，到会客商均在万人以上。

(5) 参加国际博览会。有选择地参加国际著名城市举办的国际博览会是进行国际市场商品调查、市场调查和竞争调查的很好机会。例如，在德国法兰克福举办的英脱斯道夫服装展览会，参加的有不少国家和地区的几百家厂商和进出口公司。展品有整匹面料、开片的套、件料及经过缝制穿在模特儿身上的时装，参加这样的展览会，对于了解国际时装流行趋向，开阔视野，掌握行情十分有益。

（根据以下资料整理：怎样调查国际市场，国际市场的调查［OL］. 2009-12-22. http://www.ztbox.com/qingdao/29/580.html.）

第五节 国际市场营销信息系统

一、国际市场营销信息系统的概念及作用

（一）国际市场营销信息系统的概念

国际市场营销信息系统（International Marketing Information System）是由人、设备和程序所组成的一个收集、整理、储存、检索和分析信息的持续与相互作用的系统。该系统的任务是为企业的国际市场营销决策者及时、准确地提供信息，以满足有关国际营销决策的信息需求。

国际市场营销信息系统与国内市场营销信息系统一样，都是企业营销管理信息系统的重要组成部分之一。两者在系统构成、系统管理方法方面都具有一致性，故国内市场营销信息系统的相关知识、技术和分析工具都可以应用于国际市场营销信息系统。但与国内市场营销信息系统相比，国际市场营销信息系统是建立在全球层次上，信息层次更为复杂，涉及的信息内容更为广泛。

（二）国际市场营销信息系统的作用

在复杂多变的国际市场上，及时全面地获得与市场营销活动相关的各种信息，已成为企业有效制定国际市场营销决策的前提。因此，国际市场营销信息系统在企业的国际市场营销活动中具有重要的作用。

(1) 有助于企业发现和利用国际市场机会。企业在进入国际市场以前，必须要了解国际市场的需求和竞争状况，这样才能寻找到理想的目标市场和有利的进入时机。如果企业没有国际市场营销信息系统，要获得相关信息不但成本高，而且不系统、不全面，常常会失去有前途的市场机会。建立了国际市场营销信息系统，就可以持续不断地提供丰

富的国际市场信息，这就为企业决策者及时发现和有效利用国际市场机会奠定了良好基础。

(2) 为正确制定国际市场营销策略提供了保证。国际市场复杂多变，同一产品在不同国家面临的营销环境可能完全不同。因此，必须了解各个国家的相关环境信息，才能制定符合国际市场环境条件的市场营销策略。通过国际市场营销信息系统，企业不但能够广泛收集国际市场的各种市场营销环境信息，而且能够运用系统软件和模型进行相关环境变量的系统分析和趋势预测，从而为科学制定国际市场营销策略提供保证。

(3) 可促进企业国际市场营销管理水平和资源的合理配置。国际市场营销面对的是比国内市场范围更大、层次更多、影响因素更复杂的营销环境，这些不但对企业的营销管理水平构成了新的挑战，而且也使营销资源的合理配置更加困难。但利用国际市场营销信息系统，企业不仅能够获得海量的各种宏观经济数据和国际市场数据，而且也能获得详尽和系统的企业内部数据，同时还能够通过营销信息决策支持系统对信息进行整理和深入研究，形成科学量化的分析结论，为管理人员了解市场营销策略运行状况并及时调整策略提供有力支持，进而促进企业营销管理水平的提高，也为市场营销资源的合理配置提供了依据。

(4) 对提升企业国际市场竞争能力具有积极作用。随着现代科技水平的不断提升，获取市场信息的能力已经成为企业市场竞争能力的一个重要组成部分。特别是在国际市场上，谁先得到有关的市场信息，谁就能在抓住市场机会方面占有主动权，也就是在进入市场和主动采取市场营销对策方面取得竞争优势。因此，从事国际市场营销的企业都非常重视国际市场营销信息系统的构建和完善，以通过信息优势来增强竞争力。

二、国际市场营销信息系统的构成

国际市场营销信息系统包括以下四个子系统：

（一）内部报告与管理系统

内部报告系统由企业各个职能部门收集提供的内部信息组成，是国际市场营销信息系统中最基本的信息系统。通过这个系统，国际市场营销决策者可以方便地获得和使用企业内部信息。内部系统的核心是订货-收款循环过程中的各种信息，具体包括订货、发货、销售量、市场份额及变动趋势、投资收益率、营销支出占销售额比例、各产品系列销售额增长情况、库存、应收账款、现金流量、固定资产、流动资产、应收贷款以及员工招聘、解雇及报酬、会计体系及报表程序等管理信息。这个系统的信息反映了企业的市场营销效果和运行效率，为决策者掌握企业的国际市场营销策略运行状况、了解当前市场需求变化及其发展趋势提供了可靠参考。故这个子系统的信息内容是否齐全丰富、更新是否及时，决定了企业国际市场营销情报系统的整体水平和效率。

（二）国际市场营销情报系统

国际市场营销情报系统是为企业国际市场营销决策者提供有关国际市场营销环境发展变化信息的一组程序和信息来源渠道。其信息反映的不是企业内部的状况，而是企业外部环境的发展变化。该系统的主要内容包括：

（1）国际市场营销环境各组成部分的信息。如反映经济环境的国民生产总值、经济增长速度、经济地理等信息；文化方面的社会结构和习俗、生活方式、教育普及程度、宗教信仰等信息；反映政治环境的“投资气候”、政治安定性、国际关系等信息。

（2）国际市场的有关统计信息、与企业相关的国际市场产品、价格、渠道、促销和竞争信息等。例如，市场潜量、消费者的态度和行为、中间商的可获性及态度和效率、媒介效果和成本、新产品及其市场潜力、竞争对手市场营销策略及分销系统等。

（3）国际惯例与法令方面的信息。例如，外汇管制，外汇汇率的变化及趋势，税收政策，关税，影响经营、资产和公司投资的其地方机构和国家机构的条文、规定和法律等。这些信息既可以通过查阅公开信息或购买有关情报机构信息获得，也可以通过企业人员直接与供应商、中间商、消费者交流访谈获得。为了扩大情报来源，很多企业还采用了以下多种方法：①利用互联网建立全球数据链路，免费获取国际市场上的各种营销信息；②利用销售人员直接处于市场一线的有利条件，鼓励他们主动发现和报告有关市场环境发展变化的信息；③对中间商采取激励措施，促使其向企业提供重要的市场情报和信息；④建立专门的情报信息部门，由专人负责收集、整理并传递营销情报信息。

（三）国际市场营销调研系统

尽管内部报告系统和市场营销情报系统能够提供企业内外部的各种情报信息，但是在国际市场营销决策中，有时需要一些特定情况下的具体信息，这就需要通过市场营销调研系统来解决。因此，国际市场营销调研系统就是专门针对企业特定的国际市场决策任务而收集、分析并提供相关信息的系统。这个系统收集的信息内容也非常广泛，如国际市场消费者购买动机研究、国际产品的市场试销分析、市场占有率及其动态变化趋势，以及渠道分析和促销效果分析等。但是，由于开展国际市场调研需要大量的人力和资金，企业市场营销决策需要的所有信息不可能全部通过市场营销调研系统获得。因此，国际市场营销调研系统通常要在众多申请调研的方案中进行选择，将那些影响国际市场营销战略或策略决策的重要信息作为系统的研究对象。

（四）国际市场营销决策支持系统

国际市场营销决策支持系统是由资料、系统、工具和统计技术、决策模式构成的集合，通过这个系统，企业可以对收集到的各种国际市场营销信息进行分析、处理，以形成相应的决策方案。该系统通常由资料库、统计库和模型库组成。

资料库的任务是有组织地收集企业内部和外部的资料，以便于国际市场营销管理人员随时获得所需资料并进行分析。

统计库是一组随时可用于汇总分析的特定资料统计程序。其作用在于当企业实施一个规模庞大的国际市场营销研究方案时，不仅需要大量的原始资料，而且需要统计库采用回归、相关、判别、联合分析以及时间序列分析等各种统计分析技术进行量化分析，从而获得各有关市场变量之间关系及其趋势变化的研究结果。

模型库是运用科学方法，针对特定市场营销决策问题建立的一种数学模型。其中既有用于分析实体分配、品牌转换等市场营销问题的描述性模型，也有用于解决产品设计、定价决策、广告预算等市场营销组合决策的决策模型。大量的信息资料经过决策支持系统的分析处理和运算后，能够获得更加科学、可靠的优化方案。随着信息技术的快速发展，海量级的国际市场营销信息经常使企业的营销决策者感到困扰，这就需要企业及时配置和更新相关计算机硬件和软件，不断提高处理信息的能力。

三、国际市场营销信息系统的功能和管理

国际市场营销信息系统的功能主要有以下三个方面：

(1) 要为企业的市场营销人员提供所需的信息情报，以便于他们及时掌握市场动态，提高市场营销活动的效率。

(2) 要为各级管理部门按时、按地点提供所需的国际市场信息，为其制定市场营销策略和合理有效地分配市场营销资源提供依据。

(3) 要为企业高层管理者提供制订国际市场营销战略计划所需的情报信息。

为了充分发挥上述功能的作用，加强国际市场营销信息系统的管理就显得极为重要。国际市场营销信息系统的管理模式主要分为两个层次：

(1) 从企业的管理体制出发，对国际市场营销信息系统的管理采用集中或分散模式。一般来说，高度集权化的企业应采用集中模式，这有利于节约经营成本，提高运行效率和营销决策的科学性。对于高度分权化的企业来说，则应以分散管理模式为主，以保持与企业组织形式的一致。

(2) 确定国际市场营销信息系统归属于市场营销部门还是其他部门管理，这是在确定采用集中模式或分散模式后，根据主要是为哪个部门提供信息而明确国际市场营销信息系统的具体归属。无论采用哪种模式，在国际市场营销信息系统投入使用后，都要对其运行效果进行评价和监控，评价和监控既要考虑技术指标，也要考虑经济指标，以达到对系统运行的可靠性、适应性、经济性和效率的全面管理和控制。

关 键 词

一手资料（Primary Data） 二手资料（Secondary Data）

实地调研（Field Research） 案头调研（Desk Research）

国际营销调研（International Marketing Research）

营销调研程序（Marketing Research Process）

委托调研（Entrust Research）

国际营销信息系统（International Marketing Information System）

思 考 题

1. 国际市场营销调研的程序包括哪些步骤？
2. 在确定调研主题和目标时要注意哪些问题？
3. 国际市场营销调研报告由哪几大部分构成？
4. 国际市场环境调研的主要内容是什么？
5. 国际市场营销调研的组织方式有哪几种？其优缺点和适用条件分别是什么？
6. 应用实地调研法获取国际市场营销信息时应注意哪些问题？
7. 案头调研的信息来源有哪些？

8. 国际市场营销信息系统包括哪些内容？

【案例分析讨论】

安徽特酒集团的国际市场调研

安徽特酒集团是我国特级酒精行业的龙头企业，全套设备及技术全部从法国引进。其主要产品是伏特加（Vodka）酒及分析级无水乙醇。其中，无水乙醇的销量占全国50%以上。伏特加酒通过边境贸易，向俄罗斯等前苏联国家出口达到1万t，总销售额超过1亿元。伏特加酒作为高附加值的主打产品，是安徽特酒集团利润的主要来源。但是，随着俄罗斯等前苏联国家经济形势的日趋恶化，出口量逐年减少，国际市场销售量迅速下降。为了开发新的国际市场，安徽特酒集团决定从1998年下半年开始利用互联网对欧美酒类消费市场进行调研，以寻找新的国际市场机会。

根据调研的目的，提出调研的内容包括三个方面：①价格信息，包括生产商报价、批发商报价、零售商报价、进口商报价；②关税、贸易政策及国际贸易数据，包括关税、进口配额、许可证等相关政策，进出口贸易数据，市场容量数据；③潜在客户的详细信息，包括贸易对象的历史、规模、实力、经营范围和品种、联系方法等。信息获取途径主要是互联网上的相关网站。

具体调研按照以下步骤实施：

（1）收集价格信息。价格信息来源于生产商和销售商的报价，这些报价可以从相关网站获知。其中，生产商的报价在网上有三个途径：厂方站点、生产商协会站点和网上的专业讨论组，即Import-Export（进出口）组。专业讨论组网页上有大量关于进出口贸易的信息，其中包括产品报价。销售商报价的获取途径也有三个：销售商站点中的报价、政府酒类专卖机构站点的价格和商务谈判价格。搜索有关展览会、交易会的信息公告和经济类媒体的报道可以发现该销售商报价。通过对这些渠道获得的数据进行整理分析，就可以得到系统的国际市场价格体系资料。

（2）收集关税及相关政策资料。具体收集途径包括：

1）大型数据库检索。互联网中包含大量的数据库，其中与国际贸易有关的数据库至少有几十个。世界百科信息库（www.dialog.com）是世界上最大的数据库检索系统，它包括了全球大多数的商用数据库资源。通过数据库查询得到了欧洲各国人均烈酒消费量，并发现北欧、中欧各国和英国的人均消费量很高，地中海沿岸各国的消费量相对较小，据此可以确定重点潜在市场。

2）向已建立联系的各国进口商询问。具体询问采用商业公函方式，其中列出详细的询问内容以及回复时间，并通过E-mail发给已经建立了相互信任关系的国外进口商，从而保证了较高的回复率。

3）查询各国政府相关机构的站点。

4）通过新闻机构的站点查询。

（3）各国进口商详细信息的收集。收集进口商信息的目的是建立一个潜在客户数据库，从中选出真正的合作伙伴和代理商。收集的具体内容包括：进口商的历史、规模、实力、经营的范围和品种、联系方法（电话、传真、电子邮件）。收集方法包括：

1）利用 Yahoo 等目录型的搜索工具。

2）利用数量型的搜索引擎检索。

3）通过地域性的搜索引擎，按国家、互联网、服务（如 German、Internet、Search）一级一级地向下找。

4）通过商业黄页（Yellow Page）搜索。

5）通过专业的管理机构及行业协会查询。这是一种高效快捷的查询手段，不但命中率高，而且信息的利用价值也很高。在收集美国生产商及进口商的信息时，这种方法取得了很好的效果。美国把酒分成啤酒、葡萄酒和烈酒三类，每种酒的进口或批发都需要专门的许可证。但是在黄页中查询到的最小分类只是酒，按此就无法确定美国某家公司到底是经营葡萄酒还是伏特加酒，到底是进口商还是批发商。通过美国加州酒类管理中心的网站（www. abc. ca. gov）就解决了这些问题。该网站不仅按酒的类别、字母的顺序、不同的地域对每个公司进行了分类，而且有每个公司的具体信息，如公司名称、申请人姓名、地址、许可证的种类、许可证的使用期限、经营历史、电话号码等。

6）通过最大的进口商——各国的酒类专卖机构查询。在酒类控制严格的国家，酒类专卖机构往往是唯一的进口商，同时也是世界上最大的购买集团。例如，瑞典酒类专卖机构，每年都要向全世界招标进口某一种类的酒，其进口量也很大，最低为每年 150 个集装箱。定期访问这类站点就可获得最新的招标信息。

按照上述步骤，经过半年多的辛苦工作，安徽特酒集团收集到了丰富的国际市场信息，清楚了解了伏特加酒的世界贸易状况，掌握了伏特加酒的世界交易价格走势，并明确了本企业安特牌伏特加酒在世界市场上的质量档次，为选择新的海外市场、制定相关国际市场营销策略提供了充分可靠的依据。同时，通过调研还与欧美各国的上百家进口商、经销商建立了联系，为选择代理商、构建国际市场营销渠道打下了良好的基础。

讨论题：

1. 安徽特酒集团本次组织进行国际市场调研的目的是什么？
2. 安徽特酒集团本次调研采用的是什么方法？这种方法的优缺点是什么？
3. 本案例中，安徽特酒集团获得国际信息的主要渠道有哪些？

（根据以下资料整理改编：胡国胜，廖敏慧．网络营销与安全［M］．北京：清华大学出版社，2007：107-111.）

附录 提供二手资料的相关出版物和网站

1. 数据库

（1）ABI/INFORM 商业和经济管理期刊数据库[㊀]

ABI/INFORM 是最早的商业期刊集成数据库，收录了商业领域的主要刊物，专门提供商业各学科的重要内容资讯，是商业学术理论与实践领域的顶级资源。该数据库设计的主题包括：会计、银行、经济、财务、管理、人力资源、营销和广告、公司和产品、业务环境和趋势，索引出版物包括 800 种商务杂志。ABI/INFORM 还收录了一些非期刊内容，其中提供了北美 800 家主要公司的 7 000 多份年度报表，内容涉及各行各业。

㊀ 清华大学经济管理学院网站 2009. 04. 03 发布。

（2）PAIS International 公共事务信息数据库

PAIS 是美国公共事务服务处出版的涉及公共政策、社会政策及社会科学书目的检索工具，文献类型有：期刊论文、专著、政府档案、统计汇编、委员会报告、连续出版物、公众、政府私人机构的报告及世界范围内其他形式的文献。

2. 统计数据

（1）亚洲年鉴（Asia Yearbook），内容包括各个国家的金融、投资、经济以及贸易等。

（2）欧洲年鉴（Europe Yearbook），内容包括每个国家的历史、经济事务、经济统计、宪法和政府等。

（3）经济合作与发展组织：OECD 的经济年度调查，OECD 成员国的经济调查，具体内容包括目前需求和产出的趋势、价格和工资水平、对外贸易和国际支付、经济政策和未来的经济前景等。

（4）国际货币基金组织的成员国报告。对 160 多个国家经济的深入分析和数据。

（5）世界经济调查。对整个世界和主要世界地区的经济形势和前景的综合描述，包括对通货膨胀、利率、外贸收支、日用品价格和债务的分析。

3. 统计年鉴

（1）人口统计年鉴。综合性的人口统计资料，包括人口、人口和社会特征、地理、教育和经济信息。

（2）联合国统计办公室统计年鉴。每月统计公告更新信息及国际性可比数据的综合纲要。

（3）世界银行。全球财务发展资料库中的第二部分包括了 138 个国家和地区的统计数据，同时包括地区和收入群体的统计数据。

（4）联合国经济和社会事务部门的国际贸易统计年鉴。内容包括日用品贸易统计和贸易趋势。

（5）UNESCO 统计年鉴，包括根据不同主体分类的表格：人口、教育、图书馆和博物馆、图书产量、报纸和广播、电视和文化花费。代表 200 多个国家和地区。

（6）联合国对每个地区都有一个独立的经济和社会委员会。每个委员会出版一份年度报告调查地区的经济和社会趋势。包括经济前景、对外贸易、投资、石油行业和农业。

（7）国际金融统计。包括所有国际货币基金组织成员国的汇率、外汇储备、货币和银行、贸易、价格和生产的数据。

（8）国际货币基金、国际收支平衡表统计年鉴。包括 100 个国家和地区 5 年的详细国际支付的统计资料，以及对商品、服务、资金和 SDR 的统计。

4. 网站

（1）世界商务资源网站（www. world business resource. com）。这是关于互联网上 1000 多家国际商务资源公司的通讯录。正如网站名称所示，这个通讯录提供了数以千计的有关国际贸易、国际营销和国际商务等信息网站的地址。

（2）世界信息公司（www. worldinformation. com）。一个英国商务信息公司的网站，能提供世界各国的有用信息。

（3）政府网站。大多数主要政府和超国家政府组织都有一个或更多的网站来提供有关国家、地区或世界的信息。以下是有关这类网站的名称：

1）strategis. ic. gc. cn。这是加拿大工业部有关加拿大商业和贸易的网络。

2）www. ita. doc. gov。美国政府的国际贸易管理网络。

3）www. info. gov. hk/censtatd/。所有关于中国的信息，从人口普查到统计部门。

4）www. stats. govt. nz。提供新西兰基础数据的新西兰统计部门的网站。

5）www. imf. org。国际货币基金组织网站，可以连接到在线报告和出版物。

6）www. europa. eu. int。欧盟的主要服务器，提供欧盟内和欧盟成员国内的相关链接。

7）www. wto. org。世界贸易组织网站，提供关于贸易的信息以及 WTO 的资源、公告和新闻，而且还可以下载像国际贸易统计这样的报告、年度报告和专门研究报告。

8）www. stat-usa. gov。这是美国商务部的一种提供统计资料和其他信息的服务。可以通过它进入国家贸易数据库，国家贸易数据库是美国政府关于国际贸易数据的最综合的资源。

9）www. oecd. org/eco/surv/esu. htm。提供来自经济合作与发展组织的经济调查。

10）www. worldbank. org。世界银行网站。

11）www. unctad. org。联合国贸易与发展会议网站。

（4）其他网站

1）www. investineurope. com。这个网站含有国际营销人员在欧洲投资或发展业务所需要知道的信息。

2）www. going-global. com。这个网站能够提供一个最广泛可得资源的清单。

3）www. fita. org。国际贸易协会网站，提供的信息包括供求信息、出版物、世界贸易新闻、网页资源和其他。

4）www. ibl. com。这个网站的内容主要涉及国际商务和法律。

5）www. smartbiz. com/sbs/cats/ie. htm。该网站提供链接到最新信息的综合资源，最新信息包括进口、出口、国家概况、协议、规范、支付、翻译、海关、语言、国外旅行、WTO 和地区经济组织等。

6）www. ibrc. bschool. ukans. edu。美国堪萨斯州立大学的国际商务资源中心提供国际商务资源的一个综合网站，该网站可以链接到国家资源、十大资源、国际商务资源、贸易统计资料和国际新闻。

7）www. worldpop. org/prbdata. htm。从这个网站可获得包括人口参考机构提供的 221 个国家和地区的 85 个指标。

8）www. europages. com。一个欧州黄页公司，包括 33 个国家的各个部门的 50 万家企业，是查找新客户、供应商和合作伙伴的良好来源。

第五章　国际市场目标营销策略

【本章要点】

1. 国际市场细分的概念
2. 国际市场的宏观细分标准
3. 国际市场的微观细分标准
4. 国际细分市场的评估
5. 国际市场定位的含义
6. 国际市场的定位程序
7. 国际市场的定位策略

【导入案例】

波导公司的海外目标市场选择及进入策略

1. 目标市场的选择

波导成立于1992年，主要生产中文寻呼机。1999年与法国萨基姆（Sagem）公司合作，采用萨基姆公司的手机研发平台和引进萨基姆公司的手机生产线进入手机制造领域。我国的手机市场一直由外资品牌占据主要地位，以市场份额为例，1999年外资品牌手机占我国市场份额的99%，2004年仍然占57%。波导公司在涉足手机业务时就关注海外市场，2000年在我国香港设立分公司，通过我国香港和马来西亚的贸易商开始向东南亚和中东市场零星少量出口，2001年成立国际部后开始进行国际化的准备。波导在1999～2002年期间主要致力于国内市场的营销，在国内市场形成较为稳固的市场地位。到2002年波导手机销售量达到678万部，市场占有率为9.95%，列市场第三位，国产手机企业第一位。波导真正大批量出口是2002年来自法国萨基姆公司的委托加工订单（2002～2004年出口销量的一半来自萨基姆的OEM订单）。法国萨基姆公司提供手机设计，委托波导加工并返销法国。通过OEM形式的间接出口不仅能增加波导手机的销量、摊薄生产成本，而且可以向合作方学习生产和管理技术，然而OEM形式的间接出口不利于企业自有品牌的树立并且存在经营风险。从2003年开始，波导在开展OEM出口的同时，积极推进自有品牌的出口。

在目标市场的选择上，波导按市场规模、市场潜力、竞争程度、政治环境稳定性和市场性质（市场是否由运营商控制）等5个因素对各个国家的市场进行了评价和筛选。例如，在欧洲市场，波导考虑自己作为一个新进入者，投入的资源（包括资金和人力）相对有限，因此，选择首先进入开放式的市场而不是运营商控制的市场。这样，波导就选择俄罗斯和意大利作为欧洲的重点目标市场推广自有品牌产品。在亚洲市场，日本和韩国是两个非常成熟的市场且有运营商控制，在这两个市场波导很难建立自己的相对优势，因此在国际市场选择时不考虑日、韩市场。作为新兴市场的东南亚市场、中东市场和以印度和巴基斯坦为主的南亚市场则是波导的重要目标市场。东南亚市场规模大，成长性好，地理位置相对较近，一些国家的文化习俗、消费习惯也较接近；中东市场以及南亚市场的市场潜力巨大，成长迅速。在美洲市场，波导没有选择北美作为目标市场，因为北美国家市场成熟度高，且由运营商控制。而南美的巴西，由于其市场成长性好、潜力大，波导把它作为目标市场。在非洲市场，主要以尼日利亚和南非为主要目标市场，因为这些国家的市场成长性好。总的来说，在自有品牌的出口方面，波导以新兴市场为主采取选择性的市场进入策略。

2. 目标市场的进入方式

波导进入这些主要目标市场，主要采取两种方式：对以法国为主的发达国家市场采用OEM为主的间接出口方式；对新兴市场采用自有品牌的出口方式。在OEM方式的间接出口中，也存在两种做法：一是对法国萨基姆的OEM生产，由波导采用萨基姆提供的核心技术和手机模块，波导进行应用软件和外观设计层面的研发并组织生产，然后以萨基姆的品牌出口到欧洲，由萨基姆负责销售；二是直接给移动通信运营商定制加工。2004年，波导开始接受来自欧洲电信巨头沃达丰的手机定制订单。在自有品牌的出口中，波导依据市场环境的不同，采取的进入方式也不一样。例如，在俄罗斯市场，利用当地知名的手机经销商采取双品牌方式推广波导手机，由该经销商负责波导手机的分销和销售。在印度市场，由两家经销商负责波导手机在印度的销售，同时，波导在当地设立办事处帮助经销商开拓和管理分销网络，并帮助经销商进行广告宣传活动。

（根据以下资料整理：史亚妮．波导公司海外目标市场的选择［J］．中国水运：理论版，2006（11）：63-64.）

第一节 国际市场细分

一、国际市场细分的概念

（一）市场细分的概念

20世纪50年代中期，美国市场学家温德尔·史密斯总结市场销售经验，提出了市场细分的概念。市场细分是根据消费者对产品的需求欲望、购买行为与购买习惯的差异，把市场划分为两个或更多的消费者群体，从而确定企业目标市场的活动过程。每一个需求特点大体相同的消费者群称为一个细分市场。市场细分概念的提出引起了企业家的高度重视，并得到了广泛运用。市场细分理论的提出是以市场上存在的两个客观条件为依据的。

（1）消费者需求的差异性。由于企业资源的有限性和消费者需求的千差万别，一个企业无论规模有多大，总是不能满足世界各国消费者的全部需求，而只能满足其中的某一部分。所以，每个企业的市场营销管理者在进行决策时，都必须首先回答本企业的目标市场在哪一个或哪几个国家以及这些国家的哪一个地区或哪一个顾客群。

（2）消费者需求的类似性。消费者需求存在差异，但相当数量的消费者对某种产品的需求存在着相似性或一致性。这种类似性是由人们的居住环境、民族传统等因素决定的。每个具有类似性需求的消费者群就成为一个具有一定个性特点的细分市场。

可见，消费者需求的差异性使市场细分成为必要，某些消费者形成的类似性需求使市场细分成为可能。市场细分按照求大同存小异的原则对市场进行划分，并且这种细分随着消费者需求的差异性和类似性的变化而不断变化。

（二）国际市场细分的概念

国际市场细分是从市场细分中引申出来的概念，是市场细分理论在国际市场营销领域的应用和拓展。国际市场细分是指企业根据顾客的特性，按照一定的细分标准，把整个国际市场细分为若干个需求不同的子市场。其中任何一个子市场中的消费者都具有相同或相似的需求特征，企业可以在这些子市场中选择一个或多个作为国际目标市场。国际市场细分是企业确定国际目标市场和实施国际市场营销战略的基础。

国际市场细分包括两层含义：国际市场的宏观细分和国际市场的微观细分。

1. 国际市场的宏观细分

世界上有许多国家，进入哪个或哪些市场最有利？这就需要企业依据经济、文化、地理等标准，将世界市场划分为若干个国家市场或区域市场，每个子市场都有基本相同的营销环境。企业应依据自身优势、产品特点等因素，把某个子市场作为目标市场。这种市场细分称为国际市场的宏观细分。

2. 国际市场的微观细分

当企业选择某一国外市场作为目标市场后，会发现该国市场的顾客需求也是千差万别，企业不可能满足该市场内所有顾客的需求，因此要按一定标准，将该国之内的市场进一步细分，选择其中一个或数个细分市场作为最终目标市场。这种市场细分称为国际市场的微观细分，也称为一国之内的细分。

（三）国际市场细分的意义

1. 有利于跨国公司全球范围内的资源协调和配置

通过国际市场细分，有助于跨国公司在国际范围内有效地识别和比较国际市场机会和成长潜力等，并对主要的国际市场进行战略性的资源协调和配置。

2. 有利于跨国公司准确地识别和衡量全球顾客需求

在国际市场细分和市场选择的基础上，能够识别跨国界的国际顾客的某些一致性的特征，更好地理解和认识每个细分市场的购买潜力、满意度和市场竞争状况。例如，可口可乐、斯沃琪、索尼等众多公司关注年龄在12～19岁的全球青少年这样一个子市场并获得了营销上的巨大成功。

3. 有助于跨国公司制定市场营销组合策略

在国际市场细分的基础上，跨国公司才可能制定更富有针对性和竞争性的市场营销组合策略。例如，我国曾向欧美市场出口真丝花绸，由于没有认真进行国际市场细分，没有掌握目标市场的需求特点，导致市场营销策略的失败，原因是：产品配色不协调、不柔和，没有赢得消费者的喜爱；低价策略与目标顾客的社会地位不适用；销售渠道选择街角商店、杂货店、跳蚤市场，降低了真丝花绸的“华贵”品位；广告宣传一般。

（四）国际市场细分的步骤

对国际市场进行有效的细分，一般要遵循以下三个步骤：

(1) 调查阶段。在这一阶段，企业可以借助各种资料来源和手段获取下列信息：①各国自然环境和条件、人口数量、基础设施状况；②各国所处的经济发展阶段和市场体系、市场功能发展状况；③各国经济发展水平，如GDP、人均收入等指标；④各国的政治、法律、社会文化习惯；⑤各国消费者对特定产品需求的特点和满足状况；⑥各国消费者对产品、价格、分销、促销等市场营销策略的敏感程度。

(2) 分析阶段。对上一阶段收集的数据进行分类、整理，发现各国消费者在需求上的共性、区别。依据不同的标准可以得到不同的细分市场。

(3) 描述阶段。为了使上述的市场细分更加明确，有必要对各个子市场给出更为具体的描述。

例如，一家生产个人电脑的企业通过调查、分析，发现可以根据各国经济发展水平和产品类别将国际市场细分为发达国家台式机市场、发达国家便携机市场、发展中国家台式机市场、发展中国家便携机市场。企业对各子市场的特征还进行了具体的描述。描述内容包括：子市场的主要用户的年龄、性别、收入、文化程度、职业等，这些用户对现有产品的功能、价格、服务的态度和评价，与其他子市场的用户的主要区别等。

(五) 国际市场细分的要求

与市场细分的一般要求一样，国际市场细分也要求细分后的子市场符合以下要求。

1. 可衡量性

可衡量性是指细分后子市场的规模和购买力是可以被衡量的。如果按照消费者的个性将消费群体划分为追求浪漫生活的人，一个国家有多少这样的人往往是无法衡量的，因此这种细分就是不符合要求的。

2. 足量性

足量性是指细分后的子市场的规模应该足够大，这样企业才可能从市场上得到足够的利润，否则可能得不偿失。所以，有时不能将市场划分得太细，否则市场就不能保持足够的规模。

3. 可进入性

可进入性是指企业可以达到并服务于该子市场，包括三层含义：①外国企业能否被允许进入，如军用品市场；②企业能否将产品或服务传递到消费者手中，如有些国家的某些消费群体是不固定的，难以开展有针对性的市场营销活动；③企业有没有能力进入到该子市场，即企业在资金、技术、人才等方面是否具备进入该市场的条件。

4. 实效性

实效性是指企业的市场营销活动是否能取得相应的效果，即企业进入该市场是否有利可图。

二、国际市场的宏观细分

国际市场的宏观细分是指企业根据影响各国市场需求的宏观因素，将国际市场细分为若干个宏观环境相近、市场总体需求相类似的子市场的过程。

国际市场宏观细分的依据是影响各国市场总体需求的宏观环境因素，进行宏观细分后的各子市场间在总体需求上存在较大差异，而各子市场内部则由于宏观环境相近而总体需求相类似。

一家公司可以使用以下单个标准对国家分组，也可以使用多个标准分组。实际的国际市场的细分一般都采取两种以上的细分标准，因为单一标准的划分往往是不可靠的。如何选择细分标准取决于产品的特征。例如，军需设备制造商主要根据国家的政治体制进行细分，而家电公司主要关注经济状况。

1. 地理细分

地理因素是国际市场细分最常用的标准。比如，按洲际，可以把全球市场大致划分为西欧、东欧、北美、南美、东亚、南亚、西亚、非洲等。按区域，可分为中东地区、东亚地区、加勒比地区等。按区域性经贸组织，可分为东盟自由贸易区、北美自由贸易区、欧盟等。按国别，可分为中国、日本、美国、英国等。

地理细分方法具有以下优点：

(1) 便于管理。地理上接近的市场便于进行营销管理，便于企业集中采用相应的营销策略。

(2) 处于同一地理区域的各国具有相同的或相似的自然条件、文化背景，地缘特点使这些国家的消费习惯较为接近，可以当做一个市场来开发。

(3) 随着区域经济一体化的发展，形成了许多经济区域，进入一个国家的市场就等于进入了一个区域市场。

按地理因素细分国际市场的缺点在于：按地理因素细分的属于同一个子市场的国家，有时虽然地理位置相近，但经济、政治或文化环境可能存在较大差异。因而国家或地区在地理位置上的接近，并不能保证为国际商业提供同样的市场机会。例如，菲律宾和泰国没有提供像新加坡、马来西亚、韩国那样的市场机会，尽管它们处于同一个地理区域。

2. 经济细分

按经济因素细分主要是根据经济发展指标将各国进行归类，如国民生产总值、人均国民收入、经济增长率、基础设施发展水平等。例如，世界银行根据2008年的人均国民收入，对国家进行了划分：2008年人均国民收入975美元及以下为低收入国家，976～3 855美元为中下收入国家，3 856～11 905美元为中上收入国家，11 906美元及以上为高收入国家。

这种细分方法的优点是：使同一个子市场的国家在经济发展水平或经济环境上比较接近，有助于按市场规模和质量来挑选目标市场及制定不同的营销策略。例如，英国联合利华公司曾根据不同国家的经济发展特点，开展有针对性的市场营销活动，它们在最低收入国家推出肥皂，在次低收入国家推出手洗洗衣粉，在较高收入国家推出机洗洗衣粉，在高收入国家推出纤维软化剂。

但是国际市场经验表明，仅仅用单一经济标准把国家分为同质的市场是不可靠的，这种划分方式也忽略了国家之间的文化差异。

3. 文化细分

文化对国际市场营销的影响是全面而深刻的。美国市场营销学者曾以文化为基础，对各国进行了集群分析。该研究包括识字率、城市化、种族同质性、语言同质性等12个社会文化因素。其中，谢贝尼（Sherbini）把五类国家的经济社会和文化特性归纳如下：

(1) 高度发达国家。这些国家的人民识字率、城市化程度、文化同质性都很高，并有一种主要语言。

（2）发达国家。这些国家的人民识字率和城市化程度都比较高，经济不以农业为主。这些国家的人口增长率有较大的差异性，大部分国家都有一种主要语言，在宗教和种族上较复杂。

（3）半发达国家。这些国家的人民大多数是识字的，以农业为主，人口增长率很高，有一种主要语言、种族和宗教，总人口数差异很大。

（4）不发达国家。这些国家大都有大量的文盲，人口增长率高，在种族和宗教方面大致相同，总人口数差异很大。

（5）极不发达国家。这些国家的总人口数差异很大，大部分国家的人口密度很低，但人口增长率高，大多数国家中无谋生能力的人口比重大，种族、宗教和语言方面的情况十分复杂。

按照文化细分国际市场有利于文化性较强的产品和服务的营销。但相对于按地理因素细分市场而言，市场分散，不便于管理；相对于按经济因素细分市场而言，则可能产生同一细分市场中不同国家的经济差距较大。而且，由于文化因素是软性因素，不同市场的容量很难测定。

4. 宗教细分

在大多数文化中，宗教是社会的一个重要组成元素，它与国家的物质文化、社会组织、语言、审美、政治经济等各个方面都有联系，对人们的生活方式有重大影响，生活方式反过来又影响着市场营销。不同宗教信仰的消费者在需求特征上也会表现出差异。

尽管宗教通过文化对人们的生活方式有重要影响，但不能单独作为细分市场的有效标准。

5. 内部市场细分

内部市场细分把不同国家中相似的顾客群作为同质的细分市场。例如，美国一家化工公司生产不同类型的化工产品，如药品、精细化工产品和化肥等。该公司在对世界市场进行细分时，将发展中国家小规模耕种的农民作为一个细分市场。这些农民分布在不同大陆的不同国家、讲不同的语言、有不同的文化背景，但他们有相同的需求和行为模式：大多数在使用牛车耕地、几乎没有钱购买农业装备；不能充分了解所用化肥的价值；依赖政府在种子、杀虫剂和化肥方面提供的帮助；通过当地的供应商购买所需的农用物资，依靠口头传授学习和接受新鲜事物及观念。

内部市场细分的概念适用于全球市场，尤其适用于区域市场。化妆品公司如果按照这种区域特征对消费者进行分组，由于各国之间的文化和经济条件不会有巨大差异，有可能形成一个有效的细分市场。

6. 组合法

1980 年，里兹克拉（Elias G. Rizkallah）提出了一种以市场营销战略为基础的细分国际市场的方法，称为组合法（Portfolio Approach）。该方法使用三个维度将国家分成 18 个群体，如图 5-1 所示。

风险	竞争优势：强	一般	弱	国家潜力
高	1	2	3	高
	4	5	6	中
	7	8	9	低
低	10	11	12	高
	13	14	15	中
	16	17	18	低

图 5-1　国际市场组合细分

三个维度是国家潜力、竞争优势、风险。国家潜力是指在一个特定国家中，某个公司的产品或服务所具有的市场潜力。国家潜力建立在人口规模、经济增长率、实际国民生产总值、人均国民收入、人口分布、工业生产、消费模式等因素的基础上。公司竞争优势受内部因素和外部因素的影响。在一个特定的国家，内部因素包括该公司的市场份额、资源、设施，还包括对这个国家特殊情况的了解，以及公司所拥有的与这些特殊情况相匹配的技能和设施。外部因素包括同业竞争者的优势，来自替代品的竞争，以及当地和国际的行业结构。风险是指任何能够引起利润、现金流或其他投资产出发生变化的因素，包括政治、财务、业务风险等。

组合法要求掌握公司内外部的充分信息，而收集和分析这些信息可能并不容易。另外，这个方法更适用于一个产品或市场的层次，而不是总部层次。因此，如果公司参与一系列产品或服务的国际市场营销，就必须设计一系列的市场细分方案。

【实例 5-1】

BSB公司基于消费者心理的“全球扫描”的市场细分

BSB 广告公司曾经对 18 个国家的成年人进行了一项名为“全球扫描”的调查研究。为了能够识别各种态度，以解释和预测对不同种类商品的购买行为，该研究对消费者的态度和价值观以及媒体的收视率、阅读率、购买模式和产品使用等情况进行了详细研究，最终将消费者划分为五个群体，分别为：奋斗者、成功者、生活者、守旧者和知足者。BSB 宣称这些子市场代表着这些国家 95％的人口。

奋斗者是指那些紧张忙碌的 30 岁上下的年轻人，他们追求物质享受，但是时间比较紧张，手头也并不十分宽裕。成功者包括那些上层社会的已获得一定成就的人，他们相当富有，一般年龄较长。他们在购物时比较注重产品的质量，而且关心该种产品能否展示出他们的社会地位。生活者主要是指家庭主妇，他们需要经常处理家庭日常收支问题，并承受来自家庭的其他压力，生活问题对于这类人来说是压倒一切的。守旧者主要是指一些不愿改变传统的生活方式或文化习俗、对新生事物接受缓慢甚至持反对意见的人。知足者是指一些老年人，他们满足于现有的生活状况，设法维持原有的价值观，但他们也对新生事物抱有开明的态度。

“全球扫描”调查出的结论有助于识别多个国家中具有相同心理特征的人群，对企业实施国际市场营销战略具有重要意义。表 5-1 列出了美国、日本和英国五类人群所占的比重。

表 5-1　“全球扫描”调查的各类消费者群体所占百分比

类　型	美　国	日　本	英　国
奋斗者	14％	22％	17％
成功者	12％	18％	16％
生活者	14％	19％	12％
守旧者	22％	17％	18％
知足者	26％	22％	29％

（资料来源：沃伦 J. 基根．全球营销管理［M］．7 版．北京：清华大学出版社，2004：206.）

三、国际市场的微观细分

国际市场的微观细分是指在国际市场宏观细分的基础上，企业再按照影响消费需求和购买行为差异的因素将特定国家市场进一步细化的过程。例如，一家美国的食品公司将法国市场分为现代市场和传统市场，现代市场中的消费者喜欢加工食品，传统市场中的顾客看不起并厌恶加工食品；一家工业制造商发现，细分日本市场的重要变量是每个项目的年耗油量；一家化妆品生产商在南非用农村还是城市这一地理标准细分市场。

下面分别从消费者市场、生产者市场、中间商市场、政府市场对国际市场的微观细分进行介绍。

（一）消费者市场的细分

1. 地理细分

根据地理因素把市场细分为不同的地理区域单位，如地区、州、城市、地段。企业可以选择在一个或几个地区经营，也可在整个地区经营，但要注意消费者需要和欲望在不同地区的差异。

2. 人口细分

根据消费者的年龄、性别、职业、家庭规模、种族、宗教信仰等变量，可将市场分割成不同群体。人口因素是细分消费者群体的最为流行的依据，因为消费者的需要、欲望及使用率经常随人口因素的变化而变化，此外人口因素比绝大多数其他因素更容易衡量。

3. 心理细分

心理细分是指用社会阶层、个性、生活方式等进行市场细分。这种细分让营销人员能真正理解消费者的内心，然后有针对性地拟订市场营销组合方案。

生活方式是人们根据某一中心目标而安排其生活的模式。一种测量生活方式的方法是AIO法，即根据活动（Action）、兴趣（Interesting）、意见（Opinion）来划分消费者的生活方式。例如，新加坡的唐氏集团所属的三家百货商店分别以三种生活方式的顾客为目标市场：唐氏店把以家庭为中心的新加坡人作为目标市场；唐氏音响店的目标顾客是追求流行生活方式的高级经理人员；耐克丝店则以赶潮流的新加坡人为目标。我国香港地区的托必时新连锁店设有爱比索得、杰西卡、旅游三家分店，其目标市场分别为深思熟虑型顾客、追随潮流型顾客、随意型顾客。

企业还使用个性变量来细分市场，并使产品具有和消费者个性相吻合的特点。倘若本企业产品与其他竞争对手的产品非常近似，而其他因素又不能细分市场时，那么对消费者按照个性细分则能起到一定作用。20世纪50年代末，美国通用汽车公司生产的雪弗莱汽车和福特汽车就被认为是由不同性格的人驾驶，两种汽车分别被赋予不同的品牌特性。苹果公司的目标市场是思维敏捷的年轻人，在将新型计算机推向日本市场的过程中，苹果公司与日本东京涩谷区一家追求新潮流的百货商店联手经营，将品牌特征与消费者个性结合起来，这一营销策略为苹果公司占领日本市场发挥了很大作用。

4. 行为细分

行为细分是指按照消费者的购买行为因素，如使用情况、追求的利益、品牌忠诚度等划分市场。

（1）购买时机。购买时机或情境也可以作为市场细分的基础。情境因素包括五类：①物理环境，如商店或销售人员是否令人愉快；②社会环境，如购买行为有没有被朋友或父母看到；③时间情境，如作出决策的时间有多少；④任务定义，即为什么购买产品和服务，如果是送人的礼物，是送女朋友、男朋友、父母还是上司；⑤购前心境，如购买者的心情如何，是高兴还是悲伤、主动还是被动等。

（2）追求利益。消费者购买商品是为了获得一种利益的满足。有人追求经济性、有人追求名望、有人追求耐用等。营销人员可以根据购买者从产品中追求的不同利益来划分消费者群体。例如，航空系统分为头等舱、商务舱和经济舱；餐馆位置分为吸烟区和无烟区；邮寄分为普通服务和特快专递。日本人曾对消费者购买行为的利益动机进行了观察，考察他们在选择商品时是由感性因素决定还是由理性因素决定。调查结果显示：对于化妆品、运动衣、皮包等产品按照感性原则选择的消费者多；而对于摄像机、计算机、电视机等产品则侧重于理性选择。美国市场营销学者曾经对购买牙膏的消费者进行研究，将牙膏市场划分为四类利益细分市场：防蛀洁齿、牙膏口味、包装、经济实惠的价格。

（3）使用者情况。可以按使用情况将消费者分成不同群体，如非使用者、未使用者、潜在使用者、首次使用者和经常使用者。

（4）使用率。市场也可根据使用率被细分为少量使用者、一般使用者和大量使用者。大量使用者只占市场的一小部分，但在总购买量中却占了很高的百分比，因而成为企业营销的重要目标市场。例如，联通 CDMA 将自己的品牌定位于市场的中高端，即月资费在 200 元以上的用户，这些用户是新业务最早的尝试者和使用者。

（5）品牌忠诚度。市场还可根据消费者的忠诚度进行细分，将市场分为四类：坚定的忠诚者、不坚定的忠诚者、转移的忠诚者、多变者。不同品牌忠诚度的消费者群在每种商品市场上都会有不同的数量构成。牙膏市场和啤酒市场通常是品牌忠诚度相对较高的市场。例如，高露洁公司发现对本品牌忠诚度较高的购买者多为中产阶级，家庭人口多且注重身体健康。

（6）态度。态度也是消费行为的一个重要表现方面。有人曾经将业余休闲市场划分为六个细分市场：消极的以家庭为中心的人、积极的体育爱好者、自我满足的人、积极参与文化活动的人、积极的以家庭为中心的人、积极参与社交活动的人。艺术表演团体应以积极参加文化活动和积极参与社交活动两类人为目标市场。

某公司曾就亚洲茶叶饮用者对茶叶 20 种属性的重视程度进行了调查，经过分析后细分为两个市场：袋茶饮用者和散茶饮用者。袋茶饮用者一般比较年轻、西方化程度高，追求茶叶冲泡和处理的方便性，不爱自己慢慢地沏茶，对茶叶的新鲜度和芳香度不太重视；而散茶饮用者通常是老年人和传统观念较强的人，追求茶业的新鲜和芳香，把备茶和沏茶作为一种精神享受。这里的划分是多因素的，公司综合运用人口特征、心理特征、态度和行为等变量把亚洲茶叶市场分为两个部分，新加坡人喜欢喝袋装茶，而马来西亚人则更偏爱散茶，这样便于茶叶公司在两类市场实施不同的经营策略。

（二）生产者市场的细分

生产者市场的细分主要包括地理位置、最终用户、用户规模、用户要求、购买方式等。

1. 地理位置

地理位置包括所在地区、气候、资源、自然环境、交通运输等。

2. 最终用户

最终用户对产品及市场营销策略有不同的需要，他们追求的利益各不相同。例如，轮胎公司根据最终用户将轮胎市场细分为飞机用轮胎市场、军用轮胎市场、一般工业用轮胎市场、农业用轮胎市场。

3. 用户规模

生产企业经常根据客户数量、购买力大小来细分市场。按用户规模可以将客户分为大客户、中等客户、小客户。

4. 用户要求

不同的用户对企业及产品的要求不同，如按用户要求可分为经济型、质量型、方便型等。

5. 购买方式

根据用户的购买频率、支付方式等细分市场。

（三）中间商市场的细分

中间商市场也称为转卖者市场。中间商市场的细分变量也包括生产者市场细分中的地域、购买中心、购买标准、购买方式等细分标准。同时，由于中间商对交货时间和价格比较敏感，非常重视现货交易、广告补贴、折扣、信用保证等因素，所以这些也可以作为中间商市场细分的标准。

（四）政府市场的细分

政府市场购买的特点是产品多种多样，且购买产品数量巨大。政府购买的主要方式是公开招标采购，世界各国政府都是本国货物和劳务的最大买主。政府市场细分的标准主要有地域、国家、产品、购买数量、购买标准等，其中价格是最重要的因素。在政府市场上，非东道国企业一般缺乏竞争力，同时在一些市场体系不完善的国家，由于政府购买没有严密的组织、缺乏决策经验和有力的监督机制，因此贪污受贿和权势介入等现象比较严重。

【实例 5-2】

中国豪华车市场前途光明

几年前，中国超过日本成为亚洲最大的豪华车市场，2008 年，中国市场的豪华车销售量接近 25 万辆，这个数字几乎相当于排名其后的三大汽车市场——日本、澳大利亚和韩国豪华车销量的总和。无独有偶，J. D. Power and Associates 公司预计，在未来六七年里，中国豪华车的销售量将继续保持加速增长的态势，而它的亚洲邻国则将保持温和增长。J. D. Power 预计，到 2015 年，中国的豪华车销售量将达到 60 万辆左右，比排名其后的十大亚洲豪华车市场当年的销售总和还要多 9 万辆。

J. D. Power and Associates 公司是根据品牌和价格来定义豪华汽车的。就价格而言，J. D. Power 对中国市场的豪华车的定位是 40 万元人民币以上的车型。2008 年在中国市场销售的 25 万辆豪华汽车中，奥迪汽车所占的比例最大，约为 45%。奥迪是第一家在中国生产豪华汽车的品牌，而且目前它的中型汽车 A6 是中国市场最畅销的豪华车，而小型车 A4 则是入门级豪华汽车市场上的霸主。奥迪的全尺寸 A8 汽车和 Q7 SUV 进一步巩固了奥迪汽车的销售总量。另一个德国汽车品牌宝马在中国豪华车市场的销量排名第二。2008 年，宝马在中国的汽车销量大约为 5.2 万辆，占该市场销售总量的 1/4。宝马最畅销的车型是 5 系

（该车在中国组装），接下来是入门级的3系、全尺寸的7系和X5 SUV。在中国市场销售量最大的5个品牌中，第三、四、五名分别是奔驰（12%）、雷克萨斯（10%）和沃尔沃（4%）。奔驰和沃尔沃已经在中国成立组装厂，同时还进口一些更大型的汽车，而雷克萨斯则完全凭借从日本进口的汽车获得了10%的市场份额。除了这些领先的品牌外，德国的豪华运动汽车保时捷前不久称，中国已经成为其全球第三大市场（2008年的销量为8000辆），而且它预计在不久的将来，中国将成为其全球第二大市场。

J. D. Power亚太公司2008年中国汽车销售满意度指数研究结果显示，中国最畅销的三大汽车品牌——奥迪、宝马和奔驰的客户中，大约有50%的客户年龄在30～40岁之间；85%～95%的客户已婚；而且大约有65%的客户拥有学士学位或更高的学位；其中大部分顾客是用现金购车。其他重要的研究结果还包括：

（1）对于这3个品牌来说，75%～80%的客户为男性。而从市场营销的角度来看，有1/4的豪华车购买者为女性是一个值得关注的现象，这个比例非常高，它表明市场营销战略应该相应作出调整。

（2）对于这3个品牌来说，近45%的客户拥有自己的公司或者自己经营企业，而20%～30%的客户属于公司高管。

（3）29岁以及29岁以下的客户的购车比例占奥迪汽车销售量的23%，占宝马汽车销售量的18%，但在奔驰汽车的销量中仅占9%。

在2009年的前5个月，中国的豪华车销售量增长了7%，略低于汽车行业9%的平均增幅。即便如此，如果这一态势能够保持下去，2009年中国市场的豪华车销量将有望达到28万辆。由于世界其他大部分市场在2009年均处于下滑态势，因此这个成绩当属优秀。

许多专家预计，世界经济将在2010年趋稳并随后开始反弹，因此中国豪华汽车市场的未来似乎也将是一片光明。全世界的豪华汽车生产商大都对这个未来寄予厚望，并且为满足中国消费者的需求做好了准备。

（根据以下资料整理：Tim Dunne. 中国豪华车市场前途光明［J/OL］. 商业周刊：中文版，2009（7）. http：//www. businessweekchina. com.）

第二节 国际目标市场的选择

国际市场细分的目的是为了选择目标市场，也就是在市场细分的基础上，企业根据某些评价标准，选择一个或几个细分部分作为服务对象，然后采取相应的市场营销策略。

一、国际细分市场的评估

企业对国际细分市场进行评估，并以此为基础选择目标市场。国际市场的评估主要从以下几个方面进行：

1. 国际细分市场的规模和潜力

市场规模是国际市场营销企业选择目标市场所考虑的第一要素。一方面，市场规模必须超过企业的现有生产能力，过小的规模是不适宜的；另一方面，要以发展的眼光评估市场潜力，如从消费能级、人均收入的增长幅度、产品生命周期等角度综合考虑市场及其规模的未来走向。

2. 国际细分市场的竞争结构与强度

一个市场的竞争结构、状态决定着该市场的最终利润潜力。这种利润潜力以长期投资回报来衡量，不是所有的细分市场都有相同的潜力。竞争强度大的市场，如钢铁、造纸、轮胎等传统产业，没有一个公司能赚取超常收益；而强度相对缓和的市场，如卫生用品、化妆品、油田设备及服务设施，获取高收益则不足为奇。美国战略学家迈克尔·波特在《竞争战略》中指出：一个市场的竞争结构由五种力量组成，即供方还价实力、买方还价实力、市场上现有竞争对手间的争夺、潜在进入者的威胁、替代品的威胁。这五种力量共同决定细分市场的竞争强度和盈利率。在确定目标市场时，国际企业必须认真分析这五种竞争力量，科学预见它们的演变趋势。

3. 国际企业的综合实力和竞争优势

在细分市场的规模、潜量、竞争强度均较理想的状况下，要把它确立为目标市场，企业还需考虑自身情况，主要包括：

(1) 企业的战略目标。如果进入这个市场与企业战略目标和方向不符，那么只能放弃。

(2) 企业综合实力能否保证进入该市场。包括融资、生产、采购、技术创新等经营能力，计划、组织、人事、领导、控制等管理能力，以及国际市场营销能力等。

(3) 国际市场营销企业必须具备一定的竞争优势。迈克尔·波特认为，竞争者价值链之间的差异是竞争优势的一个关键来源，这些优势或是体现在产品的低成本，或是体现在产品的独特性上，企业的价值链可能会因为产品线的不同特征，购买者的地理区域或分销渠道的不同而有所区别。企业价值活动可分为两大类：基本活动和辅助活动。前者涉及产品的物质创造及销售，转移给买方和售后服务的各种活动；后者辅助基本活动并通过提供外购投入、技术人力资源及企业其他职能以相互支持。波特进而指出，企业在上述任何一种活动中的优势都能对产品成本有所贡献，从而奠定标新立异的基础，形成竞争优势。企业的任务就是尽可能挖掘这些优势。

二、国际目标市场的选择及策略

（一）国际目标市场的选择

与国际市场细分的两层含义相同，选择国际目标市场也包括两个步骤：首先在许多国家中确定某国和某地区作为大目标市场；其次，在众多的子市场中选择一个或几个作为具体营销的目标市场。

国际市场营销的目标市场必须具备以下三个条件：

(1) 该市场具有未被满足的需求和销售潜力。

(2) 本企业有能力满足这一潜在市场的需求，并且最好具有一定的竞争优势。

(3) 企业进入该国际市场能获得利润。

有的企业选择的目标市场比较狭窄，集中服务于少量细分市场，而有的企业则面对为数众多的顾客，甚至所有的顾客。

（二）国际目标市场的策略

企业的目标市场范围不同，采取的市场营销策略必须有所差别。企业的目标市场策略应该根据企业实力、产品同质性、市场同质性、产品生命周期、竞争者的营销策略等具体情况，选择无差异市场营销策略、差异性市场营销策略或集中性市场营销策略。

1. 无差异市场营销策略

无差异市场营销策略是指企业把整体市场看做一个大的目标市场，认为市场上所有消费者对于本企业产品的需求不存在差别，或即使有差别但差别较小可以忽略不计，因此，企业只向市场推出单一的标准化产品，并以统一的营销方式销售。

采用无差异市场营销策略的企业，必须具备如下条件：①产品的市场需求面要宽，要能适应各个市场上不同购买者的需要，如食盐、毛巾等；②产品既能大批量生产，又便于销售、储存和运输，适于同时向多个市场投放，对某些鲜活产品，不宜采用无差别策略；③产品销售渠道要足够宽和足够长。

2. 差异性市场营销策略

差异性市场营销策略是将整体市场划分为若干细分市场，针对每一个细分市场制订一套独立的营销方案，以满足不同消费者的需求，扩大销售成果。随着经济不断发展和技术的不断进步，国际生产领域和消费领域对商品的要求趋于多样化、专业化，企业如果只生产一两种产品就不能适应广泛的需要，难以在市场竞争中取得有利地位。在这种情况下，应考虑采用差异性市场营销策略。例如，美宝莲公司将市场划分为少女、年轻妇女、中年妇女和黑人妇女。

采用差异性市场营销策略的企业，必须具备如下条件：①有一定的规模，人力、物力、财力比较雄厚；②企业的技术水平、设计能力能够适应；③企业的经营管理水平比较高。

3. 集中性市场营销策略

实行差异性市场营销策略和无差异市场营销策略，企业均是以整体市场作为营销目标，试图满足所有消费者在某一方面的需要。集中性市场营销策略不是以整体市场作为营销目标，而是选择一个或几个细分化的专门市场作为营销目标，集中企业的总体营销优势，实行专业化生产和销售，充分满足某些消费者的需要，以开拓市场。采用这种市场营销策略的企业，不是追求在整体市场上占有较小的份额，而是为了在一个或几个较小的细分市场上取得较大的占有率，甚至居于支配地位。它们的具体做法，不是把力量分散在广大的市场上，而是集中企业的优势力量，对某细分市场采取攻势营销战略，以取得市场上的优势地位。例如，生产空调机的企业不是生产各种型号和款式，面向不同顾客和用户的空调机，而是专门生产安装在汽车内的空调机，就是采用此策略。

集中性市场营销策略一般适用于实力有限的中小企业。因为它可以适合企业专业化生产，使产品精益求精，产品成本不断下降，从而使企业在某一个或某几个细分市场上站稳脚跟，从总体上的弱者变为局部上的强者，进而在整个市场竞争中处于有利地位。这些企业往往能较好地满足购买者的需求，赢得消费者对其产品的喜爱，如果所选细分市场适当，企业就可以赚取较高的利润。

【实例 5-3】

资生堂：体贴不同岁月的脸

日本的化妆品，首推资生堂。近年来，它连续名列日本各化妆品公司榜首。资生堂之所以长盛不衰，与其独具特色的营销策略密不可分。

20 世纪 80 年代以前，资生堂实行的是一种不对顾客进行细分的大众营销策略，即希望自己的每种化妆品对所有的顾客都适用。到 20 世纪 80 年代中期，资生堂因此遭到重大挫折，市场占有率下降。1987 年，公司经过认真反省以后，决定由原来的无差异的大众营销转向个别营销，即对不同顾客采取不同的营销策略，资生堂提出的口号便是“体贴不同岁月的脸”。他们对不同年龄阶段的顾客提供不同品牌的化妆品。为十几岁少女提供的是 RECIENTE 系列，为 20 岁左右提供的是 ETTUSAIS 系列，为四五十岁的中年妇女提供的是长生不老 ELIXIR 系列，为 50 岁以上的妇女提供的是防止肌肤老化的资生堂返老还童 RIVITAL 系列。

资生堂不像一般的化妆品公司那样，对零售商有较大的依赖，它有自己独立的销售渠道，旗下专卖店（柜）达 25000 多家。为配合产品销售，资生堂又推行了“品牌店铺”策略，即结合各品牌的具体情况，在每一专卖店（柜）中只集中销售一种或几种品牌。例如，在学校、游乐场、电影院附近年轻人较多的地方，设立 RECIENTE 系列专卖店，在老年人出入较多的地方则设立 RIVITAL 专卖店。为使其对市场的细分达到最彻底的程度，资生堂制定的战略是：未来旗下的每一家店铺只出售一种品牌的资生堂产品。

（根据以下资料整理：李征．资生堂细分“岁月”［OL］．中国营销传播网．http://www.emkt.com.cn/article/28/2875.html.）

第三节　国际市场定位

一、国际市场定位的概念及意义

（一）国际市场定位的概念

市场定位于 20 世纪 70 年代由美国市场营销学家提出，并很快被世界各地市场营销学者和管理者接受，成为企业市场营销战略中的一个重要环节。市场定位是指根据市场竞争情况和本企业条件，确定本企业及其产品在目标市场的位置，也就是为自己或产品在目标市场上树立一定特色，塑造预定形象，并争取顾客的认同。

国际市场定位是指确定跨国企业及其产品或服务在国际市场上的位置。国际市场定位是国际市场细分和目标市场选择的延伸和深化。通过定位，企业规定本企业的业务范围，即通过哪些途径向哪些顾客介绍何种价值（产品和服务）；明确所提供的产品与同类型的其他产品相比，具有哪些差别，企业在市场上树立怎样的形象。通过定位，让消费者更清楚地知道本企业的产品和其他竞争产品有何不同。

（二）国际市场定位的意义

在国际市场营销中，由于竞争环境的复杂化，定位的作用就显得更加重要。越来越多的跨国企业认识到国际目标市场定位具有重要的意义。国际市场定位的意义主要表现在以下三个方面：

（1）国际市场定位为跨国企业在该目标市场的战略发展指明方向。

（2）国际市场定位是企业制定市场营销组合策略的基础。

（3）国际市场定位是树立企业形象和品牌形象的依据。

二、国际市场的定位程序

企业的国际市场定位一般包括三个步骤：确认潜在的竞争优势、准确选择竞争优势和传播市场定位。其目的是使企业在目标市场上形成独特的竞争优势。

1. 确认潜在的竞争优势

赢得和保持顾客的关键是比竞争对手更好地理解顾客的需要和购买过程，向他们提供更多的价值。通过提供比竞争对手较低的价格，或提供更多的价值以使较高的价格显得合理，从而吸引更多的消费者。企业可以把自己的市场定位确定为向目标市场提供优越的价值，从而使企业赢得竞争优势。企业可以用产品、服务、人员和形象使自己的供给区别于其他竞争对手，从而取得竞争优势。

（1）产品差异。通常情况下，企业可以提供具有高度差异性的产品，如汽车、家具等。例如，沃尔沃公司新生产的更安全的汽车；德尔培航空公司提供的更宽敞的座椅及飞机上的免费电话；宝洁公司设计的液体洗衣剂使衣服能洗得更干净等。

（2）服务差异。除了产品上的实质性差异外，企业还可在服务上区别于其他企业。例如，银行在超市开设服务周全的分支机构，并在星期六、星期天和每天晚上为当地顾客提供便利的服务；IBM 以高质量的安装服务闻名于世，它总是把顾客所有购买的零件一次送到，当被要求把所有的 IBM 设备搬走和安装到别处时，IBM 经常把竞争对手的设备也帮忙搬走；通用电气公司对医院购买的昂贵的 X 射线设备，不仅负责安装，而且负责训练使用这些仪器的医务人员，而其他企业则只提供免费或收费的咨询服务，即为顾客提供他们所需要的数据、信息系统以及提供建议等服务。

（3）人员差异。企业可以通过雇用和训练好的营销人员来展示与竞争对手的差别。例如，沃尔玛公司在它的超市设迎宾服务人员欢迎顾客，帮助顾客找到所需商品的位置，允许退换商品，并备有礼品给孩子们，以此来区别于其他的超市。企业应仔细选择、培训那些将与顾客打交道的工作人员。例如，迪斯尼乐园的工作人员都是有能力的、有礼貌的，每一位职员都理解顾客，清楚愉快地与他们交流并对顾客的要求和问题作出快速反应。

（4）形象差异。即使竞争的产品看起来很相似，顾客也会根据企业或品牌形象观察出不同来。因此，企业必须通过树立形象使自己不同于竞争对手。企业的品牌形象应该能够传达产品与众不同的利益和定位。标志可以向顾客提供很强的企业或品牌识别，以及形象差异。企业设计的记号和标识语应能立即被认出。

2. 准确选择竞争优势

企业可以发现若干个潜在的竞争优势，但必须选择其中的几个竞争优势。一般来说，企业针对目标市场只需大力促销一种品牌，对每一种品牌建立唯一的销售主张，并坚持这一主张；给每一个品牌分派一个特点，并使它成为这一特点中的“第一名”。例如，佳洁士牙膏始终宣传它能防止蛀牙；索尼电视则宣传它的清晰度。有时，企业应多选择几个不同的因素，如果两个或更多企业的产品有同一特点，竞争优势就会失去，产品和服务的特色也就不复存在。

3. 传播市场定位

一旦企业选择好市场定位，就必须采取切实可行的步骤把理想的市场定位传递给目标顾客。企业所有的市场营销组合必须支持这一市场定位战略。如果企业确定的市场定位是高质量的服务，那么企业必须生产高质量的产品，制定较高的价格，通过高水准的人员来提供，并选择高效率的广告媒体。

【实例 5-4】

菲亚特公司的潜在优势

2009 年 1 月，意大利最大的汽车生产商菲亚特和美国第三大汽车生产商克莱斯勒宣布结盟。根据结盟协议，菲亚特同意收购克莱斯勒 35%的股份，而且还有在未来将持股比例最高增持至 55%的选择权。双方结盟的核心在于，在小型车领域具有优势的菲亚特将提供生产节能小型汽车的平台，供克莱斯勒在下属工厂中进行生产，弥补克莱斯勒在小型车上的劣势。双方将共享分销网络，菲亚特旗下品牌将因此得以重返美国市场，双方也充分优化各自的生产基地布局及全球采购基地。尽管菲亚特汽车的质量还算不上一流，但它已经一跃成为技术领袖，特别是在克莱斯勒公司所需的那种燃油经济性好的小型车上。这家汽车制造商拥有先进的燃油经济性技术，这将有助于提升克莱斯勒汽车公司的战略优势。

首席执行官塞尔吉奥·马尔基翁于 2004 年接管该公司后，着手削减成本并提高生产率，投入数十亿美元研发更清洁高效的发动机及传动装置等新技术，并加快其投放市场的速度。他还力促公司设计出跻身全球顶尖行列的小型车。目前，他计划将那种专门技术融入到克莱斯勒新推出的电动车项目中，使合并后的企业成为全球汽车业界一股不可小觑的力量。

（根据以下资料整理：

[1] Carol Matlack，David Welch，David Kiley. 菲亚特公司的潜在优势. 商业周刊中文版，2009（10）. http：//www. businessweekchina. com.

[2] 陈志杰. 菲亚特收购克莱斯勒 35%股权［N］. 南方日报，2009-01-22.）

三、国际市场的定位策略

（一）国际市场定位的依据

1. 按产品特色定位

如果企业的产品在某个方面相对于竞争者的同类产品具有明显的差异性，就可以此作为广告宣传的诉求点，进行市场定位。按产品特色定位，强调产品所特有的某种属性，往往比较容易被顾客接受。

2. 按顾客利益定位

按顾客利益定位就是根据产品给消费者带来的利益，从解决消费者的某些问题这一角度来进行定位。例如，柯达公司的全自动照相机，解除了许多消费者不会操作照相机的烦恼，“只要一按快门，其余工作由我完成”的消费者利益诉求深入人心。

3. 按顾客类型定位

依据顾客类型定位是指根据产品与某类消费者的生活形态和生活方式的关联作为定位的一种策略，如消费者的年龄、阶层、性格、生活方式、价值观等。例如，耐克和百事可乐针对年轻人的特点分别传达了“运动、活力”、“年轻、活泼、新一代”的市场定位。

4. 按竞争者的产品定位

按竞争者的产品定位，企业有两种方法：①可以通过与竞争产品进行针锋相对的对抗进行定位，把与竞争产品相同的特征作为定位依据，如可口可乐与百事可乐、麦当劳与肯德基；②也可以与竞争产品进行回避定位，把与竞争产品在某一属性或特征上的不同作为定位依据，如统一冰红茶，强调自己是一种含茶的饮料，从而与其他饮料区别开来。

（二）国际市场定位策略

1. 对抗定位

对抗定位是指企业在目标市场上选择与竞争对手接近或相同的定位方式来确定自身的产品位置，在产品、服务、宣传、价格等方面展开针锋相对的竞争，如柯达与富士。例如，花旗银行在VISA信用卡广告中把自己和美国运通进行对比，“你们最好带上VISA卡，因为他们不带运通卡”。对抗定位适用于实力雄厚的大企业。采用这种策略需要具备三个条件：①企业产品总体上优于竞争对手，或至少和竞争对手相同；②目标市场具备相当的规模和潜力；③该市场定位能充分发挥企业的资源条件和竞争优势。

2. 回避定位

回避定位是指企业避开与对手直接竞争，而选择竞争对手忽略的市场空白作为积极的定位依据。这种策略能使企业迅速占领市场，并在消费者心目中树立企业形象，风险较低，成功率较高，因此被大多数企业采用。例如，TCL电子集团在彩电市场是后起之秀，能够后来居上的一个重要原因是该公司经过市场调查发现，国产彩电大多为54cm以下，价格便宜但档次较低；进口彩电大多是64cm以上的大屏幕，但价格偏高，每台1.3万元以上，TCL占领54～64cm的彩电市场，最后取得了巨大的成功。由于可口可乐在市场占据支配地位，与其进行正面竞争非常困难，于是七喜公司把自己定位为“非可乐”的汽水，从而取得了巨大的成功。

3. 反向定位

反向定位是指企业主动说出自己的差距或缺陷，从而增加消费者对它的信任。例如，美国的Avis汽车租赁公司，公开承认自己只是汽车租赁业的老二，但强调自己更加努力，进行反向定位策略后该公司扭亏为盈。反向定位具有较大的风险，如果消费者喜欢最好的产品或服务，这种策略会让企业的愿望落空。因此，在使用这种策略时，要强调存在的差距并不影响消费者的利益。

4. 重新定位

重新定位是指企业为了改变产品在消费者心目中的原有形象，采取一定的措施，重新建立产品在消费者心目中的新形象的行为。当企业原有的市场定位出现偏差或消费者的需求发生变化时，需要重新对产品进行定位。

5. 高级俱乐部定位

高级俱乐部定位是指企业把自己与行业中公认的最强的几家企业划分为一个档次，强调自己是成员之一，借这几家企业来提升自己的地位。企业如果不能取得行业第一的位置或不拥有某种独特的属性，可以采用这种策略。

（三）常见的几种市场定位错误

1. 定位过低

定位过低也称为定位不足。定位过低会导致消费者对企业产品印象模糊，与竞争产品相比显示不出明显差异，或者这种差异被顾客认为不具有实质意义。

2. 定位过高

定位过高也称为定位狭窄。定位过高会导致无法吸引足够数量的消费者。

3. 定位混乱

定位混乱会导致消费者对产品印象模糊不清，使消费者感到无所适从。定位混乱的原因包括企业定位主题太多、重点不突出、定位依据相互矛盾、频繁变换产品定位等。例如，斯蒂芬·乔布斯的Next桌面电脑，首先定位于学生，然后是工程师，然后是商人，结果都没有成功。

4. 定位怀疑

定位怀疑是指企业的定位不符合实际，提出的定位目标难以实现，导致消费者不相信企业在产品特色、价格或制造商的宣传。

关 键 词

国际市场细分（International Market Segmentation）
国际市场的宏观细分（Macro-International Market Segment）
国际市场的微观细分（Micro-International Market Segment）
无差异市场营销策略（Undifferentiated Marketing）
差异性市场营销策略（Differentiated Marketing）
集中性市场营销策略（Concentrated Marketing）
国际目标市场（International Target Market）
选择国际目标市场（Choosing International Target Market）
国际市场定位（International Market Positioning）
组合法（Portfolio Approach）

思 考 题

1. 国际市场细分的步骤有哪些？
2. 国际市场的宏观细分的标准有哪些？如何选择？
3. 国际市场的微观细分的标准有哪些？如何选择？
4. 评价国际细分市场要考虑哪些因素？
5. 国际目标市场的策略有哪些？
6. 国际市场定位的程序是什么？
7. 国际市场的定位依据有哪些？
8. 国际市场定位的策略有哪些？

【案例分析讨论】

东南亚市场令人刮目相看

东南亚地区在 1997 年金融危机到来时，公司破产、银行瘫痪、股市暴跌，由于外商直接投资急速减少，当地经济以两位数的速度衰退。然而，东南亚地区采取“节衣缩食”策略，使货币贬值和外债降低，同时银行进行了重组，公司改善了资产负债情况。2008 年秋，该地区的出口受到金融危机的影响也出现大幅跳水。另外，由于很多跨国企业暂停了支出计划，外商投资骤然下降。在这次危机中，东盟 10 国展现出了惊人的力量和优势。该地区的银行实际上免受有毒资产的侵害，也没有伸手向政府寻求救助资金。多年的贸易顺差和高储蓄率保证了外汇储备的充盈。政府、企业和消费者的负债负担与欧美相比简直是九牛一毛，而通胀和利率也大幅度降低。他们的表现好于全球市场。

一些在东南亚运营的公司继续保持着良好的发展，这得益于本地区从计算机到廉价航空机票等各方面的强劲需求。联合利华（印度尼西亚）销售出大量 Pepsodent 牙膏、Lifebuoy 洗发水和其他产品，促使第一季度收入激增 18%，达到 4.12 亿美元，盈利增长 9%，达到 7 000万美元。2/3 的营业收入来自亚洲的英国渣打银行报告显示，今年第一季度公司利润达到最好水平，这表明该区域的萧条与其他地方相比程度更轻、时间更短。个人银行和小企业的借贷业务保持强劲势头，抵押贷款业务保持增长。东南亚的坚挺传递出令人鼓舞的信息，标志着其仍然是世界经济中重要的一方。虽然该地区自危机以来都快被很多投资者所遗忘，但是当地高素质的工人、丰富的自然资源以及至少有些国家具备的一流的基础设施都值得投资者垂青。东盟约有 5.6 亿人口，整体的国内生产总值超过印度，达 1.3 万亿美元。印度尼西亚、泰国、马来西亚、菲律宾、越南和新加坡占该地区经济总量的 95%，2008 年吸引了近 500 亿美元的外商直接投资，我国则为 920 亿美元。举例而言，通用电气公司在过去的 18 个月里对东南亚累计投资超过 10 亿美元，这些投资包括在吉隆坡扩大飞机维修设施建设、在新加坡设立供水技术研究中心。5 月，通用电气创建了在越南的首个项目，投资 6 100万美元在港口城市海防市建造工厂生产用于出口的风力涡轮发电机。

对所有投资者来说，东南亚也是颇具挑战的地区。在越南，交通拥堵严重，更不用说日益增长的汽车保有量所造成的压力。这些麻烦加上面临的全球危机，给该地区的增长平添了阻碍。依赖出口的新加坡和泰国面临经济收缩。各国政府正在通过制订经济刺激计划抵御经济衰退。在泰国，经济下滑达到 4%，但是得益于政府向 1000 万低收入工人发放的每人 58 美元的补贴，市场零售销售出现反弹。这是政府出台的为期 3 年总价值 450 亿美元的刺激计划的一部分。芯片制造商英特尔希望，受刺激计划影响而增加的在医疗和教育方面的花费能促进使用其芯片的计算机的销售。

该区域作为外包中心也得到迅速发展。在菲律宾的亚洲城信息科技园如今已成为 24 家电话呼叫中心和外包中心的落户地。菲律宾的外包产业已经发展了数年，正酝酿大计划拿下全球 IT 外包市场 10%的份额。印度的 Wipro、美国的埃森哲以及汇丰银行等在菲律宾新开设几十家客户后台服务或技术支持中心，促使该国整个行业在 2008 年实现了 60 亿美元的收入并提供了超过 37 万个就业岗位。埃森哲在菲律宾有 1.6 万名雇员，正在帮助客户升级更新信息系统，以便能根据受经济衰退之苦的美国的金融监管政策变化而作出相应调整。摩根大通、美国庄臣和西门子都在该国扩大了后台服务的工作。Wipro也在增加当地员工的数量，计划到10月份增至1 550人。

越南其实是外商为了转移“中国制造”而选择的最大受益国。越南拥有与我国接壤、因东盟贸易协定而享受东南亚低关税的双重优势，同时拥有充足的劳动力和创业经营的文化。2009年4月，三星电子在越南首都河内附近投资5 000万美元开设手机制造厂。捷普科技在河内以南的西贡高科技园区投资1亿美元建立了电路板制造厂。总投资10亿美元，并将于明年开业的英特尔工厂也正在那里建造。

东南亚区域最大的优点也正是其软肋：对出口的日益增加的依赖，尤其是对我国内地。我国内地沿海工厂使用的零部件很多产自东南亚，最终的产品销往欧美市场。如今当我国的出口大幅下挫，东盟经济自然受到牵连。菲律宾的外包商们主要服务于美国的消费者。英特尔计划将绝大部分原产胡志明市的产品出口，因为越南市场今年只能消化300万台左右的计算机，而越南工厂可年产数以亿计的芯片产品。由佳能公司在河内郊外投资1亿美元兴建的其最大的激光打印机工厂也会将产品销往国外。东盟关于区内汽车自由贸易的协定也许会有助于减缓对我国和西方国家的依赖。例如，福特汽车公司将把SUV车型从泰国销往越南、印度尼西亚和菲律宾。自由贸易“给予我们足够的空间”，福特东南亚公司总裁大卫·奥尔登表示，“泰国市场自身不足以成为业务发展的基础”。福特在东南亚整个市场的销售已能与印度市场相媲美。

（根据以下资料整理：Frederik Balfour. 东南亚令人刮目相看［J/OL］. 商业周刊：中文版，2009（7）. http：//www. businessweekchina. com.）

讨论题：

1. 按地理因素划分，国际市场可以产生哪些细分市场？
2. 本案例中，对东南亚市场的描述涉及哪些细分标准？

第六章　国际市场的进入方式

【本章要点】

1. 直接出口与间接出口的概念及其优缺点
2. 企业选择出口策略的方法
3. 许可经营与特许经营的概念及其优缺点
4. 合资经营与海外独资经营的概念及其优缺点
5. 合约制造、国际劳务合作和加工装配贸易的概念

【导入案例】

海尔的国际化

1998 年，海尔开始实施“国际化战略”。海尔国际化的第一站设在了美国。1999 年 4 月 28 日，美国海尔贸易有限责任公司揭牌仪式在联合国大厦举行。在把营销中心、设计中心设到了洛杉矶后，海尔在美国南卡罗来纳州建成了占地 2.7 万 m^2 的电冰箱生产基地。2000 年 2 月建成投产后，年产能力为 50 万台，在美国冰箱企业中排名第六位。投产当年，美国海尔的营业额就超过了 2.5 亿美元，被当地媒体称为成长最快的外国公司。

美国市场是世界上最难进入的市场，许多亚洲公司都在这个市场上栽了跟斗。我国台湾的 Acer，用十多年时间花了 10 多亿美元在美国推销其品牌，但终因亏损严重退出了美国市场。我国国内一些公司也因进入美国市场困难，目前主要通过接单生产或 OEM 的方式进入美国市场。比如科龙，其在我国香港地区和东南亚的销售打的是它自己的品牌，但在美国和欧洲国家的销售却采用 OEM 的方式，即出口到美国后就以美国公司的品牌销售。根据这些企业的教训，海尔对美国冰箱市场进行了细分研究，发现美国大冰箱市场竞争异常激烈，GE 和惠尔普等名牌冰箱已经占据了大部分市场。而且在这个市场上，海尔的品牌、资金实力、研发能力等都与这些大品牌有一定的差距。但小型冰箱市场因其利润较薄，是被美国主要家电企业忽略的市场。根据这一分析结果，海尔决定根据美国市场的需求特点，通过开发小型冰箱产品，如专门适用于学生宿舍、办公场所的电冰箱等突破美国市场。正是这种缝隙市场策略帮助海尔成功地打开了美国市场。现在，美国的零售巨人沃尔玛连锁店已经开始销售海尔的两种小型电冰箱和两种小型冷柜，其中最受美国市场欢迎的学生宿舍和办公场所专用小冰箱的市场占有率达到了 25%。海尔卧式冷柜的市场占有率则达到了 30%以上。海尔产品不仅成功地打开了美国市场，而且海尔集团也在美国获得了很多荣誉。《今日美国》曾大幅报道过海尔的发迹史，家电杂志《TWICE》也数次把海尔冰箱列为最畅销的品牌。2002 年 3 月，海尔买下曼哈顿百老汇大街的格林威治银行大厦，以这幢纽约市最知名的建筑作为海尔在美国的总部，这被认为是当时中国企业海外扩张中取得最高成就的标志。

美国市场的顺利开拓为海尔攻克其他国家和地区的市场树立了信心。2001 年 6 月，海

尔集团并购意大利的一家冰箱厂，这是完成在欧洲生产的重要一步。完成收购后，海尔在欧洲的销售也实现了相应的增长。2002 年，海尔在德国、荷兰、比利时、卢森堡销售节能低耗的冰箱，四国政府甚至推出了相应的鼓励措施，每买一台就奖励 100 欧元，海尔的销售额因而也在三年内增长了 15 倍。

对海尔最有挑战的市场是日本，因为日本销售渠道之复杂全球著名。海尔 CEO 张瑞敏当时和三洋株式会社会长井植敏创造了"Sanyo by Haier"营销模式，即三洋为海尔在日本提供营销渠道，作为回报，海尔帮助三洋在中国销售电池。通过这个创新型的合作模式，海尔打开了日本市场的大门。

2003 年，海尔开始进入新兴市场，第一个目标国是印度。在印度，海尔建立了近 3 000 个销售网点，14 个海尔展示厅。2007 年，海尔集团全资子公司印度海尔电器收购了 Anchor Daewoo 在 Pune 的厂房，使其业务进入自有品牌本地化生产的新阶段。此后，海尔先后在印度尼西亚、菲律宾、马来西亚、越南、巴基斯坦、孟加拉、伊朗、约旦、突尼斯、尼日利亚等东南亚、南亚、中东、非洲国家建厂，生产海尔冰箱、洗衣机等产品。目前，海尔在全球已经建立了 29 个制造基地，8 个综合研发中心，19 个海外贸易公司，全球员工总数超过 6 万人，已发展成为大规模的跨国企业集团。2008 年，海尔集团实现全球营业额 1 190 亿元。

世界著名消费市场研究机构欧洲透视（Euromonitor）发布的最新数据显示，海尔在世界白色家电品牌中排名第一，全球市场占有率为 5.1%。这是中国白色家电首次成为全球第一品牌。同时，海尔冰箱、海尔洗衣机分别以 10.4%与 8.4%的全球市场占有率，在行业中均排名第一。在智能家居集成、网络家电、数字化、大规模集成电路、新材料等技术领域，海尔也处于世界领先水平。在全球家电市场上，海尔已经成为品牌影响力最大、销售网点最全、产品种类最全面、海外工厂最多的中国家电企业。

（根据以下资料改编：

[1] 海尔国际化发展战略研究 [OL]. 2009-12-22. http://www.thldl.org.cn/news/0912/29270.html.

[2] 安也致. 海尔国际化为何总能先一步 [N]. 中国企业报（消费电子周刊），2009-9-11.）

第一节 出口方式

一、进入方式及其战略意义

进入国际市场，在世界范围内寻找更大的市场机会，已经成为经济全球化背景下我国企业的普遍选择。但要顺利进入国际市场，企业必须在四个战略环节上作出正确决策。

(1) 要通过全面系统的调查研究活动，细分国际市场，并对各细分市场进行分析和评价，寻找发现可能存在的国际市场机会。

(2) 对有关细分市场进行深入调查研究，分析评价企业进入后面临的机会威胁和优势劣势，在此基础上选择企业要进入的目标市场，并确定目标市场定位。

（3）根据目标市场特点和企业条件，选择进入国际市场的方式。

（4）制定国际市场营销策略。

这四个战略环节环环相扣，任何一个决策的失误，都会直接影响企业在国际市场上能否取得成功。其中，进入国际市场方式的决策最为关键，因为它不仅直接影响企业进入国外市场以后的经营活动，还影响企业在国际市场上的资源投入和发展水平。

进入国际市场的方式是指企业对进入外国市场的产品、技术、技能和资本等资源进行的一种必要的系统规划。企业进入国际市场的方式很多，按照向国际市场输出资源的不同，可将其分为出口方式、契约方式和投资方式。其中，出口方式输出的是实物产品，具体又分为直接出口和间接出口；契约方式输出的是技术、服务、管理经验和营销诀窍等，具体包括许可经营、特许经营和合约制造；投资方式输出的是资本，根据全部拥有或部分拥有资本所有权又分为独资方式和合资方式。不同进入方式的国际市场控制能力、介入程度和风险水平各有差异，应用范围也不相同。因此，企业必须根据自己的国际市场营销战略目的，正确选择国际市场进入方式。

二、间接出口方式

出口方式是指生产企业把本国生产和加工的产品输往国际市场，这种方式一直是企业进入国际市场的重要方式，特别是在企业初次进入国际市场的情况下，一般都会首先考虑采用直接出口或间接出口的方式。

（一）间接出口的概念

间接出口（Indirect Exporting）是指企业通过国内中间商出口销售在国内生产的产品。采用间接出口方式，企业并不直接与国外市场联系，而是通过国内各种从事出口贸易活动的组织将产品销售到国外市场，虽然产品进入了国际市场，但营销活动范围与国内销售没有太大差异。因此，这是初次进入国际市场，或者偶尔进入国际市场的企业经常采用的进入方式。中小型企业由于缺乏国际市场营销经验和人才，为了减少风险和节省国际市场营销费用也多采用这种方式。根据选择的中间商不同，间接出口的具体做法又可以分为三种：①企业把产品卖给出口经销商，由出口经销商在国际市场自主销售；②与出口代理商签订代销合约，委托出口代理商代理出口产品；③企业委托拥有国外销售渠道和国际市场营销经验的企业代销产品。由于各类出口中间商的功能、特点各不相同，因此，间接出口的关键是了解和选择出口中间商。

（二）出口中间商

1. 出口经销商

出口经销商是指拥有商品所有权，通过买卖差价获取利润的出口中间商。出口经销商一般都拥有制造商所不具有的某方面优势，或是在国际市场上有广泛的客户关系和成熟的渠道，或是能够及时方便地获得国际市场信息，在市场销售方面灵活、主动。由于资金雄厚，又拥有大量的国际市场营销人才，出口经销商能够承担、处理国际市场营销工作各方面的业务。出口经销商中有相当一部分专门从事某个行业的国际贸易活动，能够为出口企业提供本行业的各种国际市场信息及产品方面的建议。企业选择这类中间商，国际销售就等同于国内销售，但由于这类中间商要自负盈亏、自担风险，因此他们往往会主动选择出口产品供应商，对制造商企业的忠诚度较低。

2. 出口代理商

出口代理商是指接受国内企业的委托，在合同规定的条件下代理本国委托人向国外市场销售商品的中间商。出口代理商没有商品所有权，其收入来源于出口销售成功后获取的佣金。出口代理商有综合出口经理商、制造商出口代理商、出口经营公司、出口经纪人等多种类型，不同类型的代理商适合于不同的出口企业。一般来说，对于缺乏国际市场营销经验的中小型企业来说，综合出口经理商是一种克服出口障碍的有效途径。而制造商出口代理商则比较适合企业在下述情况时选择使用：①出口数量较少时；②要销售一种新产品到国外市场时；③要进入一个新的国外市场时。

3. 合作出口

合作出口是指一家企业利用自己的海外渠道出口自己和另一家企业的产品，其中具有出口渠道和能力的通常是一些较大的企业。合作出口双方之间是买卖、代理或委托关系，对合作出口各有所需。代理出口他人产品的企业的合作动机有：①利用对方的非竞争性产品弥补自身产品系列的空缺；②通过代理扩大出口规模，提高现有国际分销渠道的利用率；③获得对方的折扣价格补偿。对于利用合作者渠道进行产品间接出口的企业来说，选择这种方式出口产品既方便，又可以降低出口风险，减少出口成本，提高出口效率。因此，一些缺乏出口能力、没有海外客户和市场的中小型企业，或者是不想在国外市场上过多投入的企业通常都适于选择这种方式进行间接出口。

（三）间接出口的优缺点

由于间接出口方式不需要企业直接参与国际市场营销活动，而是借助中间商实现走向国际市场的目的，因此这是许多企业初次进入国际市场的首选方式。但完全通过中间商也影响了企业从事国际市场营销活动经验的积累。因此，企业在具体采用这种方式时，要考虑其优缺点。

1. 间接出口的优点

（1）出口方便，成本低。采用间接出口方式，可以利用中间商的渠道、经验、人才进入国际市场，从而减少了企业的出口难度，降低了出口成本。这对于初次进入国际市场的企业非常有利，特别是一些中小型企业，间接渠道往往是其成功进入国际市场的唯一选择。

（2）不需要增加专门投资。采用间接出口方式的企业只需直接将出口产品交与国内中间商即可，一般不需要改变自己的生产线，也不需要设立专门的对外营销机构去了解国际市场的相关情况，包括办理出口单证、运输、保险等业务都由出口中间商承揽了，从而节约了从事国际市场营销的投资。

（3）减少了从事国际市场营销活动的风险。国际市场竞争激烈、环境复杂，在其中开展营销活动会面临各种风险。但采用间接出口方式，由中间商全面负责产品的出口销售业务，承担了出口销售中存在的汇率风险、买方信用风险以及市场需求变动风险等，从而大大减少了生产企业面临的风险。

（4）为企业出口提供了更大的灵活性。间接出口主要是选择中间商，在渠道建设和市场开发方面没有太多投资，企业调整策略的成本较低。因此，当企业对选择的中间商不满意时，可以重新选择、更换。另外，通过间接出口过程也可以学习和积累国际市场营销知识和经验，为以后选择直接出口或到国外投资奠定基础。由此可见，这种方式具有很大的灵活性，有利于企业适应国际市场的变化。

2. 间接出口的缺点

（1）不能迅速直接掌握国际市场信息。由于出口业务全部交由中间商进行，企业的产品虽然进入了国际市场，但企业本身与国际市场是分离的，对国际市场缺乏直接感受和体验，只能通过中间商的传递获取有关的国际市场信息，这种情况下，企业往往无法及时、全面和客观地了解国际市场状况。

（2）缺乏控制国际市场的能力。采用间接出口的企业往往不熟悉国际市场的行情和需求，不能根据国际市场的需求变化，主动调整产品结构和营销策略。由于他们多是按照出口中间商的订单组织生产，对国际营销活动缺乏控制权，因此在价格、交货期等方面完全处于被动地位。

（3）无法建立自己的国际市场营销渠道。间接出口方式也意味着企业的渠道终点实际上是国内出口中间商，与国外渠道并没有直接接触。即使有多次出口国际市场的经历，也很难有机会与国外中间商或用户建立合作关系。因而不利于建立自己的出口渠道。

（4）无法树立自己的品牌声誉。出口中间商为了在国际市场上树立自己的声望，在向国外市场推销产品时，一般都不会直接推出生产企业的品牌，而是用自己的品牌。即使产品很受国外市场欢迎，但生产企业本身却不能获得品牌声誉。没有品牌声誉产品价格就上不去，加之出口利润要在生产企业和出口中间商之间分配，并且分配的权力在出口中间商手中，所以出口利润也很低。

【实例 6-1】

爱迪生公司的国内代理及出口代理

1952 年，爱迪生·普莱斯创建了爱迪生公司。该公司设计的许多产品本来是用于一些专门项目，后来公司将其用以满足更加普遍的需求。20 世纪 50 年代末期，爱迪生公司以设计高效节能灯为起点，生产研制节能灯具。从此，高质量的设计和革新成为该公司的优势，灯具行业大多数厂家都采用由爱迪生公司首先开发和研制的各种设计构思。

爱迪生公司和绝大多数高级制造商一样，将注意力集中于针对专门用户的销售。公司依靠遍布美国 26 个地区的经销代理销售网，与这些地区以及参与当地项目的专门用户建立关系。这些经销代理不领取薪金，而是从每笔销售额中获取佣金。他们通常除了爱迪生公司外，还同时担任其他几家照明设施制造商的代理，这样每家公司所花的费用都很少。爱迪生公司的成本费用除佣金外，仅为灯具样品、促销广告资料和一些必要的通知。

爱迪生公司不直接出口产品，发给外国接收方的货物都通过出口代理人安排。爱迪生公司向代理人提供货柜的尺寸及重量，发给接收方每笔货运的发货清单。运给加拿大曼特鲁门公司的货物还附上美国/加拿大统一的申报单。代理人从爱迪生公司取走货物后，公司的运货手续便结束了。代理人直接向接收方开出运输和出口服务的账单。爱迪生公司委托纽约航船管理公司作为他们的出口代理。

因为爱迪生公司在美国以外没有代理人，公司在接收方独占市场以外的地区几乎没有出口业务。然而有几位国际建筑师和照明设计师很熟悉爱迪生公司的产品，有时也指定在海外的工程项目中使用爱迪生公司的产品。

爱迪生公司和许多美国制造商一样，通过专门经营出口的经销商承担其海外货运业务，最大的国际经销商是纽约维斯伯雷的肯克莱尔电气公司，或加利福尼亚州弗雷斯诺的西肯克莱尔公司，他们包揽了爱迪生公司的全部海外业务。

（资料来源：李永平．国际市场营销管理．北京：中国人民大学出版社，2004：105-109.）

三、直接出口方式

直接出口（Direct Exporting）是指企业不通过国内中间商，直接通过国外中间商或者自己设立的国外销售机构，实现产品的出口销售。采用直接出口方式的企业要独立承担一切出口业务，同时还要进行相应的人力、资金投入，出口风险也随之增加。因此，直接出口方式适于资金雄厚，拥有国际市场营销人才资源，而且已经采用过间接出口方式，并积累了一定的国际市场营销经验的企业采用。特别是随着出口业务的增长，企业的发展战略已经转向国际市场，即可以通过采用直接出口的方式，真正开始自主的国际市场营销活动。

（一）直接出口的管理任务

采用直接出口方式，尽管可以借助国外中间商打开国外市场，但企业必须要承担全部的出口业务。因此，直接出口的工作内容远比间接出口复杂，难度更大。一般来说，采用直接出口方式时，企业国际市场营销人员的工作任务包括以下内容：

1. 选择国外市场

采用间接出口方式时，为企业产品选择国外市场的任务由出口中间商负责。在采用直接出口方式的情况下，企业的国际市场营销人员就必须自己选择国外市场。为此，国际市场营销部门首先要进行国际市场调研，获取相关国家和地区的市场情报资料，然后要应用各种分析方法评定和估算各个细分市场的潜力和进入的可行性，最后从中选出准备进入的目标市场。

2. 选择进入目标市场的分销渠道

出口目标市场确定后，还要选择进入目标市场的国外分销渠道。国外分销渠道一般有三种方式：①选择当地的中间商；②设立海外销售机构；③建立国外营销子公司。渠道方式的选择与国外市场状况、企业的规模和实力等因素有关。一般大企业可以选择在目标市场国家或地区建立自己的销售机构，以方便出口销售和进行国外市场的营销活动控制；中小型企业可选择当地的代理商或经销商进行分销，大企业在规模和发展潜力都比较小的市场上，也适宜选择当地中间商渠道。

3. 产品的实体分销和出口单证的制作

国外分销渠道明确以后，企业的国际市场营销部门就必须考虑实体分销（Physical Distribution）问题。实体分销就是如何将产品转移给国外客户。国际市场的实体分销要比国内市场复杂，成本也更高。因为国际市场的实体分销涉及产品的国际运输和保险，产品包装也随运输方式的变化而有不同要求。为此，如何选择国际实体分销方案，对于降低出口成本、提高企业产品的国际市场竞争力有重要影响。

出口单证制作是一项烦琐而细致的工作，其流程包括客户询盘、报价、得到订单、下生产订单、业务审批、下达生产通知、验货、制备基本文件、商检、租船订仓、安排拖柜、委托报关、获得运输文件、准备其他文件、交单、业务登记、文件存档等十多项内容，需要业务人员认真仔细地操作，任何一点疏漏都可能会造成不必要的损失。为了节约成本和保证效率，最好通过外部专业公司完成这项任务，海外运输代理人通常也承担运输和单证的制作等工作。

4. 其他任务

收集国际市场信息、制定出口产品价格、进行国际市场促销等也是直接出口情况下企业必须自我承担的任务。国际市场信息一方面可通过案头调研获取二手资料，另一方面也可以在国外市场实地收集一手资料。出口产品的定价涉及价格术语、币种、关税和定价策略等多方面因素，比国内产品定价复杂得多，需要根据企业的国际市场营销战略和价格目标灵活决策。在直接出口情况下，国际市场促销任务有可能是企业与国外中间商共同承担，也可能是出口企业独立承担，无论哪种情况，企业都要明确促销目标，并根据国外市场的具体情况制定促销策略。

（二）直接出口的方式

直接出口的方式一般有以下几种：

1. 利用国外的中间商

国外中间商熟悉本国各方面的环境状况，了解当地的市场销售规律，没有语言、文化和价值观念的障碍，在推销外国产品方面拥有先天优势。一些规模大、力量雄厚的国外中间商还能够为企业提供促销、资金等方面的支持，对企业顺利进入该国市场具有很大帮助。因此，利用国外中间商是许多企业优先选择的直接出口方式。但是利用国外中间商也有缺点，如无法控制国外销售渠道，不能直接与国外的最终用户进行交易，出口销售利润受到影响等。

2. 设立海外销售办事处

海外销售办事处（Branch Office Abroad）是企业在国外市场上构建分销渠道的起点，其主要任务是在该国外市场上进行企业产品的销售和推广，而且主要是销售给该国的批发商和经销商，或者是工业用户。海外销售办事处一般设有仓库和储存设施，备有一些存货、备品备件等。办事处人员由企业委派，直接对企业负责。设立海外销售办事处的优点：①便于企业更直接地接触市场，搜集情报，掌握需求动态；②可以提高国外市场上的售后服务水平，因为国外中间商一般不愿意为企业承担这些工作；③与国外中间商相比，海外销售办事处能够集中力量销售本企业的产品，从而促进了出口产品的销售。

3. 建立海外营销子公司

海外营销子公司（Marketing Subsidiary Abroad）与海外销售办事处类似，主要区别在于海外办事处不具有法人资格，海外营销子公司则是有法人资格的独立实体，在法律上和税赋上都有独立性，能使企业更灵活、更深入地进行国际分销活动。

4. 直接与最终用户联系

直接与最终用户联系是指企业不经过任何国外中间机构，直接与国外最终用户取得联系并达成交易，实现产品出口。这是对企业最为有利的一种直接出口方式，由于没有中间商，减少了渠道环节，因而成本低、利润高。而且企业可以直接与国外最终市场实现对接，既可以及时获得最直接的市场需求信息，又能够为用户提供良好的售后服务，从而提高了企业的国际市场竞争能力。这种直接出口方式常见于大型机器设备、飞机、轮船和高技术产品的国际市场营销活动中。

（三）直接出口的优缺点

1. 直接出口的优点

（1）有助于企业直接了解国际市场需求信息。采用这种出口方式，企业可以与国外中间商和最终用户直接打交道，能够真实感受到国外市场上的具体状况，及时获取国外市场的供求变化和竞争等信息，特别是可以收集到有关国外市场需求的一手资料。这为企业根据国际市场的变化开展市场营销活动提供了充足的依据，从而使企业适应国际市场需求的能力得到提高。

（2）能够使企业积累更多的国际市场经验。采用直接出口方式使企业真正走进了国际市场，摆脱了对国内出口中间商的依赖。这种情况下，企业必须按照国际市场的规律开展市场营销活动，才能在比国内市场竞争更为激烈的环境中取得成功，这就迫使企业在国际市场的营销实践中努力学习，尽快培养自己的适应能力。同时，面对面地与外商打交道，直接在国外市场上销售企业的产品，能够亲身感受到国外市场对自己产品的各种评价，这一切不断增加和丰富了企业国际市场营销知识和经验的积累。

（3）有利于建立稳定的海外销售渠道。直接出口方式需要企业在建立海外销售渠道方面投入较大的人力、物力和资金，这些投入为企业构建自己的国外销售渠道奠定了基础，也避免了完全依靠中间商出口渠道不稳定的风险。特别是采用海外销售办事处或海外销售子公司直接出口，实际上就是国际市场上本企业专属的渠道。直接出口企业多通过国外独家经销商进入国际市场，这种中间商的利益与企业产品的销售直接相关，故能够与企业一起面对市场的竞争和挑战，双方合作关系也比较稳定。由此可见，采用直接出口方式，有助于企业建立稳定的国际市场销售渠道。

（4）有利于加强对海外市场的控制。在采用间接出口方式时，企业通过中间商进入国际市场，从而失去了自己产品的国际市场营销控制权，直接出口则与此相反。在采用直接出口方式时，企业通过与国外中间商或国外最终客户直接联系，进行国际销售谈判，最终实现产品出口。在整个出口过程中，企业不仅能及时了解国际市场信息，也拥有自主决定出口产品价格以及制定其他市场营销策略的权利和能力。因此，在直接出口的情况下，企业能够加强对国际市场的控制，因而也有利于企业进一步主动开拓国际市场。

（5）有利于树立和提升企业及其产品的声誉。在采用直接出口方式时，企业是以自己的名义与国外中间商和国外最终用户交易，这就使国外市场直接了解了企业的状况，也记住了企业的名字。当企业产品受到国外市场欢迎时，就会树立起企业的市场声誉，同时企业也逐步积累了自己产品品牌的忠诚客户。长此以往，企业的名称和产品品牌就会拥有国际声誉。拥有国际声誉的企业将会在所有国际市场营销渠道成员中拥有更高的控制权和影响力，而且在国际市场上也能够获得超额利润。

2. 直接出口的缺点

（1）进入国际市场的成本高。采用直接出口方式的企业，在国内要设立专门的出口部门或指派专人办理各项出口业务，要收集国际市场情报，联系国外中间商及其最终客户；在国外，要建立仓库、设立服务网点，成立办事处或销售子公司；这些都需要大量的资金。另外，招聘和培养国际市场营销人才也需要大量的投入。因此，采用直接出口方式的企业承担的成本远远高于间接出口方式。

（2）需要拥有国际市场营销人才。企业直接进入国外市场，必须拥有熟悉国际市场营销业务，精通目标国语言的国际市场营销人才。优秀的国际市场营销人员，不仅要拥有国际贸易、国际商法知识，精通几门外语，而且还要具备开拓国际市场的能力、良好的谈判能力和公关能力。这样的人才对于任何一个企业都是宝贵的资产，因此，招募和培养优秀的国际市场营销人才往往是企业采用直接出口方式时面临的最大难题。

(3) 建设国外渠道困难较大。企业采用直接出口方式，就要拥有自己的国际市场销售渠道。但即使通过国外中间商进入国外市场，也需要企业自己寻找、选择合适又可靠的国外中间商，这是需要投入很多资源才能取得成效的工作。一般来说，当企业缺乏广泛的国外市场关系，又没有国际市场营销经验时，与国外中间商建立合作关系困难较大，而且存在一定风险。特别是资金、人力都比较缺乏的中小型企业，完全靠自己联系国外客户建立渠道更不容易。企业通过在海外设立销售办事处或销售子公司构建国际市场渠道，也会面临一些问题。如与当地经销商之间形成竞争，引发他们的抱怨，从而影响渠道效率等。

四、不同出口方式的选择

间接出口与直接出口作为企业走向国际市场最普遍采用的出口方式，各有其优缺点。企业只有综合考虑各方面因素，并结合自身条件进行恰当选择，才能充分利用和发挥所选方式的优点，以取得出口营销的成功。一般来说，企业选择出口方式时要考虑以下几方面因素：

1. 出口商品的特性

商品特性与流通时间长短和市场变化的影响程度有关，因而对间接出口或直接出口的适应性有差异。一般来说，初级产品、半制成品以及时效性差的日用品可以选择间接出口的方式；时效性强的商品适宜选择直接出口方式，特别是品牌商标对消费者购买决策影响很大的一些选购品及特殊品，选择直接出口有利于树立企业的品牌和声誉。

2. 企业的长期市场营销目标

如果企业制定了以外向型为主、最终实现跨国经营的长期营销目标，就应选择直接出口方式。

3. 企业的资金及国际市场营销人才资源实力

规模大、资金雄厚、有优秀国际市场营销人才资源的企业适宜选择直接出口方式，还可以借此增强企业的国际市场竞争力。各方面实力较弱的中小企业，以及处于国际化起步阶段的企业，选择间接出口方式既可以利用中间商的经验、信息和渠道，也能够节省国际市场营销费用，是一种比较合理有效的出口选择。

第二节 许可经营和特许经营

许可经营、特许经营以及合约制造都属于契约进入模式，这种模式是企业与国外市场的法人单位签订长期非股权性质的契约，通过向其转让技术或其他无形资产使用权而进入国际市场的方式。

一、许可经营

(一) 许可经营的概念

许可经营（Licensing）是指企业（许可方）与国外市场的法人单位（被许可方）签订

许可协议合同，允许该法人单位在合同期限内使用企业的专利、商标、服务标记、商品名称、原产地名、专有技术（Know-how）等无形资产，在一定条件下生产销售某种产品，企业则从该法人单位获得许可报酬（技术提成费用或其他补偿）。许可协议包括的主要内容见表 6-1。

表 6-1 许可协议的主要内容

序号	内容	序号	内容
1	许可费	8	有关终止和更新协议的问题
2	所负责的地区	9	许可企业对新发明的所有权
3	获准的销售价格	10	获得许可的企业具备哪些可能成为竞争对手的能力
4	质量管理措施	11	上缴收入的时间
5	保密要求	12	获得许可的企业在进行外包时应具备的条件
6	解决纠纷的程序及应根据哪个国家的法律执行协议	13	许可企业提供的必要支持（如培训等）
7	最低产量		

许可经营的关键是无形资产的授权使用，尽管企业可能在该法人单位所在国生产制造产品，但并不投入资金。一般在下列情况下，企业会选择这种方式进入国际市场：①为了保护企业无形资产在被许可方所在国不受损失；②企业与合作方建立了利益联盟；③在本国市场上，企业的产品生命周期已进入衰退期，而在被许可方所在国市场上仍处于成长期阶段；④以许可经营作为出口和在国外生产的补充。

（二）许可经营的类型

许可经营有以下几种类型：

1. 独占许可

被许可方拥有在合同规定的区域、时间内使用许可证标的生产和销售产品的独占权力，许可方在同时、同地无权使用许可证标的生产和销售产品，双方都不能向第三者转让许可证的标的。

2. 交叉许可

许可证合同双方互为许可方与被许可方，在平等互惠的基础上，双方均可取得对方技术的使用权。交叉许可是为了交换技术，或是为了技术互补。

3. 普通许可

许可方和被许可方在合同规定的区域、时间内，有权使用许可证标的生产销售相关产品，也可以把许可证标的再转让给第三者。普通许可转让的技术多为成熟的、标准化的技术。

4. 排他许可

许可方和被许可方在合同规定的区域、时间内有权使用许可证标的生产和销售相关产品，但不能把许可证标的再转让给第三者。排他许可实际上是排斥第三者，使用技术的权利由贸易双方共同分享。

(三) 许可经营的优缺点

许可经营是一种低成本进入国际市场的方式，因为这种方式不需要投入大量的资金和人力，就可以实现在进口国进行生产和销售的目的。而且能够避开关税和投资限制等进口壁垒，比起采用独资和合资经营方式，面临的政治风险较低。但是采用这种方式，被许可方一旦生产经营的产品质量出现问题，就会直接影响企业的声誉，被许可方也有可能被培养成自己的潜在竞争对手。因此，这种方式也同其他进入方式一样，存在各种优缺点。许可经营的优缺点见表 6-2。

表 6-2　许可经营的优缺点

优　点	缺　点
1. 避开进口国限制，作为产品转换形式的最佳途径。当企业采用出口产品这一基本方式打入目标国家市场时，往往会受到进口国的种种限制，而输出技术等不受进口国家限制的无形资产，则可以绕过出口壁垒，顺利进入目标国家市场 2. 避免和降低国际营销风险。由于只是许可人的技术而非资金进入了东道国市场，因此，在面临外汇管制、资产没收等政治风险时，企业不受影响 3. 节省高昂的运输费用，提高价格竞争力。有时，企业的母国与目标国家市场有较大的空间距离，产品出口的运输费用高，而通过将生产技术许可给当地企业，就会大大降低成本，从而提高产品在当地市场上的竞争力 4. 有利于特殊技术的转让。某些关系到东道国国计民生的产品，往往具有较高的政治敏感度，因此，企业无法采取投资或出口的方式将产品打入该国市场，而许可贸易却能做到这一点 5. 便于服务性企业进入国际市场。许可证贸易为不直接从事有形产品生产的企业进入国际市场提供了可能 6. 使小型制造企业也有机会进入国际市场。由于小型制造企业缺乏资金，不可能通过对外直接投资的方式进入国际市场，但只要它们拥有对市场具有吸引力的技术，同样可以采取许可证贸易的方式进入国际市场	1. 与直接投资目标国家市场从事生产经营活动相比，收益减少。因为许可人只是将工业产权的使用权转让给被许可人，收取一定的使用费，其收入终究有限，无法与直接投资相比 2. 许可人必须具备一定的条件。并非任何企业或任何技术都能进行许可贸易，只有当企业拥有专利或者专有技术、驰名商标和良好的商誉，并对受让方有吸引力时，许可贸易才能实现 3. 许可人对目标国家的市场运营难以控制。由于许可证贸易双方并非从属关系，而是买卖关系，因此，不管被许可方的市场运营情况如何，许可方也不能对其加以直接干预和控制，充其量只能把对方作为自己在国外的经销商。而当目标市场的经营情况不佳时，可能对许可方及其产品的全球形象和声誉造成不良影响 4. 许可方可能在国际市场上培养了自己的竞争对手。许可证贸易实际上是授权方将一部分技术优势或独占权利转让给了接受方，这就等于让出了一部分现实市场和潜在市场，这是授权方的风险损失。而且一旦授权方的技术为接受方所掌握，则在许可合同终止后，仍存在很大的市场风险

【实例 6-2】

李・库珀

早在 20 世纪 70 年代，英国的牛仔及休闲服装制造商李・库珀（Lee Cooper）就开始授权国外其他企业使用其商标。该公司将第一张许可证发给了新西兰的一家企业，到 1990 年时，该公司已与 20 多个国家的企业签订了 25 份许可协议。该公司之所以会采用许可方式，是因为当地市场已经无法消化太多的出口企业带来的产品，并且出口到当地市场需要面对很多关税及非关税壁垒，且在广告、分销及客户服务方面也会遇到很多困难。另外，采用许可方式可以让公司在没有遇到当地竞争对手之前就掌握了当地市场的情况。他们将许可方式看做是实现其建立真正国际品牌愿望的必要手段。

（资料来源：罗杰·贝内特，吉姆·布莱斯．国际营销［M］．刘勃，译．3版．北京：华夏出版社，2005.）

二、特许经营

（一）特许经营的概念

特许经营（Franchising）是指企业（特许方 Franchiser）将工业产权及整个经营体系特许给国外市场上独立的公司或个人（被特许方 Franchisee）使用，被特许方必须按照特许方制定的政策和规定的方法经营，并支付初始费用和销售提成。特许经营通常包括以下一个或多个内容：

（1）技术、技能、技术诀窍、管理方法等。

（2）专利、商标、企业标志、经营理念等。

（3）产品设计、营销知识、商业秘密等。

特许经营是许可经营向深层经营领域的延伸和扩展，许可经营只是个别经营资源的授权使用，而特许经营则是整个经营体系的转移使用。目前，特许经营已经广泛应用于商业和服务领域，美国著名的跨国公司可口可乐、百事可乐、麦当劳、肯德基、希尔顿饭店都通过特许经营方式进入了世界各国市场。

特许方要给予被特许方以生产和管理方面的帮助，如提供设备、帮助培训、融通资金、参与一般管理等。在特许经营交易中，特许方提供产品、系统和服务，被特许方则提供市场知识、资金和管理人员。两者结合起来，既能灵活地适应当地的市场条件，又能使母公司保持一定程度的控制力。标准化的经营方式可最大限度地扩大特许商号、商标的影响力，用较少的资源迅速拓展国际市场并获得可观的收益，同时这种合作方式政治风险较小。但是，这种方式要求特许人的商号、商标及其产品、服务必须具有较大的吸引力。

（二）特许经营的优缺点

特许经营的优缺点与许可经营很相似。但由于特许经营中的特许方要为被特许方提供生产和管理方面的帮助，因此，采用特许经营方式可以使企业无须投入很多资源就能快速进入外国市场，而且对被特许方还拥有一定的控制权。如果被特许方未能达到协议要求或有损害企业产品形象的行为，特许方有权终止协议。这种方法不仅政治风险小，而且还能激发被特许方的积极性，但收益比直接投资要小。另外，特许经营有一定的门槛限制，有一些国家限制特许经营方式。特许经营的优缺点见表 6-3。

表 6-3 特许经营的优缺点

优 点	缺 点
1. 经营方式可以最大限度地扩大特许方商号或商标的影响力 2. 以较少的资本就可以迅速拓展国际市场 3. 特殊的合作方式可以激励被特许方的积极性，将原来的竞争关系转化为利益分享的伙伴关系 4. 与投资进入方式相比较，政治风险相对较小，原来经营不善的同行企业乐于接受这种方式	1. 不是任何企业都能以这种方式进入国际市场，只有那些拥有著名商号、商标等特有优势的企业才能采用这种方式 2. 特许方的收益水平不如直接投资 3. 对被特许方经营的控制权不如直接投资 4. 某些国家的政策法律会限制特许经营方式的运用

三、合约制造

合约制造（Contract Manufacturing）又称为合同制造，是企业为了开拓国际市场，与国外市场的制造商企业签订订货合同，提供零部件由其组装，或者通过向其提供技术援助及机器设备，要求其按照企业提供的详细规格、质量标准按时按量生产产品，然后交由企业负责产品销售。这种方式实际上是利用当地的生产能力，当地生产、当地销售。在国际上，有很多品牌企业都采用这种方式扩大生产规模并占领国际市场。例如，IBM、惠普和 Digital Equipment 等品牌实际上是由合同制造商 SCI Systems、Solectron、Merix 等公司制造的。Compaq 公司与我国制造企业签订生产计算机的合约，然后使用 Compaq 的品牌在我国市场上销售。世界著名的手机品牌公司，也采用合约制造方式。例如，瑞典的爱立信公司完全通过合约制造方式进行生产；美国的摩托罗拉公司则以合约制造方式获得大部分产品零件；芬兰的诺基亚公司 15%的产品通过这种方式生产。

与其他进入国外市场的方式相比，合约制造也有其自身的优缺点。其优点主要表现为：能够以最低的资金、时间、管理等投入快速进入市场；能够避免汇率风险和财务风险；由于是当地制造，容易受到东道国的欢迎；与直接在国外建厂相比，投资要小得多。其缺点是生产利润被转让，易于培养竞争者，理想的合作者并不是很容易得到。合约制造的优缺点见表 6-4。

表 6-4 合约制造的优缺点

优　点	缺　点
1. 投入低，进入市场快。特别是在存在市场风险的地方，这种方式能使企业快速进入市场，避免了失去市场机会而带来的风险 2. 投资少。利用当地企业的生产能力，减少了企业直接建厂在固定资产方面的投入 3. 风险小。由于是当地生产、当地销售，避免了汇率风险。没有直接投资建厂，也减少了财务风险 4. 东道国容易接受。尽管使用企业品牌销售，但可以强调“当地制造”，这会受到东道国的赞许。实际上市场和技术控制权仍然保留在企业手中 5. 便于技术输出。当企业的营销策略和服务水平比生产技术更为重要时，合约生产将是一种非常合适的方式	1. 合同一旦中止，合作伙伴可能成为自己的竞争对手，因此，国际企业常常要对其最新技术有所保留 2. 当地厂家生产的产品质量可能达不到要求，从而使国际企业的商誉受损 3. 国际企业必须将一部分利润转让给生产合作伙伴 4. 找到理想的合作企业并不容易，合作关系的保持也会受到各种考验

第三节　合资经营和海外独资经营

合资经营和海外独资经营是进入国际市场最为广泛的形式，又称为股权进入方式。这种方式是企业将资本、管理技术、销售、财务以及其他技能转移到国外目标市场，建立受本企业控制的分公司或子公司，通过在当地生产、销售产品进入国际市场的方式。与许可经营相比，股权进入方式通过直接投资进入国际市场，拥有国外公司的经营权和所有权。与出口方式相比，进出口业务的很大一部分是国际化企业的内部交易，而不是不同企业间的贸易往来。因此，股权进入方式是企业进行国际市场营销的最高层次。企业选择股权进入方式受两种动机驱使：一是为了扩大产品市场，满足企业成长的需要；二是绕开贸易壁垒，获得当地企业待遇，避免关税和其他进口方面的限制。

采用股权进入方式时，企业首先要考虑如何在合资经营与海外独资经营两种直接投资方式上作出选择。一般影响选择的因素有两个：

（1）企业的自身情况。处于国际市场营销初级阶段的企业大多愿意采用合资方式，而处于高级阶段的企业则倾向于采用独资方式或多数股权的合资方式。另外，如果企业自身的竞争优势明显，国际市场营销经验丰富，则倾向于采取独资方式。

（2）东道国的情况。如果东道国是发展中国家，当地政府多鼓励外资采用合资方式。当地企业如果有可被利用的资源、技术及当地政府关系时，比较适宜采用合资方式。

一、合资经营

（一）合资经营的概念

合资经营（Joint Venture）是指互不相关的两个或多个组织互相交换和共同拥有各种资源，同时保持各自法律上的独立性的一种合作经营方式。其中，各种资源包括资金、技术、销售组织、设备和工厂等，参与合资的各方作为战略合作伙伴，共同经营、共负盈亏。合资经营有多数股权、少数股权和平等股权三种形式。

合资经营的成功与否关键在于选择合作伙伴。一般来说，合作伙伴应拥有丰富的资金、技术、设备、管理系统和优秀营销人才资源，与当地金融机构、服务机构和政府部门之间有广泛联系。选择合作伙伴是一个系统的决策过程。首先企业要提出合作伙伴的标准，除上述要求外，还要考虑声誉、过去的经营业绩等。然后根据标准筛选潜在合作者，再同确定的合作者进行合资谈判，最后双方之间达成合资协议，合资经营协议的内容见表 6-5。

表 6-5　合资经营协议的内容

序　号	内　容	序　号	内　容
1	出资额	7	转移价格的制定方法
2	组织结构	8	对各方提供信息的保密措施
3	盈亏分配	9	解决分歧的途径
4	用于投资的利润比例	10	股份能否转让给第三方
5	合资企业经营活动覆盖的地理区域	11	退出条款
6	获得的知识产品归谁所有		

在这个过程中，企业要了解合作者的动机、目标和战略，分析其在技术方面能否共同贡献，在感情方面是否有努力合作的愿望。经过认真、慎重考察后选择的合作伙伴，才能在合资经营过程中相互信任和理解，以实现合资经营的成功。

（二）合资经营的优缺点

1. 合资经营的优点

（1）容易进入国外市场。由于有当地人参与股权和经营管理，因此采用合资经营方式进入国外市场的企业，一般在东道国面临的政治壁垒和排外意识障碍要比独资经营方式小，绝大多数引资国家更欢迎外资以合资经营方式进入本国市场，常常也采取各种措施为这种国外投资提供支持和帮助。

(2) 风险小。由于东道国企业是共同经营的参与者，因此以合资经营方式进入国外市场的企业能够享受东道国政府对当地合作伙伴的待遇，如担保贷款、低息贷款、免关税等财政和货币优惠政策。还能够避免受到地方保护主义的抵制，遭受东道国政府没收、征用外资的政治风险也大大降低了。

(3) 与合作伙伴可形成更大的整体优势。合资进入可以借助合作伙伴的力量，在当地原材料供应、人力资源的利用、销售网络的建立上，形成比独资进入更大的优势。另外，如果当地合作伙伴拥有著名品牌或较高的商誉，则合资进入还可以利用其无形资产迅速占领和扩大当地市场。

(4) 产业选择性强。世界上大多数国家对合资进入的产业限制要比独资进入相对宽松，这为以合资经营方式进入国外市场的企业提供了更大的产业选择机会。因此，许多国际企业都采用合资方式进入目标国家市场。我国自改革开放以来，外国企业进入我国市场大多数采用合资方式，我国企业开拓海外市场也是以这种方式为主。我国在海外建立的企业中，80%以上是合资企业，其中与东道国合资的占71.6%，与第三国合资的占8.6%。

(5) 有利于与当地政府保持良好的关系。采用合资经营方式，满足了东道国吸引外资又保护民族经济的要求，因此政府对这种方式非常欢迎。同时，企业可利用当地合作伙伴的社会影响和关系，与政府部门、金融机构和其他组织建立良好的关系，为自己创造有利的国际市场营销环境。

2. 合资经营的缺点

(1) 利润分配易产生矛盾。合资经营的利润分配涉及合作双方的利益，因此必然会存在矛盾和冲突。这种冲突如果处理不好，不但不能发挥整体优势，而且可能影响双方的积极性，不利于合资企业的发展。

(2) 缺乏完全的控制权。合资企业由国际企业与当地厂商共同经营，因此，国际企业不能完全控制合资企业的生产和销售，一旦合作伙伴之间在经营管理上存在较大分歧且不能及时予以消除，就可能影响合资企业的经营管理效率。

(3) 不利于商业秘密的保护。合资企业难以保护双方的技术秘密和商业秘密，一旦“泄密”，国际企业的先进技术或营销经验就可能无偿流失到合作者手中，从而失去其竞争优势，同时也为自己树立了一个潜在竞争对手。

(4) 沟通困难。合资企业双方有不同的社会文化背景，在商业习惯、管理风格等方面都存在一定的差异。因此，合作双方在经营管理过程中必然存在沟通障碍，不但会因此产生误解，而且也提高了管理成本。

(5) 保持合资关系较难。合资经营双方在企业决策的各个方面都可能存在意见冲突，如战略、管理风格、会计和控制、市场政策和实践、产品、研究与发展、人事等。这些冲突直接影响双方之间的相互信任和理解，从而削弱了合作关系，甚至会造成合资经营的失败。

【实例 6-3】

太阳雨的多渠道国际化

我国太阳能利用行业企业众多，市场竞争相当激烈。江苏连云港太阳雨公司尽管已挤进行业前三，其产品也获得了多项国家荣誉。但是面对未来发展，仍感到危机重重。为了摆脱发展困境，他们决定进入国际市场。2003年，太阳雨公司在上海建立了从事国际业务的销售部，两年后国外订单就达到500万美元。从2006年开始，太阳雨公司又开辟了另外两条通向国际市场的通道。一是寻找国外合作伙伴，为其提供技术支持和技术培训。该公司在西班牙与尼涅罗拉建筑集团结盟，创建了一家太阳雨（西班牙）有限公司，运用中国技术生产太阳能光热系统产品。由于当地合作伙伴了解当地的市场情况、产业政策和自然条件，因此合作企业的产品顺利进入了该国市场，同时也为进入其他欧洲国家市场提供了便利条件。二是到国外建立分支机构。出口销售使太阳雨产品成为韩国热水器市场的第一品牌，为了更好地满足市场需求，2006年该企业在韩国成立了太阳雨独资公司，直接在当地进行生产。不但能够满足源源不断的订货要求，还减少了国际运输成本。

通过多途径开拓国际市场，太阳雨的国际化发展顺利。以韩国、印度等国为代表的亚洲市场稳定增长，以土耳其、埃及、黎巴嫩等国为代表的中东市场和以西班牙、意大利等国为代表的欧洲市场快速兴起，海外代理商超过100家，产品出口80多个国家和地区。企业也在开拓国际市场的过程中，积累了丰富的技术、管理、人才、资金资源。

（根据以下资料改编：庞国军．揭秘太阳雨之四："远交"与"近攻"［OL］．2008-1-23. http：//www. boraid. com/darticle3/list. asp？id=85898&pid=2374.）

二、海外独资经营

（一）海外独资经营的概念

海外独资经营（Wholly-owned Foreign Production）是指企业直接在海外目标市场国家投资建厂或并购该国的企业，从事单纯的产品组装，或者进行整个产品的生产制造。独资经营企业拥有百分之百的所有权和控制权，利润全部归自己所有，但也要独自承担风险。因此，采用这种投资进入方式，企业要最大限度地投入资金和管理力量，同时也能最大程度地进入国际市场。一些企业也可能从许可经营或合资经营方式转变为独资经营方式，以便在国际市场中得到更快的扩张、更多的控制权和更高的利润。

（二）海外独资经营的方式

1. 兼并进入

通过收购兼并当地企业是进入目标国家最便捷、经济的方式，能使企业以最快的速度开辟该国市场并获取收益。采用兼并进入方式的理由有以下几种：

（1）为了获取资源。这种资源往往是目标国家缺乏且难以公开购买获得的，如管理经验、技术素质等。

（2）为了降低成本。利用被兼并企业的设备厂房，减少新建工厂的投入。

（3）为了开拓市场。兼并能够直接获得原企业的产品和市场，为企业尽快进入市场奠定基础。

（4）为了获得新产品系列。

兼并进入的关键是能否合理选择被兼并企业，不同的兼并理由直接影响企业对被兼并企业的选择。例如，当企业为了开拓市场进行兼并，一般会在市场容量大、购买力强的目标国家选择兼并对象；如果企业以获取资源为兼并目的，则会把拥有先进技术、先进管理经验以及高技术素质的发达国家企业选为兼并对象。

2. 投资新建

兼并方式虽然能够达到快速进入目标国家的目的，但也存在很大风险。因为被兼并企业能否很好地按照投资者的意图开展国际市场营销活动，是一个十分现实的隐患。另外，兼并容易受到本地政府有关政策的限制，兼并使财务评估也存在很大风险，等等。这些因素的负面影响，会促使投资者自己投资新建企业。投资新建企业不存在兼并方式中的相互融合与相互适应问题，也不用四处考察寻找兼并对象，还可能得到当地政府的支持和帮助。更重要的是企业真正拥有完全控制权，能够保证独资企业与母公司在目标国家的运行完全实现一体化。实际上，有时投资新建是企业海外独资经营的唯一选择。

（三）海外独资经营的优缺点

由于拥有百分之百的所有权和企业经营活动的控制权，海外独资经营进入方式使企业免除了合资方式中的利益冲突干扰，能够按照自己的意图开展经营管理活动并获得全部利润，同时也更直接、更全面地获得和积累国际市场营销经验，不断成长为一个真正的全球企业。但这种方式也是投入最大、风险最高、灵活性最差的一种进入方式。海外独资经营的优缺点见表6-6。

表6-6 海外独资经营的优缺点

优 点	缺 点
1. 可降低产品成本，且利润独享 2. 市场信息反馈迅速，便于调整营销计划及策略，企业的市场应变能力较强 3. 拥有绝对的国际市场营销活动控制权 4. 可以更直接地获得国际市场营销知识和经验 5. 能够保证其运行与母公司要求完全一致和同步化	1. 资金投入、其他资源投入大 2. 承担的风险较其他方式大 3. 缺乏改变方式的灵活性 4. 不能充分利用当地企业的人才资源 5. 搞好与当地政府的关系难度大 6. 得到当地市场的承认难度较大

【实例6-4】

日本理光进入中国模式分析

日本理光公司是在全球150个国家和地区拥有分支机构的大型跨国公司，作为全球数字办公设备解决方案的领导者，该公司一直致力于世界各地的业务发展。1972年，理光公司通过贸易方式向我国销售复印机和传真机等商品，进入了我国市场。之后开始分别在我国香港、深圳、上海等地成立销售公司，直接在我国销售理光产品。

随着我国经济的快速发展，理光公司开始考虑通过并购方式快速扩大自己在我国的市场份额。1996年，理光公司成功并购了基士得耶中国有限公司，成为集生产、销售于一体的独资公司。加入WTO使我国的经济发展进入了国际化的新时期。理光公司也开始进一步加大在我国的投入。2004年7月，理光公司在北京成立了研发中心，人员规模超过欧美，仅次于日本本部；2005年，在深圳投资建设理光微电子厂，随后开始向我国转移开发设计业务；2009年，理光公司原进口数码印刷机全部实现了中国国产化。

（根据以下资料整理：日本理光进入中国模式分析：国际市场营销案例研究之十五［OL］. 2009-7-23. http：//www. ampoc. org/Info/Article 1706. html.）

第四节 其他进入方式

国际劳务合作是无形贸易的重要组成部分，也是劳务产品进入国际市场的基本形式。具体形式有国际工程承包和劳务输出（输入）。另外，加工装配贸易也是企业开拓国外市场的一种常用方式。

一、国际工程承包

（一）国际工程承包的概念

国际工程承包是指一个具有法人地位，从事国外建设项目的企业，按照一定的价格条件与国外筹资准备某项工程的单位签订工程承包合同，获得实施该工程项目建设的权利，并根据合同规定组织施工，最后将完工项目按期交付对方的方式。其中，工程承包合同就是工程建设所需的非资本要素的转让合同，主要内容包括劳动力、技术和管理，有的还可能涉及工程建设所需的原材料和设备的进出口贸易。合同双方中筹资建设的一方称为业主（发包单位），实施项目建设的一方称为承包商（承包单位）。承包商的责任包括项目设计、工程建造、项目交付后的服务，如管理和工人培训等。

（二）国际承包工程的经营方式

国际承包工程的经营方式是指组织项目实施所需各种资源的来源及其组合方式。

1. 按资源的来源划分

从资源的来源看，国际承包工程可分为独资、合资和合营三种经营方式。独资经营方式是指项目实施所需的资源主要由承包商提供，承包商自己承担风险，自享利润。合资经营方式是指承包商与当地公司或其他国家的公司组成具有独立法人资格的实体单位，共同进行项目实施。合资各方共同出资，共担风险，共享利润。合营经营方式是指承包商与当地公司或其他国家的承包商就某一项目成立一个不具有独立法人资格的联营体，参加投标，中标后联营体负责项目实施，合作各方按项目划分分工，各自承担自己负责那部分的风险和利润。

2. 按与业主的关系划分

按照承包商与业主的关系，国际承包工程的经营方式可分为总包、分包和劳务分包。总包是指与业主直接签订合同，承担项目的全部责任和风险。分包是指与总包单位签订合同，只承担分包部分的责任和风险。劳务分包是指承包者仅提供项目实施所需的劳务，并按完成的工程量收取劳务费用，即人员工资。

各种不同的经营方式都有其适用条件和有效范围，并没有一般条件下的优劣之分。例如，独资总承包可以增加对项目实施的控制，但要面临项目所在国政府以及国际金融机构对当地公司的保护。例如，由世界银行和亚洲开发银行提供资金的项目，这两家银行都对当地承包商提供7.5%的优惠，以保护当地公司。如果承包商与当地公司联营（合营方式），尽管可以获得7.5%的优惠，但却增加了项目实施的难度，以及当地公司经营不善带来的连带风险。

（三）国际承包工程的程序

国际承包工程比出口商品交易过程复杂，一般要经过工程发包、投标、开标、评标、中标、签订承包合同、组织工程设施、竣工付款和维修期满付款等众多环节。

1. 工程发包

工程发包是指国外筹建建设工程项目的单位（发包单位），通过适当形式将有关项目建设情况和要求通报给准备承包的单位。国际上，工程发包一般采用招标和委托两种方式。

（1）招标。国际招标有公开招标和秘密招标两种。公开招标是指业主将有关工程的规模、施工要求、承包条件、投标须知等写入招标启事。并在当地报纸、电台、电视台公开发布，或直接向有关方面发出招标通知。秘密招标是指业主对某些规模浩大、技术要求复杂，特别是保密性很强的工作，有选择的秘密邀请少数几家承包商参加投标。

（2）委托。委托也是国际上使用较多的发包方式。委托又有以下三种具体形式：

1）政府间委托，即通过友好协商，一国政府将一项或一批建设项目委托给另一国政府组织实施。这种方式常见于一些大项目和一批项目的工程建设。

2）政府直接委托外国承包公司。这种情况下政府与筹资建设单位共为业主，同时与外国承包公司签订承包工程合同。

3）个人委托外国承包公司。

2. 投标

投标是指承包商向业主提出投标申请，并在通过资格预审获得投标书后，按照招标要求和条件对工程项目进行估算，然后按业主规定的时间和地点将投标书递交或寄送给招标人或其指定接收人的过程。

3. 开标、评标、中标

业主在规定的时间和地点，邀请所有投标人，当众开启各投标书，宣读内容。投标书一旦开启，不得修改内容。开标后即由评标委员会对所有投标书进行全面的比较、评审。评标一般是秘密进行的。评标决定中标人后，业主向中标人发出中标通知。

4. 签订承包合同

承包公司中标后，按规定向业主缴纳一定金额的履行保证金，并与业主签订合同，作为确定双方权利、义务的法律依据。

5. 组织工程设施

承包合同签订后，业主向承包公司移交工地，工地移交即开始计算工期。施工期间，承包公司应定期向业主汇报施工情况。工程完成后，经业主验收合格并发给合格证书，承包任务才算完成。

6. 竣工付款和维修期满付款

按照国际惯例，签约后若干天，业主即要预付承包人相当合同价格一定比例的款项作为施工准备金，以及按月根据施工进度付款。所付款项按一定比例扣还工程预付款和一定比例的保留金，用于工程维修用。工程竣工后，业主把承包人以前缴纳的履行保证金全部退还给承包人，同时将每月保留金的50%付给承包人，另外50%在维修期满、承包人履行完一切义务后，业主才还给承包人。

二、劳务出口

劳务出口又称劳务输出，是指劳动力从国内到国外的转移。劳务出口是根据劳务输入国的基本建设或其他项目的要求，由劳务输出国派有关设计人员、施工人员、技术人员、厨师、医生等各类专业人员到劳务输入国去，为有关项目进行技术服务或劳动服务，同时获得劳务报酬，赚取外汇收入。其中，劳务输入国为聘请方，劳务输出国为受聘方。

劳务出口一般有直接向国外输出劳动力和通过与国外有关组织办合作经营输出劳务两种形式。

1. 直接向国外输出劳动力

直接向国外输出劳动力有以下两种情况：

（1）国家鼓励本国劳动力出国自谋职业，这样既能缓解国内就业困难的矛盾，又能赚取外汇。这种出国自谋职业的劳动力相当一部分成为外国移民。

（2）国家采取有组织的派出形式，向国外提供劳动力。例如，国家有关部门或企业根据国外企业工程建设项目的要求，派出从事专门行业生产的建设队伍，或根据国外有关部门的特聘，派出音乐教师、医生、体育教练、管理人员等中高级专家。

2. 合作经营输出劳务

合作经营输出劳务多见于饮食和服务业。我国近年来在世界各国与外商合作开餐馆，一般都由外方提供资金、场地和设施，中方派出烹调技艺较高的厨师提供服务。

三、加工装配贸易

加工装配贸易是指企业在国内生产产品的全部或大部分零部件，运输到国外市场进行加工装配、形成成品的过程。加工装配贸易包括来料加工和来件加工装配业务两种。来料加工是指东道国企业（承接方）承接国外企业（委托方）的原料、辅料和包装物料乃至机器设备，按照委托方规定的品质规格、款式、技术标准等进行加工生产，加工出成品后按照规定时间交给委托方。承接方只收取加工费，不负责产品销售和盈亏与否。来件装配是指东道国企业（承接方）承接国外企业提供的元件、零部件、技术，必要时包括某些专用设备，按照合同规定的设计、工艺进行产品装配，完成后的成品按规定时间交委托企业。承接方只收取加工费，不负责产品销售及盈亏与否。

汽车和农用机械工业是经常采用国外加工装配方式的典型例子，尤其是当产成品的运输成本和关税较高时，企业采用国外就地加工装配，可以降低成本。同时为目标市场国提供了一定的就业机会，容易为当地政府接受。美国的可口可乐公司在全球范围内进行这种装配业务，其具体做法是在美国国内生产出按可口可乐配方制作的可乐精，然后运往世界各地，由当地的瓶装商进行加水稀释和装瓶，并在当地市场上销售。这样，可口可乐公司只在国外市场上花费了较少的投资，就获得占其总收入一半以上的利润。

承接加工装配业务在我国企业开拓国际市场的过程中也发挥了重要作用，表现在以下几个方面：

（1）对外加工装配业务有利于扩大商品出口，增加我国企业的外汇收入。

（2）开展对外加工装配业务有利于提高我国企业的技术和管理水平。外商不仅向加工企业提供了加工设备，也输入了先进的管理模式，促进了我国企业向国际性企业的转化。

（3）加深了我国企业对国际市场的了解。对外加工装配业务及产品质量、功能、款式、包装等各方面的变化，反映了国际市场需求特点的变化及其发展趋势，这不仅为我国企业提供了及时获得国际市场信息的重要渠道，而且也培养了加工企业对国际市场变化作出反应的敏锐性，对提高企业适应国际市场变化的能力具有重要的促进作用。

【实例 6-5】

格兰仕的加工贸易

格兰仕公司的战略目标是做全球名牌家电的制造中心。为了实现这一战略目标，格兰仕采用了一种受让国际知名品牌生产线的扩张方式。这种方式是与国际知名品牌公司签订合同，将其生产线转移到中国，交由格兰仕组织生产，生产出的成品以比这些名牌在本国生产的成本价还低的价格再返销给这些名牌企业，由对方利用自己的品牌、销售网络在国外销售。利用这种方式，格兰仕已经同 200 多家跨国公司建立了合作关系，这些跨国公司中有许多家已经将自己的国际知名品牌生产线转移到了格兰仕。格兰仕也用自有品牌生产外销产品。2008 年，格兰仕的销售总额达 280 亿元，出口额约 10 亿美元，其中微波炉产品的产销量已连续 12 年居世界第一，世界上每两台微波炉中，就有一台出自格兰仕。格兰仕自主开发的空调、冰箱、洗衣机及各种小家电也源源不断地进入到全球市场上，为各国消费者提供便利。

（根据以下资料改编：钟朋荣．走出去，学海尔还是格兰仕［J］．中外管理，2003（7）：24-28.）

第五节　影响进入模式选择的因素

企业在进入国际市场时，不仅要考虑各种进入模式的优缺点，还要考虑各种因素的影响，如国内外环境因素、企业本身因素等。

一、国际市场环境因素

影响进入模式选择的国际市场环境因素是指企业准备进入的目标国家相关环境因素，具体包括该国的经济环境、市场环境、生产因素以及该国的政治文化等因素。

（一）目标国家的经济环境因素

影响进入模式选择的目标国家经济环境因素主要包括该国的经济制度及经济规模。如果该国是市场经济体制，进入模式选择就比较灵活，可以根据国内因素和企业本身状况确定进入模式。如果目标国家是计划经济体制，则选择出口方式和契约方式比较适宜。经济规模一般用国民生产总值和人均国民收入表示，如果这两个指标高，说明该国市场规模大，企业进入后发展空间大，故应选择股权投资方式；反之，则应选择出口方式和契约方式。

（二）目标国家的市场环境因素

目标国家的市场环境因素包括市场规模、市场竞争结构和营销基础设施三个方面。从市场规模看，如果该国市场规模较大，或者潜在市场规模较大，企业可以考虑选择股权投资模式；反之，应选择出口方式或契约方式进入。从竞争结构来看，如果该国市场竞争结构是自由竞争类型，则选择出口方式比较合适。如果是垄断竞争或寡头垄断型竞争结构，则应考虑以契约方式或股权投资方式进入。从营销基础设施方面来看，如果目标国家的营销基础设施较好且较容易获得，就适宜采用出口方式；反之，则以契约方式或股权投资方式为佳。

（三）目标国家的生产因素

生产因素包括原材料、劳动力、资金、基础设施等，这里主要应考虑这些要素的供应、质量和价格。如果当地的生产要素充足，质量能够满足企业生产要求，价格低于在母国生产的成本加上运至目标国家市场的运费，就可以考虑契约方式和股权投资模式；反之，则应采取出口方式。

（四）目标国家的政治文化环境因素

政治环境主要是考察目标国家政局是否稳定、法制是否健全、贸易与投资政策是否宽松以及外汇管制是否宽松，如果是，则可以考虑选择股权投资方式；反之，则选择出口方式或契约方式进入较好。文化环境因素主要涉及目标国家与本国社会文化的差异程度，当两国社会文化差异较大时，最好选择出口方式和契约方式；反之，则可以考虑股权投资方式。

二、国内环境因素

国内环境因素主要包括国内市场竞争状况、生产要素以及政府的对外经济政策三个方面。如果国内市场规模大，有进一步扩展的潜力，竞争并不集中在价格上，生产要素的供应紧张，则适宜采用契约方式或投资方式进入外国市场；反之，则应考虑选择出口方式。从政府政策考虑时，当国内政府对出口采取鼓励和扶持的政策，或者对企业向境外投资有严格的约束，则可以采用出口方式；反之，则可以考虑采用契约方式或股权投资方式。

三、企业本身因素

（一）产品因素

当企业的产品价值高、技术复杂时，选择出口方式比较适宜，因为高价值、技术难度大的产品直接转移到国外生产，可能会面临当地技术基础不能满足要求，或相关配套产业不具备的问题。如果是低值易耗品，如日用化工产品、食品和饮料等，则可以在许多国家建厂生产。另外，如果产品售后服务要求较高，则选择契约方式或股权投资方式较好。

（二）资源和投入因素

如果企业的资金较为充足，技术较为先进，并且积累了较丰富的国际市场营销经验，则可以采用股权投资方式进入外国市场；反之，则应首先选择出口方式或契约方式进入国际市场，以便积累国际市场营销经验，当企业各方面实力提升后再采取股权投资方式。

关 键 词

直接出口（Direct Exporting）　　间接出口（Indirect Exporting）
许可经营（Licensing）　　特许经营（Franchising）
国外合资经营（Foreign Joint Venture）

海外独资经营（Wholly-owned Foreign Production）
合约制造（Contract Manufacturing）

思 考 题

1. 出口贸易有哪些方式？
2. 试比较直接出口与间接出口的优缺点。
3. 试比较许可经营和特许经营的概念及其优缺点。
4. 试比较合资经营和独资经营的优缺点。
5. 试分析企业如何选择合资还是独资方式进入国际市场？
6. 简述合约制造、国际工程承包和加工装配贸易的概念。

【案例分析讨论】

奇瑞成功进入海外市场

1997 年，奇瑞公司成立于安徽芜湖。当时，这家由几个充满理想和创业热情的年轻人建立起来的汽车公司，并没有引起人们的关注。由于生产规模太小，连登上国家汽车工业目录的资格都不具备。经过十多年的发展，奇瑞已经成为我国民族汽车工业的“东方之子”。目前，奇瑞公司已具备年产 65 万辆整车、65 万台发动机和 40 万套变速箱的生产能力，拥有奇瑞、瑞麒、威麟和开瑞四个子品牌，产品覆盖乘用车、商用车、微型车领域。2009 年，实现整车销售 50 万辆，连续 9 年蝉联我国自主品牌销量冠军，连续 7 年成为我国最大的乘用车出口企业。

奇瑞是我国第一个将整车、CKD 散件、发动机以及整车制造技术和装备出口至国外的轿车企业。2006 年，奇瑞被国家商务部、发改委联合认定为首批“国家汽车整车出口基地企业”。2007 年，通过与美国量子等企业的合作，开始进入跨国经营阶段。2008 年，奇瑞汽车出口占全国出口量近 50%，成为国内乘用车第一大出口商。目前，奇瑞的汽车产品已经出口到全球 80 余个国家和地区，在海外建立了 15 个 CKD 工厂。

在全球金融危机使各大汽车厂商均受重创的情况下，奇瑞何以获得海外市场大丰收，主要基于以下几个原因：

1. 两大机遇成就奇瑞

近年来，随着经济的快速发展，我国已成为世界第四大经济体。国家地位的提升为中国品牌走向世界带来了机遇。2007 年，我国出口额占到世界出口总额的 8.8%，跃居世界第二位，“中国制造”在海外市场拥有了越来越多的消费者，也为中国自主品牌汽车的代表——奇瑞的国际化发展带来了重要机遇。与此同时，全球汽车市场呈现出两大不平衡发展状态：一是发达市场与欠发达市场之间的不平衡。全球汽车市场份额发达国家占 52%，广大的欠发达国家仅占 36%，欠发达国家汽车市场的需求远远未得到满足。二是发达市场内部的需求存在梯形结构，中低端汽车需求本来就大，世界金融危机又进一步扩大了这一需求比例。这两大不平衡均指向中低端汽车需求，从而为拥有生产高性价比中低端汽车优势的奇瑞提供了进入国际市场的第二个机遇。

2. 三条路径打造国际品牌

本世纪初，奇瑞公司就开始尝试“走出去”的国际化战略。奇瑞依靠自主品牌，通过以下三条路径进入国际市场：

路径一：通过国际贸易，扩大出口，打开国际市场大门。奇瑞最早出口汽车是别人送上门的生意。2001年，叙利亚一家汽车经销商在北京看到奇瑞的一款车后，主动提出要进口。当年奇瑞向其出口了10辆车。2002年，奇瑞出口了100多辆。2003年，出口了1000多辆。向叙利亚的出口又引来了伊朗客户，以及其他中东国家的客户。此后，出口数量不断增加，出口市场也从中东扩展到世界60多个国家和地区。

路径二：通过海外建厂，建立开拓国际市场的根据地。在海外建厂方面奇瑞采取了摸着石头过河、小步快跑的策略。为了选择海外建厂国家，奇瑞考察过很多地方。开始时小投入、效果好再决定加大投入。通过稳扎稳打的方式，奇瑞已经在俄罗斯、乌克兰、伊朗、埃及、印度尼西亚、乌拉圭、马来西亚等国家建立或在建了15个工厂。海外建厂扩大了奇瑞产品全球市场的覆盖面，并有效地规避了贸易壁垒及人民币汇率变化带来的风险。

路径三：通过与国际一流企业进行资本与技术合作，全面进入世界市场。奇瑞从设计发动机开始就采取了国际技术合作方式，技术合作带动了奇瑞的技术队伍和有关零部件供应商队伍，使奇瑞在发动机领域走在国内同行的前面。后来，奇瑞又与意大利设计公司合作设计整车。通过联合设计，节约了设计费用，提高了员工的技术研发能力，全面提升了奇瑞自主研发发动机、变速箱和整车技术的能力和水平。国际合作促进了奇瑞的自我研发，也完全符合国家鼓励自主创新的政策，因而得到了国家有关方面的大力支持。在此激励下，奇瑞的国际合作延伸至整个产业链。奇瑞先后与PPG、埃克森美孚、西门子威迪欧、博世、阿文美驰等世界500强企业建立零部件技术合作关系。还先后与美国量子公司、菲亚特集团签订了合作协议，在自主开发、自主品牌的基础上，进入了全面合作的“新合资时代”。

3. 奇瑞国际化的四大特点

与过去国内汽车企业通常采用的合资、合作协议相比，奇瑞的对外合资则由过去的外方主导（掌握产品知识产权）完全转变为中方主导，故有人称之为奇瑞的“新合资时代”。这种模式有四个明显特点：①以开拓海外市场为主要目标；②以输出产品和技术为核心；③以坚持奇瑞品牌的独立性为特点；④以提升奇瑞全球竞争力为最终目的。这种新的合资模式也带来了奇瑞国际化的新发展，使奇瑞的海外市场销售呈现出两大特点：①出口产品结构变优，瑞虎、东方之子、A5车型所占比例明显扩大，已超过全部出口产品的50%；②出口数量逐年上升，并连续三年倍增，连续五年保持全国出口第一。2007年，奇瑞出口汽车11.98万辆，比上年同期增长了164.7%。奇瑞的国际化战略取得了明显效果。

（根据以下资料改编：

[1] 开创国际化新模式，奇瑞海外市场大丰收［OL］.2008-10-31. http：//www. pcauto. com. cn/news/changshang/0810/727363. html.

[2] 高旭. 走自主之路，创国际品牌——从劣势中崛起的奇瑞［J］. 麦肯锡季刊，2008（5）. 检索自国务院发展研究中心信息网.）

讨论题：

1. 奇瑞公司进入海外市场的方式有哪些，各种方式的优缺点是什么？
2. 在竞争激烈的国际汽车市场上，奇瑞的成功来自什么？
3. 奇瑞公司的国际化战略对企业有何借鉴作用？

第七章　国际市场产品策略

【本章要点】

1. 国际产品的概念
2. 国际产品的标准化和差异化
3. 国际产品的适应性策略
4. 国际产品生命周期理论
5. 国际新产品的开发程序
6. 国际产品的品牌策略
7. 国际产品的包装策略

【导入案例】

诺基亚的北美问题

诺基亚公司在手机市场占主导地位，有700亿美元的销售额，占领了40%的全球市场。尽管公司在北美展开了一场营销闪电战，其中包括在美国新开两家概念店，举办一系列诺基亚音乐活动，并在纽约地铁布满华丽的广告牌进行造势，但根据调研公司IDC提供的数据，诺基亚在美国的市场份额已从两年前的15%下降到8%。

北美市场正迅速成为能上网冲浪的高端手机（即所谓智能手机）增长最快的市场。任何一家手机企业想要称霸全球，就必须统治智能手机市场。例如，苹果公司的iPhone就做到了让消费者更舒适地在手掌间操控上网浏览，并在硅谷软件开发商中激起了一波创新潮。

诺基亚公司似乎一直都没能将自己改造成适合美国消费者口味的手机制造商。诺基亚坚持所有产品都采用一刀切的外形。例如，当北美消费者开始青睐翻盖手机而不是诺基亚标志性的直板设计时，诺基亚公司对此根本无动于衷。诺基亚面临的另一个挑战是北美的主流无线标准为CDMA，而大多数诺基亚手机设计的操作环境是全球统一标准GSM。

几年前，诺基亚公司开始重视北美市场。它将首席财务官派驻美国。为了离AT&T移动部门更近，它在亚特兰大新设了办公室。之后，又在新泽西州的帕瑟伯尼如法炮制，目的是为了离Verizon Wireless公司更近。另外，公司在圣迭戈的设计中心有几百名产品开发人员，就某些新产品与AT&T和Verizon Wireless进行协作。这些努力弥补了以往那些直板手机的不足，但开发销售的各款诺基亚手机没有一款是智能手机。

在智能手机方面的落后，不仅让诺基亚错失了销售的良机，同时还失去了软件开发商的关注。这些开发商为手机制作有趣的游戏和应用程序，这种做法在美国越来越盛行。诺基亚又在进行又一次改造，试图将自己转变成互联网公司，成为手机上的雅虎网站。它正通过在硅谷和波士顿的办事处争取应用程序开发商对其手机平台的支持。

（资料来源：Jessi Hempel. 诺基亚的北美问题．财富中文版，2009（3）．http：// www. fortunechina. com.）

第一节　国际市场产品概念

一、产品与整体产品的概念

从市场营销学的角度看，产品（Product）是指能够提供给市场以满足需要和欲望的任何东西。产品在市场上包括实体商品、服务、体验、事件、人物、地点、财产、组织、信息和观念。

在为市场提供产品时，市场营销者需要考虑五个产品层次，如图 7-1 所示。每个层次都增加了更多的顾客价值，它们构成了顾客价值层次（Customer Value Hierarchy）。这五个层次的产品全方位地满足顾客的全部需要，构成了整体产品概念。

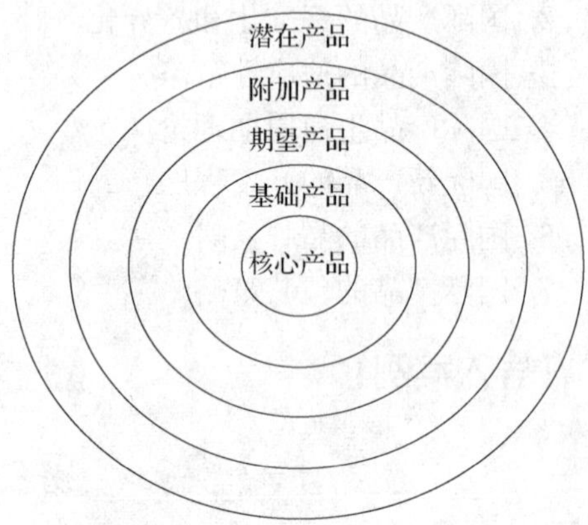

图 7-1　整体产品概念的五个层次

最基本的层次是核心产品（Core Product），即顾客真正购买的基本效用和利益。例如，在旅馆，夜宿旅客真正要购买的是休息与睡眠。市场营销者必须认识到自己是利益的提供者。

第二层次是基础产品（Basic Product），即产品的基本形式。包括品质、式样、特征、商标及包装。例如，一个旅馆的房间应该包括床、浴室、毛巾、桌子、衣橱、厕所等。市场营销者必须将核心利益转化为基础产品。

第三层次是期望产品（Expected Product），即购买者购买产品时通常希望获得的默认的一组属性和条件。例如，旅客期望干净的床、新的毛巾、台灯和相对的安静。由于大多数旅馆能满足这种最低的期望，所以旅客通常没有什么偏好找更方便或更便宜的旅店留宿。在发展中国家，如印度和中国，竞争主要发生在期望产品层次。

第四层次是附加产品（Augmented Product），即增加的服务和利益。在发达国家，品牌定位和竞争发生在附加产品层次。在附加产品层次上，差异化是比较重要的。附加产品使营销人员必须正视购买者的整体消费系统（Consumption System），即用户在获得、使用、修理和处理产品上的行为方法。正如李维特曾说的，“新竞争并不在于各家公司在其工厂中生产什么，而在于在工厂以外他们增加的形式，诸如包装、服务、广告、客户咨询、融资、送货安排、仓储以及人们所重视的其他价值。”

第五个层次是潜在产品（Potential Product），即该产品最终可能会实现的全部附加部分和将来会转换的部分。潜在产品指出了现有产品可能的演变趋势和前景。例如，彩色电视机有可能发展为计算机终端机。

二、国际产品的概念

随着经济全球化的发展，越来越多的企业向国际市场拓展，并努力将自身发展成为全球性企业。在地域跨度方面，企业的典型做法是产品先在公司所处的当地市场上推广，然后再扩散到全国市场、区域市场，最后成长为全球产品。根据企业的产品从当地到全球的连续变化，可以将产品划分为四类：当地产品、国家产品、国际产品和全球产品。

1. 当地产品

当地产品是指在国内部分市场上生产和销售的产品。例如，我国各省的许多特色小吃仅在本省或本地区销售，它们就是一种当地产品。

2. 国家产品

国家产品是指某一特定的公司只在单一的国内市场生产和销售的产品。也有跨国公司为了迎合某些特殊国家的需求而推出相应的国家产品，来提高在这些国家的销售额。例如，麦当劳进入我国市场，根据我国特殊的饮食习惯和文化，调整了烹饪方法，来迎合我国的消费者。

3. 国际产品

国际产品是指在区域性的多个国家市场上销售的产品。处在这些区域内的国家一般具有相似的文化思维，且具有人口的同质性和相似的经济发展速度。例如，随着欧盟经济的发展和一体化程度的加深，使欧洲各国发展成为统一市场，因而欧洲许多产品的销售范围都遍及整个欧洲市场。

4. 全球产品

全球产品是指可以销售到世界任何一个地区和任何一种发展程度国家的产品。全球产品的市场是全球。例如，红牛紧密联系全球年轻人市场，在100多个国家销售红牛品牌的饮料，控制了世界能量饮料市场70%的份额。

第二节　国际市场产品策略

一、产品的标准化与差异化策略

国际市场营销是国内市场营销在地理范围上的拓展，但绝对不是产品单纯的由国内市场推向国际市场。国际市场营销面临的第一个决策是直接将国内的某单个产品不作任何修改地推向国际市场，还是为每一个国际市场提供差异化的产品，即在本土成功运作的产品策略是否同样适用于海外市场？前一种是标准化策略，后一种是差异化策略。

（一）产品的标准化策略

1. 产品标准化策略的含义

标准化策略（Standardization Strategy）是指在一个国家、地区或全球市场上提供统一的产品。

实施产品标准化策略的前提是市场全球化。随着时代的发展，社会、经济和技术的发展使世界各个国家和地区之间的交往日益频繁，相互之间的依赖性日益增强，消费者需求也具有越来越多的共同性，相似的需求已经构成了一个统一的世界市场。因此，企业可以生产全球标准化产品以获取规模经济效益。例如，可口可乐、麦当劳快餐、柯达胶卷、好莱坞电影、索尼随身听等产品的消费遍及世界各地。

2. 产品标准化策略的意义

在经济全球化步伐日益加快的今天，企业实行产品标准化策略，对企业夺取全球竞争优势无疑具有重要意义。

(1) 产品标准化策略可使企业实行规模经济，大幅度降低产品研究、开发、生产、销售等各个环节的成本而提高利润。产品的标准化使企业不必为各个不同市场研究和设计不同的产品，从而减少了研究开发、设计费用。大批量、少品种的生产，将会降低原材料、机械设备和其他生产成本，获得可观的规模经济效益。标准化产品在各国市场所使用的包装、广告及促销方法也基本相似，这也会大大降低营销成本。例如，百事可乐公司在不同国家市场中采用同一广告片，估计每年因此可以节省1000万美元；高露洁公司在40多个国家中销售高露洁牙膏，每个国家只可在两个广告片中选择一个。

(2) 在全球范围内销售标准化产品有利于树立产品在世界上的统一形象，强化企业的声誉，有助于消费者对企业产品的识别，从而使企业在全球享有较高的知名度。卫星通信覆盖全球之后，统一的全球形象变得日益重要。飞利浦公司赞助世界杯足球赛，同一个广告用6种语言在44个国家播放，对全球产品形象产生了巨大的影响。

(3) 产品标准化还可使企业对全球市场营销进行有效的控制。产品标准化一方面降低了市场营销管理的难度；另一方面集中了营销资源，企业可以在数量较少的产品上投入相对较多的资源，从而提高营销活动的控制力。

3. 影响产品标准化策略选择的因素

企业采用产品标准化策略可能成功，也可能会失败，企业在选择产品标准化策略时要考虑以下因素：

(1) 产品需求特征。工业消费品比生活消费品更适合标准化，如钢材、煤炭、石油产品、生产设备、汽车零部件等；在生活消费品中，耐用品比非耐用品更适合标准化，如奔驰汽车等多采用标准化的产品策略；某些满足共性需求的日用消费品，如软饮料、胶卷、洗涤用品、化妆品、保健品、体育用品等；具有地方和民族特色的产品，如中国的丝绸、中药材、京剧，法国的香奈尔香水，美国的星巴克咖啡等特色产品，均有与众不同的品牌及内涵，其特色就是产品的竞争力，必须保持并且无须改变。

(2) 产品生产特点。从产品生产的角度来看，适宜于产品标准化的产品类别为生产、采购、制造和分销等方面能够获得较大规模经济效益的产品。具体表现为技术标准化的产品，如电视机、录像机、音响、计算机硬件和软件等开发成本高的技术密集型产品。基于技术标准化的产品标准化，既是对产品研发的巨额投资的补偿，也有利于产品的全球推广与升级。例如，微软的软件、波音公司的飞机等。

(3) 竞争条件。如果在国际目标市场上没有竞争对手出现，或市场竞争不激烈，企业可以采用标准化策略。或者市场竞争虽很激烈，但本公司拥有独特的生产技能，且是其他公司无法效仿的，也可采用标准化产品策略。

(4) 成本/收益关系。产品、包装、品牌名称和促销宣传的标准化都能大幅度降低成本，同时还要考虑收益情况、分析成本以及收益之间的关系。比较标准化和差异化情况下的成本/收益关系，从而决定采用哪种策略。

（5）法律法规。全球产品所在国家的法令条规对产品设计的决策有直接的影响。各国有关产品标准、专利保护、关税与税费的立法不同，这些法律可能会成为产品标准化的障碍。例如，在电视和录音机产业中，由于在世界上存在三种不同的广播电视系统，即美国 NT-SC 系统、法国 SECAM 系统、德国 PAL 系统，面对全球市场的公司应该设计多系统的电视和录音机，让用户可以简单地按一下开关就可以针对任何系统进行正确的选择。

尽管产品标准化策略对从事国际市场营销的企业有诸多有利的一面，但缺陷也是非常明显的，即难以满足不同市场消费者的不同需求。

（二）产品的差异化策略

1. 产品差异化策略的含义

差异化策略（Adaptation Strategy）也称为定制化策略，是指企业根据不同市场改进产品，提供不同于国内市场的产品，使之适应当地市场的特殊需求。

尽管人类存在着某些共性的需求，但在国际市场上不同国家或地区消费者的需求差异可能仍然是主要的。在某些产品领域特别是与社会文化的关联性强的产品领域，国际消费者对产品的需求差异更加突出。企业必须根据国际市场消费者的具体情况改变原有产品的某些方面，以适应不同的消费需求。例如，汉兹公司的婴儿食品有几种配方，在荷兰销售的婴儿食品是由褐豆提炼精制的，而在澳大利亚推销的婴儿食品则是由小羊脑髓提炼精制的。

2. 产品差异化策略的优劣分析

差异化策略的优势在于：产品的研发、生产和修改，都是以目标市场的环境要求和消费者需求为出发点的，是为每一个特殊的目标市场定制的。因此，在市场进入过程中，较少遭遇政策法规的限制，同时由于产品可以充分满足当地市场的特殊需要，很容易赢得消费者的认同和喜欢。

差异化策略的劣势在于，对企业提出了更高的要求，体现在：①要鉴别各个目标市场国家消费者的需求特征，这对企业的市场调研能力提出了很高的要求；②要针对不同的国际市场开发设计不同的产品，要求企业的研发能力要跟上；③企业生产和销售的产品种类增加，其生产成本及市场营销费用将高于标准化产品，企业的管理难度也将增大。

因此，企业在选择产品差异化策略时，要分析企业自身的实力以及投入产出比，综合各方面的情况再作判断。

3. 标准化策略与差异化策略的选择

虽然很多公司都努力推出各自的全球产品，但绝大多数产品都在标准化的基础上展示了某种差异性。例如，丰田的花冠在款式上展示了其差异性；麦当劳的汉堡包在墨西哥用辣椒酱代替番茄酱；可口可乐在各国的甜味也存在一定的差异。许多产品的差异化、多样化主要是体现在外形上，如产品的形式、包装、品牌等方面，而产品的核心部分往往是一样的。一般来说，可以将全球核心产品或核心产品的主要部分标准化，而其外围产品或产品的其他部分差异化，这样可以获得最大的效益。

【实例 7-1】

3M公司从全球标准化中获益

3M把公司改组为全球标准化公司的决定印证了全球标准化策略优点的存在。

20世纪80年代初期，3M公司的磁性视听产品面临激烈的竞争。3M公司曾经是北美和欧洲市场的领头羊，当时却失去了很大的市场份额，于是3M公司实行了全球标准化营销战略，对其生产的所有磁性产品采用全球统一的商标和包装。这种包装旨在向许多不同市场，传递Scotch—3M牌子的质量。所有分公司的产品及所有市场都采用了统一的包装，而在过去，则是不同国家采用不同的包装。为了使消费者知道这一设计上的变化，3M公司为新的标识语发起了全球广告活动。由于印刷品广告和电视广告都特别强调这一标识语，广告片很容易适应不同国家市场。广告被译成了日语、德语、西班牙语和意大利语，主题音乐根据国别差异作了改变。此外，建立了促进母公司和海外子公司之间沟通和协调的包装和广告标准化机制。

实施全球战略的结果是，3M公司在三大主要市场上都达到了目的，在欧洲和北美重新获得了领导地位，在日本显著地增加了市场份额。除了销售额上升和市场占有率增加外，统一的包装制度还降低了市场营销成本。总之，由于选择战略方式的最终决定因素是市场，所以遵循全球标准化战略并不要求所有活动都实行绝对标准化，可以是部分标准化，部分是经过修正的，但如今以标准化主导的国际市场营销战略越来越显现出它的巨大优势。因此，领导世界市场营销潮流的将是奉行全球标准化营销观念的企业。

（根据以下资料整理：王海忠．国际营销为何流行标准化．中外管理，2001（4）：37-38.）

二、产品的适应性要求与适应性策略

（一）产品的适应性要求

企业销往国际市场的产品要适应各国市场营销环境的要求，这使得出口企业对大多数的出口产品都要作一项或若干项修改，包括产品特点、名称、标签、包装、颜色、材料、价格、促销、广告主题、广告媒体、广告技巧等方面。改进产品会影响企业的规模经济效应，增加成本、增加营销风险，但有些因素会迫使或吸引企业去改变出口产品。这些因素分为两类：强制性要求和非强制性要求。

1. 强制性要求

强制性要求是指目标市场国要求国际企业改进其产品以适应该国一些强制性因素。各国政府为保护本国消费者的利益，维护已有的商业习惯，会对进口商品制定一些特殊的法律、规则或要求，有些是永久性的，有些是临时性的。强制性要求从以下几个方面体现出来：

（1）各国对进口产品的特殊规定。各国政府对进口产品在质量标准、包装、商标、安全等方面有特殊要求，特别是发达国家在这些方面的要求都非常高，不满足这些要求的产品无法进入该国市场。例如，欧盟规定，玩具、建筑材料、可移植器官的医疗器件、电信终端设备、简单压力容器、人身保护设备、电磁兼容产品、煤气炉具、使用流体燃料的锅炉、低压电器和部分机械类产品等11类具有安全敏感性的国际产品，必须符合欧盟有关安全指标的要求，并通过一定的合格性评定程序和加贴“CE”安全标志才能被允许进入欧盟市场。制造商或其进口商必须回收所有不带“CE”标志的产品，同时可能被判罚款。对于这些规定，出口企业必须遵守，必须改变原有产品以适应各国市场的这些规则和标准。

（2）各国对计量标准和某些技术标准有特殊规定。有些国家使用公制的计量标准，因此，采用非公制计量标准的国家将产品出口到这些国家必须改变其计量标准，如英、美等国厂商出口到中国的产品必须将英制改为公制。某些特殊的技术标准如电力计量体系也因国而异，如匈牙利采用60Hz、150～260V的电力计量制度，而泰国则采用50Hz、220～380V的电力计量制度，这就要求出口的电器产品必须根据目标市场的电力计量制度作相应调整。

（3）各国自然条件的特殊性。目标市场国的气候、地理资源等条件也是企业必须改变原有产品的强制因素之一。例如，加拿大是一个寒冷的国家，出口到该国的汽车轮胎必须采用与出口到热带国家的汽车轮胎不同的原料成分进行生产；松下电视机厂对出口到不同国家区域的电视机要进行专门的磁场校正，以确保获得最好的接收效果。

2. 非强制性要求

非强制性要求是指企业为了提高在国际市场上的竞争力，而主动对产品进行改进，以适应目标市场的社会文化、收入水平、需求偏好、教育程度的要求。国际企业要适应非强制性要求比适应强制性要求更难，因为非强制性要求，标准不明确，弹性很大，并且因企业而异。因非强制性的要求而改变产品是企业从事国际市场营销成败的关键。非强制性要求主要来源于以下因素：

（1）社会文化。消费者的价值观、道德规范、行为准则、宗教信仰、消费偏好和行为方式受社会文化的影响，国际目标市场的消费者是否接受新产品和新行为方式的主要障碍在于目标市场的文化模式。

（2）消费者的收入水平。收入水平的高低在很大程度上影响消费者对产品效用、功能、质量、包装以及品牌等的要求。低收入的消费者通常注重对产品最基本性能的要求，如要求价格低廉、经久耐用，而对包装、品牌则不重视；收入高的消费者则更多地追求产品的优质、精美的包装、品牌的知名度等，对价格没有过多的要求。

（3）消费者的需求偏好。需求偏好一旦形成就很难改变。消费者偏好的差异主要体现在对产品的外观、包装、商标、品牌名称以及使用模式等方面，而很少体现在产品的物理或机械性方面。企业应使产品的外观样式、味道，及包装中的颜色、图案和文字符合目标市场国消费者的偏好。

（4）消费者的教育水平。发达国家的消费者平均受过十年以上的正规教育，生长在一个高度商业化、工业化和技术化的社会中，他们文化水平高，易于识别、掌握和使用技术复杂的产品。而在一些贫穷落后的国家，消费者受教育的程度有限，甚至许多是文盲，他们难以掌握技术复杂的产品。对于后者来说，国际企业生产的产品应该易于操作，如果操作复杂，就难以打开市场。

（二）产品的适应性策略

美国学者基甘（Warren J. Keegan）教授认为国际企业要进行产品市场地理空间的扩张，即把既有的产品销售到国外市场，或者为国外市场设计新产品并销售出去，根据国际市场的产品设计和信息沟通的结合情况，具体可以使用以下五种策略：

1. 产品和促销直接延伸策略

产品和促销直接延伸策略是指企业对产品不加任何改变，直接进入国际市场，并在国际市场上采用相同的促销方式。如果使用得好，这是一种最经济、便捷的市场扩张方式，它可以大大降低企业的营销成本。典型的是可口可乐公司，它在全世界各个国家的产品和广告都是标准化的。

2. 产品直接延伸、促销改变策略

产品直接延伸、促销改变策略是指企业向国际市场推出同一产品，但根据不同目标市场国际消费者对产品的不同需求，采用适宜于国际消费者需求特征的方式进行宣传、促销，往往能达到很好的促销效果。

这种策略的适用情况有两种：一是产品本身具有多种功能和用途，而不同的国家和地区的消费者倾向于不同的功能和用途，企业可以保持产品不变，只改变宣传信息。例如，化妆品、保健品、食品饮料及药品等类产品可以采用这种产品策略。另一种情况是，由于各国语言文字和风俗习惯不同，为了让消费者接受，需要在促销方式上作必要的调整。

3. 产品改变、促销直接延伸

产品改变、促销直接延伸是指对国内现有产品进行部分改进，向消费者传递的信息不变。有些产品对国际消费者来说，用途、功效等基本相同，但消费习惯、使用条件有差异，所以企业必须对产品的式样、功能、包装、品牌、服务等稍加改变，以适应各国市场的需要。例如，洗衣粉在各国的用途都是清洁去污，但各国使用条件不同，发达国家多用洗衣机洗涤，发展中国家多用人工洗涤，且各国的水质也不尽相同，因而销往不同国家的洗衣粉应根据各国的不同情况设计配方，但宣传策略不用改变。

4. 产品与促销双重改变策略

产品与促销双重改变策略是指改变进入国际市场的产品的某些方面，同时改变促销方式。例如，通用公司销往不同国家的咖啡采用不同的混合配方，英国人喜欢喝加牛奶的咖啡，法国人喜欢喝不加牛奶或糖的浓咖啡，而拉丁美洲人喜欢喝巧克力味的咖啡。与此相适应，采用不同的广告宣传内容。

5. 产品创新策略

产品创新策略是指企业针对国际目标市场需求研究和开发新产品，并配以专门的广告宣传。如果新产品开发成功，获利将会很大。但是新产品开发的风险也很大。企业通常对现有产品进行改进，如果仍然不能满足目标市场的需求，且目标市场发展前景好，企业又有能力去开发新产品的前提下，才采取产品创新策略。

第三节 国际市场新产品开发

一、新产品的定义和分类

市场营销中的新产品是指能进入市场给消费者提供新的利益或新的效用而被消费者认可的产品。具体包括新发明产品、改进的产品、改型的产品和新的品牌。按产品研究开发过程，新产品分为全新产品、改进型新产品、换代新产品、仿制新产品、市场再定位型新产品和降低成本型新产品。

1. 全新产品

全新产品是指采用新原理、新技术、新材料，具有新结构、新功能的产品。这种新产品在全世界首先开发，能开创全新的市场。例如，计算机、摄像机、空调等产品最初上市时都属全新产品。全新产品的开发难度大，市场风险也大。

2. 改进型产品

改进型产品是指在原有老产品的基础上进行改进，从而在结构、功能、品质、花色、款式及包装上具有新的特点、新的突破的产品。改进后的新产品能更好地满足消费者不断变化的需要。例如，环保、节能的电冰箱就是对传统电冰箱的改进。在原有基础上对老产品进行改进，有利于消费者迅速接受，开发资金少，失败的可能性也相对较小。

3. 换代新产品

换代新产品是指在原有产品的基础上部分采用新结构、新材料、新技术，使其性能有显著提高的产品。例如，黑白电视机发展到彩色电视机，又发展到数字电视机。

4. 仿制新产品

仿制新产品是指企业仿制国内外已经研制生产出来的新产品。在新产品开发中，合法的仿制是不可能排除的。开发仿制新产品一般投入相对少、风险小，但对本企业也是一种突破。

5. 市场再定位型新产品

市场再定位型新产品是指以新的市场为目标市场的现有产品。例如，强生公司将婴儿洗发水重新定位，推向成人市场并取得了成功。

6. 降低成本型新产品

降低成本型新产品是指以较低的成本提供同样性能的新产品。企业利用新技术、改进生产工艺或提高劳动生产率来降低原有产品的成本，但保持原有产品的功能不变。

二、新产品的开发过程

国际市场新产品的开发过程是一个复杂的系统工程，它需要营销、开发、生产等各部门的参加，而且风险较大，因此遵循科学的开发程序十分重要。新产品设计开发过程分为8个阶段：构思产生、构思筛选、概念发展和测试、制定市场营销战略、商业分析、产品实体开发、市场试销、商业化。

1. 构思产生

新产品构思来源于消费者未满足的需求，构思可来源于诸多方面：国外消费者和用户对现有产品的反应以及新的需求，公司技术人员以及经理人员，国外经销商和企业海外营销人员，国外科技情报，国外营销调研公司，国际竞争对手的产品启示，国际产品展览会、展销会、博览会，政府出版的行业指导手册等。企业必须与这些构思来源建立起沟通渠道。

2. 构思筛选

构思筛选是指采用适当的评价系统及科学的评价方法，对各种构思进行分析比较，从中把最有希望的设想挑选出来的过程。构思筛选包括两个步骤：①确定筛选标准；②确定筛选方法。合理的评价系统、评价标准和科学的评价方法对构思筛选十分重要。

3. 概念发展和测试

经过筛选后保留下来的产品构思还需要进一步发展成具体的产品概念。产品构思时应从企业角度考虑希望提供给市场的可能的产品设想，产品概念则需要在产品构思的基础上，从消费者角度用文字、图形或模型对这种构思作详尽的描述。例如，一家食品加工厂产生了一个芝麻粉产品的构思，它可以转化为几种产品概念，通常需要回答三个问题：谁使用该产品？可以是婴儿、儿童或少年；该产品提供的主要利益是什么？可以是口味、营养或保健；何时使用该产品？可以在早餐、午餐、晚餐、夜宵时。

新产品开发人员先需要对每一种产品概念进行测试、取舍。新产品概念测试主要是调查消费者对新产品概念的反应，测试内容如下：①产品概念的可传播性和可信度。如果得分低，就必须对此概念进行修改；②消费者对该产品的需求程度；③该产品与现有产品的差距，差距越大，预期的消费者兴趣越高；反之，则兴趣越低；④消费者对该产品的认知价值，即相对于价值而言，价格是否合理；⑤消费者的购买意图，即消费者是否会购买该产品；⑥谁会购买此产品及购买频率。

4. 制定市场营销战略

市场营销战略计划包括三个部分：①描述目标市场规模、结构和行为，新产品在目标市场上的定位，市场占有率及头几年的销售额和利润目标等；②对新产品的价格策略、分销策略和第一年的市场营销预算进行规划；③描述预期的长期销售量和利润目标以及不同时期的市场营销组合。

5. 商业分析

商业分析主要是对新产品概念进行财务方面的分析，估计销售额、成本和利润。

（1）销售额估计。企业一般依据类似产品的销售情况、市场占有率等资料，通过对目标市场的竞争状况进行深入分析，来估算新产品的销售额。根据新产品性质不同可分别估计各种销售额。对任何类型的新产品都必须估计首次销售额，对经常性购买的新产品则还需要估计重购销售额，以此来预测重复购买销售额。

（2）成本和利润估计。成本包括生产成本和市场营销成本，如果生产都在国内则生产成本较易预测；如果企业在国外生产，对成本的估算就会困难一些。由于新产品在各国市场的市场份额不同、市场营销计划不同、经营类型不同，所以市场营销费用在各国也不相同，这将增加国际营销人员对新产品成本和利润估算的难度，企业常常借助外国经销商和分公司的帮助来完成新产品的商业分析，具体估算方法既可以采用现金流量表进行分析预测，也可采用损益平衡模式进行估计分析。

6. 产品实体开发

产品实体开发是指新产品概念转化为新产品实体的过程，主要解决产品构思能否转化为在技术上和商业上可行的产品这一问题，通过对新产品实体的设计、试制、测试和鉴定来完成。新产品开发过程是对企业技术开发实力的考验，能否在规定的时间内、用既定的预算开发出预期的产品，是整个新产品开发过程中最关键的环节。

7. 市场试销

通过市场试销将产品投放到有代表性的国家或地区的小范围目标市场进行试验，企业才能真正了解该新产品的国际市场销售前景。市场试销是对新产品的全面检验，可为新产品是否全面上市提供全面、系统的决策依据，也为新产品的改进和市场营销策略的完善提供启示，但试销也会使企业成本增加。由于产品试销时间一般要花费一年以上的时间，这会给竞争者提供可乘之机，而且试销成功并不意味着市场销售就一定成功，因为各国及各地区消费者的心理本身不易准确估计，同时由于竞争的复杂多变等因素影响，企业对试销结果的运用应考虑一个误差范围。

8. 商业化

如果新产品试销达到了预期的结果，企业就应该决定对新产品进行商业性投放。将新产品投放市场，企业会面临再次的巨额资金的投入。一方面是批量生产产品所需要的生产设备及相应的设施投入，一般应把生产能力控制在所预测的销售额内，以防新产品销售收不回成本。另一个主要成本是市场营销费用，即在新产品的广告、促销等方面的费用。

三、新产品的采用与推广

（一）新产品的采用过程

新产品的采用过程是潜在消费者如何认识、试用和采用或拒绝新产品的过程。从潜在消费者发展到采用者要经历五个阶段：知晓、兴趣、评价、试用和正式采用。市场营销人员应仔细研究各个阶段的不同特点，采取相应的市场营销策略，引导消费者尽快完成采用过程的中间阶段，最终成为新产品的采用者。

不同的潜在消费者对新产品的采用过程所花费的时间长短是不一样的，为此，可将新产品采用者分为以下五种类型：

（1）创新采用者。这类人被称为时尚的带头人，对新事物极为敏感，有较高的收入、社会地位和受教育程度，极富冒险精神，信息灵通。通常创新采用者占采用者总数的5%左右。

（2）早期采用者。这类人不像创新采用者那样具有冒险精神，但他们常常会主动搜集有关新产品的信息，善于利用广泛的信息来源，其社会关系比晚期采用者更广泛，而且具有一定的意见领袖能力。他们占最终采用者的10%～16%，是新产品从首次投放阶段进入成长发展阶段的最重要动力。

（3）早期多数。他们考虑问题较为小心谨慎，常在创新采用者和早期采用者勇敢行动之时持观望态度，希望从他们那里获得经验和某些权威的支持，但同时他们也不甘落后，紧跟创新和早期采用者而成为新产品的采用者，这类人占总采用人数的30%左右，研究他们的消费心理、消费习惯对加速新产品扩散意义重大。

（4）晚期多数。这类人是对新事物持犹豫、怀疑态度的后来者，一定是在大多数人都采用新产品，并确信该产品值得消费后才决定采用。同时，他们比早期采用者更容易放弃创新产品，这类人占总采用人数的30%左右。

（5）落后者。这类人是新产品的最后采用者。他们对原有产品的钟情程度较深，是典型的守旧者，通常在新产品进入到成熟后期或步入衰退期才开始采用，这类人占总采用人数的20%左右。

（二）新产品的推广

国际市场新产品推广及普及过程的速度快慢和所需要的时间长短，是衡量该新产品是否成功的重要方面。国际市场营销者的目标是尽量缩短新产品普及过程的时间，加快新产品推广的速度。研究结果表明，影响新产品推广速度快慢的主要因素是国际目标市场消费者和新产品的特征。

1. 国际目标市场消费者

五种类型的新产品采用者价值导向的不同，导致他们对新产品采用的态度也不同，对新产品的采用和推广速度快慢起着重要的作用。不同国家或地区的这五种类型的消费者由于所处的文化环境不同，经济发展水平的差异，导致接受新事物或新产品的速度和普及过程差异较大。创新精神强、接受新事物快的目标市场消费者将加快新产品的采用和推广。例如，美国由于历史短，本国文化的沉淀少，比其他有较长历史的民族更能接受新事物，而大凡历史文化悠久的民族接受新事物的速度则相对要慢。经济发展水平高的国家的消费者接受新事物一般要快于经济发展水平低的国家的消费者。

2. 新产品的特征

新产品的特征包括相对优势、相容性、复杂性、可试性及可传播性。

（1）新产品的相对优势。这是指新产品胜过它所替代或与之竞争的产品的程度，消费者感觉到的相对优势越多，产品被接受的过程就越短；反之，产品被接受的过程就越长。

（2）新产品的相容性。这是指产品与国际目标市场消费者价值观、消费偏好及行为模式等的一致程度，如果产品与现行的价值观不相容，推广过程将花较长的时间。

（3）新产品的复杂性。这是指新产品在认识或使用中相对困难的程度。产品越复杂，普及的时间越长。例如，个人计算机的使用较其他家用电器要复杂，故而需要较长的时间才能普及到家庭中去。

（4）新产品的可试性。这是指消费者在不需要承担风险的情况下，可试用产品的程度。可试性强的产品，其采用和推广的速度快。

（5）新产品的可传播性。这是指新产品的使用效果可被观察或向他人描述的程度，显然新产品的优点传播越容易，采用和推广的速度就越快。

新产品的特征在很大程度上影响着新产品的接受及推广的快慢，而文化对消费者理解新产品特征有着较大的影响。各国市场的消费方式和行为模式的差异往往会导致同一新产品在某些国家或地区采用和推广的速度快，而在另一些国家或地区采用和推广的速度慢。例如，著名的法国男用香水在欧美国家采用推广的速度远远快于在中国的采用和推广。男用香水在中国采用和推广不快的原因在于中国人的传统价值观，认为化妆是女人的事。因此，国际市场营销者应对不同文化背景下的国际目标市场阻碍新产品采用和推广原因进行具体分析，从而最大限度地减少推销阻力和加速新产品被接受的过程。此外，新产品的初始成本、运行成本、风险和不确定性会影响新产品的采用率。市场营销人员在设计新产品和制订市场营销方案时，除重点考虑主要影响因素外，还应全面考虑这些影响因素。

第四节　国际产品生命周期

产品从进入市场到退出市场有一个过程，对这一过程进行研究就产生了产品生命周期理论。如果在国际市场上对产品生命周期进行研究，就会发现同一种产品在各个国家从该产品进入市场到退出市场的时间是不同步的，这是由各国科技发展水平、经济发展水平不同造成的，对此进行研究就产生了国际市场产品生命周期理论。

一、产品生命周期

（一）产品生命周期的含义

产品从投入市场到退出市场的全过程称为产品生命周期，它分为导入期、成长期、成熟期和衰退期四个阶段。产品在不同生命周期阶段的市场占有率、销售额和利润额是不同的，必须针对产品生命周期的不同特点，采取相应的、适当的市场营销组合策略，以便延长产品生命周期，获取更多的利润额。典型的产品生命周期如图 7-2 所示。

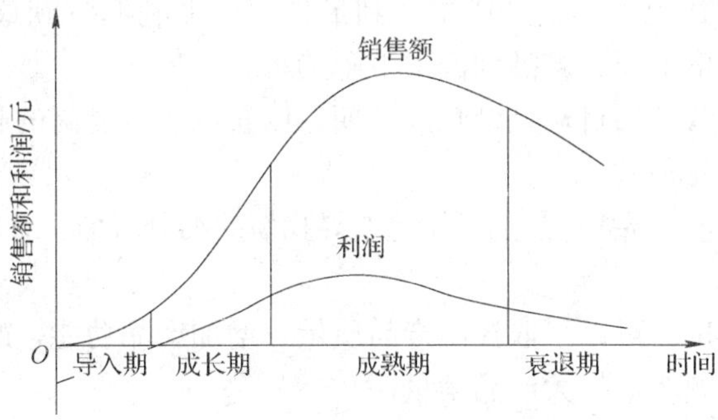

图 7-2　典型的产品生命周期

（二）产品生命周期各个阶段的特点及市场营销策略

由于产品生命周期各个阶段具有不同的特点，所以企业就应采取不同的市场营销策略。

1. 产品导入期

产品导入期是经过研究开发、试销后正式投入市场的最初一段时期。该时期由于新产品投放市场，顾客对产品不了解，只有少数顾客追求新奇而可能购买，销售量很低。为了扩大销路，需要投入大量的促销费用宣传产品。另外，由于技术方面还不太成熟，产品生产批量小，生产成本高，销售额增长缓慢，企业利润微薄，甚至亏损。

在该阶段企业应采取的市场营销策略主要有以下几种：

（1）快速掠取策略。该策略采用高价格、高促销费用的方式推出新产品，以期迅速扩大产品销售额。

（2）缓慢掠取策略。该策略采用高价格、低促销费用的方式推出新产品，以期获得更大利润。

（3）快速渗透策略。该策略采用低价格、高促销费用的方式推出新产品，以期迅速打入市场。

（4）缓慢渗透策略。该策略采用低价格、低促销费用的方式推出新产品，以期扩大市场，增加利润。

2. 产品成长期

经过导入期以后，消费者对产品逐渐熟悉，销售量迅速增加，生产规模扩大，生产成本下降，促销费用减少了，利润增加比较快，有新的竞争者加入。

在该阶段企业应采取的市场营销策略主要有以下几种：

(1) 对产品进行改进。可以提高产品质量，改变产品款式，增加产品的新功能，以此强化产品特色，提高产品竞争力。

(2) 进入新的细分市场。通过市场细分，寻找新的尚未满足的细分市场，以满足其需要。

(3) 适时降价以促销。在适当的时候以降价来促销。

(4) 转移广告宣传的重点。把广告的重点由介绍新产品转移到提高产品知名度、建立产品新形象上来，以维系老顾客、吸引新顾客。

3. 产品成熟期

产品销售量经过一段时期的快速增长之后，开始缓慢增长，并逐渐达到最高峰，此后就缓慢回落。生产批量达到最大，生产成本降到最低，产品利润达到最大。由于市场竞争激烈，促销费用增加，价格下降，产品利润呈下降趋势。

在该阶段企业市场营销的目标是延长成熟期，以获取尽可能高的利润，企业应采取的市场营销策略主要有以下几种：

(1) 对市场进行改进。寻找产品的新用途、寻找新的细分市场、对产品重新定位，以此扩大市场。

(2) 对产品进行改良。可以采取提高产品质量，增加产品功能，改良产品款式，改进产品服务质量，以维系老顾客，扩大产品销量。

(3) 对市场营销组合策略进行改进。对市场营销组合策略应进行调整或重新进行新的组合，以延长产品成熟期。

4. 产品衰退期

在产品成熟期的后期之后，产品的销售量由缓慢下降转为急剧下降，甚至出现产品积压；新产品代替老产品开始进入市场；价格竞争是主要竞争形式；企业盈利急剧减少，甚至为零；绝大多数消费者对产品的态度发生了改变。

在该阶段企业应采取的市场营销策略主要有以下几种：

(1) 收缩策略。大幅度降低促销投入，尽量减少销售和推销费用，以保证获得眼前的利润。

(2) 维持策略。继续使用过去的策略，直至这种产品完全退出市场为止。

(3) 集中策略。把企业的资源集中在最有利的细分市场和销售渠道上，将不获利的或亏损的其他细分市场放弃，以尽可能为企业创造利润。

(4) 放弃策略。对无任何获利希望的产品，企业只有选择放弃策略。企业将所拥有的资源转而生产经营其他产品，以便获利。

(三) 产品生命周期理论的意义

产品生命周期是现代市场营销学中的一个重要概念，对企业制定营销策略具有指导意义，主要表现在如下几点：

1. 产品生命周期受技术进步、环境、管理和需求的影响

产品生命周期是一个抽象的概念，并不是一个很精确的概念，不同产品的生命周期长短各不相同，而且产品生命周期中各个阶段的时间长短也不一致，主要原因是由于其受到以下四个因素的影响：

(1) 技术进步因素的影响。例如，引进了更优良的新产品，是原产品的替代品，就会加速缩短原产品的生命周期。

（2）环境因素的影响。例如，我国政府规定，2002 年禁止生产和销售容积为 9L 以上的坐便器，加速了该产品生命周期的缩短。

（3）管理因素的影响。例如，企业是否愿意花钱开展促销活动，以延长产品生命周期。

（4）市场需求因素的影响。例如，消费者已经对某种产品不感兴趣，就会加速缩短该产品的生命周期。

如果这四个因素中有一个因素发生变化，就会使产品生命周期发生改变。

2. 可以使用不同的市场营销策略来延长产品生命周期

每一种产品都有形式不同、时间不同的产品生命周期，这就为企业采取适当措施延长产品生命周期提供了依据。不同的企业可以根据市场上的实际情况，选择适合延长自身实际的产品生命周期策略，以获取更多的经营利润。

3. 产品生命周期理论对企业的启示

产品生命周期理论对企业有以下启示：

（1）企业必须持续地开发新产品，以便于企业长期生存；否则，原产品生命周期结束了，新产品还没有开发出来，企业就可能要垮台。

（2）产品生命周期阶段不同，应采取不同的营销策略，使企业获取尽可能多的利润。

（3）企业在规划产品组合时必须考虑产品生命周期长短搭配，以免在产品组合时出现各个产品都在同一个时间达到衰退期，使企业面对巨大的经营风险。

二、国际产品生命周期理论

（一）国际产品生命周期理论简介

美国哈佛大学教授雷蒙德·弗农（Raymond Vernon）在 1966 年以《产品周期中的国际贸易与投资》一文奠定了国际产品周期理论的基础。该理论以美国为例对企业跨国经营的动因进行了分析。他认为，美国经济发达、技术先进，人均收入高，但劳动成本也高，其既有产品创新的强烈动机，同时也面临劳动成本上升的压力。这一特点决定了美国企业国际化经营的动机——本国创新、国际化生产。但究竟何时在国内生产、何时出口以及何时何地在国外生产，这就决定于产品的生命周期。弗农根据美国的实际情况，提出了国际产品生命周期的阶段模型，将产品生命周期从该产品进入市场时起划分为三个阶段：新产品阶段、成熟产品阶段和标准化产品阶段。国际产品的发展阶段如图 7-3 所示。

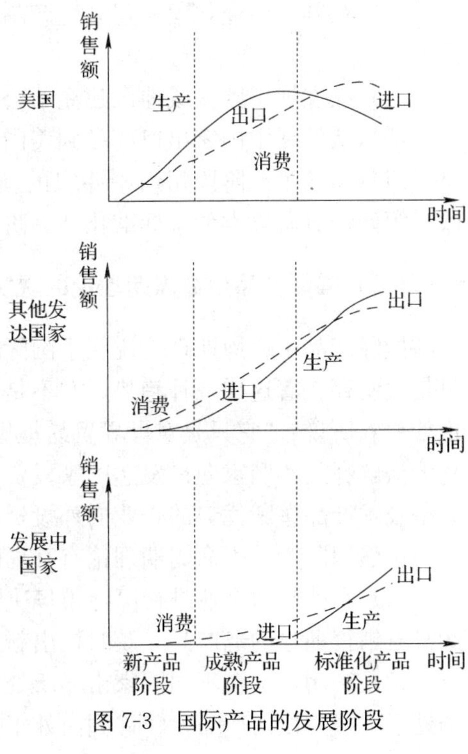

图 7-3 国际产品的发展阶段

在新产品阶段，由于美国国内消费者的高收入以及国内创新型产品供不应求，产品的国内需求弹性很低，同时企业对产品拥有垄断，在国内市场处于垄断地位。因此，企业在此阶段的定位是国内创新、国内生产、国内消费。

进入成熟产品阶段后，随着经验和技术的积累，产品的设计和生产有了某些标准化的因素，而此时模仿者（潜在的竞争对手）也开始出现。由此企业的经营战略开始着眼于生产成本和市场占有率。这两方面因素使企业开始关注起国际市场。按照利润最大化原则，当美国边际生产成本加上运输成本低于进口市场的预期平均生产成本时，美国企业会选择出口；当边际生产成本加上运输成本高于进口市场的预期平均生产成本时，美国企业会选择对外直接投资。由于西欧国家在经济发展程度、技术和消费水平等方面同美国接近，而劳动成本相对低，因此美国把西欧作为优先选择出口和对外直接投资的对象。

当产品进入标准化阶段后，企业优先考虑的是新一轮的技术革新和产品换代，原产品的成本成为企业在市场竞争中考虑的唯一因素。因而企业的对外直接投资将选择成本最低的地点。由于西欧这样的发达国家也出现大量的模仿者，使得在西欧生产和销售变得越来越困难，从而使企业的战略性调整转向发展中国家。

弗农的产品生命周期理论的提出与第二次世界大战以后美国企业国际化历程是相当一致的。在1950～1980年期间，美国企业对外直接投资从118亿美元上升到2000亿美元。在20世纪50年代，这类投资的大部分集中在与美国相邻的拉丁美洲国家和加拿大。到了20世纪60年代初期，投资重心转移至欧洲，欧共体所占美国企业对外直接投资份额从1957年的16%增至1966年的32%。在20世纪70年代，投资重心转移至发展中国家，它们所吸收的美国对外直接投资份额从1974年的18%增至1980年的25%。

另外，小路易斯·威尔斯也提出了类似的国际产品生命周期的五个阶段：

（1）通过研究和开发，为国内市场发展新产品。

（2）将国内产品出口到海外市场。

（3）在其他工业化国家建立生产制造机构，由这些子公司或分公司将产品出口到发展中国家。

（4）在发展中国家或地区建立子公司或分公司。

（5）从发展中国家出口商品到美国市场。

威尔斯的第一阶段相当于弗农的新产品阶段；第二、三阶段类似于弗农的成熟产品阶段；第四、五阶段类似于标准化产品阶段。

（二）国际产品生命周期理论的现实意义

国际产品生命周期理论说明了国际经营的进步和国际产业结构的变化和转移。但是，这只是表明存在着这样一种趋势，并不是在任何产品、任何国家的任何时间和条件下都适用。正如弗农所说："它只是对世界贸易提供了部分解释，因为产品并不是必然遵循这种方式。"它无法解释发达国家向最发达国家投资，以及发展中国家也向外投资的现象；也无法解释不具备技术产品垄断优势的企业向外投资的现象。

虽然国际产品生命周期理论有其局限性，但仍具有十分重要的现实意义。

（1）它能够为企业进行国际市场决策提供科学依据，有助于分析国际市场形势，及时淘汰没有销售前途的老产品，及时推出新产品，加速出口产品的升级换代。

（2）利用产品在不同国家市场所处的不同阶段，调整出口产品的地区结构，将在某国市场处于下降阶段的产品，转移到尚处于上升阶段的另一个国家的市场上，这实际上等于延长了产品的生命周期。

（3）了解国际产品生命周期理论还可以因势利导，及时投产由先进国家淘汰或转移的产品，及时占领国内外市场。

第五节 国际产品的品牌和包装策略

一、国际产品的品牌策略

（一）国际品牌的概念

1. 品牌

美国市场营销协会在1960年出版的《营销术语辞典》上把“品牌”定义为：用以识别一个或一群产品或劳务的名称、术语、象征、记号或设计及其组合，以和其他竞争者的产品和劳务相区别。

品牌由品牌名称和品牌标志组成。品牌名称是指品牌中可以用言语称呼的部分，如IBM、联想都是著名电脑的品牌名称。品牌标志是品牌中不能用言语称呼但可以被识别的部分，如符号、图案、色彩等。例如，可口可乐以红色作为品牌的部分标志，百事可乐则以蓝色作为品牌的部分标志。

商标是企业在政府有关主管部门注册登记的品牌或品牌的一部分。企业注册成功便获得商标专有权，受法律保护，其他任何组织和个人都不得仿效使用。因此，商标是一个法律名词，是经过合法注册的产品名称、标志、图案和设计等；而品牌则是一个商业术语，没有经过合法注册，不受法律保护。

2. 国际品牌

从品牌发展的进程看，第一步首先要成为全国性品牌（National Brand），然后再逐步成为国际品牌（International Brand）和全球品牌（Global Brand）。

全国性品牌是指畅销本国的品牌，有大规模的、持续性的广告投入支持，市场占有率较高，消费者的熟悉度也较高，在大多数的渠道上皆有销售。

全球性品牌是反映品牌理想的一种最高境界。首先，全球性品牌具有同样的、鲜明的品牌本质、特征和价值观（品牌识别）；使用同样的战略原则和市场定位；提供的产品或服务基本上相同。其次，在品牌的业绩和外在表现上，全球品牌在全球各地广为分布，因此在某种程度上可称为“无国籍品牌”，具有较高的国际知名度，享有很高的国际信誉度，具有强大的竞争优势和巨大的经济价值。

全球品牌与国际品牌的概念容易混淆。它们的区别在于：全球品牌要比国际品牌的相同程度高；国际品牌的范围包括那些在某一地区内是标准化的品牌（但是在地区间存在差别），以及那些在这些品牌参与竞争的每个市场上都各不相同的品牌。在销售地区的分布方面，全球品牌要比国际品牌广。

（二）国际品牌名称的设计

国际产品品牌的命名和商标的设计应遵循产品品牌和商标设计的一般原则，如易于记忆、便于识别、简单易懂、方便发音、代表产品的利益或特性、易于引发消费者对产品质量的正面联想、构思独特新颖、引人注目、便于宣传等。此外，还应注意以下设计原则：

1. 符合各国消费者的传统文化和风俗习惯

国际商品的品牌设计应注意与各国和地区的文化和习俗相适应，要充分认识和了解各国消费者对颜色、数字、动物、花卉、图案、语言等方面的喜好与禁忌。

2. 品牌名称应符合有关法律规定，并及时注册商标以求法律保护

《巴黎公约》、《商标国际注册马德里协定》、《商标注册公约》等国际公约对商标的国际注册、商标权利在不同国家互不牵连、驰名商标的保护、商标的转让以及不能作为商标注册的内容等问题都作出了明确的规定。企业应了解这些国际公约，同时还要了解和遵守目标市场国的法律，尤其是商标法规，使企业的商标能够得到目标国的法律保护，以避免法律纠纷和蒙受经济损失。例如，美国采用"商标使用在先"的法律，而我国则遵循"商标注册在先"的法律。我国的一家玩具公司因不了解这一区别而蒙受了损失。该玩具公司于1993年10月向美国专利商标局申请注册一个玩具商标，并于1994年3月用这个商标向美国出口了第一批玩具。而一家美国公司在1994年1月注册并使用同一商标。根据美国"使用在先"的法律，这个商标应归这家美国公司所有，而我国的玩具公司不得不放弃已注册的商标。

（三）品牌的功能

1. 识别功能

识别功能是指把品牌作为区分的标志。这是一个品牌最基本的条件。品牌命名、设计、包装等可以突出品牌的个性，经注册的品牌同时还受法律的保护成为享有专用权的商标。此外，品牌所提供的识别功能不仅仅依靠它的标志或名称，更依赖它提供的核心价值。

2. 信息浓缩功能

信息浓缩功能是指把品牌作为沟通的代码。品牌把各种象征符号合并到一起，最终使消费者在众多产品类别信息中搜索出特定产品的信息，以实现购买行为。

3. 安全功能

安全功能是指把品牌作为承诺和保证。以品牌提供的特征和利益为基础，满足消费者的需要，谋求与消费者建立长久的关系，以博得他们长期的偏好与忠诚。

4. 价值功能

价值功能是指品牌作为一种无形资产的作用。品牌能提供给顾客比一般产品更多的价值或利益——功能和情感性利益，它产生于品牌与消费者的关系之中。顾客对品牌的忠诚说明品牌之中包含了产品功能价值外的其他无形价值——它能让企业获得一系列竞争优势，如消费者愿意为购买品牌而支付更多的钱，让企业能够抵御恶劣的市场环境、赢得分销渠道等。

（四）品牌价值

如今，品牌已经成为企业的一种战略资产——品牌资产，它在国际市场竞争中发挥着巨大的作用。品牌资产的货币表现称为品牌价值（Brand Value），它是对品牌作为一种资产和一种权益的价值量化，是通过专业评估、测算出来的某一品牌的全部有形资产和无形资产价值的总和。

品牌价值的评价方法，典型的有两大类：财务评估法和市场表现评估法。市场表现评估法在财务评估法的基础上，引入了非财务因素，如市场领先度、国际化能力等。目前使用较广、影响力较大的是 Interbrand 与 Financial World 两家机构使用的方法。

Interbrand 认为，与其他资产的价值一样，品牌的价值也应该是品牌未来收益的折现。品牌价值等于品牌收益乘以品牌强度。它先确定品牌收益和现金流，然后根据品牌强度来确定折现率。Interbrand 先后提出了两套计算品牌强度的模式：7 因子加权综合法和 4 因子加权综合法。品牌强度 7 因子包括市场领先、稳定性、市场特征（行业增长能力、进入障碍等）、国际化能力、发展趋势（与消费者的相关性）、品牌支持、法律保障。品牌强度 4 因子是指比重（同类产品中的市场占有率）、广度（市场分布）、深度（顾客忠诚度）、长度（产品延伸程度）。Financial World 与 Interbrand 方法类似，根据 Interbrand 的品牌强度 7 因子模型估计品牌强度系数，只不过它更多地以专家意见来确定品牌的财务收益等资料。

【资料阅读 7-1】

2009 年《中国 500 最具价值品牌》前 10 名

2009 年 6 月 16 日，世界品牌实验室（World Brand Lab）在北京发布了 2009 年（第六届）《中国 500 最具价值品牌排行榜》，前 10 名的品牌见表 7-1。

表 7-1 2009 年《中国 500 最具价值品牌》前 10 名

排 名	品牌名称	品牌拥有机构	品牌价值/亿元	主营行业
1	工商银行	中国工商银行股份有限公司	1250.86	金融
2	国家电网	国家电网公司	1193.65	能源
3	CCTV	中国中央电视台	1085.29	传媒
4	中国移动	中国移动通信集团公司	1068.33	通信服务
5	中国人寿	中国人寿保险（集团）公司	824.37	金融
6	中国航天	中国航天科技集团公司	716.28	航天
7	中国中化	中国中化集团公司	693.28	石油化工
8	中国中铁	中国中铁股份有限公司	687.36	建筑
9	海尔	海尔集团公司	641.13	家电
10	中国银行	中国银行股份有限公司	637.19	金融

在这份基于财务分析、消费者行为分析和品牌强度分析而获得的中国品牌国家队阵容中，工商银行以 1250.86 亿元的品牌价值首次荣登本年度最具价值品牌榜首。占据榜单前 5 名的还有国家电网（1193.65 亿元）、CCTV（1085.29 亿元）、中国移动（1068.33 亿元）、中国人寿（824.37 亿元），这些品牌已经迈进世界级品牌阵营，而中国民众对本土品牌的信任度逐年提高。

（资料来源：世界品牌实验室．2009 年中国 500 最具价值品牌排行榜．http://www.worldbrandlab.com/brandmeeting/2009china500/.）

（五）品牌策略

品牌策略涉及的方面较多，企业在制定品牌策略时可以侧重选择以下几种策略：

1. 品牌化策略

品牌化策略是指企业使用品牌与否的策略，包括使用品牌还是不使用品牌，以及品牌是否注册为商标。尽管品牌具有相当重要的作用，但是有些产品可以采取不使用品牌的策略，如直接供应给厂家的原料型产品，进入消费领域的低价值的普通产品，生产简单无差异性、选择性不大的产品，消费者习惯上不以品牌为购买依据的产品等。20 世纪 70 年代以后，一些企业对某些价值低的普通产品实行了"非品牌化"策略，即企业对某些产品不规定品牌名称和品牌标志，直接将产品在市场上销售，从而节省了品牌化业务等方面的费用，降低了经营成本和价格，提高了市场竞争能力，扩大了产品销售。

当企业作出使用品牌的决策后，要进一步确定是否将品牌向有关机构注册登记，使品牌成为注册商标。企业的品牌注册成为商标后，就可以受到相应的法律保护，还可以用许可贸易的形式出售或转让商标的使用权，为企业带来更多的利润。

2. 品牌归属策略

企业在决定使用品牌后，应对使用谁的品牌问题作出决策，在品牌的选择与使用上可以有以下四种选择：

（1）使用生产者的品牌。生产者的品牌也称为制造商品牌、工业品牌。使用生产者品牌是品牌策略中应用最广泛的一种选择，制造商品牌一直在零售行业中占统治地位，绝大多数制造商都创立了自己的品牌。生产者采用自己的品牌出售产品可建立企业的信誉和实施名牌战略，销售商使用生产者的品牌可节省宣传费用，方便为消费者提供售后服务和保障。

（2）使用经销商的品牌。使用经销商的品牌是指产品在销售过程中不使用生产商的品牌，而采用经销商的品牌。经销商品牌也称为中间商品牌、商业品牌、私人品牌。在目前的国际市场上，一些实力超群的中间商都建立了自己的品牌，以树立良好的企业形象，利用顾客的信任和良好的商誉，增强对供货企业的控制，从而降低进货成本，提高市场竞争能力。

（3）使用特许品牌。对于实力较弱、产品的市场占有率较低和企业声誉尚待建立的生产企业来说，可以考虑利用特许的形式使用其他制造商的品牌，以促进企业的产品销售，提高市场占有率。生产者可同其他品牌制造商签订品牌使用许可协议，在一定期限内支付给对方使用许可费，在自己生产的产品上使用对方已经创立的品牌名称或符号。

（4）使用共同品牌。共同品牌是指将两个已经创立的不同企业的品牌名称共同用在同一个产品上，如一汽-捷达汽车、索尼-爱立信手机等。绝大多数共同建立品牌的情况是，由一个企业将获得特许的一家企业的著名品牌与自己的品牌合并后共同使用。

3. 品牌名称策略

如果企业决定其大部分或全部产品都使用自己的品牌，就要进一步决定其产品是分别使用不同品牌，还是统一使用一个或几个品牌。企业可供选择的品牌策略主要有以下三种：

（1）个别品牌策略。个别品牌策略是指企业决定其生产经营的各种不同产品分别使用不同品牌的策略。当企业的产品品种较多，生产条件、技术专长等在各种产品上又有较大差别时，采用这种策略较为有利。采用这种策略的优势在于企业可以分散风险。由于企业的品牌较多，当某种品牌的产品出现问题时，本企业的其他品牌产品不易受到牵连。采用这种策略的缺点主要是品牌业务的工作量较大，相关的费用较高，创立名牌需要付出更多的努力和较长的时间。

（2）家族品牌策略。如果企业生产经营多个不同种类的产品，各产品之间的相关性很低，可以采取对一类产品使用一个品牌的策略。采用这种策略可以避免不同大类的产品相互混淆，兼有个别品牌策略的优点，同时又在一定程度上弥补了个别品牌策略的不足。

（3）统一品牌策略。统一品牌策略是指企业将生产经营的所有产品都使用一个品牌的策略。当企业现有产品在市场上具有较高声誉和知名度，市场占有率高，且本企业所有产品都具有相同的性质和质量时，可以采用这一策略。采用这种策略的优势在于企业可以节省品牌业务的管理费用，尤其是在新产品促销宣传方面，可以利用原有产品在人们心目中的品牌形象来节省促销费用，这样有利于建立顾客对新产品的忠诚和信任，借助原有品牌的声誉可以使新产品迅速占领市场，而且有利于扩大企业声誉，树立知名品牌的市场形象。

4. 品牌战略选择策略

企业通常有以下几种品牌策略可以选择：

（1）产品线扩展。产品线扩展是指企业在同样的品牌名称下，在相同的产品种类中引进、增加新的项目内容的策略，如新形式、新口味、新成分和新包装等。这种做法成功率高，也有利于品牌的宣传和扩张，但是产品线扩展也有一定的风险，容易使品牌失去原有的含义和意义。

（2）品牌延伸。品牌延伸是指企业利用现有的品牌名称来推出新项目的策略。例如，日本本田公司利用其品牌的知名度，相继推出了摩托车、海上发动机、助动车、割草机等产品。品牌延伸可以使新产品很快被消费者认识和接受，促使新产品尽快进入新的市场，同时也节约了新产品的市场推广费用。采用品牌延伸策略的风险在于，如果新产品质量不能保证或不符合消费者的需要，则有可能降低消费者对企业其他产品的信任度。

（3）合作品牌。合作品牌是指两个或更多的品牌在一个产品上联合起来的一种策略。每一种品牌的发起人都希望与另一个品牌结合，以强化消费者对其中一个产品的偏好或购买欲望，从而达到双赢的目的。例如，英特尔公司对消费者开展品牌宣传活动，使消费者逐渐认同了英特尔芯片的高品质特征，最终使一些主要电脑制造商（如 IBM、戴尔等）为了促进本公司个人电脑的销售，在对消费者进行宣传时特别强调本品牌内置英特尔芯片。

（4）多品牌策略。多品牌策略是指企业在同一类产品中建立两种或几种品牌的策略，其目的是建立不同的产品特色以迎合不同的购买动机。这样，企业可以使产品向各个不同的市场部分渗透，以促进企业销售总额的增长。例如，宝洁公司在市场销售 9 种不同品牌的洗衣粉。有时，企业在收购了某一竞争企业后继承了被收购企业的品牌名称，因为原竞争对手的品牌有一大批忠实的使用者，所以企业不想失去这些顾客。例如，惠普收购了康柏公司，但继续生产和销售康柏笔记本电脑；宝马公司兼并了劳斯莱斯公司，同样保留了劳斯莱斯这一高贵的品牌。

（5）品牌再定位策略。当企业在现有品牌影响力逐渐丧失的情况下，可以创立一种新的品牌，进行重新定位；企业也可以通过收购来获取新产品种类中的新品牌。在作出重新定位选择时，企业必须考虑将品牌转移到另外一个细分市场的费用，包括产品广告宣传费用、包装费用、品牌管理费用，以及定位于新位置的获利能力等。例如，“七喜”的“非可乐”定位是品牌重新定位的成功案例。

【实例 7-2】

李宁品牌

2003 年以前，李宁公司其实并没有专注于体育用品，它还做衬衣、西服和皮具等。那时公司什么赚钱就做什么。2003 年，公司重新进行了定位，明确将专注于体育用品行业，也开始对品牌进行了重塑。当时体育用品行业的时尚化趋势已经出现，公司很自然地将专业和时尚纳入了新的品牌形象定位。为了区隔，李宁公司用东方文化来做差异化。经过品牌重塑，李宁品牌逐渐为中国老百姓所熟悉，从 2004～2008 年这 5 年间，公司收入和盈利每年都保持了 30％以上的增长速度，这也使其作为中国本土领先体育用品品牌的地位得到加强，与耐克和阿迪达斯这两个国际巨头的差距也逐渐缩小了。2009 年，李宁公司不仅仅只有李宁这一个品牌，还有红双喜、艾高（Aigle，有百年历史的法国户外用品品牌）、ZDO（新动，面向大卖场的、定位于舒适和实惠的大众运动品牌）、Lotto（乐途，时尚的意大利体育用品品牌）等品牌，因此李宁公司已经成为一家多品牌的管理公司。多品牌经营策略是李宁公司的必然选择，因为这可以增加与渠道谈判的筹码，而且一个品牌也不可能面对所有客户，应当有多个品牌来涵盖从高端到低端的不同消费者，所以这也是客户细分的需要。

（根据以下资料整理：周展宏．李宁品牌管理之道．财富中文版．2009（6）．http：//www. fortunechina. com.）

二、国际产品包装策略

（一）包装的概念和作用

1. 包装的概念

包装是指为产品设计和生产容器或包扎物的行为。包装可分为三种类型：①产品的直接包装（产品的基本容器），如牙膏的软管；②中层包装或次要包装，这种包装是消费者使用时会丢弃的包装物，产品的直接包装和中层包装也称为内包装和销售包装，在设计上不仅要考虑保护产品，而且要考虑介绍产品、便于使用、指导消费、美化产品、塑造产品形象、提高企业声誉、促进产品销售、增加产品附加值等问题；③装运包装，这是产品在储存、识别和运输时所必需的包装。

2. 包装的作用

包装具有保护商品、保护消费者、便于携带使用的作用，同时还具有重要的促销作用。从企业的角度来说，包装是促销环节中的重要组成部分。据统计，75％的消费品配有包装，而且包装费用占消费支出的 7％。虽然精美的包装会使产品成本上升，支出增加，但如果包装得当，不但可以消化这部分费用，而且还可以为企业带来更多的利润。根据美国康柏尔公司的统计，平均每个消费者每年目睹产品标签 76 次，这个数字相当于在电视中广告出现次数的两倍，而且可以节约 3 000 多万美元的广告费用。

（二）国际市场产品包装的影响因素

在国际市场上，产品的包装、设计，除了满足基本的美观、经济、实用的要求和传递商品信息和品质之外，产品的包装还要考虑以下因素的影响：

1. 国家政策、法规和相关标准的限制

世界各国一般都根据自己的需要出台不同的包装法规，对产品的包装有明确的规定。据我国商务部统计，我国每年有近240亿美元的出口商品因达不到包装要求而受影响，其中相当一部分是因包装不符合绿色要求造成的。普遍存在对于绿色产品概念不清晰和对国际市场上相关信息的缺乏，以及自身包装技术落后，是我国企业遭受损失的主要原因，这些已经严重影响了我国企业的出口量和出口市场的选择。

2. 经济收入的不同

对于低收入国家，跨国企业需要考虑适当减小产品的包装，以适应目标市场的经济收入和消费水平。例如，百事可乐在我国销售的奇多膨化食品，采用15g的小包装，价位定在1元人民币，使我国小孩都能买得起。

3. 环保的要求

以欧洲为代表的很多发达国家对于环保的关注程度比其他国家或地区要高。包装的环保要求一方面来自于国家的法规、条例的规定，另一方面来自于消费者的认同和选择。有数据显示，欧洲消费者更倾向于购买对环保有益的产品，并且为环保产品付出比普通商品多出15%的价格。

4. 社会文化因素的影响

企业应考虑颜色、形状、图案、文化禁忌、宗教信仰等多种因素对包装的影响。

5. 气候和自然条件差异

炎热、潮湿、寒冷、干燥、多雨等气候环境会影响产品的质量保持，因此在产品包装设计中应考虑这些因素，在包装材料选取、包装工艺等方面应作出相应的调整。

6. 基础设施的不同

国际产品包装还要考虑国际运输的特殊性，不同国家和地区储运条件的差异，分销时间的长短和销售条件的不同等。等如，在非洲和拉丁美洲一些国家，由于路况不理想，用玻璃作为包装材料就不太适用；如果消费品在分销渠道中滞留时间较长，对包装的质量要求也会更高一些。

7. 灰色市场的存在

灰色市场（Grey Market）是指通过未经制造商授权的渠道分销商品的市场。在灰色市场中通过非法渠道进入国际市场的产品，称为水货。在国际市场营销中，企业常常会遭遇水货的干扰。防止干扰的最好办法是针对不同的市场采用差异化的包装，从而帮助目标市场国的消费者轻松识别水货。

【资料阅读 7-2】

绿色包装壁垒对我国产品出口的影响

一、绿色包装壁垒的含义

绿色包装制度是指发达国家制定的有关产品包装的更高、更完善的标准制度，它涵盖了包装材料、包装、标志、标识和废弃物的回收、复用和再生等方面，是为了防止包装材料及其形成的包装废弃物给环境造成危害，或结构不合理的包装容器可能损害使用者的健康而采取的环境保护措施。绿色包装制度可以有效解决环境问题，是实现包装和环境协调发展的最佳途径，符合世界环保潮流，但这种制度也常被一些国家作为是否准予进口的标准以达到限制进口的目的，成为绿色包装壁垒。绿色包装壁垒以其外在的合理性和内在的隐蔽性，成为发达国家广泛采用的一种贸易壁垒。

二、我国产品出口所面临的主要包装法规

各国根据自己的需要出台了不同的包装法规，概括起来主要有以下几个方面：

1. 对包装材料的规定

发达国家对包装材料的要求正在向节能低耗、防污染、防病虫害、高功能方向发展，可回收利用的生态包装材料是各国研制开发的重点。例如，意大利从 1991 年就开始禁止在其境内使用不能降解的某些塑料杂品袋；德国政府禁止使用聚氯乙烯，只准使用聚乙烯 PE 或聚酯类可回收使用的包装材料；美国、新西兰、菲律宾等国禁止使用稻草做包装材料；美国、欧盟、澳大利亚、加拿大等国家和地区要求木制包装必须经过熏蒸、防腐等处理才能入境，否则按要求进行销毁处理。

2. 对包装标志、标识的规定

欧盟一直通过产品包装、标签的立法对外国产品的进入设置障碍，它一再重申产品包装必须有环境标志，对食品包装提出非常具体的要求。比如，欧盟要求各国从 2002 年 1 月 1 日起对零售的鱼类和水产品包装上加注品种、产地和捕捞区域等说明标识，并要求在说明标识上标明鱼类和水产品是远洋还是内河捕捞产品，或者人工养殖产品和加工产品。如果是远洋捕捞产品，还需要标明捕捞海域。对于加工食品，法国法律规定必须在食品包装的外包装上用法文印刷准确的产品说明书。欧盟对纺织品等的进口产品还要求加贴生态标签，目前在欧盟最为流行的生态标签为 OKO—Tex Standard 100，它是纺织品进入欧洲纺织品市场的通行证。CE 标志则是工业产品进入欧盟市场的通行证。

3. 对包装再循环或再利用的规定

为了促进包装物的再循环、再利用，很多国家制定了相关的法律、法规。例如，德国在 1995 年 7 月规定，包装回收法定定额为 80%，并要求这个总量的 80%～90%必须再循环处理，同时规定运输包装要 100%回收，销售包装按“谁生产谁回收”、“谁销售谁回收”的原则，由生产者、销售者负责回收再利用；丹麦政府则于 1997 年通过法令，禁止使用易拉罐包装饮料，规定啤酒和非酒精饮料必须使用可重复使用的包装，进口不可重复使用包装的饮料必须交纳包装押金，保证包装的回收利用；英国规定从 2000 年起，实现对 60%的工业包装物和 35%的家用包装物回收再利用。

4. 对产品生产企业征收产品包装税（费）的规定

若企业在产品生产过程中全部使用可再循环的包装材料，则可以免征税费；若产品包装部分使用了可再循环材料，则征收较低的税费；若产品包装全部使用不可再利用或再循环的材料，则征收较高的税费。例如，美国纽约州的法律规定对使用不可再装容器的饮料产品每个包装加征 0.02 美分的税。

三、我国面对绿色包装壁垒显现出的不足

面对绿色包装壁垒我国企业显现出如下不足：

（1）绿色包装概念模糊。绿色包装往往被片面地理解为包装产品的绿化，错误地将使用易降解材料制成的包装产品视为绿色包装，而不问包装产品的生产是否造成环境污染和资源

浪费，也不问包装产品在使用后是否能再利用。

(2) 信息严重缺乏。我国许多企业对国际市场或出口目的地市场的信息严重欠缺，对进口国包装物料、包装标准以及包装规格方面的要求了解有限，造成出口产品的包装不能迎合目标市场的要求。

(3) 包装本身技术落后。新鲜水果、蔬菜、肉类、花卉是我国出口产品中的大宗产品，但出口运输包装多用传统纸箱，没有广泛使用高密度聚乙烯透气性好的运输箱、周转箱，不仅增加了运输成本，而且在运输过程中腐烂和损耗率很高。

四、绿色包装壁垒给我国的出口贸易带来的负面影响

(1) 贸易出口量下降，造成较大的经济损失。首先，我国的包装材料落后、不易处理，可回收率低，对进口国的环境污染严重，这就造成了我国许多产品因为包装问题而无法出口。其次，欧美等国的环保法规中都对动植物检疫提出了较高的要求，规定对一些天然材料生产的包装物要进行卫生和动植物检疫，以防止动植物病虫害的传入。我国不注重上述要求，从而影响有关产品的出口。另外，我国的机电产品，如收音机、电视机、灯具主要销往欧美国家和地区、日本等。自 1996 年起，欧盟各国海关开始有权拒绝未贴 CE 标志的产品入关，这使我国机电产品出口增加了难度。

(2) 影响我国产品出口的市场范围。我国作为一个发展中国家，无论在资金、技术及生产者的环保意识等方面都和发达国家有相当的距离，当我们的包装达不到别国标准时，或为达到标准使成本增加到无利可图时，面临的将是退出市场。ISO14000 环境管理体系国际标准规定对不符合该标准的产品，任何国家都可以拒绝进口，从而使不符合标准的产品被排除在国际贸易之外。我国的环境标志制度产品种类较少，所以使得我国产品在国际市场上的占有率难以提高。

(根据以下资料整理：国家发改委．绿色包装壁垒对我国产品出口的影响．http：//www. gov. cn.)

(三) 国际市场产品包装策略

1. 类似包装策略

类似包装是企业所有产品在图案、色彩、形状、风格等方面均采用相同或相似的包装形式。采用这种策略可以降低包装成本，扩大企业影响，特别是在推出新产品时，可以利用企业的声誉，使顾客首先从包装上辨识出产品，从而使产品迅速占领市场。

2. 组合包装策略

组合包装是企业将若干有关联的产品，放在同一包装物中。例如，化妆品的组合包装、节日礼品盒包装等都属于这种包装策略。组合包装有利于企业推销产品，能促进消费者的购买，特别是在推销新产品时，企业可将其与老产品组合出售，创造条件使消费者接受、试用。

3. 附赠品包装策略

附赠品包装是企业在产品的包装物中附赠一些能引起消费者购买兴趣的物品，从而诱发顾客重复或多次购买，如在包装中附赠玩具、优惠券、小礼品等。

4. 再使用包装策略

再使用包装是企业将包装物制作得比较精美，除包装产品的功能外，当产品使用完毕后，包装还可另做他用。例如，设计精美的酒瓶，可用做花瓶。这样，顾客可以得到一种额外的满足，从而激发其购买欲望。包装物在继续使用的过程中，还起到广告宣传的作用，以增加顾客重复购买的可能性。

5. 改变包装策略

改变包装是企业在产品销量下降、市场声誉跌落时采取的改变产品包装的策略。首先改进产品的质量，同时适时地改变产品的包装形式，从而以新的产品形象出现在市场上，扭转产品在消费者心目中的不良影响，以高质量的产品、全新的包装恢复企业的声誉，从而重新占领市场。

关 键 词

产品（Product）
顾客价值层次（Customer Value Hierarchy）
品牌（Brand）
商标（Trademark）
品牌价值（Brand Value）
品牌策略（Brand Strategy）
包装策略（Packing Strategy）
国际品牌（International Brand）
差异化策略（Adaptation Strategy）
新产品（New Product）
标准化策略（Standardization Strategy）
国际产品生命周期（International Product Life Cycle）

思 考 题

1. 你如何理解国际产品整体概念?
2. 试比较国际产品的标准化和差异化策略。
3. 国际产品的适应性策略主要有哪几种形式?
4. 影响国际产品的适应性改变的因素有哪些?
5. 简述国际产品生命周期中各阶段的市场营销策略。
6. 简述新产品的开发程序。
7. 如何认识中间商自有品牌的建设问题?
8. 企业可以采用哪些包装策略?

【案例分析讨论】

世界的福特

福特汽车公司首席执行官艾伦·穆拉利正着手重组福特汽车公司，他的计划是紧紧围绕“世界汽车”这一概念展开的。这个概念并不难理解：摒弃为适应不同国家和地区的市场需求而设计多样化产品的理念，转而生产能够适应多元市场的单一车型。与许多汽车企业的主管一样，穆拉利也坚信：汽车企业只有在全球范围的市场内摊薄设计开发支出和其他成本才能够盈利，而这一点对于极力推销小型汽车的福特公司来说尤为重要。作为这一高风险计划的实验性产品，全新推出的福特嘉年华已在欧洲及亚洲市场畅销。

“世界汽车”计划从理论上说得通，但执行起来风险却相当大。福特以前曾经作过类似的尝试，但均以失败告终，主要原因在于各地区分部对于生产什么车型无法达成一致。如今，穆拉利已围绕“世界汽车”概念执行公司重组计划。参照嘉年华的成功经验，福特将陆续推出其他几种车型的全球版。“认为自己已经明确了困扰大众市场汽车制造商数十年的问题——设计出放诸四海皆准的车型才是制胜之道”，为汽车制造商提供设计方案咨询服务的2953分析公司的分析师吉姆·霍尔说，“这一计划面临着异乎寻常的艰险，但一旦成功，福特公司所获得的利润将是巨大的。”

穆拉利是从2006年起出任福特汽车公司首席执行官的，当时负责北美产品开发的德里克·库扎克正在推行全球汽车理念。那时，对福特来说，制订降低成本的可行计划已刻不容缓：每一款车型的先期成本高达7亿美元，如果为每一个细分市场都开发一款特别的车型，福特的投资回报率将迅速降低。穆拉利早在担任波音公司商用飞机部门主管时，就知道如何生产适应全球市场销售的产品，因而他对“世界汽车”计划十分赞同并任命库扎克为福特首款全球化产品的统帅。

用一款车型满足品味多元化的全球消费者并非易事，最终生产出来的汽车很可能过于平淡、毫无特点，而不再像以往那样追求独特的创新。这一计划成败的关键在于是否能够达到更高的美学层次，并让所有消费者都产生认同感。令库扎克感到振奋的是，欧洲市场和美国市场的审美标准似乎非常接近。举例来说，欧洲热衷的中型轿车一度小于美国的同种车型，如今在尺寸上已逐渐接近。同时，各类网络社区的不断兴起在一定程度上促进了全球化消费品位的形成。“看看那些消费类电子产品和手机就知道，一款产品在全球范围内的普及只是时间问题。”库扎克说。

为了寻找灵感，福特将目光转向了经典的宝马3系运动型轿车。这款轿车不仅没有针对不同的市场作任何改变，还借用了时装界“潮流领先”的概念。宝马位于美国加州的设计工作室Designworks USA的总裁韦雷娜·克洛斯认为，成功的秘密在于“让消费者看到未来的潮流，而不是把他们在当下所认为的时尚展示出来”。福特公司的全球市场营销主管詹姆斯·法利这样解释宝马汽车的魅力：“随处可见的宝马3系轿车得到全球消费者的信任，在于其设计蕴含着明确的理念，能够激发人们心中的渴望，这构成了最完美的组合。”

福特公司展开了针对消费群体的研究，除了对那些购买过老款嘉年华的欧洲消费者进行研究，公司还关注大众汽车在欧洲、本田汽车在美国以及丰田在中国的各款小型车，分析了钟爱这些小型车的各国消费者。这些消费者年龄往往介于20～30岁之间，收入水平有限，但对各种时尚潮流和新鲜设计的嗅觉非常灵敏。福特随后创造出一位假想中的消费者，或者可以称其为全球消费者的完美典范。她的名字叫“伊莎贝拉”，是居住在米兰附近的一名大学毕业生。伊莎贝拉具有很强的创造力，对新鲜事物充满好奇，收入水平适中，喜欢城市生活。她能够把握流行趋势，并且熟悉社会媒体。目前在福特汽车公司美国设计工作室任主管的莫里·卡勒姆曾在日本工作多年，他说：“我们发现，无论这个市场是在悉尼还是在美国的圣路易斯，伊莎贝拉的性格特征、愿望、鉴赏力以及她对汽车的构想在众多市场的实验性销售中都能引起共鸣。”

福特的新款嘉年华并非一款平淡无奇的家用轿车。通常，斜背式的汽车后门传递出的是低价位的信息，美国和中国的消费者对这一特征尤其敏感。然而，福特的嘉年华采用这样的后部轮廓设计，目的却是为了模仿近年大受追捧的一款小型越野车。同时，嘉年华的长形大头前灯似乎也是从多款豪华轿车上借来的设计。此外，它的仪表板仿效手机键盘设计，能够使亿万消费者产生亲切感。为了测试顾客的接受度，福特在中国、欧洲各国以及美国的展厅展示了这款车，却未标明价格和油耗数据。福特公司表示，无论是对原本青睐本田而不看好福特的消费者，还是对那些原本喜欢福特旗下较大车型的忠实客户，嘉年华所产生的吸引力都超乎想象。

很难想象有哪家汽车企业能够超越宝马公司而树立起业界标杆。宝马的世界汽车战略历经多年才得以完善，而福特却无法像宝马一样从容。不仅如此，除了打造汽车的炫酷外观外，宝马还能够依靠其雄厚的资金为产品配备最新科技。而这一点对于在大众市场打价格战的汽车企业来说近乎天方夜谭。另外，由于小型车在美国市场施展拳脚非常困难，因此在亚洲和欧洲市场表现较好的嘉年华未必能够在美国延续传奇。嘉年华终究能否成功，这在很大程度上不仅取决于能源价格变动的影响，而且还取决于那些“伊莎贝拉”，要看其是否会认为嘉年华比日本车和欧洲车更酷更炫。

（资料来源：戴维·基利．世界的福特［J/OL］．商业周刊：中文版，2009（8）．http://www.businessweekchina.com.）

讨论题：

1. 福特汽车采用产品化标准化策略对该企业有何重要意义？
2. 有哪些因素会影响福特公司“世界汽车”这一概念的执行？

第八章　国际市场定价策略

【本章要点】

1. 影响国际市场产品定价的主要因素
2. 国际市场的定价方法
3. 国际市场的价格修订策略
4. 国际市场的价格变更
5. 控制价格升级
6. 转移定价
7. 倾销

【导入案例】

沃尔玛天天低价的秘密

沃尔玛是当之无愧的“天天低价”之王。除了对极少数商品在每月价格上有所调整外，沃尔玛在主要品牌上实行“天天低价”。正如一位沃尔玛的经理所说：“这不是一个短期战略，你必须承担义务，必须保持比‘天天低价’还要低的费用率。”

虽然汽油、粮食和奶制品价格在大幅飞涨，但是沃尔玛2008年却一下子把数百种食品的价格压低了近三成。它是怎么做到这一点的呢？很简单，那就是向供货商施压，让他们尽力压缩供应链成本。“当我们的供货商提出调价时，我们并不是一味地接受”，沃尔玛负责易变质食品的商品总经理帕梅拉·科恩说。当然，沃尔玛并非唯一一家努力给食品供应链瘦身的商家，但是作为最大的食品、日用品零售商——沃尔玛的食品和消费品营业额接近1000亿美元——它拥有极大的话语权。

1. 商品瘦身

你是不是很纳闷，为什么麦片盒里只装2/3的麦片？食品生产商喜欢大包装盒，因为它们可以在商店的货架上起到广告牌的作用。沃尔玛一直在努力改变这种状况，它向供应商承诺，即使它们的包装盒变小了，它们所占的货架空间也不会减少。于是，沃尔玛的部分供货商重新设计了产品包装。如今，通用磨坊公司的“汉堡帮手”的包装出现了变化，使得包装盒体积在食品数量和价格维持不变的情况下减小了20%。这项改革节约了89万磅[⊖]造纸纤维，使路上的货车数量减少了500辆，通用磨坊由此从内部消化了部分成本上涨的压力。

2. 取消中间商

通常，沃尔玛都是从供应商手中购买品牌咖啡，供应商则是从种植商合作社进货，而种植商还需要烘焙商的合作，这意味“中间牵涉到一大批人”，而沃尔玛出售的Sam's Choice

⊖ 1磅=0.453 59237kg。

咖啡改由直接从一家巴西咖啡农场主合作社进货，此举一下子砍掉了供应链中的三四个中间环节。

3. 采购当地商品

沃尔玛一直提倡环保，但它这样做的原因可能和你想象的不完全一样。通过采购更多的本地物产——如今它在威斯康星州及周边56家连锁店销售该州种植的黄玉米——它得以削减大笔的运输成本。"我们着眼于减少供应商运货货车的行驶里程。"科恩说。马克·特纳的Bushwick Potato公司为沃尔玛在美国东北部的商店供货，他给沃尔玛的供货量增加了13%。他说，从他位于缅因州的农场运送一货车马铃薯到当地沃尔玛商店的成本不到1000美元，而如果从爱达荷州用大型货车运输则需要数千美元。

（根据以下资料整理：

［1］菲利普·科特勒，凯文·莱恩著．营销管理［M］．梅清豪，译．12版．上海：上海人民出版社，2006.

［2］Suzanne Kapner. 沃尔玛大力压缩食品成本［J/OL］．财富：中文版，2008（8）. http：//www. fortunechina. com.）

第一节 影响国际市场产品定价的主要因素

国际市场价格也称世界市场价格，是商品国际价值的货币表现，是指某种商品在国际市场上一定时期内客观形成的具有代表性的实际成交价格。主要有：各种大宗商品交易中心和集散地的价格（许多大宗商品都已形成了具有一定代表性的国际市场价格。例如，以输出国为中心的集散地销售价格有：纽约交易所的棉花价格、新加坡的橡胶价格等；以进口国为中心的集散地价格有：伦敦市场的有色金属价格、鹿特丹的桶油价格等）；大量进口或大量出口某种商品的国家（地区）的进出口价格；某些重要商品的国际拍卖价格或开标价格等。实际成交价格分为现货价格和期货价格两种。具体包括交易所价格、拍卖价格、开标价格、合同价格、协定价格等。

为产品制定一个既能为国外市场消费者接受，又符合公司利益的价格并非易事。需要考虑影响产品国际市场价格的各种因素：企业定价目标、成本、市场供求、竞争、政府干预与集团管制等。

一、企业定价目标

定价目标是指企业通过定价策略所要达到的目的。确定定价目标是企业进行国际市场营销定价的前提。企业目标越明确，制定价格就越容易。企业通过定价追求以下五个主要目标：

1. 当期利润最大化

当期利润最大化的定价能使企业制定的价格产生最高的当期利润、现金流量或投资回报率，它以实现最大限度的当前营销利润或投资收益为定价目标。但过高的价格往往会导致市场需求减少。企业在强调当前的经营状况时，若不考虑其他市场营销组合因素、竞争对手的反应和对价格的法律限制，就会忽略它的长期效益。

2. 维持生存

企业在生产力过剩、竞争激烈、消费者需求改变时，会把维持生存作为其主要目标。只要产品的价格能够弥补可变成本和一些固定成本，就能够维持企业的生存。维持生存是一个短期目标，从长远来看，企业必须学会怎样增加价值，否则将面临破产。

3. 最高市场占有率

市场占有率是指企业某种产品的销售量占国际市场同类产品销售量的比重。跨国企业在开拓国外市场之初往往以扩大市场占有率为其先期目标，通常采取低价渗透策略，以吸引更多的消费者，使企业获得长期利润。以低价提高市场占有率需要具备以下条件：市场对价格高度敏感，低价会推动市场成长；随着生产的积累，产品的生产成本和销售成本下降；低价可以阻止现实的和潜在的竞争。

4. 稳定市场

相对稳定的价格能够在国际市场上树立企业产品的良好形象，增加消费者对本企业产品的信任感和认同感，从而使产品销售量增加。在国际市场上，实力雄厚或市场占有率很高的大企业，为了长期有效地经营某种产品，避免因价格波动带来不可预料的后果，稳定地占领国际市场，通常保持价格的相对稳定性，这种价格被称为“领先者价格”。为了避免引起政府干预和消费者的不满，处于领先地位的企业在制定价格时也是较为克制的，如欧佩克的限产保价石油价格策略等。领先者价格适用于能左右市场的大企业，其他小企业可以采取追随领先者价格的方式定价。

5. 产品质量领先

有些高质量、高品位和地位的产品，其价格也比较高，同时让顾客感到容易接受。例如，星巴克咖啡、宝马汽车、劳力士手表等都将自己作为本行业产品质量的领先者，集质量、奢侈、高价为一体，并拥有一个稳定、忠诚的顾客群。

此外，企业的定价目标还有开拓国际市场、增加出口创汇、提高产品形象等。企业的定价目标并不是单一的，而是综合的，通常有主要的定价目标，还有附属的定价目标。定价目标选定的合理与否关系到能否给企业带来最终的效益。

二、成本

成本是国际市场营销定价的一个基本依据。在通常情况下，企业制定的产品价格应高于或等于成本，否则企业就要亏损。当然，有时企业为了一定的目的（如为了占领市场），使价格低于成本出售，但在这种情况下，必须注意是否会带来反倾销诉讼等营销障碍。企业制定国际市场价格首先要考虑生产成本，其次还要全面考虑运费、关税、分销成本、金融和风险成本等因素对价格的影响。

1. 生产成本

生产成本主要包括产品的制造成本和期间费用两部分，它是产品定价的最直接依据。生产成本包括原材料、辅助材料、备品备件、外购半成品、燃料、动力、包装物、管理人员的工资、职工福利费等。期间费用包括管理费用、财务费用和销售费用。在这方面，国际营销产品与国内营销产品基本相同，但出口产品为了适应外国的一些特殊要求，如包装要求、技术要求等，会造成生产成本的增加；如果出口产品去掉某些功能，会使生产成本降低。

2. 运输成本

进行国际市场销售的产品，其运输费用的支出要远远高于国内销售产品。据统计，国际贸易的全部运输成本平均可占到全部产品价值的10%～15%，有时，长距离的高额运输费用甚至可能成为该产品国际市场价格的主要构成部分。

3. 关税和其他税收

关税和其他各种税费会直接增加产品的成本，因此在很大程度上提高了国际市场产品的最终价格，进而影响到外国产品在当地市场上的价格竞争力。关税是进出口货物通过一国关境时，由政府所设置的海关向其进出口商所征收的一种税。一国对进出口商品征收关税的目的主要是：一是增加财政收入；二是保护国内产业与市场；三是调节进出口货物结构。关税通常分为进口税、出口税、过境税三种。目前，世界各国为了鼓励出口，增加收入，通常不征收出口税和过境税，以征收进口税为主。除关税以外，许多国家还征收签证或其他行政管理费用，大多数国家还征收适合于各类产品的进货税或消费税以及针对产品分销渠道的增值税或周转税、零售营业税等。

4. 国外分销成本

企业出口的产品在国际市场营销中可以选择自销或借助国外的分销渠道销售产品。国际市场营销企业如果在进口国采取自销的渠道系统，不但要承担全部的流通费用，而且还要面临改善分销渠道系统基础设施和条件的各种难以预料的成本问题。所以，在国际市场营销中，只有少部分实力雄厚、在国外销售能力强的企业通过建立自销系统将其产品推向国际市场，而大部分企业需要借助进口国代理商、批发商、零售商等中间商经过多个中间环节向国际市场推销产品。这样就会增加大量的中间商费用，从而增加国际市场营销成本。

5. 金融风险成本

从事国际经营的企业通常会遇到通货膨胀、汇率波动、融资等风险，进而影响企业产品的国际定价，主要表现在以下几个方面：

（1）进口国的通货膨胀是不可控因素，因此，企业应采取一些有效的措施抬高销售价格以弥补通货膨胀带来的损失，如索取额外的服务报酬、提高成本重新定价、将产品分解成多个组件并独立定价等。

（2）汇率波动风险。现在，各主要结算货币相互间的汇率都是自由浮动的，通常，汇率每年都会发生20%～40%的波动，汇率的波动自然会造成产品在国际市场准确定价的困难。从事国际营销的企业必须采取一些保护性措施，以减少或避免因汇率波动带来的不利影响，如采取提高出口产品价格、签订外汇保值条款、通过保险公司转移外汇风险等策略。

（3）融资风险。寻求低成本的资金早已成为国际市场竞争的重要工具，资本成本在不同的国家是不一样的，通常发达国家的利率要低于发展中国家。因此，如果企业使用利率较高国家的信贷来支持生产和营销，可能会用较高的价格把高利率成本转移到买方。

三、市场供求

商品供给与需求关系是企业进行国际市场定价的重要依据。国际市场营销企业必须对国际市场的供求状况进行深入的分析研究。

（一）市场供给

国际市场营销企业要分析本企业生产产品的自身条件，包括产品在成本、质量、品牌等方面的优势，企业在管理、资金、技术、生产、营销上的能力。企业还要研究在目标国市场上，东道国的产品及国外产品在市场上的供应能力。同时，要考虑在市场上是否有替代品及替代品的数量，如果有替代品，企业产品价格则不能定得过高。

（二）市场需求

市场需求决定了产品价格的最高界限，如果超过了这个界限，产品价格就不会被消费者所认同，销售量就会受到限制。所以，国际市场营销企业必须认真研究市场需求。

（1）国际市场营销企业首先要清楚所售产品的市场需求与价格之间的关系，将需求弹性作为定价的基本依据。对于需求弹性大的产品，适当的降价可以扩大市场需求，增加企业总收入，如国际市场上的汽车、电视机、计算机等一些耐用消费品，通常可降价促销，以扩大市场占有率，增加收益；相反，对于需求弹性小的产品，可以适当提高价格，增加收入，如日用品，就不宜降价出售。

（2）需求程度与收入水平也应作为国际市场营销企业制定价格的依据。需求迫切程度高的消费者通常愿意为购买所需的产品付出较高的价格，企业可以把价格定得高一些。同时，随着一国收入水平的提高，人们对产品的需求也越来越大。通常用人均收入来衡量国外消费者的实际支付能力。各国经济发展水平的不同决定了各国人均收入有很大的差别。

（3）需求习惯、偏好也是国际市场营销企业要考虑的因素。由于各国的文化背景差异很大，需求习惯、偏好也影响人们对某种产品的需求量。例如，在美国，对浅色火鸡肉的需求大于对深色火鸡肉的需求，因而后者一般以低价出售；但是深色火鸡肉在欧洲市场却很受欢迎，因此美国公司每年都要向欧洲出口大量深色火鸡肉，价格也比美国高出许多。

四、竞争

企业要了解目标市场的竞争程度。如果所处的目标市场没有竞争者，企业就可以制定一个比国内市场高得多的价格，以获取高收益。如果目标市场的竞争对手比较少，企业也可能有较多的定价自由。在这种竞争条件下，各个竞争企业对其他企业的定价策略是非常敏感的，任何一个竞争企业调整价格都会立即影响其他竞争者的定价策略，因此，企业在制定价格时要密切注意其他竞争企业的反应与决策。同时，还要了解竞争对手的规模和实力，以选择对自己有利的目标市场。另外，国际市场营销企业还要研究目标市场竞争对手提供产品的质量、价格水平与定价策略等情况，以确定自己的价格。若两家企业的产品质量相同或类似，则价格也应大体一致；若本企业产品质量较高，则价格可定得高一些；反之，若本企业产品质量较低，则价格可定得低一些。

在国际市场上，价格的竞争是最主要的竞争。若企业没有足够的实力与竞争者展开价格战，可以利用非价格竞争优势，以达到占领市场的目的，如提高产品质量、提供优良的服务、增强产品的适应性等，这样可以避免由于价格竞争引起对手的强烈报复反应。

五、政府干预与集团管制

由于各国的经济发展水平、竞争能力、国内资源情况各不相同，多数国家政府都制定了一些政策和法规来影响企业定价。国际市场营销企业必须考虑各国政府对价格的调控政策，以制定相应的价格。政府进行宏观调控的政策手段主要有规定毛利、规定最低限价和最高限价、限制价格的变动、政府直接参与国际市场竞争及政府垄断、实行价格补贴、反倾销、反垄断、反托拉斯法的制定等。

一些垄断集团出于保护本集团利益的目的，会采取一定的方式控制价格。它们对价格的控制程度取决于它们对市场的垄断程度。其手段主要有签订专利授权协定、卡特尔协定、联合协定、国际协定等，以及对某些产品的生产、销售和原料来源进行控制等来操纵国际市场价格。

【实例 8-1】

宏碁笔记本电脑：700 美元的差距

从表面上看，联想 ThinkPad T400s 和宏碁 Timeline 3180 非常相似，这两款机型都被归为所谓的“轻、薄”系列。ThinkPad 拥有 14.1 英寸[㊀]显示屏，厚度不足 1 英寸，重 3.9 磅（约合 1.77kg）。宏碁的机型则配备 13.3 英寸显示屏，厚度为 1.1 英寸，重 3.5 磅（约合 1.58kg）。两款机型均采用 Intel 酷睿 2 双核处理器（Core 2 Duo）和 Intel 图形适配器，并在显示屏的设计上一致采用了节省能源和空间的 LED 背光驱动。宏碁的 Timeline 笔记本零售价格为 900 美元，而 ThinkPad 的最低售价却为 1600 美元。

价格差异的部分原因在于宏碁具有侵略性的定价策略。宏碁一直将争取市场份额作为其在美国市场的最高宗旨，而将盈利排在了第二位（这一策略颇见成效，宏碁现已稳居 PC 机市场的第二位）。考虑到 Timeline 所采用的配件，这款机器的销售极有可能是亏本生意。

（根据以下资料整理：斯蒂芬·怀尔德斯特龙．笔记本电脑：700 美元的差距［J/OL］．商业周刊中文版，2009（9）．http://www.businessweekchina.com.）

第二节　国际市场的定价方法

一、成本加成定价法

成本加成定价法是指在总成本的基础上，加上一定的利润加成，来确定产品价格。加成定价法包括完全成本加成定价和进价加成定价。完全成本加成定价为蔬菜、水果的定价普遍采用，方法是首先确定单位变动成本，再加上平均分摊的固定成本组成单位产品成本，在此基础上加上一定的加成率（毛利率）形成销售价格。计算公式为：

$$P=C(1+R)$$

式中，P 表示商品售价；C 表示单位产品成本；R 表示成本加成率。

㊀ 1 英寸＝0.0254m。

进价加成定价是零售业（百货商店、连锁零售店等）流行的一种做法。建筑公司提出的承包工程投标价格就是通过估算总项目成本，再加上一个能获利的标准加成而确定的。计算公式为：

$$P=\frac{C}{1\text{-}R}$$

式中，P 表示商品售价；C 表示单位产品成本或进货价格；R 表示成本加成率。

以彩电为例，若一台彩电的变动成本与单位固定成本的总和（即单位产品成本）为 4000 元，企业期望销售额中有 20%的利润加成，则彩电的加成价格为：

$$P=\frac{4000\text{ 元}}{1-20\%}=5000\text{ 元}$$

该生产商以 5000 元的价格将彩电卖给经销商，每台赚 1000 元。经销商将会再加成，如果他想从销售额中获得 20%的利润，就会将每台售价定为 6250 元（即 5000 元÷（1－20%）＝6250 元）。

成本加成定价法的优点有三个方面：

（1）与需求相比，成本比较容易确定，所以根据成本决定价格可以大大简化企业的定价过程。在企业对国外市场上的需求和竞争因素了解不多的情况下，根据成本加成制定的价格，只要能卖得出去，就能保证企业正常经营，有利可图。

（2）在同一行业中，所有企业如果都能采用这一定价方法，在加成相当的情况下，同类产品价格基本相差不大，价格竞争就会减到最低程度。

（3）这一定价法对买卖双方都比较公平，即使买方需求强烈，卖方也不会随意涨价，获取额外的报酬，而是获取公平的投资报酬。

成本加成定价法的缺点有：

（1）由于我国劳动力成本低，在国际市场上，使用成本加成定价法时，使产品价格定得比较低，目标市场国政府比较倾向于认定为倾销，导致我国企业蒙受反倾销的损失。因此，在使用该法时，必须考虑这一因素。

（2）该法没有考虑市场供求关系的变化对产品价格的影响。如果市场出现供大于求时，而企业对产品已经定了高价，那么产品就卖不出去；如果市场出现供不应求时，而企业已经定了低价，那么产品投资利润率未能及时提高，没有加快回收投资的速度，这两种情况都会使企业蒙受损失。

二、目标收益定价法

目标收益定价法（Target-return Pricing）也称为目标利润定价法、投资收益率定价法。它是根据企业的总成本和计划的总销售量，加上按投资收益率制定的目标利润作为销售价格的定价方法。通用汽车公司使用目标收益定价法，把汽车价格定为使它的投资能取得 15%～20%的投资收益。这种定价方法也被公用事业单位所使用。计算公式为：

$$P=\frac{C+R}{Q}$$

式中，P 表示目标收益价格；C 表示总成本；R 表示目标利润；Q 表示总销售量。

假定制造烤面包机的厂商的相关数据如下：变动成本为 10 元，固定成本为 300000 元，预计销售量为 50000 台，烤面包机制造商在企业中投资 100 万元，想要制定能获得 20%投资收益的价格，即20万元，则可用下列公式求出目标收益价格：

$$P=\frac{(10\times 50000+300000+20\%\times 1000000)}{50000\text{台}}=20\text{元/台}$$

目标收益定价法将产品价格和企业的投资活动联系起来，一方面强化了企业管理的计划性，另一方面能较好地实现投资回收计划。不足之处在于价格是根据估计的销售量计算的，而实际工作中，价格的高低反过来对销售量有很大的影响。销售量的预计是否准确，对最终市场状况有很大的影响。企业必须在价格与销售量之间寻求平衡，从而确保用所定的价格来实现预期销售量的目标。

三、认知价值定价法

认知价值定价法是企业根据消费者对产品的认知价值（Perceived Value）来制定价格的一种方法。很多公司采用这种方法定价，它们认为定价的关键不是卖方的成本，而是购买者对价值的认识。公司利用其他营销组合因素（如广告）在消费者心中建立并加强认知价值。认知价值由很多因素构成，包括买方对产品功用的预期、分销渠道、有保证的质量、顾客支持和其他软件方面的标准，如供应商的声誉、可信度和声望等。

【实例8-2】

卡特比勒拖拉机的认知价值

卡特比勒（Caterpillar）公司使用认知价值观念为它的建筑施工设备制定价格。它将一台拖拉机定价为100000美元，而竞争者的拖拉机为90000美元。卡特比勒公司却会获得比竞争者多的销售额！一个潜在顾客问一位卡特比勒公司的经销商为什么要为卡特比勒公司的拖拉机多付10000美元时，这个经销商回答说：

90000美元	拖拉机价格（相当于竞争者的拖拉机价格）
7000美元	为产品优越的耐用性增收的溢价
6000美元	为产品优越的可靠性增收的溢价
5000美元	为产品优越的服务增收的溢价
2000美元	为零配件较长期的担保增收的溢价
110000美元	卡特比勒的总价格
－10000美元	折扣
100000美元	最终价格

经过经销商的解释，顾客认识到虽然他被要求为卡特比勒的拖拉机多支付10000美元的溢价，但事实上它增加了20000美元的价值！因此他最终选择了卡特比勒拖拉机，因为他确信卡特比勒拖拉机在试用期内的操作成本将较小。

（资料来源：菲利普·科特勒，凯文·莱恩著．营销管理［M］．梅清豪，译．12版．上海：上海人民出版社，2006：498.）

四、价值定价法

价值定价法（Value Pricing）是指用相当低的价格出售高质量的供应品，从而赢得忠诚的顾客。价值定价并不是简单就某一产品的售价定得比竞争者低，它需要重新设计公司操作过程，以便真正地成为低成本的生产而不牺牲质量，用更低的售价来吸引大量的关注价值的顾客参与购买。价值定价法的一个重要形式是天天低价，如沃尔玛的定价方法。

五、通行价格定价法

通行价格定价法（Going-rate Pricing）是指企业的价格主要基于竞争者价格。企业的价格可能与主要竞争者的价格相同，也可能高于竞争者或低于竞争者的价格。在少数制造商控制市场的行业中，如销售钢铁、纸张、化肥等商品，企业通常收取相同的价格。全球第二大PC处理器生产商AMD限于Intel强大的研发技术和生产的规模效应以及由此形成的绝对领先份额，在全球市场采取了跟随Intel定价的策略。比如，2005年在Intel推出“迅驰”系列之后，AMD紧随其后推出“Turion”处理器，并在价格上略低于同类的Intel。

六、拍卖式定价法

拍卖式定价法（Auction-type Pricing）有三种主要的拍卖形式和各自的报价过程。

1. 英国式拍卖（加价法）

这种方式有一个卖家和多个买家。在雅虎、eBay网站上，卖家出示一种商品，买家不断加价竞标直到达到最高价格。

2. 荷兰式拍卖（减价法）

这种方式有一个卖家和多个买家，或者一个买家和多个卖家。在一卖多买中，拍卖人宣布一个最高的价格然后逐渐降低价格直到出价人接受为止。在一买多卖中，买方宣布他想买的商品，多个卖方不断压低价格以寻求最后中标。

3. 封闭式投标拍卖

这种方式是企业与众多同行竞争者组成一个卖方集团，对同一个买主的公开招标进行竞价投标，密封报价，买方从诸多卖方报价中选择一个质量可靠、价格合理的投标者签订合同。

第三节 国际市场的价格修订策略

一、新产品定价

新产品在上市的时候，由于消费者对产品不熟悉，因此企业定价的自由度很大。企业既可以采用撇脂定价策略把价格定得很高，又可以采用渗透定价策略把价格定得很低。究竟采取哪种定价策略，则取决于企业的市场目标。

1. 撇脂定价策略

撇脂定价是指把产品的价格定得很高，远远高于成本，以求短期内获取最大利润，尽早收回投资。新产品在刚刚推出时，市场上缺乏有力的竞争者，又由于是新产品，价格缺乏可比性，产品需求弹性小，而有些购买者可能主观上认为这类商品具有很高的价值。

撇脂定价策略的优点在于：

（1）便于快速收回投资。

（2）便于价格调整。由高价向下调整，顾客总是乐于接受。

（3）便于控制需求。给新产品定个较高的起始价，有助于企业把需求保持在企业生产能力的限度内。

具备以下条件的企业，可以采取撇脂定价：

（1）市场有足够的购买者，需求缺乏弹性，即使把价格定得很高，市场需求也不会大量减少。

（2）高价使需求减少，单位产品的生产和营销成本增加，但不至于抵消高价所带来的利益。

（3）存在较高的行业进入壁垒，在高价情况下，企业在一定时间内仍能独家经营，其他竞争者难以进入。有专利保护或是有技术诀窍的产品尤其可以采用这样的定价策略。

（4）企业希望通过较高的产品价格树立高档产品的形象。

（5）企业的生产能力有限，通过高价限制消费者的需求量。

2. 渗透定价策略

渗透定价是指企业把新产品投入国际市场时价格定得相对较低，以吸引大量顾客迅速打开市场，短期内获得比较高的市场占有率，同时通过接近成本的定价，吓退其他打算进入该领域的竞争者的一种定价策略。日本企业国际营销活动成功的秘诀之一，就是采用新产品低价策略，迅速占领国际市场，提高市场占有率。

采用渗透定价的优点是使产品能够迅速占领国际市场，并有效地阻碍新竞争者的进入。其缺点是低价不利于投资的尽快收回，也不利于日后提价，并有可能给顾客造成低价低质的印象。

从国际营销实践看，企业采取渗透定价需具备以下条件：

（1）市场需求弹性大，顾客对价格比较敏感。

（2）生产该产品的规模经济效益明显。企业的生产成本和经营费用会随着销售量的增加而下降。

（3）低价不至于引起竞争者的报复和倾销的指控。

（4）目标市场宏观营销环境必须是稳定的，企业有一个稳定的较长时间的投入产出期。

二、心理定价

1. 声望定价策略

声望定价是指企业利用消费者仰慕名牌商品或名牌经销商的心理，对商品制定较高价格的方法。比如，高级汽车、珠宝饰品等，消费者购买此类产品并非只看重其核心价值，而是为了得到其附加价值，即能够表明身份地位或者在他人面前炫耀，从而得到心理满足感。因此，这类商品在定价时可以根据消费者的期望价值定出比同类产品高出数倍的价格。企业利用声望定价可以获取较多的利润。

采用声望定价必须考虑以下两个方面的问题：

（1）声望定价产品面对的是少数人的市场，大部分人接受的是普通产品或者平均价格。因此，企业采用声望定价时，一定要先预测该定价所面对的目标市场的大小，是否足以支撑企业的规模产量或者符合企业的经营目标。

（2）采用声望定价的企业在产品线延伸或者品牌延伸时要非常谨慎，若延伸不当则会破坏企业或者品牌已经在消费者心中建立起来的声望。

2. 尾数定价策略

尾数定价是指利用消费者对数字认知的某种心理，在价格上故意添加零头，让消费者感觉到价格是低廉的，而且是经过精心计算的，从而对定价有信任感，比如，99 元、3999 元。

3. 招徕定价策略

招徕定价是指企业对部分产品制定比较低的价格以吸引消费者的注意，通过另外一些产品的高价来弥补低价产品的损失。消费者常常会根据这几种产品的低价而产生企业所有商品价格都比较低的感觉，从而产生对该企业其他产品的注意，最终达到扩大销售的目的。

三、折扣或折让定价

企业为了鼓励顾客及早付清款项、大量购买或者淡季购买，可以酌情降低其基本价格，这种价格调整称为价格折让或折扣。价格折让和折扣有如下几种情况：

1. 现金折扣

为了改善企业现金流状况，降低因为催收欠款而相应增加的成本和减少呆坏账的发生，企业根据不同购货者付款方式和付款时间的情况按原价格给予一定的折扣。这是国际上十分流行的一种价格策略。例如，要求 30 天付清货款，若 10 天内付清，则给予 2%的折扣。

2. 数量折扣

数量折扣是企业给那些大量购买某种产品的顾客的一种减价，以鼓励顾客购买更多的货物。

采用数量折扣，应该事先对以下三点作出准确判断：

（1）数量折扣能在多大程度上刺激用户从本企业购买而不再寻找其他卖主。

（2）数量折扣的金额定于多少才不会抵消大量销售而使企业降低的成本。

（3）在国际营销实践中，采取数量折扣还要注意特定国家的有关法规。

3. 功能折扣

功能折扣又称为贸易折扣。它是企业给某些国外批发商或零售商的一种额外折扣，促使它们愿意执行某种企业在国外市场上不便于执行的市场营销功能，如市场调研、储存、售后服务等。

企业常常对处于不同渠道的中间商或者同一渠道中不同环节的中间商，按照他们在渠道中所发挥的功能、作用的不同，在交易时给予不同的折扣，来达到充分发挥中间商潜在功能的目的，以取得渠道的最佳使用效果。

4. 季节折扣

季节折扣是企业给那些购买季节性强的商品和服务的顾客的一种减价，使企业的生产和销售在一年四季保持相对稳定。生产厂商利用这种折扣鼓励批发商、零售商提早进货，从而使自己获得资金和维持稳定的生产，如某些产品在淡季打折销售。

5. 折让

折让是企业为了促进消费者对购买的产品升级换代的一种促销折扣。企业可以把消费者在原来购买产品时所支付的价格折算成一定金额，当消费者在付款购买新产品时，在价格中扣除老产品的折价部分，从而让消费者获得优惠。

企业在实行折扣策略时，应考虑企业流动资金的成本、国际金融市场汇率的变动、消费者对折扣的疑虑等因素。同时，还应注意消除地区折扣的差异性，避免同一国际市场上企业折扣标准的混乱，防止折扣差异性在自己市场内形成的冲抵，影响销售总目标的实现。

【实例 8-3】

折扣亦有风险

在蒂芙尼（Tiffany）的钻石耳环和水晶相框等展示中，有一样东西从未出现过：大幅折扣的标示牌。但这并不意味着没有打折的空间。2008 年，蒂芙尼悄然下调了其销量最大的一类商品——订婚戒指的价格，下调幅度约 10%。至今为止，蒂芙尼仅对订婚戒指减价，但是该类产品占据了公司收入的 20%。减价帮助延缓了戒指销售的下滑。店员会告诉顾客该优惠活动，然而并未在其他地方公示。蒂芙尼和其他奢侈品商家面临的困扰是如何使用降价的方式招徕顾客而又不损害其品牌。它们中的一些商家选择谨慎，拒绝做促销广告或仅通过邮件发送"独有"特价给精选客户；其他一些商家则更具攻击性，以大幅折扣来清理库存和增加收入。据贝恩公司（Bain）预计，奢侈品的销售在今年将下降 10%。其他人则更加悲观。专家说，从香奈儿（Chanel）到珂洛艾伊（Chloe）等品牌都已经标低价格来吸引顾客上门。四面楚歌的萨克斯第五大道（Saks Fifth Avenue）已在销售上放开手脚。面对 2008 年秋天的过多存货，萨克斯在假日购物的高峰期减价高达 70%，它在商场设置标示，并发送大幅折扣的促销邮件。首席执行官史蒂芬·萨德夫说："我们做的是对的。"此举使得萨克斯摆脱了过多存货，他解释说："这并没有损害品牌形象。"但是零售专家认为，经过时间验证，降价对奢侈品零售商来说是危险之举。

（根据以下资料整理：布赖恩·伯恩赛德．折扣亦有风险［J/OL］．商业周刊：中文版，2009（9）．http：//www. businessweekchina. com.）

四、地理定价

企业在国际市场上销售产品，由于各目标市场距离原产地远近不同而带来了成本费用的差异，因而，企业需要对销售到不同地区的产品制定出差异价格。地理定价的形式有如下几种：

1. 离岸价（FOB）**与到岸价**（CIF）

FOB（Free on Board）的意思是原产地定价或离岸价。按照这种价格，生产企业负责将这种产品运到某种运输工具（如货车、火车、船舶、飞机等）上之后，交货即告完成。此后，从产地到目的地的一切风险和费用都由顾客承担。采用这种定价方法，与企业相邻国家的顾客负担的费用小，离企业远的国家的顾客负担的费用大，这可能导致离得远的国家的顾客不愿意购买这个企业的产品，而购买离他们近、费用低的企业的产品，使本企业失去地理位置较远的市场。

CIF（Cost Insurance and Freight）的意思是包括成本、保险费和运费在内的价格条款，又称到岸价。与离岸价不同，按照到岸价格交易，出口企业要提供海外运输与保险。

2. 统一交货定价

统一交货定价和 FOB 定价正好相反。它是企业对于卖给不同地区顾客的产品，都按照相同的产价加相同的费用（按平均费用什算）定价，保证企业全球市场上的顾客都能以相同的价格买到同一产品。这种策略便于企业的价格管理，有助于企业在各国的广告宣传中保持价格的统一。很明显，这种策略有利于巩固和发展离企业远的目标市场的占有率，但对距离较近的部分市场显得有些不公平。

3. 区域定价

区域定价是指企业把销售市场划分为若干区域，对于不同区域的顾客，分别制定不同的地区价格，如出口到美洲各国用一种价格，在欧洲各国用另一种价格，在亚太地区用第三种价格。产品在同一地区的价格相同，在不同地区的价格有差异，离得远的区域产品的价格略高一些。采用区域定价有利于企业在同一个大的市场区域内保持价格的一致，同时在不同的大区域之间体现价格差别。

五、控制价格升级

产品在从出口国到达进口国的过程中，由于各种附加成本的增加，导致产品最终在进口国的售价比出口国价格高出很多，这种现象称为价格升级。附加成本主要包括产品的装运费、保险费、再包装费、关税、中间商毛利、各种专门税费、汇率波动等，因而最终造成产品在国外目标市场的售价相当高。价格升级导致企业产品在国际市场上的竞争力下降，这也是国际市场营销企业面临的主要定价障碍之一。因此，企业要想在国际市场的激烈竞争中取胜，就必须控制好价格升级，尽量减少价格升级的幅度。控制价格升级主要有以下几种途径：

1. 降低出口产品的生产成本

降低出口产品的生产成本可以有效地控制价格升级，降低产品的价格。通常采用的方法有：

（1）取消出口产品的某些成本很高的功能特性，甚至降低产品质量，如在美国市场销售的洗衣机需要有自动漂白、定时响铃、温度调节、分配肥皂等功能，而在许多发展中国家可能就是毫无必要的，所以当企业将产品出口到发展中国家时，就可以取消这些功能来降低成本，从而降低价格升级的幅度。

（2）在目标市场国家建厂生产和销售产品。这是在出口国与进口国价格差异非常大的情况下，企业可以考虑在目标市场国家建厂就地生产和销售，如美国、日本等许多发达国家都在我国建厂生产产品并在我国销售，以减少进出口之间的中间费用。

2. 降低运费和关税

运费和关税在价格升级中起着很大的作用，所以企业都在寻求降低运费和关税的途径。通常采用的方法有两种：

（1）改变产品形式。即将整件产品的运输和销售改为出口零部件，然后在进口国组装或深加工。许多国家进口整件产品比进口零部件的运费和关税都要高，如拆分成零部件的小汽车从英国运到远东国家的海运费比整辆汽车的运费低30%～50%，同时关税也会有所降低，并且可利用当地廉价的劳动力进行组装。通过这种方式整辆车的成本要比直接从英国进口原装车低25%～30%。

（2）修改产品类别。属于不同类别的产品在进口国的关税是不一样的，因此出口企业可将产品从关税高的类别转入到关税低的类别。例如，美国一家公司所销售的通信设备在澳大利亚被归类为计算机设备，税率为25%，该公司说服澳大利亚政府把产品归为通信设备，税率仅为3%，从而大大降低了企业应缴纳的关税。

3. 降低分销渠道成本

降低分销渠道成本的主要途径是缩短分销渠道，减少中间商环节及其数量，从而减少中间商的加价，以减轻产品价格升级。当然，并不是中间商越少越好，中间商在市场发挥着重要的功能，企业要对取消中间商前后的利弊得失进行比较，才能作出正确的决策。

【资料阅读8-1】

中国制造渐失成本优势

根据联合国工业发展组织的最新数据，2009年中国在全球制造业中所占的比重已达15.6%，超过日本（15.4%），成为仅次于美国（19%）的第二大制造国。但是近年来，随着人民币升值压力和劳动力成本的上升，中国制造已经失去部分优势。尽管我国劳动力成本比起德国、法国等发达国家仍低廉不少，但相比印度和越南等发展中国家已十分昂贵。

2009年春节后，我国沿海省份出现了严重的“民工荒”。为了解决这一问题，江苏近期将月最低工资上调13%，达到960元；而广州则宣布，最低工资上调20%，广州市调至1030元，东莞和其他三个大城市提高至920元，较小的城镇将提高至660～810元不等。

相比之下，根据印度1948年公布的《最低工资法》，印度工人最低工资几经调整，2007年11月为每天80卢比，2009年年末这一标准上调为100卢比，合月工资3000卢比（即457元人民币）。在印度南部和西部制造业比较发达的几个邦，如古吉拉特等，这一标准要稍微高一些。而越南政府目前规定的月最低工资标准为93万越南盾（约合人民币321元）。

根据美国《商业周刊》2009年5月所作的调查，2003年我国制造业产品的成本平均比美国要低22%，但到2008年年底已剩下5.5%。其主要原因是人民币升值以及工资和土地成本的上涨。据商务部组织的调查显示，我国服装、纺织、玩具、五金、家具、家电等劳动密集型企业的利润率很低，大都只有1%～3%。劳动力成本一般占制造业成本的1/4，“中国制造”价廉的优势正在消失。

随着中国制造业成本优势的日渐缩小，一些跨国制造业也开始向东南亚、南亚等成本优势更明显的地区转移。英国《金融时报》近日报道称，全球最大的贸易采购公司利丰表示，制造业订单正从成本相对较高的我国华南地区，转向南亚及东南亚一些更具竞争力的地区。该集团表示，去年在我国采购的制造业商品下降了6%，东南亚其他一些地区则大幅上升，其中孟加拉国上升了20%。

近年来，越来越多的美国、欧盟、日本、韩国制造业企业逐渐从中国、泰国等传统市场转战越南，主要原因是越南劳动力成本相对低廉，竞争优势日趋明显。在东盟，越南的人工成本低于泰国，与印度尼西亚持平，但比柬埔寨、老挝、缅甸要高。尽管如此，仍有不少外商认为越南工人生产率高，因此更愿意将越南作为制造业转移的目的地。

（根据以下资料整理：刘刚，青木，李焰，董铭，魏莱．中国制造渐失成本优势［J］．环球时报，2010-04-02.）

第四节　国际市场的价格变更

国际市场营销企业处在一个不断变化的市场环境之中，在竞争激烈的国际市场上要想生存和发展，就必须适时地进行价格变更，争取市场销售的主动地位。企业进行价格变更的措施主要有提价策略和降价策略。

一、国际市场的提价策略

当国际市场营销环境发生变化时，企业就要考虑提高价格，以获得预期或更大的利润。企业提价的原因主要有以下三个方面：

（1）通货膨胀的发生，使成本费用大幅度上升。这是产品价格上涨的主要原因。在这种情况下，企业要获得预期利润，不得不提高产品的价格。

（2）避免被外国指控为倾销。若企业长期将产品以较低的价格在国外目标市场出售，且市场占有率又很高，则很容易招致对方的倾销指控。这时，提价便成为企业采取的比较稳妥的价格调整策略。

（3）企业产品供不应求。当企业产品不能满足消费者的需求时，企业除了进行扩大生产量和销售量之外，所采取的策略通常是提价。

企业采取的提价方式包括直接提高价格和间接提高价格。后者包括减少或取消价格折扣、在价格不变的基础上缩小包装、减少服务项目、改变产品特性以降低成本等方式。

通常，提价会引起消费者、中间商，甚至企业销售人员的不满，因此企业在提价时应注意要尽量做到有规律地小幅度提价，不要大幅度提高价格，以避免引起顾客的反感。在涨价前应通知顾客，向他们说明提价的原因，使他们事先有所准备。

二、国际市场的降价策略

在国际市场上，企业降价的原因主要有以下三个方面：

（1）国际市场上企业生产的产品供过于求，企业生产能力过剩，无法通过改进产品和加强销售等工作来扩大销售额。这时，企业就必须考虑降价。

（2）企业面临强大的竞争压力，尤其是当竞争者率先降价，导致企业市场占有率下降时，为保持企业的市场占有率，企业不得不降价。例如，美国的照相机、手表等行业受到比其产品质量更好、价格更低的日本产品的冲击，为阻止市场占有率下降，一些美国公司不得不降价销售产品。

（3）由于生产技术和管理水平的提高，企业产品成本费用下降，通过主动降价，可以提高企业的市场占有率，从而扩大销售额，增加利润。

降价虽然可以赢得更多的消费者，使企业销售额增加，但消费者常常有“低质低价”和“买涨不买降”的心理，所以要努力向消费者解释降价的原因，以获得消费者的理解。另外，降价也极易引发价格战，对此企业要有足够的应对能力并制定周全的应对策略。

【实例 8-4】

微软咄咄逼人的新定价策略

微软公司一直以来都在享受着超乎寻常的利润空间，借助它在业界的垄断地位来维持其软件的高价位。但如今，面对经济严重低迷以及竞争日益激烈的形势，该公司首席执行官史蒂夫·鲍尔默正转而倾向薄利多销的战略。从主打产品 Windows 和 Office 软件到新推出的互联网服务，鲍尔默在多个产品线上都采取了降价策略。

他的想法是在某些业务领域先接受薄利策略，然后通过寻求各项业务总体的增长机会来提高整体盈利。在这一想法的驱动下，微软一方面拓展其在大企业客户软件购买市场上的份额，另一方面降低 Office 软件的定价，促使新兴市场的消费者不再使用盗版软件，转而购买正版产品。

2009 年 7 月 13 日，微软在美国新奥尔良向公众展示了新款 Office 2010 版软件。一方面，微软公司预期大部分客户将像以往那样掏钱购买软件；另一方面，该公司也将会在网站上免费提供有广告支撑的功能简化的版本。此外，2009 年 10 月 22 日，微软公司的新版 Windows 7 个人电脑操作系统将上市销售，定价比 2007 年发布的 Vista 操作系统的 240 美元低了 40 美元，这是多年来其 Windows 新版软件最大幅度的一次降价。

所有这些举措将意味着其在价格弹性上的冒险尝试。该公司希望通过采取降价措施增加现有产品的销量，并且在新产品的开发上取得快速发展。如果该公司获得的市场份额足以抵消其在网络服务以及互联网搜索，特别是庞大的数据中心业务上的巨额开支，那么额外赚取的每一分钱都将成为纯利润。鲍尔默说："我并不是说这一点将会轻而易举地实现，但我们有足够多的机会来推动公司总体利润的增长。"

微软公司正在对其 Office 软件进行降价销售，并且推出了 Word、Excel 以及其他程序的免费版本，以此来应对来自竞争对手的挑战，这些公司以极其低廉的价格销售，甚至是免费提供类似的软件。微软公司为其 Office 软件大打促销攻势，使其有效价格从 150 美元降到了 100 美元，在巴西和印度等国家的定价甚至更低。这番举措也让微软公司对这一新战略充满了期待。该公司称 2008 年下半年 Office 软件的销量激增了 415%。

微软公司在中国采取的降价措施最为大刀阔斧。自从 2008 年 9 月份微软公司开始尝试 29 美元的定价以来，该产品的销量一路飙升，增幅达 800%以上。中国的软件分销商北京连邦软件有限公司的副总裁刘天祥认为，微软在中国的低价策略对于盗版而言无异于"釜底抽薪"。他估计该软件自试销以来，微软公司已经在中国市场上销售出了 8 万套 Office 软件。目前，微软公司打算长期实行低价策略。

毫无疑问，微软公司会继续寻找途径来弥补由降价所带来的损失。该公司希望通过鼓励 Windows 7 的软件用户经常进行更新来提高其利润。由于该操作系统的光盘版内装有多种版本，购买价格低廉的入门级版本的用户在日后可以随时通过付费来获得新增功能。当然，这种做法有可能会激怒用户，因为时下竞争对手为了吸引消费者已推出价格低廉的替代产品。但是在目前的经济环境下，企业要想脱颖而出总得冒一些风险。

（根据以下资料整理：彼得·伯罗斯．微软咄咄逼人的新定价策略［J/OL］．商业周刊：中文版，2009（9）．http：//www. businessweekchina. com.）

第五节 转移定价与倾销

一、国际转移定价

（一）转移定价及其产生

转移定价是指跨国公司的母公司与各国子公司之间或各国子公司互相之间转移产品和劳务时所采用的定价方法。

第二次世界大战以后，发达国家企业通过兼并和联合迅速发展，公司规模越来越大。同时，对外投资增长很快，跨国公司大量涌现。在这种情况下，公司之间的分工转向公司内部的分工，形成了大规模的公司内部贸易。据估计，现在国际贸易中还有1/3属于跨国公司内部贸易，转移定价也就应运而生了。

（二）转移定价的目的

由于跨国公司内部管理日益分散化，转移定价成为公司实行全球利益最大化的重要调节机制。其希望达到的目的有如下几种：

1. 减少税负

运用转移定价减轻税务负担表现在两个方面：一是减轻所得税负担；二是减轻关税负担。恰当地运用转移定价可以有效地减少跨国公司在全球的纳税额。

（1）减轻所得税负担。由于跨国公司的不同子公司分布在不同的国家，因此跨国公司常常利用世界各国在税率方面的差异来减少公司的整体纳税支出。例如，某跨国公司在甲国和乙国分别设立了子公司，甲国的税率高于乙国，则母公司要求甲国的子公司在将产品卖给乙国的子公司时，将产品价格定得低一些。相反，若是甲国子公司从乙国子公司买进产品时，则将价格定得高一些。这样，甲国子公司利润减少，乙国子公司利润增加，从而在总体上减轻了公司的所得税负担。这也是一些子公司虽然亏损却仍然扩大投资的原因。

有些国家为了吸引外资，甚至设立了避税港，在避税港内外国公司税率很低，甚至完全免税。这时，跨国公司往往先在避税港设立子公司，然后要求位于其他高税率国家的子公司低价出售产品给位于避税港的子公司，避税港子公司再以高价将产品卖给高税率国家的子公司，这样就将大部分利润转移到了位于避税港的子公司，使跨国公司的整体利润增加。

（2）减轻关税负担。从关税方面来看，世界各国的关税也有很大不同。由于关税多是从价计征的比例税率，即产品价格越高，应交的关税越多。若一国某类产品的关税税率较高时，则母公司在将产品出售给该国的子公司时，应采取较低的价格，以降低关税。另外，跨国公司还可以利用区域性经济同盟的优惠规定，以达到降低关税的目的。例如，欧盟成立了自由贸易区，规定产品若是在欧盟自由贸易区外生产的，则由贸易区的一个成员国运往另一个成员国时需缴纳关税。但是若产品的价值一半以上是在自由贸易区内成员国中增值的，则在自由贸易区内销售是免交关税的。例如，一个非欧盟成员国的跨国公司要将一批半成品运往其设在欧盟一成员国的子公司，将此半成品生产成制成品后在自由贸易区内销售。这时，跨国公司的母公司就可将半成品的售价定得低一些，使半成品生产成成品后的价值一半以上是由在欧盟区内的子公司创造，这样该商品在欧盟区不同成员国内销售就可免交关税。当然，跨国公司要权衡所得税和关税，使综合税率降低。

2. 转移利润

许多跨国公司在国外的子公司都是与当地企业共同投资兴建的合资企业。跨国公司可以运用转移定价将利润转移出去，这就损害了合作伙伴的利益。例如，某个跨国公司拥有60%股份的合资企业当年本应该盈利100万美元，但由于跨国公司已将利润转移给其国外其他子公司，结果该企业当年盈利为零。这样，跨国公司独占了100万美元的利润，也就是说将本属于合作伙伴的40万美元占为已有。

当然，转移利润时要考虑跨国公司在利润输入公司所持的股份，还要计算所得税及关税上的得失。国际企业只有在经过综合比较后才能制定出价格。

3. 规避风险

跨国公司在国外从事生产经营，面临各种各样的风险，如政治风险、经济风险、外汇风险及通货膨胀风险等。为了规避这些风险，跨国公司可以利用转移定价将资金转移出去，使其将可能遭受的损失降到最低限度。例如，当地公司遇到较大的政治风险时，跨国公司可将易被没收的物资以低价转移到国外，或以高价购买其他子公司的物品，以达到将资金转移出东道国的目的。

大多数国家对外国公司产品或劳务的价格都有一定的限制，但是跨国公司可以利用转移定价摆脱东道国政府的这种限制。当东道国认为跨国公司的产品或劳务是以低于其成本的价格进行“倾销”时，公司可以尽量降低原材料、零部件的供应价，以降低其成本，使其较低的价格成为“合理”的价格，从而逃避东道国的限制和监督。当东道国认为跨国公司的产品或劳务价格太高、利润过多时，公司对海外子公司应尽可能提高原材料、零部件的供应价格，增加其成本，使较高的价格成为“合理”的价格，这样也有效地避免了东道国的限制和监督。

4. 提高竞争力

跨国公司为提高海外子公司在国际市场或在东道国市场上的竞争能力，在向其子公司供应原材料、零部件时，常常设定极低的转移价格，使子公司能以低价击败竞争对手，并使该公司显示出较高的利润率，以提高其资信水平和市场形象。

（三）转移定价采取的手段

转移定价采取的手段是多种多样的。其中，既有有形货物的转移，也有无形资产的转让。在支付方式上，既包括贸易性支付，也包括非贸易性支付。具体方法有如下几种：

1. 货物购销时，“高进低出”或“低进高出”

这是跨国公司转移定价最常见的手段。若跨国公司的子公司从境外关联企业购进原材料、零部件、机器设备时，其定价高于市场价格，向国外子公司出口产品时，其定价低于市场价格，这样的情况称为“高进低出”，利润可以从国内转移到国外；相反，“低进高出”可以把利润从国外转移到国内。

2. 支付高额的管理、广告、咨询及劳务等费用

这也是跨国公司转移定价的一种手段，有时也要支付高额的佣金和折扣。

3. 转让专利、专有技术、商标、商誉等无形资产

通过转让时收取费用的高低，外商可以对各子公司的成本、利润施加影响。

4. 调节与子公司贷款利息的高低和设备的租金

通过这种方式外商可以将利润转移到境外。

（四）转移定价的特点

转移定价的形成与作用机制与市场价格有显著不同的特点，主要体现在以下几个方面：

1. 转移定价是在公司有计划、有意识地参与下形成的

第二次世界大战以后，跨国公司大都实行集中领导，为推行内部机构的计划管理，总公司通常要根据全公司的战略目标和长期计划目标直接参与并制定和协调其内部的转移价格。

2. 转移定价是公司内部资源有效配置的重要工具之一

全球性跨国公司在经济利益的驱动和国际竞争的压力下，为了提高自身的竞争能力，近年来已由“金字塔”形管理改变为“森林”形管理，对内部实行严格的责任制，各子公司往往成为硬预算约束的利润中心或半利润中心。制定有利的转移价格既能保证利润中心或半利润中心的最终生产和经济效益，也有利于合理地分配资源，从而引导利润中心或半利润中心的生产和经营的不断优化。

3. 转移定价是实现公司长远目标和利润最大化的重要手段

转移定价服从总公司整体利益、长远目标以及公司利润最大化目标。它不完全取决于外部市场的供求情况，而是常常与外部市场价格相背离。为此，跨国公司为使其利润最大化和达到长远目标，经常利用转移定价来调节资金流量和转移利润。

（五）转移定价的确定与限制

转移定价一般是根据公司的总目标来最后确定的。比如，增加公司的利润；便于对整个公司实施控制，保证总战略的贯彻执行；使各公司成员单位的经营实际业绩在公司总利润中得到合理的体现，以保护和提高它们的积极性。

对转移定价的限制主要来自以下两个方面：

（1）跨国公司内部。高低价格的利用，虽然能使公司整体利益达到最优化，但它以转移部分子公司的经营实际业绩为前提，在跨国公司管理实行高度分权的模式下，有些转移定价的政策会受一些子公司的抵制。在国外的合资企业中，由于东道国一方决策权力的存在，通过转移定价以实现公司整体利益最优化更难办到。为了解决公司集中管理与分散经营相对独立的矛盾，大型跨国公司往往通过设置结算中心来进行统一协调。

（2）东道国政府。各国政府都很重视外国公司通过转移定价来逃税，因而通过税收、审计及海关等部门进行检查和监督，并在政策法规上采取一系列措施，以消除通过转移定价进行逃税的现象。目前，国际上普遍采用的是“比较定价”原则，又称为“一臂长”定价原则，即将同一行业中某项产品一系列的交易价格、利润率进行比较，如果发现某一跨国公司子公司的进口货物价格过高，不能达到该行业的平均利润率时，则东道国税务部门可以要求按“正常价格”进行营业补税。此外，很多国家政府还通过调整征税方法，建立严格的审计制度，加强海关的监督管理等措施，防止或限制跨国公司对转移定价的滥用。美国是全球第一个制定转移定价规则的国家，在其 1968 年的财政法规中就规定了将正常交易标准作为转移定价调整的基点，并创立了使用该标准对特定的公司间交易调整的不同方法。美国于1994年7月公布了关于转移定价的“最终条例”。经济合作与发展组织随后在1995年7月和1996年4月分别发布了最新指南——跨国企业的转移定价方针和税收管理办法。澳大利亚的国内法和双重税安排中都有国际转移定价规则，该规则使得税收专员可以对其认为没有采用公平价格的国际交易，采用澳大利亚的税收标准进行补税，使之达到公平价格。

二、倾销与反倾销

（一）倾销

1. 倾销的含义

倾销是指出口到东道国市场上的产品按低于国内市场的价格销售，或者以低于生产成本的价格销售，致使当地市场上生产和销售同类产品的企业受到实质性的损害和威胁。

倾销的目的是以掠夺性的价格打击进口国国内的竞争对手，垄断进口国的市场，进而采用垄断价格获取高额利润。因此，西方发达国家为了保护本国相关产业不受国外企业倾销之害，制止国外产品在本国市场的倾销行为，从20世纪初起，先后制定了关于反倾销的法律，通过对国外企业以倾销低价输入本国的产品征收反倾销税或采取其他反倾销措施来抵消对本国相关产业造成的损害。

2. 倾销行为的构成要素

在国际市场营销中，认定企业倾销行为的构成要素包括以下三个方面：

（1）产品以低于正常价值或公平价值的价格销售。

（2）这种低价销售的行为给进口国产业造成损害，包括实质性损害、实质性威胁和实质性阻碍。

（3）损害是由低价销售造成的，二者之间存在因果关系。

3. 倾销的基本特征

（1）倾销是一种人为的低价销售措施。也就是说，倾销由出口商根据不同的市场，以低于有关商品在出口国的市场价格，对同一商品进行差价销售。

（2）倾销动机和目的的多样性。倾销的动机和目的是多种多样的，有时是为了销售过剩产品，有时则是为了争夺国外市场，扩大出口。但是，只要对进口国某一产业的建立和发展造成实质性损害、实质性威胁或实质性阻碍，就会招致反倾销措施的惩罚。

（3）倾销是一种不公平的竞争行为。在政府奖励出口的政策下，倾销企业为了获得政府出口补贴，往往以低廉的价格销售产品，同时将产品以倾销的价格在国外市场销售，从而获得在另一国市场的竞争优势，进而挤垮竞争对手，再提高价格以获取垄断高额利润。

（4）倾销结果的毁坏性。倾销的结果往往会给进口国的经济或生产者的利益造成巨大损害，特别是掠夺性倾销扰乱了进口方的市场经济秩序，给进口方的经济带来毁灭性打击。

4. 倾销的类型

倾销可以分为以下四种类型：

（1）零星倾销。零星倾销是指制造商抛售库存，处理过剩产品。这类制造商既要保护其在国内的竞争地位，又要避免发起可能损害国内市场的价格战，因此，必然选择不论定价多低，只要能减少损失就大量销售的办法向海外市场倾销。

零星倾销仅在短期内对进口国的同类生产企业产生不利影响，但是为进口国的消费者提供了物美价廉的商品，因此，进口国政府对于此类倾销一般不加干涉。

(2) 掠夺倾销。企业实施亏本销售，旨在进入某个国外市场，而且主要是为了排斥国外竞争者。这种倾销持续时间较长。一旦企业在市场上的地位确立，该企业便依据其垄断地位而提价。

这类倾销的危害极大，它打击了进口国的民族工业，阻碍了进口国同类企业的生存与发展，最终也将损害进口国消费者的利益。因此，许多国家的政府对于此类倾销均通过征收反倾销税等方法进行抵制。

(3) 持久倾销。企业在某一国际市场持续地以比在其他市场低的价格销售，是持续时间最长的一类倾销。为了避免长期亏损，这类倾销产品的出口价格至少要高于其边际成本。同时，倾销者还通过规模经济的做法扩大生产，以降低单位成本。在打垮竞争对手、完全占领市场之后，倾销者会再次提高价格，以赚取超额利润。

(4) 逆向倾销。逆向倾销是指母公司从海外子公司输入廉价产品，以低于国内市场的价格在国内市场销售海外产品。

(二) 反倾销

反倾销是指进口国政府为了维护正常的国际贸易秩序，保护本国工业的健康发展，通过立法以及对倾销产品征收高额反倾销税等措施来遏制倾销的一种手段。

反倾销立法始于欧美发达国家。国际反倾销的法律定义，在《关税与贸易总协定》第六条中作出了最为权威的界定，即“将一国产品以低于正常价值的方法进入另一国市场内，如因此对某一缔约国领土内已建立的某项工业造成实质性损害，或者产生实质性威胁，或者对某一国内产业的兴建产生严重阻碍。这种倾销应当受到谴责。”

反倾销、反补贴是世界贸易组织认定和许可的贸易保护措施，是国际通行的保护国内产业的手段，也是用来对付非公平竞争的必要工具。它具有形式合法、宜于实施、能够有效地排斥外国的进口且不易遭受报复等特点，因此，被西方国家视为保护本国产业部门利益的最佳办法之一而频频采用。

【资料阅读 8-2】

国外对华反倾销的特点及原因

根据 1995 年以后 WTO 每半年公布一次的反倾销统计数据，对 1995 年 1 月 1 日至 2008 年 6 月 30 日的反倾销案件进行统计的结果显示，全球共有 43 个 WTO 成员发起了 3305 起反倾销立案调查案件，其中针对中国的有 640 起，占其中案件数的 19.36%，名列第一。名列第二和第三的分别是韩国（247 起）和美国（183 起）。全球共有 39 个国家实施了 2106 起最终反倾销措施，其中针对中国的有 441 起，占总数的 20.94%，名列第一。名列第二和第三的分别是韩国（146 起）和美国（112 起）。我国已是遭受反倾销诉讼数量最多、受害最大的国家。

一、国外对华反倾销的特点

1. 对华反倾销立案、实施比例不断提高

自1995年1月1日至2008年6月30日，国外对华反倾销主要集中于低附加值或劳动密集型产品上，比如，贱金属及其制品、化工产品、机电产品、纺织品、塑料橡胶制品、杂制品和陶瓷玻璃制品。这七类产品按立案数从多到少依次为：贱金属及其制品146件，化工产品134件，机电产品76件，纺织品54件，塑料橡胶制品46件，杂制品44件，陶瓷玻璃制品36件。这一排序和世界各产业遭受反倾销案件轻重排序是一致的。按对华立案数占世界立案数的比例排序依次为：杂制品54.3%，陶瓷玻璃制品32.7%，机电产品24.9%，纺织品21.4%，化工产品20.1%，贱金属及其制品16.1%，塑料橡胶制品10.8%。其中，贱金属及其制品和塑料橡胶制品低于平均数19.4%。除了这七类产品外，其他有些产品对华的立案数并不多，但是对华立案数占世界立案数的比例却比较高。

按对华实施最终措施案件数从多到少排序，前七类产品分别为：化工产品103起，贱金属及其制品95起，机电产品44起，纺织品37起，杂制品34起，塑料橡胶制品32起，陶瓷玻璃制品22起。按对华实施最终措施数占世界实施最终措施案件总数的比例排序依次为：杂制品60.7%，陶瓷玻璃制品36.7%，机电产品26.2%，化工产品24.2%，纺织品21.4%，贱金属及其制品15.1%，塑料橡胶制品11.6%。其中，贱金属及其制品和塑料橡胶制品低于平均数20.9%。除此之外，皮革制品和鞋帽制品虽对华实施最终措施数并不多，分别为2起和14起，但占世界实施措施案件数的比重却分别为100%和70%。

2. 对华反倾销主要集中于低附加值或劳动密集型产品上

从我国被诉产品来看，国外对华反倾销商品涉及4000多种，主要集中在具有比较优势的劳动密集型产业或低附加值的产品上。比如，贱金属及其制品、化工产品、机电产品、塑料橡胶制品、杂制品、纺织品、陶瓷玻璃制品等类产品。1995～2007年这几类产业的产品遭受的反倾销调查案件数在我国遭受反倾销调查案件总数中占82.4%。其中，机电产品受到反倾销调查案件占到世界范围内该产业反倾销立案调查总数的22.8%。

3. 对华反倾销与反补贴并行的趋势

在WTO争端解决机制中，反补贴案件的数量仅次于反倾销案件的数量。近年来，美国等国开始出现立法准许对来自非市场经济体的进口使用反补贴法的趋势。比如，2005年7月27日美国众议院通过《美国贸易权利执行法案》，其锋芒所向就是我国产品，从而大大提高了我国出口商品面临的反补贴争端风险。2007年的美国诉我国轮胎倾销补贴案中，美国商务部对原产于我国的新充气工程机械轮胎进行反倾销和反补贴合并立案调查，倾销调查与补贴调查被结合在了一起。这暗示着今后这种合并调查的趋势将加强。

4. 发起国家日趋多元化

对我国提起反倾销调查的国家，最初以欧盟各国、美国等发达国家为主，后来向发展中国家和地区延伸。近年来，印度、阿根廷、南非、墨西哥、秘鲁、巴西等发展中国家（地区）也加入到对华反倾销指控的队伍中来，并大有后来居上的势头。其中，印度从1995～2007年上半年反倾销立案总数为474起，居世界第一位，其中针对我国发起的反倾销达到98起，占其对外反倾销总数的20.67%，并且集中在2005年、2006年两年间。

二、我国企业屡遭反倾销诉讼的原因

我国遭受国外反倾销之所以愈演愈烈，既有内因，也有外因。

1. 世界经济发展不平衡

2001 年以来世界经济不景气，而我国等新兴市场国家的经济却持续高速增长。一方面，经济不景气国家国内需求减缓，原本陷入结构性危机的产业步履维艰；另一方面，大量具有竞争力的同类产品蜂拥而入，使得进口国同类产业深感威胁，由此纷纷寻求政府反倾销和反补贴措施救济。

2. 出口依赖，无序低价竞争

我国遭受反倾销立案调查的产品主要集中在低附加值和劳动密集型产品上，所属行业往往是企业总数多、生产相对过剩的产业，这些产业对国际市场的依赖程度比其他产业要大。由于这些产业产品差异化程度较低，为了在激烈的市场竞争中求得生存和发展，这些产业往往会采取低价竞争的经营战略，因此易遭到反倾销调查。

3. 企业出口注重数量扩张的增长方式

企业或地方只注重单纯的产品出口数量的扩张，而不注重产品出口效益和质量的提高，出口产品中自主创新、高附加值的产品较少。这种出口增长方式易遭到进口国同类产业的反倾销诉讼。

4. 企业不应诉的多米诺骨牌效应

面对国外反倾销诉讼，一些企业或因害怕官司缠身，或因资金实力不足，或因市场份额较小，或抱有“免费搭车”的心态，不积极应诉，主动撤出，由此造成国外同行更频繁的反倾销诉讼。

5. 非市场经济地位

非市场经济地位是我国出口产品屡遭国外反倾销的重要原因。目前，许多国家在对我国出口产品实施反倾销时，不是根据产品本身的价格和成本，而是采用所谓“第三国的替代价格”（指与某一反倾销案件当事双方无关的第三国的产品相同或者类似产品的价格），这大大增加了国外对华反倾销的随意性和武断性，以及企业败诉的可能。由此，又进一步鼓励了这些国家的企业更频繁地对华反倾销诉讼。

6. 法律条款

关税及贸易总协定（GATT）有在一定条件下允许一个成员通过开征反倾销税或反补贴税来弥补由于进口商品的倾销或补贴给自己同类产业或业已建立的产业带来实质性损害或实质性威胁的条款。最初使用这一条款进行贸易保护的只是发达国家，近十年来越来越多的发展中国家也加入这支申诉队伍，由此推动整个申诉队伍的扩大，世界主要出口国均被陷入到反倾销应诉中，无一幸免。

同时，国外对反倾销法中的条款不断修改完善。如美国、欧盟各国、加拿大等反倾销法都经历了一个不断完善的过程。从而使其在保护国内产业方面变得更加有效。

（根据以下资料整理：

[1] 刘爱东，陈森．对华反倾销产品和案件的统计分析 [J]．经济研究导刊，2009（25）：99-100.

[2] 林珏．加入 WTO 以来国外对华反倾销特点、原因及对策研究 [J]．世界经济研究，2008（4）：14-20.）

关　键　词

成本加成定价法（Cost-plus Pricing）　　边际成本定价法（Marginal-cost Pricing）

目标收益定价法（Target-return Pricing）
差别定价法（Price Discrimination）
通行价格定价法（Going-rate Pricing）
拍卖式定价法（Auction-type Pricing）
地理定价（Geographical Pricing）
离岸价（FOB）（Free on Board）
反倾销（Anti-Dumping）
倾销（Dumping）
国际转移定价（International Transfer Pricing）
认知价值定价法（Perceived Value Pricing）
价值定价法（Value Pricing）
到岸价（CIF）（Cost Insurance and Freight）

思考题

1. 影响国际定价的因素有哪些？
2. 以成本为主要依据的定价具体包括哪些方法？
3. 地区定价的形式有哪几种？
4. 如何控制国际市场营销中的价格升级？
5. 如何看待跨国公司内部的转移定价问题？
6. 我国出口产品的反倾销活动的状况如何？

【案例分析讨论】

康普拓公司的定价策略

1978年7月，康普拓公司欧洲销售部经理托马斯·兹姆曼正考虑向德国最大的化学公司Konig & Cie销售康普拓1000X数字计算机的报价问题。如果兹姆曼遵循康普拓公司的基本定价策略，即在产品成本上加33.333%的加成率，然后再加运费和进口税形成最终售价，那么，报价将会是311200美元。然而，兹姆曼意识到，这样的报价无法为康普拓公司得到订购合同。

Konig &Cie公司已经要求其他计算机制造商为这份合同提出报价。据可靠的信息，兹姆曼得知至少有一家公司的报价在218000美元左右，这将使康普拓311200美元的报价高出93200美元，或者说高出43%。在一次与Konig & Cie公司负责采购的副总经理的非正式会谈中，兹姆曼得知只要他的报价不超过最低报价的20%，康普拓公司仍然有机会获得订单。

由于Konig & Cie是康普拓公司最重要的欧洲客户，因此，兹姆曼极力想达成这笔交易，他为运用什么样的定价策略费尽了心思。

一、康普拓公司的背景及公司产品

康普拓是一家美国公司。1976年冬，在巴黎设立了欧洲销售办事处，托马斯·兹姆曼任经理。公司在美国和欧洲的主要产品是1000X计算机，这是一种专门为程序控制应用设计的中型数字式计算机。

1000X计算机是专门为程序控制设计的，用于化学工业和其他加工工业（石油精炼、造纸、食品制造业等），也用于发电厂，尤其是核动力发电厂。

除了1000X计算机外，康普拓公司还拥有一条生产程序控制计算机附属设备的小型生产线。不过，相对而言，它在公司总销售量中无足轻重。

在设立的最初 6 个月中，欧洲销售办事处的营业额大约只有 100 万美元。然而，在 1977～1978 财政年度，销售明显增长，总销售额达到 500 万美元。这一年，康普拓公司的全球总销售额大约为 4400 万美元。在欧洲国家中，德国是康普拓公司最主要的市场之一，销售额为 120 万美元，占到 1977～1978 年欧洲市场总销售额的 24%。英国和瑞士也很重要，各占 22%和 18%。剩下 36%的销售额则来自欧洲其他国家。

康普拓公司销售给欧洲客户的计算机是在美国制造、装配，再海运到欧洲的。作为外国制造商，显然，当产品从一国销往另一国时，是要缴纳进口税的，德国这种型号计算机的关税是美国售价的 17.5%。

最初主要是出于避开进口税的目的，康普拓公司开始着手在法兰克福建一家工厂。它服务于整个欧共体市场，并计划于 1978 年 9 月 15 日开工。初始，这家工厂只组装 1000X 计算机，这可以使进口税降低到 15%。最终公司决定在法兰克福的工厂也生产元器件。在德国完成全部计算机整机制造将可免去进口关税。

新工厂第一年雇用 20～30 人，最初的年度管理费用预期为 30 万美元。尽管已经进行了雇员培训，并且开工后 1000X 计算机引导线的装配和安装会占用两三个月的时间，直到 1978 年 7 月，欧洲销售办事处仍没有向它提交订单。兹姆曼开始注意到除非康普拓能够获得 Konig 的订单，否则，在最初的两三个月过去以后，这家新工厂将会被闲置。

二、公司定价策略

康普拓一直致力于塑造公司在数字计算机行业中高质量、一流公司的形象。公司引以为豪的是在同类计算机中，其产品在精确性、可靠性、适应性和易操作性方面处于领先地位。

康普拓公司并不准备以基本价格销售 1000X 计算机。它的价格通常远远高于竞争者同类产品的价格。除了这一点以外，迄今为止，康普拓计算机优越的品质已经使它在美国和欧洲获取了竞争优势。

康普拓公司很少采用基本价格定价法，因为不同国家之间在关税上有差异，同时视特定用途，1000X 计算机在构造上也有差异。对适用于 Konig & Cie 公司的 1000X 计算机，兹姆曼已经计算出它的“正常”价格是 311200 美元，如下所示：

生产成本	192000
33.333%的成本加成率	64000
以美国价格报价	256000
进口税（报价的 15%）	38400
运输费用和安装费用	16800
“正常”总价格	311200

33.333%的成本加成率内有占报价 11%的税前毛利，8%的 R&D 与折旧费用和 6%的销售和广告补贴。公司最高主管的正式政策明确反对以削减加成率来获取销售数量，认为削价“不仅降低利润，而且不利于公司的品质形象”。兹姆曼知道公司总裁尤其期望不要在现在这个特殊时刻削价，因康普拓公司 1977～1978 年的全部税前利润只占销售额的 6%，而 1976～1977 年曾达到 17%。因此，总裁已经声明不仅要继续保持 33.333%的成本加成率，而且他期望再提高些。

尽管政策如此，兹姆曼仍然知道一些在美国发生的个别事例，他们把加成率降到与其他公司同样的25%的水平，以获取重要的订单。事实上，他还知道一个把加成率降到20%的例子。然而，在欧洲市场，康普拓从来没有脱离33.333%的成本加成率。

三、客户

Konig & Cie公司是德国最大的基础化学和化学产品的制造商和加工者。它在全国拥有若干个化学工厂。到目前为止，它已购买了三套数字计算机程序控制系统，而且全部是从康普拓公司购买的。这次购买在1977～1978年度，为康普拓公司带来了价值100万美元的生意。因此，Konig & Cie公司是康普拓公司最大的德国客户，占康普拓公司1977～1978年德国销售额的80%以上。

兹姆曼认为，促使Konig & Cie公司购买康普拓系统的最初原因是康普拓在适应性、准确性和质量上享有的声誉。迄今为止，Konig & Cie似乎对康普拓计算机一直非常满意。

回顾以往，兹姆曼认为Konig & Cie公司仍将是康普拓德国客户中最具潜力的客户。他估计在以后的两三年中，Konig & Cie将需要有一个价值100万美元的数字计算机设备。

Konig & Cie正在招标的计算机将用于它的新化学工厂的人员培训。这一培训活动将持续4～5年。培训活动结束后，计算机将废弃或者易手。深思熟虑的结果是对计算机只要求具有高度专业化的执行职能，而并不过于要求计算机的适应性。在给投标者的公开说明中，公司已表明其主要关注的是计算机的可靠性及一个合理的价格，而计算机的适应性和准确性较为次要，因为该计算机并不是用于生产线上的程序控制。

四、竞争者

在德国，大约有9家公司与康普拓公司竞争同等价位的数字程序控制计算机。其中，4家公司在1977～1978年获得了销售额的80%。兹姆曼最关心的竞争者是下述公司：

（1）Ruhr Maschinenfabrik。这是一家正试图努力扩大其市场份额的德国公司。Ruhr公司以大约低于康普拓公司1000X计算机22.5%的价格销售中价位、一般用途的数字计算机。由于Ruhr计算机全部是在德国生产的，所以与康普拓公司1000X计算机价格差别的17.5%可以由不存在进口税解释。迄今为止，Ruhr仍旧只销售一种用途的计算机，但据可靠消息，Ruhr公司正在为Konig & Cie公司的投标开发一种专门化的计算机，Ruhr公司为这种专门用途的计算机制定的价格在218000美元左右。

（2）Elektronische Datenverarbeitungsanlagen（EDAG）。相对而言，EDAG是一家新公司，它已经开发出一种在质量上可与康普拓1000X相比拟的一般用途的计算机。兹姆曼认为，EDAG作为计算机行业中的杰出企业已显示出对康普拓地位真正的、长期性的威胁。为了获取立足点，EDAG公司已经以近乎成本的价格卖掉了它的第一台计算机，然而，从那以后，EDAG公司仅以相当于康普拓计算机去掉承负的进口税的价格出售其计算机。

（3）Digtex。Digtex是一家美国公司的子公司，它在德国拥有完整的计算机制造设备和一条宽泛的计算机设备产品线。Digtex与康普拓1000X计算机进行竞争的优势是其良好的品质。Digtex经常运用削价战术，曾有过比康普拓1000X的价格低50%。尽管两者的价格有这样的差异，但是康普拓1000X经常凭技术优势在与Digtex的竞争中获胜。

五、德国市场

在德国，由康普拓公司制造的这种类型的中价位数字程序控制计算机市场的容量估计为每年400万美元左右。兹姆曼认为在随后的几年中，这个市场将以每年25%的速率扩大。他对1978～1979年度将有价值130万美元的新业务量持肯定的态度，并作了相应的生产方面的安排。然而，除了向Konig & Cie出售计算机具有可能性之外，其他业务直到春末或夏初还没有一个实现的可能。

（根据以下资料整理：约翰A昆奇，罗伯特J多兰，托马斯J科斯尼克．市场营销管理［M］．吕一林，等译．北京：北京大学出版社，2000：184-188.）

讨论题：

根据以上资料，你认为康普拓公司若想一举中标，在价格和非价格方面应采取哪些策略？

第九章　国际市场分销渠道策略

【本章要点】

1. 国际市场分销渠道的概念及主要结构模式
2. 国际市场分销渠道的成员构成
3. 影响国际市场分销渠道选择的因素
4. 中间商的选择标准和激励方法
5. 国际物流的概念及组成
6. 国际物流管理决策

【导入案例】

卡特彼勒的分销系统

卡特彼勒（Carterpillar）公司是世界上最大的工程机械和建筑机械生产商，也是世界柴油机和天然气发动机的主要供应商。该公司的名气主要是遍布全球、高效率的分销系统，卡特彼勒现在140个国家建立了220个独立分销商，他们在全球范围内为公司分销产品并提供技术服务。

卡特彼勒产品具有价格昂贵、销量较低、设备运行环境恶劣易损坏，需要维修和更换零件等特点。因此，它选择当地分销商并与所有分销商建立了一种长期、稳定的合作关系，这些分销商都是独家代理。卡特彼勒选择分销商的标准比较严格，一般是当地的中小企业，具有一定的经济基础，信用良好，政策上相对连贯，他们买断卡特彼勒的产品再卖给客户。这些企业熟悉当地情况，接近客户，掌握需求，能为客户提供快捷、专业、稳定可靠的服务。公司承诺，对于世界各地的卡特彼勒产品都可以在48小时获得所需的更换零件和维修服务。

卡特彼勒不仅严格选择分销商，而且与分销商的关系也堪称业内典范，有人称其为“家庭式关系”，卡特彼勒与分销商进行深入而坦诚的交流，除了提供产品和零部件外，还帮助分销商向用户提供分期付款等信用，在存货管理、控制物流和设备维护工作程序等方面给予分销商支持。

卡特彼勒产品的主要市场在美国、英国、德国、中国和印度，1979年开始了在中国的业务。如今在中国的大型项目工地上，到处可以看到卡特彼勒的机械化大军，卡特彼勒希望把它成功的分销经验移植到中国，目前已在中国建立了5个独立分销机构。

（根据以下资料整理：卡特彼勒公司的分销系统［OL］．中国工程机械品牌网．http：//www.ccm-1.com/brand/463/2010-04-1216049.html，2010-4-12.）

第一节　国际市场分销渠道概述

一、国际市场分销渠道的概念及功能

（一）国际市场分销渠道的概念

在商品经济条件下，产品必须通过交换发生价值形式的运动。产品从一个所有者转移到另一个所有者，直至消费者手中，称为商流。伴随着商流，还有产品实体的空间移动，称为物流。商流与物流相结合，使产品从生产者到达消费者手中，便是分销渠道或分配途径。因此，分销渠道是指某种产品和劳务从生产者向消费者移动时，取得这种产品和劳务的所有权或帮助转移其所有权的所有企业和个人，主要包括商人中间商（他们取得所有权）和代理中间商（他们帮助转移所有权），以及处于渠道起点和终点的生产者与消费者，但是不包括供应商、辅助商。分销渠道一端连接生产，另一端连接消费，是从生产领域到消费领域的完整的商品流通过程。国际分销渠道（International Distribution Channels）是指在国际市场营销中商品的流通渠道。它是由生产商向国外消费者（用户）转移所经过的通道，也指生产商经过（或不经过）国际中间商转移到最终国外消费者（用户）的全部市场结构。国际分销渠道与国内分销渠道的主要区别不在于结构上的选择，而在于那些影响渠道决策的市场因素的变化。

（二）国际市场分销渠道的功能

在市场经济条件下，生产者和消费者（或用户）之间存在空间分离、时间分离、所有权分离、供需数量差异以及供需品种差异等方面的矛盾，分销渠道则是连接生产者和消费者或用户的桥梁和纽带。除具有向使用者或消费者输送产品的功能外，国际市场分销渠道还具有以下几个主要功能：

（1）调研功能。国际企业利用自己在国内及国际上的分销网络系统，开展各种类型的调研活动，以了解目标市场需求的发展趋势、中间商的经营能力状况、竞争对手营销策略的变化等。

（2）促销和沟通功能。国际企业可以利用分销渠道来发现潜在的需求者并进行有效的沟通，利用分销渠道建立与用户或消费者联系的各种网络，以加快商品在分销渠道上的转移。

（3）适销功能。通过分销渠道各环节按不同需求、消费特征，对产品进行分类分级、分组包装的调整，使其能最大限度地满足用户的要求。

（4）分配协调功能。国际企业利用分销渠道系统内部成员之间的关系，就各种有关产品转移的问题，如价格、供货时间、付款方式等达成协议，从而促使渠道发挥最大的整体效率。

（5）共担风险功能。分销渠道全体成员在共享渠道资源和成果的同时，还要共同承担从事渠道活动可能产生的各种风险。

二、国际分销渠道的成员构成

国际分销渠道主要由出口中间商、进口中间商、国外经销商等主要的中介机构组成，这些中介机构执行着将产品及其所有权从生产者转移到国外用户的职能。当企业进入国际市场，在制定国际市场分销渠道策略时，必须选择合适的渠道成员，并了解渠道成员的特征、功能和作用。

（一）出口中间商

出口中间商是指在国际市场上经营出口业务的中间商。当企业规模较小或者进入国际市场的初期，企业国际市场营销经验不足或者没有实力直接进入国际市场时，通过出口中间商进入国际市场是一条费用省、风险小、操作简便的有效途径。根据出口中间商是否拥有商品所有权，可分为出口经销商和出口代理商两大类。

1. 出口经销商

出口经销商（Export Merchant）是以自己的名义在本国市场上购买商品，拥有商品所有权，然后再以自己的名义组织出口，将产品卖给国外买主的贸易企业。出口经销商经营出口业务有两种形式：一种是“先买后卖”，即先在国内市场采购商品，然后再转售给国外买主；另一种是“先卖后买”，即先接受外国买主的订货，然后再根据订货向国内企业购买。两种形式各有利弊，前者因在国内或国外常备有现货，能随时抓住成交机会且交货及时，所以成交快、信誉好，但要占压部分资金，承担一定风险；后者积压资金少，承担风险小，但由于不备现货，可能因进货不足、货物不符合要求、交货不及时等原因而失去交易机会和信誉。常见的出口经销商主要有出口行、采购行和互补营销三种形式。

（1）出口行（Export House）。有的国家称为“国际贸易公司”（International Trading Company），有的国家称为“综合商社”（如日本、韩国），我国一般称为“对外贸易公司”或“进出口公司”。出口行实质是在国外市场上从事经济活动的国内批发商，它们在国外有自己的销售人员、代理商，并设有分公司。由于出口行熟悉出口业务，因此对一些初次进入国际市场的企业来说，使用出口行作为出口中间商往往是比较理想的选择。对于国外买主而言，由于出口行能提供品种齐全的商品，他们也愿意与出口行打交道。例如，日本著名的三菱商事、三井物产等九大综合商社控制了日本一半以上的出口业务；再如，联合非洲公司（UAC）是总部设在英国伦敦的一家国际贸易公司，在非洲设有 300 多家分支机构，对英国的制造商来说，它是进入非洲市场的一条主要出口渠道。

（2）采购（订货）行（Buying/Indent House）。采购行主要依据从国外收到的订单向国内生产企业进行采购，或者向国外买主指定的生产企业进行订货。他们拥有货物的所有权，但并不大量、长期地持有存货，在收购数量达到订单数量时，就直接运交国外买主。因采购（订货）行是先找到买主，而后才向生产企业进行采购，而且并不大量储备货物，所以风险较低，资金周转较快。

（3）互补营销（Complementary Marketing）。互补营销又称“猪驮式出口”（Piggy Back Exporting），它指的是这样一种出口情况：一个生产企业叫“负重者”，另一个生产企业叫“乘坐者”。“负重者”利用自己已经建立起来的海外分销渠道，将“乘坐者”和自己的产品一起进行销售。在进行这种经营时，通常有两种做法：①“负重者”将“乘坐者”的产品全部买下，然后再以较好的价格转卖出去，因此起到出口商的作用；②“负重者”在佣金基础上为“乘坐者”销售产品而起到代理人的作用。互补营销对于那些没有力量进行直接出口的小企业来说，是一种简单易行、风险小的出口经营方式。

2. 出口代理商

出口代理商（Export Agent）是以委托人的名义接受国内卖主的委托，在规定的条件下代理委托人开展出口业务。出口代理商本身并不拥有商品的所有权，在所经营的出口商品交易成功之后，从委托人处获得一定的佣金，风险由委托人承担。在国际市场上，常见的出口代理商有综合出口经理商、制造商出口代理商、出口经营公司、出口经纪人等几种形式。

（1）综合出口经理商（Combination Export Manager）。如果企业海外销售额占企业总销售额的比重不大，或者企业不愿设立外销部门处理国外市场业务时，可选择综合出口经理商。综合出口经理商为出口企业提供全面的出口管理服务，如海外广告、接洽客户、拟订销售计划、提供商业情报等。它以生产企业的名义从事业务活动，甚至使用生产企业的信笺，实际上起到生产企业出口部的作用。他们一般负责资金融通和单证的处理，有时还要承担信用风险。综合经理商一般同时接受几个委托人的委托业务，其获得的报酬形式一般是收取销售佣金，此外每年还收取一定的服务费用。

（2）制造商出口代理商（Manufacturer's Export Agent）。这是一种专业化程度较高的出口代理商，又称为制造商出口代表，他们相当于执行着生产企业出口部的职能。制造商出口代理商是以自己的名义而非制造商的名义做买卖，所提供的服务一般要少于综合代理商，通常不负责出口资金、信贷风险、运输、出口单证等方面的业务。而且由于制造商出口代理商同时接受许多生产企业的委托，其销售费用可以在不同厂家的产品上分摊，因此收取的佣金率也较低，制造商对其有较大的控制权。

（3）出口经营公司（Export Manager Company）。出口经营公司行使类似制造商出口部的功能，它提供服务的范围很广，包括寻找客户、促销、市场调研、货物运输等，它还可以为制造商讨债和寻求担保业务，但其最主要的职能是和国外的客户保持接触，并进行信贷磋商。选择出口经营公司渠道的优点是厂商可以以最小的投资将产品投放到国际市场，并可借此检验产品在国外市场的可接受程度，而制造商本身无须介入。其缺点是这种分销渠道极不稳固，出口经营公司为了自己的利益不会为销售产品作长期努力，一旦产品在短期内难以盈利或是销量下降，将有可能被出口经营公司所抛弃。

（4）出口经纪人（Export Brokers）。这种代理商只负责给买卖双方牵线搭桥，既不拥有商品所有权，也不实际持有商品和代办货物运输工作，在双方达成交易后收取佣金，佣金率一般不超过2%。出口经纪人一般专营一种或几种产品，多数经纪人经营的商品是笨重的货物或季节性产品，如机械、矿山、大宗农产品等，与买卖双方一般没有长期、固定的关系。

（二）进口中间商

进口中间商是指从事进口业务的中间商，主要包括进口商、进口代理商、国外代理商等。

1. 进口商

进口商（Import Merchant）又称为“进口行”（Import House）。它是以自己的名义从国外进口货物向国内市场销售，获取商业利润的贸易企业。进口商既可以“先买后卖”（先从国外买进商品，然后卖给国内批发商、零售商或其他用户），也可以“先卖后买”（先根据样品与买主成交，然后再从国外买进商品）。进口商既可向出口国的出口生产企业直接进口产品，也可向出口国的出口商进口商品。由于进口商拥有货物的所有权，因而须承担买卖风险。按其业务范围，一般可分为专业进口商、特定地区进口商、从国际市场广泛选购商品的进口商三种。进口商熟悉所经营的产品和目标国际市场，并掌握一套商品的挑选、分级、包装等处理技术和销售技巧，因此国内中间商很难取代进口商的作用。

2. 进口代理商

进口代理商是接受出口国卖主的委托，代办进口，收取佣金的贸易服务企业。它们一般不承担信用、汇兑和市场风险，不拥有进口商品的所有权。进口代理商主要有以下几种类型：

(1) 经纪人（Brokers）。经纪人是对提供低价代理服务的各种中间商的统称，他们主要经营大宗商品和粮食制品。在大多数国家，经纪人为数不多，但由于他们熟悉当地市场，往往与客户建立了良好持久的关系，再加上在某些国家经纪人组建了联营公司，常常是初级产品市场上最重要的中间商。

(2) 融资经纪商（Factors）。这是近年来迅速发展的一种代理中间商，这种代理中间商除具有一般经纪商的全部职能外，还可以为销售、制造商生产的各个阶段提供融资，为买主或卖主分担风险。

(3) 制造商代理人（Manufacturer's Representatives）。这是指凡接受出口国制造商的委托，签订代理合同，为制造商推销产品收取佣金的进口国的中间商。制造商代理人可以对一个城市、一个地区、一个国家或是相邻几个国家出口企业的产品负责。他们不承担信用、汇兑和市场风险，也不负责安排运输、装卸，不实际占有货物。当出口企业无力向进口国派驻自己的销售机构，但希望对出口业务予以控制时，适当的利用制造商代理人是一种明智的选择。

(4) 经营代理商（Managing Agents）。经营代理商在亚洲及非洲国家较为普遍，在某些地区也称为买办（Compradors）。他们根据与产品制造国的供应商签订的独家代理合同，在某一国境内开展业务。有时也对业务进行投资，其报酬通常是所用成本及母公司利润的一定百分比。

3. 国外代理商

国外代理商（Overseas Agent）是指受出口企业委托在东道国当地从事营销活动的海外代理商。按其是否承担商品买卖风险以及与出口企业的业务关系，国外代理商可分为以下三类：

(1) 代理关系的佣金代理商。这是指在出口企业的授权下，以出口企业名义与所在国当地顾客签订买卖合约，再通知出口企业将货物直接运交顾客，购买者直接付款给出口企业，成交后再向出口企业收取佣金。

(2) 买卖关系的佣金代理商。这是指按出口企业事先制定的产品销售价格范围，再加上自身的佣金后向客户推销产品，与客户签订买卖合约后再向出口企业订货，在约定付款日将收得款项扣除佣金后，汇给出口企业。这种代理商在特定价格范围内有最终价格决定权，但不承担买卖差价风险。

(3) 买断代理商。这是指以自己的名义一次性买断出口企业的产品，再进行销售。买断代理商对产品销售价格拥有完全决定权，但因商品买断后一般不能退货，故需承担较大风险。事实上，买断代理商与经销商在国外市场的营销活动中所发挥的功能基本相似，所不同的只是买断代理商与出口企业的代理合同常规定代理商负有广告宣传义务。

（三）国外经销商

出口企业经过选择，指定进口国国内的一家或多家商行销售其产品，在货源上给予一定的保证，价格上给予一定的优惠，双方通过签订经销合同，建立经常性的买卖关系，这种被指定的商行称为出口企业的国外经销商（Overseas Distributor/Dealer）。国外经销商独立从事商品经销业务，拥有产品所有权，以自己的名义购进商品，对用户提供服务，担负产品进口后在当地的配销功能，并对其经销产品在销售数量、价格、服务、广告宣传等方面加以控制。批发商和零售商是主要的国外经销商形式。

1. 批发商

批发商（Wholesaler）是从事商品批发活动的中间商，其经营的产品主要由本国进口商或经销商供应，但也有不少大批发商自己从出口国的中间商或生产企业直接购进商品，然后转售给零售商、产业用户或各种非营利组织，并不直接服务于个人消费者。批发商种类繁多，主要可以分为以下四类：

（1）普通商品批发商。这类批发商经营的商品范围较广、种类繁多，批发对象主要是中小零售商店。在产业用户市场上，直接面对产品用户。

（2）大类商品批发商。这类批发商专营某大类商品，经营的这类商品花色、品种、品牌、规格齐全。通常是以行业划分商品品类，如酒类批发公司、专营汽车零配件的公司、仪器批发公司等。

（3）专业批发商。这类批发商专业化程度高，专营某类商品中的某个品牌。经营商品品种虽然单一，但业务活动范围和市场覆盖面却很大，一般是全国性的。例如，商品粮批发商、石油批发商、木材批发商、纸张批发商、金属材料批发商、化工原料批发商、矿产品批发商等。

（4）批发交易市场。批发交易市场是介于零售业和批发业之间的一种经营业态，交易行为也不十分规范，是以批发价格对商品进行批量交易。其类型有产地批发市场、销地批发市场、集散地批发市场。

在国际市场上，批发模式多种多样，不同国家批发商的数量和规模也存在很大差异。一般来说，在国际市场营销中应尽量选择较大的批发商，因为批发业主要是从规模经济中获取收益的。对生产企业来说，与小型批发商打交道可能意味着受到的服务少而负担重。

2. 零售商

零售商（Retailer）从进口商、进口代理商、批发商、国外出口商等处购买商品，然后卖给本国的最终消费者。零售商的基本任务是直接为最终消费者服务，它的职能包括购、销、调、存、加工、拆零、分包、传递信息、提供销售服务等。在地点、时间与服务方面，方便消费者购买，它又是联系生产企业、批发商与消费者的桥梁，在分销渠道中具有重要作用。

零售商按其经营方式可分为多种业态，如百货商店、超级市场、专卖店、便利店、折扣商店、购物中心、仓储商店等。这些零售业态大多可以通过连锁经营来实现规模经济。不同的产品在国际营销中可能需要选择不同的业态，如中高档服装一般需要通过百货商店和专卖店进行分销。随着计算机技术和物流管理技术的发展，使得大型折扣连锁店等业态成长很快，邮购、网上购物等零售形式也发展迅速。由于条形码、数据扫描和库存控制等技术的推广和普及，大型零售商掌握了越来越多的渠道权力。例如，美国的沃尔玛、法国的家乐福等零售巨头纷纷采用前向一体化战略（Forward Integration Strategy），与批发商或生产商直接联系，确立自己的海外货源，并通过建立数据库，及时掌握各地需求信息，科学配送商品。同时，它们成功地实施海外扩张，逐渐成为全球零售商（Global Retailers），这无疑进一步强化了其在分销渠道中的地位。可以说，零售商是消费品国际营销中不可缺少的一种渠道成员。零售商所处的地位极其重要，如果零售环节不畅，势必波及国内外中间商和生产企业的经营，从而给整个分销渠道带来严重的市场威胁。

三、国际市场分销渠道的结构模式

国际市场营销首先涉及从母国进入目标国的过程，然后才是目标国国内市场分销渠道模式的选择。为实现产品从生产企业向最终用户的国际流动和转移，既要使用本国的分销渠道，又要借助他国的分销渠道。因此，国际市场分销渠道由两部分构成：一是企业进入国际市场的渠道，即国家间渠道；二是各国国内的分销渠道。

（一）国际市场分销渠道模式

由国际市场分销渠道的定义可知，生产商和消费者分别是分销系统的起点和终点。当企业采取不同的分销策略进入国际市场时，产品或服务从生产者向消费者的转移就会经过不同的营销中介机构，从而形成不同类型的国际分销模式。出口企业的一个目标是将产品有效地从生产国转移到产品销售国市场；另一个目标则是参加销售国的市场竞争，以实现产品的销售和获取利润。为了实现这两个目标，国际市场分销渠道要经过出口国国内、由出口国进入进口国和进口国国内三个阶段，一般包括以下 10 种结构模式，如图 9-1 所示。

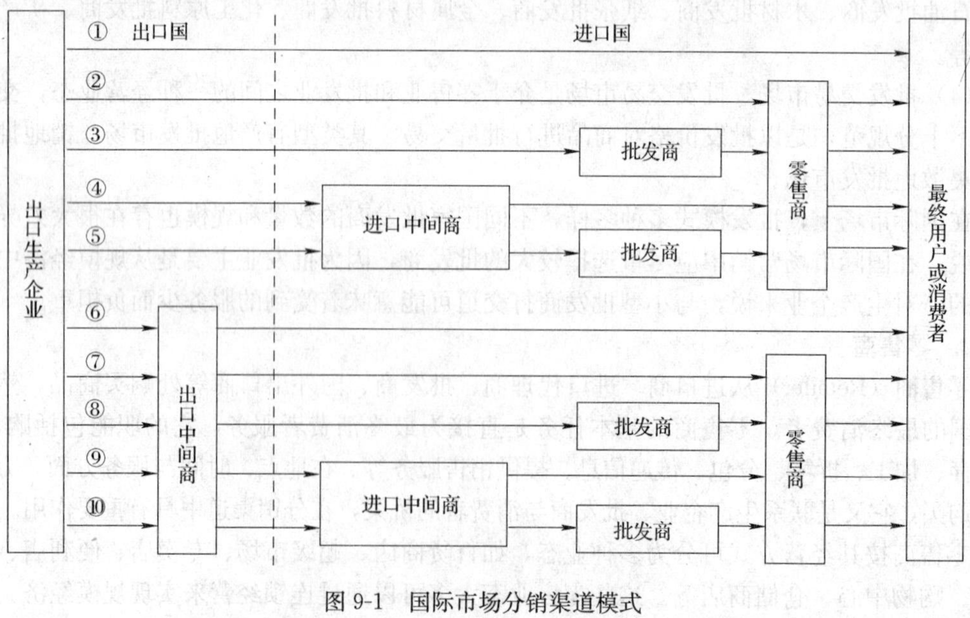

图 9-1 国际市场分销渠道模式

从图 9-1 可以看出，国际分销渠道中的出口中间商和进口中间商包括许多不同性质的渠道参与。图中第①种渠道结构是最短的国际分销结构，未经任何中间层次就完成了商品流通过程，如网上销售，出口生产企业把产品直接卖给国外最终客户；第⑩种渠道结构是最长的国际分销结构，产品必须通过出口中间商、进口中间商、批发商、零售商等多个层次才能完成商品所有权的转移。因此，根据是否包括出口国国内阶段，即是否经过国内中间商环节，国际市场分销渠道又可分为直接出口和间接出口两种模式。出口生产企业的产品不通过出口中间商直接进入进口国的渠道形式称为直接出口形式；通过出口中间商进入进口国的渠道形式则称为间接出口形式。在图 9-1 中的 10 种分销渠道模式中，①～⑤种渠道结构是直接出口形式，⑥～⑩种是间接出口形式。

企业产品在进入国际市场时，应针对各国复杂的环境（不同的经济发展水平、市场特点、竞争状况及历史背景等）慎重地选择和调整分销渠道模式。通常来说，直接出口更利于出口国企业接触和了解东道国的市场情况，便于对环境变化作出及时反应，而且控制力较强，流通环节少、费用低，但需要企业具有相应的资源（能力）和抗风险能力；间接出口与直接出口相比，虽然渠道较为冗长，但利用国内中间商出色的专业能力和良好的市场资源，即使国际市场营销经验和能力不足的企业仍可以成功地覆盖凭自己的力量到达不了的市场，并可以有效地规避风险。

（二）欧美和日本国内分销渠道模式

1. 欧美的分销渠道模式

美国是市场经济高度发达的国家，基本上形成了有秩序的市场。进入美国的产品，一般要经过本国进口商，再转卖给批发商，有的还要经过代理商，由批发商或代理商转卖给零售商，零售商再将产品卖给最终使用者。西欧国家进口商的业务通常限定一定的产品类别，代理商规模通常也比较小，但西欧国家的零售商主体，如百货公司、连锁商店、超级市场的规模都很大，而且经常从国外直接进口。大型零售商的销售网络遍布全国，企业若打算把产品销往西欧各国，可直接将产品出售给这些大型零售商，以节省许多中间商费用，并利用它们的销售网络扩大市场占有率。

2. 日本的分销渠道模式

日本也是高度发达的市场经济国家，但它的分销渠道结构却不同于欧美各国。日本的销售渠道被称为是世界上最长、最复杂的销售渠道。其基本模式是：生产商→总批发商→行业批发商→专业批发商→区域性批发商→地方批发商→零售商→最终使用者。日本的分销系统一直被看做阻止外国商品进入日本市场的最有效的非关税壁垒，任何想要进入日本市场的企业都必须仔细研究。日本的分销体系有以下几个显著特点：①日本的小商店密度高，导致中间商的密度很高；②生产商对分销渠道进行控制；③制造商和中间商之间形成了忠诚、和谐和友谊的日本经营哲学；④注重对小零售商进行保护；⑤传统的零售业正在让位给专门商店、超级市场和廉价商店，便利店与其他零售企业一样正给日本零售业带来一场革命。

第二节　国际市场分销渠道设计

国际市场分销渠道设计（International Distribution Channel Design）是指企业为了实现分销目标而对各种备选的渠道结构进行深入地评估和选择，进而开发全新的分销渠道或对现有的分销渠道进行改进的过程。分销渠道设计过程是由一系列连续的活动所组成，如图 9-2 所示。

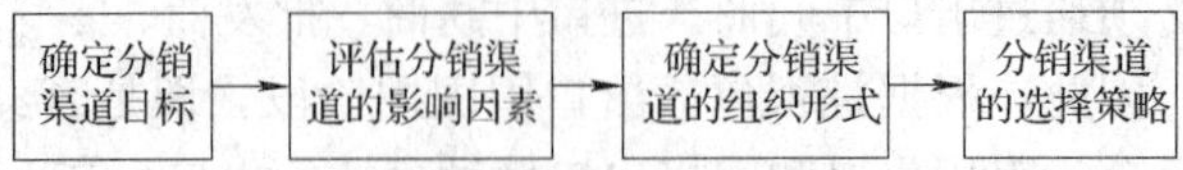

图 9-2 分销渠道设计过程

一、确定分销渠道目标

设计分销渠道是为了更好地达到分销目的，完成分销任务。因此，分销渠道的设计必须与企业的分销目标紧密地结合在一起。渠道的结构是为分销目标而服务的，如果还没有搞清楚分销目标是什么就设计企业的渠道结构，那么再好的模式对企业来讲也不会有太大的作用。企业的分销目标不同，所需要的渠道模式也不会完全相同。如果企业的分销目标是为了节约分销成本，那么它在设计渠道结构时就应该以减少渠道的成本为主要出发点；如果企业的分销目标是为了增加销售量、扩大市场占有率，那么它在设计渠道结构时就应该考虑如何尽可能地增加渠道销售网络的覆盖面，以加大顾客与产品的接触频率。

二、评估分销渠道的影响因素

选择什么样的渠道在国外目标市场上销售商品，不仅由企业的主观愿望和自身条件决定，还要考虑各国社会、政治、经济、文化等发展状况的不同。因此，国际企业在分销渠道的选择中，要综合评价以下影响分销渠道的主要因素：

（一）市场因素

各国由于文化、经济等背景不同，其市场也具有自身的特性，这些特性主要包括市场特征、顾客特性、竞争者特性等方面。市场特征主要是市场集中程度，即市场与顾客在地理上的集中或分散程度。如果市场集中，可采用短渠道或直销渠道；反之，则采用间接渠道或长渠道。顾客特性对分销渠道的设计有重要影响。因为各国顾客的收入、购买习惯及购买频率等千差万别，因此要求采取不同的分销渠道。从顾客的购买习惯和购买频率来看，日用品一般是就近购买，可采用较广泛的分销渠道。对于特殊品，顾客一般是向专业商店购买，不宜采用广泛的分销渠道。如果市场中顾客购买某种商品的次数频繁，但每次购买数量不多，则宜采用中间商。竞争者的渠道策略是国际企业进行渠道设计时需考虑的另一个重要因素。一般采取两种策略：一是建立能与竞争对手相抗衡的分销渠道体系；二是采取与竞争对手不同的分销方式，以获得竞争优势。除非竞争特别激烈，通常同类产品应与竞争者采取相同或相似的销售渠道。

（二）产品因素

产品因素包括标准化程度、物理化学特性、技术复杂程度、时尚性、价格、服务要求等方面，对渠道战略决策和设计具有重要影响。标准化程度高、通用性强的产品适宜采用长、宽渠道；非标准化产品适宜采用短、窄渠道。对体积大、较重、鲜活和易腐烂、易损耗的产品适用短渠道或采用直接渠道、专用渠道；反之，适用长、宽渠道。产品技术越复杂，需要的售后服务要求越高，适宜采用直接渠道或短渠道。时尚性程度高的产品适宜采用短渠道；款式不易变化的产品，适宜采用长渠道。一般地，价格高的工业品、耐用消费品适用短、窄渠道；价格低的日用消费品适用长、宽渠道。技术要求高，需要提供较多客户服务的产品，如汽车、机电产品等，较宜采用直销的方式。

（三）企业因素

企业因素涉及企业的规模、财务状况、产品组合、营销政策等。一般来说，企业的规模越大，越容易取得中间商的合作，因此，可选择的渠道方案也越多；如果企业的财务状况好、资金实力强，可自设销售机构，少用中间商；反之，财力薄弱的企业需要借助中间商进入国际市场。企业的产品组合中的种类多、差异大，一般要使用较多的中间商；如果产品组合中的产品线少而深，则使用独家分销比较适宜。如果企业的渠道管理能力和经验丰富，控制渠道的愿望强烈，则应选择短而窄的渠道；如果企业的渠道管理能力较低，控制渠道的愿望不强烈，则应选择长而宽的渠道。企业的营销政策也对分销渠道的选择产生影响，如果企业奉行的是快速交货的客户政策，就要选择尽可能短的分销渠道。

（四）环境因素

环境因素一般包括东道国的法律环境和经济环境。就法律环境而言，东道国的法律和政府规定可能限制某些分销渠道，如专卖制度、进出口规定、反垄断法、税法等。又如，税收政策、价格政策等因素都影响企业对分销渠道的选择，诸如烟酒实行专卖制度时，这些企业就应当依法选择分销渠道。一些发展中国家规定某些进出口业务必须由特许的企业经办；有些国家或地区规定要对代理商征收代销税。就经济环境而言，当一国经济萧条和衰退时，一般可采用短渠道，以低价格将产品尽快销售给最终消费者；若经济形势好时，可以考虑采用长分销渠道。

（五）中间商因素

与渠道结构相关的中间商因素包括中间商的实力、使用中间商的成本以及中间商所提供的服务。其中，中间商的实力是国际企业在设计分销渠道时应考虑的重点。每一个企业都希望有实力的中间商能够加盟自己的分销渠道，如果选择的中间商实力较强，那么企业在进行国际市场开发时就可以把许多事情交给中间商来完成，从而省去不少精力和成本，这样企业就可以采取较短的渠道模式，尽可能少的使用中间商。如果企业需要中间商提供的服务越多，对中间商的要求也就越高，在设计分销渠道时就可能采取较短的渠道结构。如果企业认为，为提供一定的服务而使用中间商的成本过高，那么在渠道结构中就会减少使用中间商。

【实例 9-1】

苏宁电器全方位接轨国际营销渠道

2009 年，苏宁电器在与国际营销渠道接轨方面动作频频。2009 年 9 月 17 日，苏宁电器与日立彩电签署独销合作协议；9 月 18 日，与全球最大耳机配件商森海塞尔（Sennheiser）签署直供协议。

苏宁电器透露：在双方签署独家销售战略合作协议之后，日立在一、二级市场已经逐步从其他连锁渠道撤场，拆除展台、撤出样机和促销员。日立今后将把所有终端销售和售后服务的工作委托给苏宁电器，撤销终端促销人员的编制，这将使日立的市场运营成本得到大幅度的降低。此前业内人士曾分析，日立是由于自身渠道之困才作出如此选择的。日立数字映像（中国）有限公司总经理绪方浩一表示，中国市场的差异性比较大，当前金融危机要求日立对现行的渠道模式进行调整，压缩网络覆盖，降低营销成本。继惠而浦空调热水器、伊莱克斯洗衣机与苏宁电器进行独家承销合作后，与日立的合作再次充分显示了苏宁电器欲与国际通行的渠道运营模式全方位接轨的决心。

与此同时，继惠普、联想、三星之后，森海塞尔也成为了苏宁电器在中国3年内唯一直供渠道商，森海塞尔耳机则成为苏宁第一个采取直供合作模式的3C配件类品牌，双方计划第一年实现10万只耳机的销售规模。森海塞尔大中华区总裁马克表示，目前国内耳机产品的销售主要集中在IT渠道，占比达80%。但传统渠道假货、水货多，服务不规范，不仅给企业形象带来负面影响，也对消费者利益造成损害，不利于行业的健康持续发展。"苏宁与森海塞尔直供合作模式的创新，表明以往被普遍忽视的3C配件产品的代理分销制首次被渠道直供模式取代。"中国家用电器研究院有关人员表示，这既减少了产品在流通环节上的成本，又保证了产品的正版品质，将对中国3C市场的营销模式产生深远影响。

（根据以下资料整理：申海洋．苏宁电器全方位接轨国际营销渠道［N］．民营经济报，2009-9-21（10）．）

三、国际市场分销渠道的组织形式

国际企业为实现其既定的分销目标，必须建立一个高效率、高效益的分销网络系统。在某一分销渠道中，国际企业与中间商之间的关系不同，也就决定了分销渠道在组织形式上存在着一定的差别，这种差别最终会影响国际企业以何种方式管理分销渠道。

（一）垂直分销系统

垂直分销系统（Vertical Distribution System）是指由生产者、批发商和零售商组成的一种统一联合体，每个成员把自己视为分销系统中的一分子，关注整个垂直系统的成功。一般分为公司型、契约型和管理型三种类型，其各自的优缺点见表9-1。

表9-1 公司型、契约型和管理型分销系统优缺点比较

分销类型	优点	缺点
公司型	渠道效率高，结构稳固；减少营销环节和程序，降低分销成本，提高渠道整体的效能和效益	渠道管理权限过于集中，缺乏灵活性和适应性；管理的链条长，管理费用增加、难度加大
契约型	克服了批发与零售分散经营、力量单薄的缺陷；解决分销渠道成员之间的矛盾，降低分销成本和风险	各成员之间可能会为各自的利益争夺而发生矛盾，影响渠道的效率和秩序
管理型	有助于核心企业制定和实施商品市场开发战略，并吸引渠道各个成员积极参与建设	核心企业管理控制的难度大，如果管理系统设计不好，渠道成员会各行其道，管理就难出效益

1. 公司型垂直分销系统（Corporate Vertical Distribution System）

国际企业对分销系统施加高度控制，在确定好各环节的渠道成员后，通过购买其股票以控股方式取得部分所有权、支配权，最终将整个分销系统融制造、批发、零售为一体。选择建立这种分销系统，需要国际企业拥有巨大的经济实力。例如，国外许多大型食品连锁公司，15%～20%的货品由其自营的加工机构购进；著名的假日旅馆（Holiday Inn）也逐渐改变成一个“自我供给”的网络系统，包括地毯厂、家具厂以及许多中间分配机构。

2. 契约型垂直分销系统（Contractual Vertical Distribution System）

在国际企业掌握某种产品的制造生产权力，确信以联合经营可以使双方获得比独立经营更多的收益后，对批发或零售商发放特许证，以此来建立分销系统。例如，福特汽车公司利用发放许可证的方式，让经销商经销福特汽车而建立的分销系统；可口可乐公司向位于不同地区的灌装厂发放许可证，并售给糖浆浓缩液，经过碳化处理、装瓶后再出售给零售商，从而建立起通往世界各地的分销系统。采用这种方式建立分销系统，取决于国际企业是否掌握制造生产权。

3. 管理型垂直分销系统（Administered Vertical Distribution System）

国际企业利用自身所具有的规模、信誉或自己产品的品牌知名度来管理或协调其他渠道成员的行为。例如，美国通用电气公司（GE）、柯达（Kodak）和吉列（Gillette）等公司要求经销商在陈列、促销及价格政策上都按公司规定采取相互一致的行动，不仅对其所确定的各分销渠道成员的行为作出有效地协调，而且可以从这些经销商那里得到诸如产品陈列、提供最佳货架、主动采用各种促销手段和价格政策等各方面的积极合作。

（二）水平式分销系统

水平式分销系统（Horizontal Distribution System）是指分销渠道内同一层次的若干制造商之间、批发商之间、零售商之间采取横向联合经营形式，合作或合资创造新的营销机会，组成新的渠道系统组织。水平式分销系统形成的原因主要有：任何一个公司都无力单独积聚巨大的生产资金、技术、生产及营销设施，以从事经营某项特定的产品服务；由于风险太大，不愿单独冒险；由于市场的变动、竞争的激烈、工艺技术迅速改变的威胁；由于需要他人所拥有的技术或营销资源；由于预期联营所能带来的综合效果更大等。例如，甲企业有生产和广告宣传上的经验，并且掌握一批市场畅销的产品生产权力，乙企业则在分销渠道上有一个强大的网络系统。双方联合起来就可以共享产品生产和销售所带来的协同效益。

四、国际市场分销渠道的选择策略

国际企业应遵循畅通高效、适度覆盖、稳定可控以及经济性等基本原则，并根据影响国际市场分销渠道选择的主要因素来选择适合的分销渠道，一般有以下三种类型的分销渠道策略可供选择：

（一）长渠道策略和短渠道策略

分销渠道的长短是相对而言的，它由是否选用中间商，以及选用多少中间商构成几个中间环节来决定。没有中间环节的分销渠道是最短的，而包括所有中间环节（出口商、进口商、批发商、零售商）的分销渠道是最长的。从加快产品流通速度、减少损耗、降低费用的角度考虑，应采用短渠道策略。但从产品生产与消费或使用在时间和空间上的不一致、生产单一化与消费多样性等方面存在的矛盾上考虑，如果用中间环节过少的短渠道策略，则建立的分销渠道会使商品难以顺利通过，从而造成渠道受阻、费用增大。所以选择长短不同的分销渠道不仅要从取得最大经济效益的角度出发，还要从解决生产、消费的矛盾上多加考虑。长渠道和短渠道的适用范围及优缺点见表 9-2。

表 9-2 长渠道和短渠道的适用范围及优缺点比较

渠道类型	适用范围	优点	缺点
长渠道	适合日用品的分销	市场覆盖面广；厂商可利用中间商的丰富资源广布网点	厂商对渠道的控制程度较低；产品流通成本较高、价格竞争力低；对渠道成员的管理难度大
短渠道	适合专用品、时尚品、鲜活品和顾客较集中的市场	对渠道的控制程度较高；流通成本较低	厂商需承担大部分或全部渠道职能；市场的延伸力度有限，覆盖面较窄

（二）宽渠道策略与窄渠道策略

分销渠道的宽度取决于在渠道中间环节上中间商数目的多少，中间商数目越多，则分销渠道越宽；否则，分销渠道越窄。选择分销渠道的宽窄一般有以下三种策略：

1. 密集性分销

密集性分销（Intensive Distribution）又称为广泛性或普通性分销，采用这种策略的具体表现是：国际企业选用尽可能多的中间商经销自己的产品，以达到最广泛地占领目标市场的目的。在国际市场中，价格不高但购买频率高的日用品、大部分食品、工业品中的标准化和通用化商品、易耗品等多采用这种分销策略。

2. 独家分销

独家分销（Exclusive Distribution）是指在特定的市场区域选择一家中间商经销其产品，这是一种最为极端的专营性分销。由于产品本身技术性强，使用复杂而独特，所以需要一系列的售后服务和特殊的推销措施相配套，使国际企业在一个目标市场只选择一个中间商来经销或代销它的产品。在国际市场中，如汽车、家用电器、计算机和办公设备、照相器材等多采用这种策略。

3. 选择性分销

选择性分销（Selective Distribution）是介于密集性分销与独家经销两种渠道之间的一种宽渠道策略。国际企业在特定的时期和市场区域内，从愿意合作的众多企业中选择少数几个条件好的批发、零售企业作为自己的中间商。消费品中的选购品、特殊品，以及工业品中专业性较强，对售后有一定要求的设备和配件多采用这种分销策略。

采用以上三种分销策略的优缺点见表 9-3，国际企业应根据不同的产品和具体的实际情况合理选择。

表 9-3　密集性分销、独家分销和选择性分销的优缺点比较

分销策略	优　点	缺　点
密集性分销	市场覆盖率高	产生的费用较大；中间商数目众多，企业难以控制渠道行为
独家分销	容易控制渠道行为；有利于维持市场的稳定性；提高产品身价和销售效率	缺乏竞争，顾客满意度可能受到影响；中间商对厂商的反控力较强
选择性分销	相对节约成本并能较好地控制渠道行为；可以集中使用资源，获得更多利益	市场渗透力比密集性分销有所减弱

（三）直接渠道策略与间接渠道策略

直接分销渠道是生产企业直接向消费者或用户出售产品而不经过任何中间环节的一种分销渠道，是一种最短也最原始的分销渠道，其基本模式为：生产者→消费者。直接分销渠道可以使企业迅速获得信息的反馈，及时了解国际市场的动态，据以制定适宜的营销策略。企业通过直接分销渠道参与国际市场的竞争，建立和开拓自己的销售网络，独立地进行出口管理，对国外的营销有了较大的控制权，有利于企业根据自己的战略目标，对国外的营销活动作出适宜的调整。企业选择这一策略，一般是从节约费用、降低损耗等角度来考虑的。例如，在 42 个国家销售的安利，利用直销手段成功地进入了拉丁美洲和亚洲市场；雅芳则是另一个在国外取得巨大扩张的美国公司；戴尔公司的竞争优势主要来自于它的独特经营方式——直销，即顾客通过电话、邮信以及互联网直接向公司订购计算机，而不经过分销商或代理商的中间渠道。

如果在生产与消费两极中增加一个环节，这样的分销渠道即为间接分销渠道。是否增加中间环节，取决于产品是否适合生产者直接向用户出售。目前，许多生活和生产资料，满足国内或国外市场的商品都是通过间接分销渠道来完成流通过程的。当决定采用间接分销渠道策略后，就要考虑中间商的选择问题。

第三节　国际市场渠道成员的管理

在国际企业确定其分销渠道采用的组织形式后，就要对这一分销渠道进行管理，使渠道达到最大的运行效率。分销渠道成员的管理是国际分销渠道管理中十分重要的一个环节，如果企业决定使用国际中间商，就需要对具体的中间商作出选择，以确保企业高效率地完成国际市场营销目标。分销渠道成员管理的主要内容包括：寻找中间商、选择中间商、对中间商的激励、对中间商的评估、调整渠道成员等几个方面。

一、寻找中间商

企业寻找中间商有很多渠道，如外国政府机构、国外领事馆、常驻国外的商务团体、中间人团体及银行、顾客和杂志、期刊等。制造商也可以通过更为直接的方式来吸引分销商，如登载广告和参加贸易展览会。企业还可以用代理商机构或咨询公司提供服务来挑选分销商。例如，美国专门设立了两种寻找外国代理人的服务方式：代理商（或分销商）服务和世界交易商数据报告。代理商（或分销商）服务（A/DS）是用来寻找对美国企业递交的出口协议感兴趣的外国企业。世界交易商数据报告（WTDR）则提供了具体的国外企业的贸易

概览及由商务部对可靠的外国企业进行调查后的一般描述性报告。

二、选择中间商

国际企业的分销渠道有哪些中间商参与，这实际上是一个“双向选择”的问题。中间商必须拥有畅销产品，才能立足于市场；国际企业要更好地将产品送到用户手中就必须建立相应的分销渠道，而渠道的效率与中间商素质有很大关系，必须认真选取。中间商的选择是一项艰难的工作，一旦误选后果很难预料。企业要在国际市场调研的基础上充分了解可供选择的中间商的特点和功能，根据企业的国际市场营销目标和要求、产品特点、母国与东道国的进出口贸易政策、国际市场特点和国际惯例，制定选择中间商的标准，然后从符合这些标准的企业中逐一选出所有中间商。选择中间商时应考虑以下几个主要因素：

（一）财务状况和管理水平

如果中间商财务状况不佳，流动资金短缺，往往很难保证履约和守信。了解中间商财务状况的方法之一是审查其财务报表，特别是对流动资金、负债情况等的判断。当然，财务报表并非全面可靠，还可借助其他相关的指标，如销售额等。此外，中间商的管理水平决定其营销效率和效果，会直接影响产品的销售业绩及市场声誉。因此，选择中间商时应充分考察其经营作风和人员素质等条件。

（二）地理位置和规模

中间商所处的地理位置应有利于产品的运输、存储和推销，一般应选择那些顾客流量大、交通便利的地点。中间商销售网点和销售代理人的数目越多，其销售能力相对越强，国际企业与之合作的成功性越大。

（三）专业条件和业务范围

中间商应具备掌握相关产品、顾客、竞争者和行业特点等专业知识的条件，这样才能迅速打开市场，节约成本，有效完成分销任务。此外，中间商的经营范围和销售覆盖区域应与国际企业销售的产品及目标市场一致，其客户也应与国际企业的目标顾客相一致。

（四）信誉

诚实守信是对中间商最基本的道德要求。中间商如果没有良好的商业道德和信誉，不仅自身难以长期生存，还会破坏与之合作的国际企业的声誉和形象。信誉的衡量比较抽象，应通过中间商的顾客、供应商、主要对手和当地其他商业伙伴的反馈信息等进行综合考察。

（五）合作态度

中间商必须具有积极的合作态度和意愿，否则难以实现国际企业预期的分销目标。有的中间商尽管拥有健全的分销网络，但如果它对制造商的产品分销不够重视，其所提供的货架空间、商品陈列位置等就难以达到理想水平，制造商也应考虑其他的选择。因此，再优秀的中间商，如果没有强烈的合作意愿，不肯投入热情和努力，也是不能帮助企业迅速打开市场的。

企业按照其制定的标准找到初步符合标准的中间商名单后，应对其进行逐一论证和筛选，筛选的最好方法是面对面的晤谈。当找到合适的中间商后，双方应签署协议书或合同，以明确分销的形式、内容、双方的权利和义务等。

三、对中间商的激励

选定中间商后，分销渠道也随之建立，企业必须采用各种措施充分调动中间商的积极性。中间商与国际企业之间的关系随国际企业选择渠道的组织形式不同而有很大区别。例如，在统一垂直分销系统中，国际企业与各中间商的基本利益一致，只要明确各自的地位、作用即可为达到最大分销渠道整体效益而努力。而在其他形式的分销系统中，中间商是一个独立经营者，有自己的营销目标，所以企业要随时克服自己利益与中间商利益不一致而产生的矛盾，更应采取各种措施来调整相互关系。例如，给中间商取得较高利润的机会、提供优惠的供货条件、给予广告等促销活动费用上的经济支持等。

对分销中间商的激励不仅包括给予丰厚的报酬，还包括人员培训、信息沟通、感情交流、给中间商独家专营、共同开展促销等。在很多情况下，制造商只注重利益的刺激，如销售利润、折扣、奖赏、销售比赛等。如果高报酬的刺激方法未能发生作用，往往改用惩罚的办法，甚至中止双方的合作关系。不少国际企业对中间商采取“胡萝卜加大棒”的赏罚策略，来不断地激励他们。实际上，制造商应更多地保持与中间商的沟通与联系，努力与其建立长久的合作关系。对中间商的激励方法总结见表 9-4。

表 9-4　中间商的激励方法

相互交流方面的激励	工作、计划、关系方面的激励	扶助方面的激励
1. 提供最新产品； 2. 定期的私人接触； 3. 定期的信息交流； 4. 经营磋商	1. 理解经销商的困难； 2. 经常交换意见； 3. 一起进行计划工作； 4. 承担长期责任； 5. 安排经销商会议	1. 提供销售人员； 2. 提供广告和促销支持； 3. 培训推销人员； 4. 提供市场调研信息； 5. 融资支持

【实例 9-2】

华硕电脑：帮助经销商成长

华硕电脑是全球领先的 3C 解决方案提供商之一，致力于为个人和企业用户提供最具创新价值的产品及应用方案。华硕的产品线完整覆盖至笔记本电脑、主板、显卡、服务器、光存储、有线/无线网络通信产品、LCD、PDA 随身电脑、手机等全线 3C 产品。遍布全球 20 多个国家和地区的分支机构，10 万余名员工，共同将华硕打造成年营业额超过 165 亿美元的信息产业巨擘。对此，华硕电脑中国业务事业群总经理许佑嘉认为这是华硕和代理商一起成长的结果。

在建立分销渠道的过程中，华硕更愿意找到一些有心无力、有发展潜力的对象，帮助他们一起成长，使得经销商在任何时候都能和厂商志同道合。看到代理商除了获利外，还有成长的迫切需要，华硕就从各个方面给予他们帮助：

(1) 全面培训。华硕不仅直接对区域独家代理商进行培训，还帮助他们对下面的经销商，也就是分布在各地的装机商进行培训。培训不仅包括华硕的产品知识、营销技巧，还涉及管理方面的内容。华硕与代理商们分享自己在全球运营的成功经验，开阔他们的管理思路，教给他们管理方法，并与具体的实践挂钩，帮助他们全面提升管理水平。

(2) 关注过程。“我们不是只盯着结果，等到一个季度或者是半年过后，代理商的业绩没有达到目标，就把他给开了。而是频繁地与他们沟通，了解他们的困难所在，并给予相应的资源支持。”一般来说，华硕会和代理商一起进行产品销售规划，将每年的大方向定好，并在必要的时候进行相应调整。如果完成既定的目标有困难，就给予一些额外支持。

(3) 帮助改善。华硕不仅随时保持与代理商的双向沟通，而且还深入到终端用户中听取他们的反馈意见。然后及时提醒代理商在运作发展过程中出现的问题，协助他们改善经营管理上的某些不足甚至毛病。

（根据以下资料整理：赵永安．案例分析：华硕电脑帮助经销商成长［OL］．http：//www.chinavalue.net/Blog/223861.aspx，2009-10-23.）

四、对中间商的评估

要使渠道中的所有中间商明确了解他们也处于一个优胜劣汰的竞争状态之中，国际企业应经常性地对分销渠道成员加以考查和评估。企业可以确立一些标准来加以对照衡量，通过这些指标的分析来发现问题、进行诊断和改进。对中间商的绩效评估指标主要有以下七个方面：

（一）销售额

销售额主要考查中间商在上一年度是否完成了既定的销售目标，是否实现了既定的销售增长率，以及是否为企业争取了较高的市场渗透率。

（二）利润

利润实际上是考查中间商为完成既定的销售额而使企业投入的成本费用，包括各项支持和服务的成本及企业为此所投入的时间和精力等。

（三）能力

这里的能力是指中间商是否具备销售企业产品所需的经营素质和技能，是否充分了解企业的产品和服务，是否了解竞争对手同类产品和服务的优缺点。

（四）合作态度

合作态度主要考查中间商对事先签订的合同或协约的履行情况，对企业制定的各种程序和步骤是否遵照执行，是否积极参与企业举办的各项计划制定和工作会议。

（五）适应程度

适应程度主要考查中间商能否把握市场发展趋势，并及时调整自己的经营活动，是否具备较强的创新能力去销售企业的产品和服务，能否采取有效措施抓住市场机会，避开环境威胁。

（六）顾客满意度

顾客满意度主要是指顾客对中间商的评价，如抱怨、投诉等。同时，还要考查中间商能否代表企业向顾客提供良好的产品和服务支持，以及在使顾客满意方面中间商所做的努力，尤其是超出企业规定范围内的额外努力。

（七）潜力

潜力主要考查中间商与企业之间的业务是否平稳增长，中间商在未来几年能否成长为企业的主要利润来源，以及下一年中间商能否为企业提供比其竞争者更多的收益等。

对于可以量化的指标，常用的评估方法有两种：一种是历史比较法；另一种是区域比较法。历史比较法是将渠道系统或渠道成员的当期销售绩效与上期的绩效进行比较，并以整体市场的升降百分比作为评价标准。区域比较法是将各中间商的绩效与该地区基于销售潜量分析所设立的配额相比较，即在销售期过后，根据中间商的实际销售额与其潜在销售额的比率，将各中间商按先后名次进行排列。还有一些指标比较抽象，难以量化，企业应在综合评估的基础上，分析不合格的中间商是其自身努力不足造成的，还是消费者购买力下降、竞争对手激烈进攻、主力推销员跳槽或退休等因素导致的。如果是前者，必须采取可能的补救方法并保证绩效欠佳的中间商在一定时期内有所改进；否则，就要进行渠道成员的调整。

五、调整渠道成员

分销渠道各成员之间既存在合作，又存在着矛盾和竞争，企业除了让各中间商了解企业本身的目标政策外，还应平衡各成员之间的关系，彼此互相协调，共同受益。对效率低下、经营不善，对渠道整体运行有严重影响的中间商，可考虑予以剔除。有必要的话，还可以考虑另选合格的中间商加入渠道。有时，因竞争者的渠道宽度扩大，使自己的销售量减少，也应增加每级中的中间商的数量。对中间商的调整主要有以下几种方式：

（一）增减渠道成员

增减渠道成员是指对现有销售渠道里的中间商进行增减变动。企业要分析增加或减少某个、某些中间商会对产品分销、企业收益等带来什么影响以及影响的程度。例如，某一地区个别中间商的销量很低，企业的投入可能已经超过中间商为企业创造的利润，从经济性标准考虑，应剔除这些中间商，但剔除这些中间商可能会使其他中间商感到不安，从而影响积极性；同时，剔除的这些中间商也可能被企业的竞争者所利用，从而削弱企业在这一市场的竞争能力。如果在某一地区增加中间商，除了要考虑增加中间商给企业带来的销量增加外，还要考虑对该地区原有中间商可能产生的影响。如果影响到原有中间商的既得利益，他们可能会产生抵触情绪，降低积极性，从而影响他们与企业的合作态度等。

（二）增减销售渠道

如果增减渠道成员不能解决问题，企业可以考虑增减销售渠道的做法。在决定增减销售渠道之前，必须对可能带来的直接或间接反应以及效益进行广泛的分析。有时，撤销一条效率不高的渠道比开辟一条新的渠道难度更大。

（三）变动分销系统

变动分销系统是指企业对原有的分销体系、制度进行通盘调整。这类调整难度最大，因为它不是在原有渠道基础上的修补和完善，而是改变企业的整个分销政策，这种调整可能带来市场营销组合有关因素的一系列变动。例如，企业为了实现前向一体化策略，由企业自己完全承担产品的销售任务，以替代原来所选的独立经销商。这样，企业的分销渠道将由间接渠道变为直接渠道，这时企业在产品定价、服务方式等方面需要作较大的调整，企业也将承担更大的促销任务。使用全新的分销渠道能否取得更好的经营效果无法准确预知，这就意味着企业需要承担一定的风险。因此，企业在选择全新的分销渠道时，应在详细调研论证的基础上逐步进行，以免引起顾客的流失和销量的波动。

增减渠道成员属于结构性调整，着眼点在于增加或减少某些中间层次或具体的中间商；增减销售渠道和变动分销系统属于功能性调整，目的是将任务在一条或多条渠道的成员中重新分配。中间商是否需要调整以及调整到什么程度，取决于销售渠道与分销任务是否平衡。此外，顾客购买方式的变化、市场的扩大或缩小、产品生命周期的更替、新的竞争者兴起以及分销政策的变化，也常常会对企业提出调整中间商的要求。

第四节　国际物流

一、国际物流概述

（一）物流及国际物流的概念

物流（Logistics）是物品从供应地向接收地的实体流动，是保证正确的商品在正确的时间、以良好的状态和合理的成本转移到正确地点的企业活动。物流的职能包括订单处理（Order Processing）、仓储（Warehousing）、运输（Transportation）和库存管理（Inventory Management）。

国际物流（International Logistics，IL）是指不同国家之间的物流，其狭义的理解是当供应和需求分别处在不同的地区和国家时，为了克服供需时间和空间上的矛盾而发生的商品物资实体在不同国家之间跨越国境的流动。国际物流伴随着国际贸易的发展而产生和发展，并成为国际贸易的重要物质基础，各国之间的相互贸易最终必须通过国际物流来实现。此外，如各国之间的邮政物流、展品物流、军火物流等也构成了国际物流的重要内容。国际物流是国内物流的跨国延伸和扩展。

无论是国内物流还是国际物流，其价值基础来源于物流的四大效用：

（1）形式效用（Form Utility），即通过制造、生产和组装以改变产品形式而形成的效用。

（2）地点效用（Place Utility），即物流活动通过把货物从生产地运送到消费地而形成的效用。

（3）时间效用（Time Utility），物流活动按照顾客所需要的时间送达，就会产生时间效用，过早送达则产生仓储成本，过晚送达又形成缺货成本。

(4) 占有效用（Possession Utility），即物流通过市场营销活动，促进顾客拥有产品而形成的效用。

（二）国际物流的作用

国际物流最大的特征是物流跨越国界，即物流活动是在不同国家之间进行的，所以国际物流的存在与发展可以促进世界范围内“物”的合理流动，可以使国际间物资或商品的流动路线最佳、流通成本最低、服务最优、效益最高；同时，由于国际化信息系统的支持和世界各地域范围的物资交流，国际物流可以通过物流的合理组织来促进世界经济的发展，改善国际间的友好交往，并由此推进国际政治、经济格局的良性发展，从而促进整个人类的物质文化和精神文化朝着和平、稳定和更加文明的方向发展。

（三）国际物流的特点

1. 物流环境的差异性

国际物流所面临的环境相对于国内物流来说具有很大的差异性。这种差异来自多方面因素：不同的国家、不同的地区适用的法律法规不同，操作规程和技术标准不同，地理、气候等自然环境、风俗习惯等人文环境不同，经济和科技发展及各自消费水平不同，等等。这些具有显著差异的物流环境使得国际物流系统的建立必须同时适应多个不同的法律法规、人文、习俗、语言、科技发展程度及相关的设施，由此国际物流相对于国内物流来说，要形成完整、高效的物流系统难度更大。

2. 物流系统范围的广泛性

国际物流系统不仅具有物流本身复杂的功能要素、系统与外界的沟通因素，而且还要面对不同国家、不同地区错综复杂的变化因素。国际物流涉及广阔的地域空间和诸多内外因素，需要较长的时间，难度较大的操作过程，以及面临较大的风险。国际物流系统范围的广泛性使得相关的现代化技术的开发与使用显得尤为重要，现代化信息系统技术可以尽可能降低物流过程的复杂性，减少其风险性，从而使国际物流尽可能提高速度，增加效益，并推动其发展。

3. 要求物流信息化具有先进性

国际物流所面对的市场变化多、稳定性小，所以对信息的提供、收集与管理具有更高的要求，必须要有国际化信息系统的支持，而建立技术先进的国际化信息系统成为发展现代国际物流的关键所在。国际企业会面临一系列困难，如管理技术难度高，投资数额巨大，世界各国、各地区信息技术水平参差不齐等。只有逐一解决这些困难，才能建立起符合现代国际物流需求的物流信息支持系统。

4. 要求物流标准化具有统一性

国际物流要使国际间物流互相接轨，并畅通起来，有一个必要条件是标准统一。在国际流通体系中，应当推行国际基础标准、安全标准、卫生标准、环保标准及贸易标准的进一步统一，并在此基础上制定并推行运输、包装、配送、装卸、储存等技术标准，从而提高国际物流的标准化水平。

二、国际物流系统的组成

一般来说，国际物流系统由商品的包装、储存、运输、检验、外贸加工及其前后的整理、再包装以及国际配送等子系统构成。国际物流主要通过其中的储存和运输过程实现其自身的时空效应。

（一）商品包装

在国际物流系统中，商品包装的主要作用是保护商品、便利流通、促进销售。商品的商标与包装不仅反映了企业的经营水平与风格，也是一个国家综合科技文化水平的直接反映。在对出口商品包装进行设计及具体包装作业中，应将包装、储存、装卸搬运、运输等物流各环节进行系统分析，全面规划，实现现代国际物流系统所要求的“包、储、运一体化”，从而提高整个物流系统的效率。

（二）商品储存

商品流通是一个由分散到集中，再由集中到分散的流通过程。储存克服了商品使用价值在时间上的差异，创造商品的时间价值。商品的储存地点可以是生产厂成品库，也可能在流通仓库或国际转运站点，而在港口、站场储存的时间则取决于港口装运系统与国际运输作业的有机衔接。由于商品在储存进程中有可能降低其使用价值，而且需要消耗管理资源，因此必须尽量缩短储存时间，加快周转速度。

（三）国际货物运输

国际货物运输是国际物流系统的核心，创造物流的空间效应。通过国际货物运输实现商品由发货方到收货方的转移。国际货物运输是国内运输的延伸和扩展，同时又是衔接出口国运输和进口国货物运输的桥梁与纽带。相对于国内货物运输来说，国际货物运输具有路线长、环节多、涉及面广、手续繁杂、风险性大、时间性强、内外运两段性和联合运输等特点。现代物流业的迅速发展与运输业的技术革命紧密相关，特别是集装箱技术的推广应用给国际物流业的发展带来一场深刻的革命，极大地提高了国际物流系统的效率。

（四）进出口商品装卸与搬运

在物流系统中，装卸搬运主要指垂直运输和短距离运输，其主要作用是衔接物流其他各环节的作业。货物的装船、卸船、商品进库、出库以及在库内的搬、倒、清点、查库、转运、转装等都是装卸与搬运的重要内容。提高装卸搬运的作业质量和作业效率，可以有效地减少物流各环节之间的摩擦，提高物流系统的效率，降低物流成本。

（五）进出口商品的流通加工与检验

商品在流通过程中的检验与加工，不仅可以促进商品销售、提高物流效率和资源利用率，而且还能通过加工过程来保证并提高进出口商品的质量，扩大出口。流通加工既包括分装、配装、拣选、刷唛等出口贸易商品服务，也包括套裁、拉拨、组装、服装烫熨等生产性外延加工。这些加工不仅能最大限度地满足客户的多元化需求，而且还能增加外汇收益。进出口商品的检验是对卖方交付商品的品质和数量以及包装等实施检验，以确定交货的品质、数量和包装是否与合同规定的一致。有时还需对某些商品进行安全、卫生的检验；对动植物及其产品实施病虫害检疫；对进出口商品的残损状况和装运某些商品的运输工具等也需进行检验。

三、国际物流系统设计和选择的原则

在国际市场上，物流管理的难度比国内市场大许多，在设计和选择实体流通系统时，既要顾及产品、市场、营销渠道和中间商的现状，加强对现状的适应性，又要考虑由于市场环境或产品的变化，特别是现代通信、交通运输、自动化技术、集装箱化等对物流系统产生深远影响。节约成本、快速反应永远是国际物流的目标，为此国际市场商品物流系统的设计和选择，应把握以下四个基本原则：

（一）系统性原则

物流管理既不等同于企业的运输管理、储存管理、搬运管理等单项职能管理，也不是它们简单而机械的叠加，而是把分散的产品实体活动转变为协调有序的系统活动。因此，企业的实体流通必须纳入企业营销总系统进行综合管理，即围绕目标市场的需要，将其与企业产品开发、定价、促销和渠道选择等策略结合起来，与不断发展变化的客观环境相适应，与所有实体流通要素相协调，最大限度地发挥实体流通系统的整体功能，以实现最佳的综合效果。

（二）服务性原则

物流活动既是一种生产性活动，又是一种特殊的服务活动。在国际市场上，实体流通过程中向顾客提供的服务水平是影响顾客购买的关键因素之一。一般来说，服务水平越高，预期的销售量水平也越高。为开拓国际市场，企业在商品实体流通系统的设计和选择上，必须树立服务观念，开展多项营销服务，如定点定时送货、货损担保、缩短订货周期、提供应急发货、缩小发货批量和增加发货次数、代客户储存、拼配配套供应、拆零和配装、通报订单执行情况、实体流通咨询等。向顾客提供的服务水平越高，预期的销售量水平越高，但所产生的费用成本也越高，企业的决策者应全面地认识这种成本与销售额之间的关系，在成本许可的范围内提供高质量、多品种的服务。

（三）经济性原则

物流管理是企业降低成本的重点。据西方营销学家估算，物流成本约占全部营销成本的50%以上，其节约潜力比其他任何市场营销环节都要大得多。有些企业将降低实体流通成本视为“第三利润源泉”。实行经济性原则，就是要在进行实体分配决策时，全面考虑成本与效益之间的关系，尽量以最少的成本，实现最大限度的效益，以取得理想的经济效益。

（四）灵活性原则

物流系统处于一个动态的国际储运环境之中，不仅市场需求、竞争态势、交通运输技术等会发生变化，而且实体流通系统本身所有因素也不可能一成不变。因此，一个有效的物流系统必须具有充分的弹性，既要适应企业产品、市场、营销渠道以及中间商的现状，又要对市场环境和产品的变化具有较强的应变能力。

四、国际物流的管理决策

国际物流管理主要包括订货决策、存货控制、仓库管理及运输方式的选择等。这三方面所涉及的成本相互关联。例如，随着仓库数量的增加，运输成本会下降，但存货成本会上升；而降低存货成本往往带来运输成本的提高。显然，企业必须综合考虑这三方面内容，根据相关成本和期望的服务水平作出统一有效的物流决策。

（一）存货决策

企业在进行存货决策时，必须了解应在何时订货和订货数量的多少。应确定科学的订购点和订购量，订购点和订购量一般要权衡库存不足造成的服务缺口和积压造成的成本风险。对试图缩短顾客反应时间的企业而言，合理的商品储存量尤为关键，好的存货决策能够有效调节生产（或采购）与销售之间的时间背离。

1. 订购点决策

存货的基本性质是在当期内随着提取而降低，因此企业的管理人员需要决定在何种剩货水平时就必须发出新的订单，以避免出现完全缺货，这里的"剩货水平"就是订购点。如果订购点为20，则表明企业所存货物降到20单位时，就必须发出订单，以保持应有的存货量。订购点取决于订购前置时间、使用率、服务水平以及其他因素。

（1）订购前置时间（Lead Time）是指自订购单发出到接到货物所需要的平均时间。这段时间越长，则订购点就越高。例如，订购后等候20天才取得货物比仅需10天就取得货物所采用的订货点要高，也就是必须提早订货。

（2）使用率是指在某一段时间内，顾客的平均购买数量。使用率越高，则订购点就应越高。因此，每天销售4单位就比每天销售2单位的订购点高。

（3）服务水平是指企业希望从存货中直接用来完成顾客订单的百分比。服务水平越高，订购点就应越高。使用率与订购前置时间变动越大，则订购点应越高。只有这样，才能达到一定的服务水平。一般把高于订购点的存货称为安全存货，这与补充存货相反。企业安全存货的大小，取决于顾客服务与成本两项因素。

由此可见，"何时订购"这一决策是寻求一个最低的存货水平。当达到这一水平时，就需发出新订单。在使用率越高，订购时间越长以及在使用率及订购前置时间变动的条件下，服务水平越高，则所需的订购点也应越高。换言之，订购点取决于平衡缺货的风险和存货过多的成本。

2. 订购量决策

这里只介绍最基本的经济订购批量模型（Economic Order Quantity，EOQ），这是目前大多数企业进行订购量决策时使用的指标。该模型的前提是不允许出现缺货情形，因此不存在缺货成本，此时与存货订购批量、批次直接相关的就只有订货成本和持有成本两项。订购量越大，购买频率越低，则订购成本下降，但保留大量存货的成本提高。不同的成本因素与订购量呈现不同的变动关系，持有成本是一条起点为零的直线，订购成本为一条双曲线。这样，订货成本与持有成本总和最低水平下的订购批量，就是经济订购批量，如图9-3所示。

如某种物资单位时间（通常为一年）的需求量为常数 D，订货批量为 Q。其中，年订购

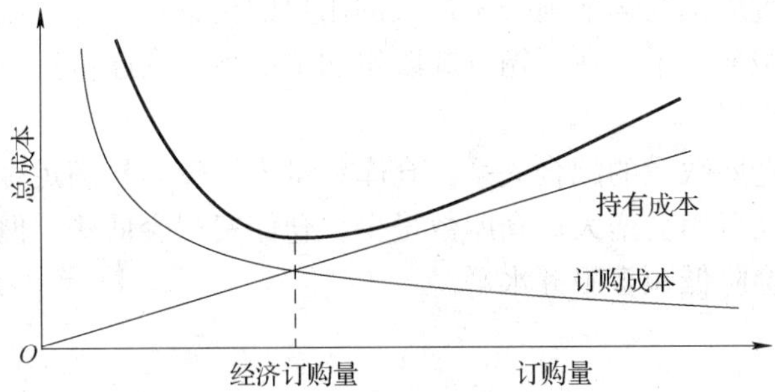

图 9-3　经济订购量求解图

次数等于总需求量 D 除以订购批量 Q，单位订购成本用 S 表示，则年订购成本为：$AOC=\frac{D}{Q}S$；年持有成本等于库存平均持有量与单位年持有成本的乘积，其中平均库存是订货批量 Q 的一半，单位年持有成本用 H 表示，则年持有成本为：$AHC=\frac{Q}{2}H$；年总成本 TC 由库存的持有成本和订购成本两部分组成，即 $TC=AHC+AOC=\frac{Q}{2}H+\frac{D}{Q}S$，经济订购批量是使 TC 达到最小值时订购批量 Q 的取值。通过对 TC 表达式求导，令其等于零时所对应的 Q 值即为经济订购批量 Q_0，即 $Q_0=\sqrt{2DS/H}$。

（二）仓储决策

仓库又名货仓，是对服务于生产商、商品供应商、物流组织，用于储存货物的建筑物的统称，具有移动、存储和信息交换的基本功能。为了方便合作，仓库通常邻近码头、车站、机场等。“仓储”是指利用仓库存放、储存未及时使用的物品的行为。完整的仓储系统包括存储空间、货物、仓储设施设备、人员和作业及管理系统等要素。仓储决策中最关键的是仓库产权的决策和仓库的选址决策。

依据企业是否拥有仓库的所有权，仓库可分为自有仓库和公共仓库。自有仓库的所有权归制造商、批发商、零售商等工商企业拥有，主要用于本企业的商品储存、分配之用。如果企业有稳定的需求，即能使自有仓库具有较经济的运营储存量时，可以考虑自有仓库。足够的存储量可以分摊固定成本，从而使采用自有仓库的平均成本低于公共仓库的平均成本。而且采用自有仓库可充分利用空间，有利于控制（安全、冷藏及服务控制）。公共仓库则由仓储经营机构所拥有，主要是用来向社会出租仓位而获利。公共仓库包括一般商品仓库、特殊商品仓库、冷冻仓库和保税仓库等。使用公共仓库时，租赁企业只要支付仓位租金，就可以享受相应的仓储服务，而不必负担建立自有仓库的投资和增加管理费用。但使用公共仓库的租金相对于使用自有仓库的日常费用要高一些。在人口密度小的地区，宜在多个地点采用公共仓库。如果储存商品是经常性的且数量大，则使用自有仓库会更经济一些。

企业在国际市场营销中除了要决定使用公共仓库还是自有仓库之外，还要对仓库位置作出选择。储存货物的地区或国家的数目、时间、储存量必须使满足顾客需求水平和分配成本之间达到平衡。因此，企业在选择仓库位置时要注意以下几点：

（1）用户的地理分布和要求的运输量。由于运费等于运输量、运输里程和单位运价三者的乘积，所以仓库位置应选在运输吨公里最大的用户的位置。

(2) 用户要求的服务水平。在运输方式既定的情况下，仓库位置应尽可能选在能够满足主要客户订货要求的位置。

(3) 仓库位置与仓库数量的配合关系。仓库数量多，较容易满足客户的需求，总运输费用也相对较低，但仓储费用会增大；仓库数量少，仓储费用会低些，但运费会增大，运输时间会加长，因此可能会降低顾客服务水平。

（三）运输决策

物流运输作为国际物流决策的一环，追求的是运输时间的缩短和运输成本的降低，企业追求运输效率化必将对运输方式的选择产生较大的影响。国际物流中对商品运输的基本要求是使商品按照合理的流向，力求以最短的运输里程、最少的转运环节、最省的运输费用、安全完好地从产地运送到销地。其中，运费是影响国际货物运输成本的主要因素。从一般的综合分析来看，运输费用约占物流费用的 60%左右，有些产品的运费甚至高于其生产费用。因此，降低运输费用可相应降低商品价格，提高商品竞争力。此外，海外货运与国内货运相比情况要复杂得多，不仅耗时长、中间环节多，而且托运人在相当长的时间内会失去对货物的控制权。所以，在国际货物运输过程中应尽量减少中转环节，避免多次装卸，确保货物安全。因此，国际物流中货物运输应从以下几个方面作好决策：

1. 合理运输方式的选择

运输方式的选择是运输决策的主要内容之一。主要运输方式有公路、铁路、水路、航空和管道运输等。公路运输灵活机动，能提供良好服务，速度也较快，但费用相对较高，它一般适合中小数量商品的短距离运输。铁路运输的特点是运量大、运输速度快，费用较低廉，安全可靠，比较准时，适合于长距离运输；其缺点是不够灵活机动，调度比较缓慢。水路运输可分为远洋运输、沿海运输、内河运输三种形式。水路运输的特点是运量大、运价低，适宜于数量庞大、价值低的商品的运输；其缺点是速度慢，安全性和准时性较差。航空运输的主要特点是速度快、可靠、能提供良好服务，但运量小、费用最高，最适宜运送急需、贵重和鲜活的产品。目前，电子存货系统和处理商品的数字控制系统技术的发展使得航空速递系统迅速发展起来，如美国联邦快递（FedEx）、联合包裹服务公司（UPS）、敦豪（DHL）等公司都成为国际营销者有力的合作伙伴。航空运输的缺点是运费高，且受航线和机场影响，服务面较窄。管道运输是气体、液体运输的主要形式，其主要优点是专用性强、运量大、安全便捷、损耗小、无污染。但管道运输的货物单一、机动性小。在具体组织商品运输时，企业应根据商品的特征、数量、价值、市场需要的缓急情况等，结合各种运输方式的特点进行正确选择，以求实现最短的运输里程、最少的转运环节和最低的运输费用。

2. 自组织运输和委托运输的选择

自组织运输可以充分利用公司内部的设备资源，有效保持与客户间的良好联系，但过于分散的投资会使公司无法有效地致力于核心竞争力的开发，服务水平难以达到客户要求。近些年，越来越多的企业为了降低其作业成本，致力于核心业务的发展，纷纷把企业的所有或部分物流功能外包给第三方物流或第四方物流，利用物流公司技术的灵活性减少企业在某些领域的投资，进而重新整合其供应链，专注于核心竞争力，提高服务水平。委托运输减轻了企业的压力，可以使企业集中精力于新产品的开发和生产；但另一方面委托运输需要处理与承运商之间的关系，增加了交易成本，也增加了对运输控制的难度。此外，关于委托运输还是自行运输的决策不仅是运输决策，更是财务决策，企业需要根据各自的实际情况作出适合自己的选择。

3. 运输路线决策

运输路线决策依赖于每天具体的货物流动情况。决策者应掌握和管理各种实时信息，在设施位置已知的前提下，合理安排车辆出发时间，确定车辆在各个客户间的行程路线，使得运输路线最短或运输成本最低。

运输路线决策主要取决于信息技术，依靠对信息的获得来对物流进行整合，其整合方式有：

（1）双向整合，利用信息技术及时获得运输货物目的地的货运信息，确保车辆不是空载返回。

（2）站点整合，承运人将不同工作的同一活动同地处理，从而节约该组活动所需成本。

（3）车辆整合法，承运人将同一工作的连续两个或几个活动同时处理，从而节约该组活动的成本。

（4）组合车辆整合与站点整合，以取得组合效果。承运人将同一工作中的不同活动，或者不同工作的不同或相同活动进行处理，依靠公司在某一时间段内的特殊运力配置使运输成本减少，从而使物流运输获得成本的节约。

利用信息技术整合物流过程是路线决策的最大特点，决策者利用信息技术来确定运输路线是当前物流管理的一种趋势。运输计划信息系统中主要有物料需求计划（MRP）、配送需求计划（DRP），同时可以运用 0-1 规划、线性规划、专家系统等来进行运输路线的优化。在物流运输规划的全球信息系统（GIS）环境中可以应用多代理系统（Multi-Agents Systems，MAS）制定物流路径动态规划；也可以应用智能运输系统（ITS），通过信息技术、车辆定位技术、车辆识别技术、通信与网络等技术规划物流路径，使得运输所需的时间、路线最少，成本最低。

【实例 9-3】

家乐福中国公司及其运输决策

成立于 1959 年的法国家乐福集团是大型超级市场概念的创始者，目前是欧洲第一，全球第二的跨国零售企业，也是全球国际化程度较高的零售企业。家乐福中国公司经营的商品 95%来自本地，因此家乐福的供货很及时，这也是家乐福在中国经营成功的原因之一。家乐福实行“店长责任制”，给予各店长极大的权力，所以各个店之间并不受太多的制约，店长能灵活决定所管理的店内的货物来源和销售模式等。由于家乐福采用的是各生产商缴纳入场费，商品也主要由各零售商自己配送，家乐福中国总公司本身调配干涉力度不大，所以各分店能根据具体情况灵活决定货物配送情况，事实证明这样做的效果目前很成功。

家乐福中国在网络设计方面主要体现为运输网络分散度高。一般流通企业都是自己建立仓库及其配送中心，而家乐福供应商的直送模式决定了它的大量仓库及配送中心事实上都是由供应商自己解决的，由家乐福集中配送的货物占极少数。这样的经营模式不但可以节省大量的仓库建设和管理费用，商品运送也较集中配送更方便，而且能及时供应商品或下架滞销商品，这不仅对家乐福的销售，而且对供货商了解商品销售情况也极为有利。在运输方式上，除了较少数需要进口或长途运送的货物使用集装箱挂车及大型货车外，由于大量商品来自本地生产商，故较多采用送货车。这些送货车中有一部分是家乐福自己租的车，其余绝大部分是供应商自己长期为家乐福各店送货的车，家乐福自身需要车的数量不多，所以它并没有自己的运输车队，也省去了大量的运输费用，从另一方面提高了效益。在配送方面，供应商直送模式下，商品来自多条线路，而无论各供应商还是家乐福自己的车辆都采用了“轻重配载”的策略，有效利用了车辆的各级空间，使单位货物的运输成本得以降低，进而在价格上取得主动地位。而先进的信息管理系统也能让供应商在最短的时间内掌握货架上其供销售的各种商品的货物数量以及每天的销售情况，补货和退货因此变得更加方便，也能让供应商与家乐福之间相互信任，从而建立了长期的合作关系。

（根据以下资料整理：企业物流系统运输决策案例分析［OL］. 中国物流招标网. http：//info. clb. org. cn/xxh/2007-11-06/23224. shtm，2007-11-6.）

关 键 词

国际分销渠道（International Distribution Channels）　出口经销商（Export Merchant）
垂直分销系统（Vertical Distribution System）　批发商（Wholesaler）
前向一体化战略（Forward Integration Strategy）　零售商（Retailer）
水平式分销系统（Horizontal Distribution System）　独家分销（Exclusive Distribution）
密集性分销（Intensive Distribution）　选择性分销（Selective Distribution）
国际物流（International Logistics）　存货决策（Inventory Decision）
仓储决策（Storage Decision）　运输决策（Transport Decision）

思 考 题

1. 什么是国际分销渠道？国际分销渠道的主要模式有哪些？
2. 国际分销渠道中常见的中间商类型有哪些？
3. 影响国际市场分销渠道选择的因素有哪些？
4. 国际市场分销渠道模式的选择原则是什么？
5. 在国际市场营销中如何选择、激励和评估中间商？
6. 什么是国际物流？它有哪些主要特点？
7. 国际物流系统由哪些方面构成？
8. 国际物流系统设计和选择的原则是什么？
9. 国际物流管理决策包括哪些主要内容？

【案例分析讨论】

渠道变革“逆流而动”的APC公司

APC公司（美国电力转换公司）创建于1981年，总公司位于美国罗得岛西金斯敦，是世界UPS第一品牌，福布斯500强企业之一，在全球拥有销售分部，并在三大洲拥有制造厂。APC能够提供丰富的产品线资源，从小功率的BK系列到大功率Symmetra系列和Silicon UPS系列，为企业提供从桌面系统到数据中心乃至整个企业环境的电源保护和管理方案，是名副其实的“网络不间断”电源提供商。

1995年底，APC进入中国，1998年APC苏州工厂创立，目前已拥有北京、上海、广州、成都、西安、沈阳等办事处。伴随APC中国事业的发展，500多家渠道伙伴先后加入到APC的渠道阵营。然而成长的烦恼也相伴而生，渠道冲突、窜货、管理混乱等现象日渐显现，成为困扰APC进一步发展的阻碍。此时，业内普遍认为应当进一步精简渠道层次，贴近客户，实行渠道扁平化管理成为大势所趋。在“扁平化”已成业界共识的大背景下，APC竟然逆流而动，为渠道“增肥”，把被相当多理论学者认为将退出历史舞台的区域分销推到前台。

2002年以前，APC在中国采用的是两层式渠道结构模式，由总代理承担全国范围的物流支持和市场开拓。随着市场的发展，为了更精细地运作地方市场，APC对现有渠道模式进行了调整，主要表现在两个方面：市场开拓的重心下移，建立区域分销平台，开发地区经销商；鼓励合作伙伴向专业化、增值服务、市场开拓能力、提供整体解决方案等方向转型。

1. 将“特许加盟”引入区域分销

在原有APC的渠道中加入区域分销平台这一层次并非易事，经过反复研究，建立“联合数码动力”渠道品牌的解决方案脱颖而出。首先在APC原有渠道之外注册“联合数码动力”品牌，该品牌将作为APC的渠道品牌。在此基础上作为渠道分销平台的候选企业，必须以特许加盟的形式加入联合数码动力，成为加盟成员，遵守各项加盟要求。

特许加盟形式的引进是APC渠道变革的一个重要尝试，并在实践中显示了强大的生命力。首先，由于采用的连锁加盟的管理方式，避免了渠道分销平台的松散结合所带来的各自为战、难于管理的各种弊端，在形式上得到了法律的保障，增进了渠道的紧密性与约束力；其次，特许加盟的形式有效地规范了加盟成员的行为，统一形象、统一管理、统一行动，增强了渠道的协同能力；再次，通过特许加盟，有效地加强了对渠道成员的约束，增强了相互交流与学习的机会，能够迅速提高加盟渠道的素质；最后，由于管理、形象统一，在联合数码动力的逐渐发展过程中，有利于渠道层次的公开化，避免了渠道中的层次混乱，使渠道结构更加合理。同时，也有利于分销平台的优胜劣汰。

2. 专门的“渠”跑特定的“水”

在渠道中增设区域分销商仍然远远不够，随着APC在中国业务的不断扩大，需要针对不同的消费群体进行特定的渠道建设。应当说互联网越发达，电子商务越发达，其对电源的可用性、可管理性和安全性的要求也就越高。这种需求对产品的供应商所能提供服务的专业化和行业定制化提出了更高的要求，APC将服务业的经营理念引进渠道管理领域，提出了细分市场、细分客户、细分行业、细分产品、细分地域等渠道细化方案。渠道细分是市场细分的衍生品，市场规模膨胀后不同实力的代理商应该有不同的代理资格，只有细分渠道，才能更好地服务用户。

APC针对低端和高端产品代理商，陆续推出了ALP（APC低端产品特约代理商）“红星计划”和AHP（APC高端产品合作伙伴）资格认证活动。通过这些活动，重新对APC不同产品线的渠道伙伴进行经销资格的认证，并根据APC对UPS产品用户市场的需要进行不断细分，在不同的用户市场选择不同的渠道伙伴，在扩大市场份额的目标下使渠道伙伴向专业化、增值服务方向发展，培养渠道伙伴的竞争优势，避免简单的搬砖头运作模式。通过以上行动，代理商根据自身在市场开拓能力和增值服务能力上的不同侧重而各归其位，专门的“渠”跑特定的“水”，从而使市场环境得到了有效净化。

3. E-channel 电子渠道助力 APC 渠道变革

“用户至上”是 UPS 市场“服务时代”的基本规律，APC 将这个规律与 Internet 技术结合建立了 E-channel 电子渠道。该电子渠道架构由 8 个基本模块组成，通过该系统可以实现所有渠道商业信息的准确畅通、实时交互传递和访问，进而对渠道中所有环节进行有效管理。同时在 E-channel 系统中，经销商可在线进行市场活动和资料的申请。经销商只要清楚、详细地填写在线申请表格，便可及时得到 APC 相关人员的反馈。APC 还通过 E-channel 系统实现更丰富、更强大的渠道管理和支持功能，包括进货及库存管理、销售管理、客户管理、数据交换管理和经营分析等功能，提高了 APC 自身的渠道管理水平。在线培训、在线考试等也极大地方便了经销商的技术培训和技术认证。

APC 利用网络不但为渠道伙伴提供了更直接、更准确的技术服务与培训，促进了渠道代理商管理水平的提高，同时也促进了渠道中信息的交互式归集、传递，帮助代理商分析企业发展的方向，配合其共同进行项目攻关，以加强渠道企业的获利能力，最终有效地促进了 APC 渠道的发展。

（根据以下资料整理：王建 . APC，渠道变革“逆流而动”［OL］. 中国营销传播网 . http：//www. emkt. com. cn/article/111/11166. html，2008-7-7.）

讨论题：

1. APC 将特许加盟引入区域分销有什么好处？利用互联网建立的 E-channel 又是如何帮助其进行渠道变革的？

2. 你如何看待 APC 在渠道变革方面所做的工作，有什么可操作性的建议？

第十章　国际市场促销策略

【本章要点】

1. 国际促销组合以及影响促销组合的因素
2. 国际广告目标、策略和国际广告预算决策方法
3. 广告的制约因素以及媒体的选择
4. 国际市场人员推销的主要步骤
5. 国际推销人员的招聘、培训、激励与评估
6. 国际营业推广的类型和影响因素
7. 国际公共关系的内容及危机公关
8. 国际会展的特点、功能及会展营销的步骤和注意事项

【导入案例】

妮维雅的400万支润唇膏

妮维雅作为欧洲人眼里的专业护肤品牌之一，在中国市场一直面临尴尬的局面。其低调的广告策略与略显弱势的销售队伍让其无法与其他强势品牌对抗，但一支小小的润唇膏却为妮维雅书写了一个传奇。

妮维雅的润唇膏每年有400万支的销量，根据一般人一年一支润唇膏的使用速度，这400万支润唇膏的背后应该是有接近400万个消费者。而中国消费者是喜欢在购买产品时获得一些赠品，因为能够获得购买之外的附加价值，会让他们觉得非常划算。于是妮维雅中国区市场总监邱长兴想到不管多新的产品，只要和润唇膏搭上，买A送B就肯定能将试用装轻松地发到400万个消费者的手中。当消费者通过购买润唇膏获得新上市的护肤试用产品之后，通常都会去试用。而妮维雅长期以来坚持的品质保障，让消费者往往都能得到比较满意的试用效果，于是这些新上市的护肤产品就很容易地走进他们的购买计划之中，公司可以几乎不用做广告就达到既定的销售目标。妮维雅所拥有的那些拳头产品正是搭乘润唇膏的“小车”在市场上春风得意地飞跑，并因为消费者的口口相传，为妮维雅的专业护肤品带来大量的回头客。

（根据以下资料整理：妮维雅如何撒豆成兵［OL］．慧聪网．http：//www. info. biz. hc360. com/2008/12/17082381250-2. shtml，2008-12-17.）

第一节　国际市场促销组合策略

一、国际促销的概念及功能

国际促销（International Promotion）是指跨国企业以多种方式向国际目标市场传递企

业及其产品信息，通过加强与消费者的沟通，吸引并促成顾客购买企业产品的一切活动。国际促销是企业与国际客户之间的一种信息沟通行为，与国内市场营销一样，国际促销是国际市场营销组合的一个重要因素。

在国际市场营销中，一方面，生产者不可能完全清楚谁需要什么商品、何地需要、何时需要、何种价格消费者能够接受等；另一方面，广大消费者也不可能完全清楚什么商品由谁供应、何地供应、何时供应、价格高低等。正因为客观上存在着这种生产者与消费者间“信息分离”的“产”、“销”矛盾，国际企业必须通过沟通活动，利用各种促销手段，把生产、产品等信息传递给消费者和用户，以增进其了解、信赖并购买企业产品，从而达到扩大销售的目的。因此，国际促销具有以下一些主要功能：

（一）告知信息

国际企业可以通过各类促销手段告知消费者或市场中介产品（或公司）的存在、产品的工作原理、如何获得产品以及产品的价格等有关信息，从而引起消费者的兴趣，激发他们的购买欲望，并影响消费者的购买行为。

（二）说服与劝说

一个新产品刚刚进入国际市场，难免受到目标公众的质疑。国际促销的目的在于通过各种有效的方式，说服目标公众坚定购买决心。例如，国际市场中的同类产品往往只有细微的差别，用户难以察觉。企业通过促销活动，宣传自己产品的特点，使用户认识到企业的产品可能给他们带来的特殊效用和利益，劝说顾客进行品牌转换，购买本企业的产品。

（三）扩大需求

随着国际市场竞争的日益激烈，国际企业加大了在新产品开发研究方面的力度，新产品产生的数量和速度大大超过以往，而消费者往往意识不到新产品在满足其潜在需求方面的作用。企业必须利用各种促销手段向消费者提供新产品或产品的新用途等信息，以激发和引导消费者需求，把潜在的需求转化成现实的需求。

（四）树立企业形象

由于种种原因，企业产品的销售量可能时高时低，出现波动，这是产品市场地位不稳的反映。企业通过运用促销手段，在消费者心目中树立良好的产品形象和企业形象，巩固和培养消费者对企业及其产品的信心和偏好，从而达到稳定或增加产品销售量的目的。

二、国际促销组合的组成要素

在国际市场营销活动中，企业为了实现销售目标，往往整合多种促销手段，搭配和协调使用促销组合（Promotion Mix）。国际市场营销环境复杂多变，企业必须因时因地制宜，细心规划、执行和协调各种促销沟通手段，使其形成系统的促销策略，从而达到促进企业与消费者沟通，推动产品销售的目的。广告、公共关系、销售促进、人员推销是国际促销组合的基本组成要素。

广告（Advertising）是以付费的形式，通过大众媒体向目标顾客和公众进行信息沟通，以达到促进产品销售的一种非人员促销活动。广告能够树立企业形象、沟通市场和产品信息，且具有覆盖面广、渗透力强等特点，是企业促销的主要手段之一。

公共关系（Public Relations）是指企业为改善与社会公众的关系，通过新闻报道、赞助、新闻发布会等一系列活动促进公众对企业的认识、理解和支持。公共关系能争取对企业有利的宣传报道、树立良好的企业形象和声誉，以及消除和处理对企业不利的谣言和事件。

销售促进又称为营业推广（Sale Promotion），是企业为了刺激需求、扩大销售而采取的能迅速产生激励作用的促销措施。销售促进以让利的形式诱导消费者迅速地作出购买反应，对刺激需求具有立竿见影的效果。

人员推销（Personal Selling）又称派员推销或直接推销，是指企业派出或委托推销人员向国际市场顾客和潜在顾客（包括中间商和用户）面对面地宣传产品，促进购买。这是一种古老但很重要的促销方式。

上述四种促销方式各有优缺点，见表 10-1。

表 10-1　各种促销方式的优缺点比较

促销工具	优　点	缺　点
广告	抵达面广；单次联系相对成本低；能针对微细分市场；对最后信息能严格控制	总成本高；效果难以衡量
公共关系	创造对产品（组织）的正面态度；增强产品（公司）的信誉	无法准确衡量效果
销售促进	产生即时顾客回应；容易衡量效果；增加短期销量；引起品牌注意	难以和其他竞争者区分，易被模仿、报复
人员推销	容易衡量效果；产生即刻回应；对顾客量身定制信息	受销售人员能力差异的影响；单次接触成本高

国际企业为了实现特定的促销目标，将以上各种促销方式予以合理地选择，有机地搭配，使各种促销工具相辅相成、取长补短，从而实现整体最佳效能，即为促销组合。企业如何正确地选择和运用促销组合，即为促销组合策略。而在每一种促销工具下，又可以划分成多种具体的形式，见表 10-2。

表 10-2　促销工具及其具体形式

广　告	销售促进	公共关系	人员推销	国际会展
电视和电台广告	竞赛	赞助	推销人员演示	年会
报纸和杂志广告	抽奖	捐赠	现场试用	商务会议
网络广告	优惠券	宣传手册	电话推销	展销会议
包装广告	加量不加价	研讨会	家庭聚会	文化交流会议
邮寄广告	赠品派送	新闻发布会	……	度假型会议
海报和招贴广告	展销（览）	演讲		专业学术会议
路牌广告	示范表演	公益活动		综合展览
陈列广告	销售竞赛	参观工厂		专业展览
POP 广告	折扣	社区活动		宣传性展览
灯箱广告	低息融资	年度报告		贸易展览
交通广告	以旧换新	……		……
……	……			

三、影响促销组合的因素

国际企业在开展促销活动时，必须根据总体分销目标的要求制定相应的促销方案，综合运用多种促销方式，以取得最佳的沟通效果。为制定最佳促销组合，必须综合考虑以下主要影响因素：

（一）促销目标

企业促销包含着很多具体的目标，如提高企业和产品的知名度、使顾客了解本企业的产品并产生信任感、扩大产品销量和提高市场占有率等。相同的促销手段在实现这些不同的促销目标上，或不同的促销手段在实现同一促销目标上，其成本效益大不相同。广告和国际会展在提高企业知名度和声望方面，远远超过人员推销。在促进顾客对企业及产品的了解方面，广告和人员推销的成本效益最好。在促销订货方面，人员推销的成本效益最大，国际会展则起协调辅助作用。

（二）目标市场的特性

目标市场的特性决定了其对信息的接受能力和反应规律，国际企业面对不同的市场状况，应采取不同的促销组合。

（1）应考虑市场的地理位置和范围大小。规模小、距离近的本地市场，应以人员推销为主，而在较大规模的市场（如全国市场）进行促销时，则应采用广告和公共关系进行宣传。

（2）应考虑市场类型。消费品市场的买主多而分散，不可能由推销人员与消费者广泛接触，主要靠广告宣传介绍产品吸引顾客；工业品市场的用户数量少而购买量却很大，应以人员推销为主。

（3）还应考虑市场上不同类型潜在顾客的数量。

（三）产品性质

各种促销方式对不同类型的产品所起的作用不尽相同，因此，产品的性质会最终影响企业促销组合的选择。通常，工业品购买者希望在掌握大量信息的基础上进行选择，人员推销可以更好地满足这方面的要求，其次是销售促进、广告和公共关系常用作辅助手段；消费品购买者则更多注重产品的形象，高知名度的产品容易受欢迎，这时广告的促销效果就比较明显，其次是销售促进、人员推销和公共关系。

（四）产品生命周期

企业对处在生命周期不同阶段的产品，促销活动的目标与侧重点往往不同，促销方式的组合也不尽相同，见表10-3。在产品的引入阶段，企业的促销目标主要是提高产品的知名度，而促销方式主要以广告为主，辅之以相应的公共关系。为了鼓励消费者试用产品，可在销售地点进行适度的销售促进活动。在市场成长阶段，促销目标是要增加消费者的兴趣，促使他们购买产品。因此，广告仍是企业促销活动的主要手段，但在内容和形式上应有所改变，比如以说服型广告为主，应把促销重点放在产品的差异化优势上，以建立和维护消费者对于品牌的忠诚度。在市场成熟阶段，竞争更加激烈，促销目标是培养消费者对企业品牌的偏好，增加产品的使用量，销售促进的作用则进一步增强，并逐渐成为主要的促销手段，这时广告的作用有所下降，主要起到提醒消费者对品牌的注意和加深印象、加强偏好的作用。在衰退阶段，促销目标是要维持市场销售量，因此销售促进是企业促销活动的主要方式，以维持日渐下降的销售额，广告作为辅助手段，起到提醒消费者购买的作用。

表 10-3 产品在生命周期不同阶段的促销组合

生命周期阶段	促 销 组 合
导入阶段	广告为主，辅以公共关系和销售促进
成长阶段	说服型广告为主
成熟阶段	销售促进为主，辅以广告
衰退阶段	销售促进为主，辅以广告

（五）促销费用

促销费用常常制约促销组合策略的制定，因为任何一种促销方式的运用都要花费一定的成本，没有一定数量的促销费用，再好的促销方式也难以实施。而各种促销方式的费用又各不相同，不同的促销组合所需费用往往相差很大。因此，企业在选择促销方式、制定促销组合策略时，应当考虑企业的资金承受能力。应当指出，企业促销策略仅仅是市场营销策略的一个组成部分，它们都必须为企业的营销战略服务。因此，企业制定的促销策略必须与产品策略、渠道策略和价格策略密切配合，做到目标统一、步骤协调。

国际促销策略的制定除受到上述一般因素的影响外，还受到许多特殊因素的影响，如不同的国家和地区对促销方式、宣传媒体、广告信息等的控制程度和限制政策有很大的差异，不同国家消费者的收入水平、消费习惯、语言文化等也有明显的不同。这些环境条件的差异使得同一种促销组合在甲国可能行之有效，而在乙国则可能毫无效果或者根本就行不通。所以，企业必须针对不同国家的环境条件来制定与之相适应的国际促销策略。

四、促销的基本策略

按促销作用的方向，促销策略可以分为推动策略和拉引策略。

（一）推动策略

推动策略是指企业以中间商为主要促销对象，通过推销人员的工作，把产品推进分销渠道，最终推上目标市场，推向消费者。其运作程序如图 10-1 所示。

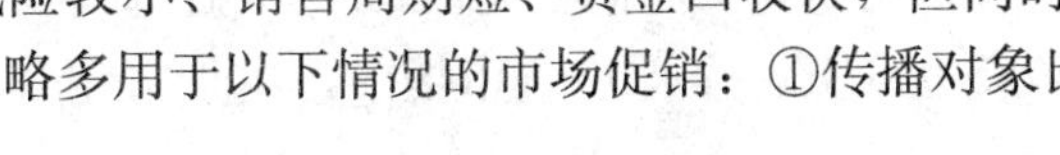

图 10-1 推动策略运作图

推动策略运用的条件是企业与中间商对商品的市场前景一致看好，双方愿意合作。运用推动策略对企业来说风险较小、销售周期短、资金回收快，但同时需要中间商的理解与配合。一般来说，推动策略多用于以下情况的市场促销：①传播对象比较集中，目标市场的区域范围较小；②处于平销状态，市场趋于饱和的产品；③品牌知名度较低的产品；④投放市场已有较长时间的品牌；⑤需求有较强选择性的产品，如化妆品；⑥顾客购买容易疲软的产品；⑦购买动机偏于理性的产品；⑧需要较多介绍消费、使用知识的产品。

（二）拉引策略

拉引策略是指以最终消费者为主要促销对象，通过运用广告、营业推广、公共关系等促销手段，向消费者展开强大的促销攻势，使之产生强烈的兴趣和购买欲望，纷纷向经销商询购这种商品，而中间商看到这种商品需求量大，就会向制造商进货。其运作程序如图 10-2 所示。

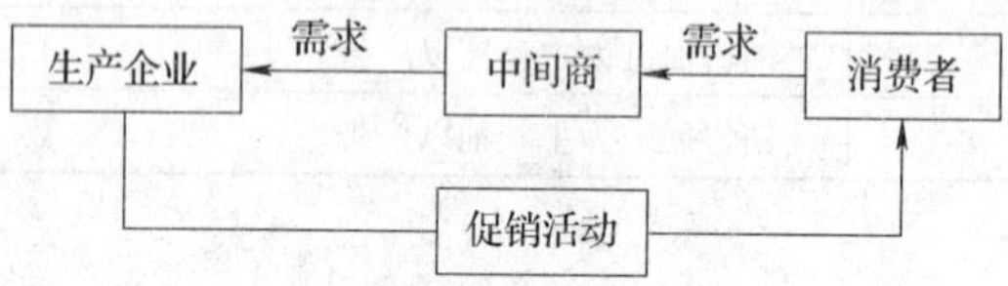

图 10-2 拉引策略运作图

当新产品上市时，中间商往往因过高估计市场风险而不愿经销，这时企业只能先向消费者直接推销，然后拉引中间商经销。因此，拉引策略多用于：①目标市场范围较大，销售区域广泛的产品；②销量正在迅速上升和初步打开销路的品牌；③有较高知名度的品牌，感情色彩较浓的产品；④容易掌握使用方法的产品、选择性的产品；⑤经常需要的产品。

第二节 国际广告策略

一、国际广告的概念及发展状况

在产品促销中，广告是一种应用最为广泛的促销方式。国际广告是企业为了配合国际市场营销活动，在东道国或地区所做的企业及产品的广告。国际广告以本国的广告发展为母体，通过进入国际市场进行广告宣传，从而使出口产品能快速进入国际市场，实现国际企业的促销目标。与其他促销手段相比，国际广告具有以下一些优势：

（1）广告一般出现在大众媒体上，因此可以增加国外消费者对企业和产品的可信度，特别是对于刚进入陌生国家的企业和产品尤为重要。

（2）广告可以通过大众媒介的传播，迅速为企业及产品打开销路，扩大知名度。

（3）广告通过丰富的表现力和感染力体现出企业和产品的价值，更容易吸引国外消费者。

因此，广告作为企业国际促销策略的重要手段，可以帮助国际企业及其产品有效地传递给各国消费者，树立良好的企业形象和公众地位，从而达到建立新市场、扩大需求、培育消费者和增加销售的目的。

随着国际贸易的发展，市场竞争的日益激烈，国际广告业迅速发展，全球广告费用不断增加。1970 年，全世界广告费用约为 720 亿美元，1994 年猛增到 3 120 亿美元，到了 2008 年，全球广告费用达到 4988 亿美元。全球广告市场中，由于文化背景、教育、经济的发展不同，广告费用的支出也不尽相同。一般来说，经济发达国家广告支出的费用高。特别是西方发达国家，广告费用一般要占国民生产总值的1%～3%，许多商品的广告支出超过商品销售额的30%以上。人们每天都生活在广告的海洋之中，广告已成为人们生活的一部分，充斥着社会生活的各个层面。

广告策略是企业在分析环境因素、广告目标、目标市场、产品特性、媒体可获得性、政府控制以及成本收益关系等基础上，对广告活动的开展方式、媒体选择等作出的决策。通常，国际企业的广告策略需要在广告目标、广告预算、广告信息、广告媒介和广告效果评估五个方面作出决策。

二、国际广告的制约因素

在促销组合的所有因素中，广告策略更易受不同国家环境的影响。由于广告是通过消费者的需求、欲望、渴望来诠释产品或服务满足需求的特征，其情感诉求、象征符号、说服方法必须和文化规范相一致，因此广告设计必须考虑目标市场国社会环境、语言和文化环境、政治法律环境等因素的限制。

（一）社会环境

社会环境包括进口国的风俗习惯、宗教信仰、价值观、审美观及心理因素等。广告要重视对社会环境的研究，认识和适应目标市场的社会环境，这是广告宣传成败的重要环节。不同的国家与地区有不同的风俗习惯和消费观念，也形成了对广告不同的心理要求。因此，国际企业要特别注意广告与东道国的社会环境相适应。

（二）语言和文化环境

语言对国际广告限制最为直接也最为明显，因为目前世界上还没有一个在各个国家都通用的“世界语”。尽管某些语言（如英语）在很多国家使用，但更多的情况则是一个国家内部使用着多种语言。例如，在泰国做广告，要使用英语、汉语、泰国语；在新加坡做广告，要使用英语、汉语、马来语和泰米尔语。国际市场营销人员不可能掌握所有国家的所有语言，但又必须用这些不同的语言与潜在买主进行信息沟通。即使在国际广告中使用标准化的广告主题，即通过广告向各国消费者传递同一信息，也必须使用各国当地的语言。广告信息可以是标准化的，但广告语言必须是当地化的。

此外，一个国家文化教育程度不同，对广告的欣赏与理解水平也不同。如果不按照广告地区的实际情况设计广告，广告制作再好，也不能引起共鸣。例如，在文化教育程度高的国家可以多用报刊、杂志做广告，而文化水平低的国家则不行。文化教育程度较高的国家，他们对广告的创意要求也高，不够水准的广告不会受到消费者的重视，当然也会影响购买行为。在文盲率较高的国家和地区，由于当地生产条件的限制，广告制作就受到较大的制约。

（三）政治法律环境

国际广告除了受社会环境、语言文化环境等的影响外，还受到各个国家对外贸易政策和其他相关的政策法令，以及国家政局变化的影响。很多国家设立了广告管理机构，制定了有关法规，以维护本国消费者的利益，维护本国中小企业的竞争力。近年来，各国政府对广告活动的控制或限制的趋势还在加强，如果国际企业不了解东道国政府对广告管理的政策和法律法规，广告不仅不能起到预期的促销效果，反而可能受到相应的处罚。

【资料阅读 10-1】

各国对广告的限制规定

一、对比广告的限制

在欧洲，对比广告的限制法律因国而异。德国不允许使用比较词语，比利时和卢森堡公开禁止比较广告。在亚洲，比较广告也受到严格控制。例如，我国香港规定比较广告应避免使用任何包含有与其他产品进行比较的类似的未经证实的最高级形容词；印度规定比较广告不得进行虚假的、误导性的比较，也不得对其他竞争对手的产品或者服务进行贬损。

二、对广告内容和播放时间的限制

在科威特，政府控制的电视网每天只允许播放 32 分钟的广告，而且是在晚上。商业广告不允许使用最高级形容词进行描述，不允许使用粗俗的词语、恐怖、色情、凶杀或者让人震惊的画面。

三、对某些特定商品广告的限制

大部分国家禁止烟草广告的播放，有的国家对酒类和药品广告也有不同程度的禁止规定。

四、对广告征收特别税的规定

有些国家对广告征收特别税，通过制定不同媒体的费用限制广告对媒体的自由选择。例如，在奥地利，除了伯根兰州和蒂罗尔州外，其他各州都规定插入广告要交 10%的税；对于海报，不同的州和市征收的税在 10%～30%不等；广播广告的税率是 10%，在蒂罗尔州则要交 20%。

五、对广告媒体的限制

许多国家政府禁止一些传播媒介登载广告，像瑞典、挪威、丹麦、比利时等国家政府规定严禁电视台播放商业广告。

六、对儿童广告的限制

整个欧洲至少有 50 条规定限制向儿童做广告。在荷兰，糖果广告不准以儿童为对象，广告中不得使用不满 14 岁的儿童。在希腊，上午 7 点至晚上 10 点之间禁止播出任何玩具广告。法国禁止在广告中让儿童出示产品或者无大人陪伴。在瑞典，禁止电视广告以 12 岁以下儿童为对象。

（资料来源：菲利普 R 凯特奥拉，约翰 L 格雷厄姆．国际市场营销学［M］．北京：机械工业出版社，2000：42-45.）

三、国际广告决策内容

（一）目标决策

在国际广告决策中，确定广告目标是基础和首要任务。国际企业制定广告目标时必须充分考虑面对的目标市场、市场定位和促销组合等策略。广告目标明确与否将直接影响广告效果，以及企业促销目标的实现。企业的广告目标取决于企业经营的总体目标。按照目标的不同，广告可分为通知型广告（Information Advertising）、说服型广告（Persuasive Advertising）和提醒型广告（Reminder Advertising），见表10-4。

表10-4 国际广告类型及目标

广告类型	广告目标
通知型	向市场告知有关新产品的情况；揭示一种产品的新用途；通知市场有关价格的变化情况；介绍产品功能
说服型	建立品牌偏好；鼓励顾客转向企业的品牌；改变顾客对产品属性的直觉
提醒型	提醒顾客不久可能会用到此产品；提醒顾客购买的地点

（二）预算决策

确定了广告目标之后，企业应制定出广告预算，即确定在国际广告上投入的资金量及其使用规划，以实现企业特定的销售目标。企业一般可采用四种方法制定广告预算，即目标任务法、销售百分比法、竞争比照法和量入为出法。

1. 目标任务法

目标任务法（Objective-task Method）是企业依据已制定的广告目标，进一步制定实现该目标所需完成的各项任务，然后把完成这些任务所需开支之和作为企业广告费用的总预算。目标任务法层次分明，具有较强的逻辑性和成本节约性，是预算中使用较为广泛的一种方法。使用该方法前必须保证广告目标的合理性，并将目标恰当地分解成各项任务，才能使广告费用得以准确地估算，以保证企业的广告资源得到最为合理的使用。目标任务法的实现步骤为：①确定广告目标；②决定为达到这种目标而必须执行的各项任务；③估算执行各种工作任务所需的费用，这些费用的总和就是计划的广告预算。由于该方法直观易懂，所以被很多公司使用。

这种方法的主要缺点是没有从成本的观点出发来考虑某一广告目标是否值得追求这个问题。譬如，企业的广告目标是下年度将某品牌的知名度提高20%，这时所需要的广告费用也许会比实现该目标后对利润的贡献额还要多。因此，如果企业能够先按照成本来估计各目标的贡献额，然后再选择最有利的目标付诸实施，则效果更佳。

2. 销售百分比法

销售百分比法（Percentage-of-Sales Method）是依据企业当前或预期的销售额来确定广告预算的方法，一般是从销售额中提取固定比例作为广告费用。使用销售额百分比法来确定广告预算的主要优点是：①暗示广告费用将随着企业所能提供的资金量的大小而变化，这可以促使那些注重财务的高级管理人员认识到企业所有类型的费用支出都与总收入的变动有密切关系；②有利于保持竞争的相对稳定。因为只要各竞争企业都默契地同意让其广告预算随着销售额的某一百分比而变动，就可以避免广告战。

该方法的最大缺点是颠倒了销售额和广告投入之间的因果关系，将销售的结果作为广告预算的依据。实际上，广告投入的高低是决定销售额大小的一个重要因素，企业的销售额不能达到预期的水平，可能恰恰是因为广告投入不足所致。

3. 竞争比照法

竞争比照法（Competitive Comparison Method）是根据国际市场上竞争对手的广告费用来确定自己的广告费用支出的方法。许多企业在进入国际市场之初，缺乏国际广告经验，难以确定自己的广告预算，在这种情况下，企业就仿效竞争对手的做法，与其保持大致相等的广告额，并且这种方法还可能避免或减轻“广告战”。但这种方法不一定很科学，因为竞争对手的广告预算不一定科学合理；而且，企业与竞争对手在资源、营销目标、市场机会以及在市场上的竞争地位等方面各不相同，所以对方的预算不一定符合本企业的实际。

4. 量入为出法

国际广告通常需要相当大的投入，过大的广告开支会给企业加上沉重的负担，影响企业的经营。因此，支付广告费用要考虑企业的能力。量入为出法（Affordability Method）是根据企业的财务状况，用企业可能提供的广告支出来确定广告的预算，是一种能拿得出多少就花多少的做法。这种方法虽然简便，但并不合理，它忽略了促销与整个企业销量的关系，且每年财力不一，促销预算波动也就较大，这使企业的长期规划变得很困难。此外，该预算方法对广告在当今国际市场营销活动中的重要性没有足够的重视，加上这样做会使企业年度广告或促销预算具有很大的不确定性，容易使企业在激烈的竞争中处于不利的局面。

广告预算科学合理才能提高广告的效益。因此，国际企业不但要确定广告的预算方式，还要将广告预算进行科学的分配，这就涉及媒体间的搭配、广告预算在同一媒体内的分配，以及根据地域、时间等不同指标进行预算分配等多方面的问题。

（三）信息决策

1. 国际广告形式策略

国际广告形式策略可分为标准化策略和差异化策略两种。标准化策略是指企业在不同国家的目标市场上使用主体相同的广告宣传。差异化策略是指企业针对各国市场的特性，向其宣传不同的广告主题和广告信息。从事国际化经营的企业都要面临国际广告标准化和差异化的选择。

（1）标准化策略。企业采用标准化策略或差异化策略应取决于消费者的购买动机，当不同地域市场的消费者具有相同的购买动机时，企业就可以采取标准化策略。例如，美国万宝路香烟和麦当劳快餐店的广告宣传基本上采用的都是标准化策略，使不同国家的消费者看到美国西部风景和牛仔就想到万宝路香烟，看到金色的“M”标识就想到麦当劳。但标准化策略并不意味着不能因为地区差异对广告进行一定程度的修改，而是强调广告的定位是相同的。其优势在于可以降低企业广告促销活动的成本，易于保持企业的统一形象；其劣势主要是没有考虑各国市场的特殊性，特别是当市场的特殊性成为矛盾的主要方面时，相同的广告不易被不同的文化所接受。

（2）差异化策略。由于不同国家或地区存在着不同的政治、经济、文化和法律环境，消费者对产品的需求动机差异很大。因此，应该根据不同的市场特点，设计不同的广告主题，传递不同的信息，以迎合不同消费者的需求。国际广告的差异化策略是指企业针对各国市场的特性，向其传送不同的广告主题和广告信息。其优势在于可以适应不同文化背景的消费者需求，以及克服东道国市场的进入障碍。其缺点是促销成本比较高；另外，对各国市场广告宣传的控制程度差，甚至出现相互矛盾，从而影响企业形象。

2. 国际广告的内容策略

广告内容的设计是一项较为复杂的工作，既要有科学性，又要有艺术性，而且必须与广告目标紧密相连，为实现广告目标服务。设计一则成功的广告，要求广告设计者具有较高的创造力和想象力。广告设计者还必须将企业的广告目标融于广告内容之中。广告目标是广告设计的指导思想，广告创意是广告目标的信息传递和体现形式。在进行广告内容的设计时，应该把握好以下几点：

（1）内容的真实性。只有广告内容真实，才能获得目标顾客对广告的信任感，达到扩大企业产品销售的目的。如果广告内容失真，欺骗消费者，这不仅损害了消费者的利益，而且也会使企业名声扫地，甚至会使企业受到法律的制裁。

（2）表达的思想性。广告不仅是促进商品销售的手段，而且也是传播社会意识形态的一种重要工具，内容健康的广告会引导人们积极向上。因此，企业在广告内容的制作和表现手法上，应该具有引导人们奋发向上、积极进取的意识形态，同时也要考虑目标市场国不同意识形态的要求和体现。

（3）制作的艺术性。广告的制作必须主题明确，布局合理，色彩协调，健康美观，给人以美的享受。为此，广告制作语言要生动有趣、幽默易懂；图文布局要合理，色彩要协调，以引起人们的注意，从而启发人们的联想，得到美的享受。

（四）媒体决策

1. 决定触及面、频率和影响

媒体选择就是有关寻找向目标受众传达预期展露次数的成本效益最佳的途径问题。展露对于目标受众知晓度的作用取决于它的触及面、频率和影响。触及面是在一定时期内，某一特定媒体一次最少能触及的不同人或家庭的数目；频率是指在一定时期内，平均每人或每个家庭见到广告信息的次数；影响是指使用某一特定媒体的展露质量价值。当广告的触及面小，展露频率较高，影响较大时，目标受众的知晓度也就相对提高。因此，企业在做广告时应清楚地认识到触及面、频率和影响之间的重要权衡点。

2. 选择广告媒体类型

广告效果的好坏在很大程度上取决于广告媒体选择的适当与否。广告媒体是广告主为了推销商品，以特定的广告表现将自己的意图传达给消费者的工具或手段。广告媒体主要有报纸、电视、广播、杂志、直接邮寄、户外广告牌、网络等，此外，随着互联网的普及和发展，网络逐渐成为一种新兴的、有效的广告媒介。不同的广告媒体具有自身的优势和局限性（见表10-5），也限制着广告主意图的表达和目的的实现。

表 10-5 主要广告媒体的优点和局限

媒体	优点	局限
报纸	灵活、及时；本地市场覆盖面大；能广泛被接受；可信性强	保存性差；复制质量低；传阅者少
杂志	地理、人口可选择性强；可信并有一定权威性；复制率高；保存期长；传阅者多	有些发行数是无用的；版面无保证

（续）

媒　体	优　点	局　限
电视	综合视觉、听觉和动作，富有感染力；能引起高度注意；触及面广	成本高；干扰多；瞬间即逝；观众选择性少
广播	大众化宣传；地理和人口方面的选择性较强；成本低	不如电视引人注意；非规范化收费结构；瞬间即逝
直接邮寄	接受者有选择性；灵活；在同一媒体内没有广告竞争；人情味较重	相对成本较高；可能造成滥寄“三等邮件”的印象
户外广告牌	灵活；广告展露时间长；费用低；竞争少	观众没有选择；缺乏创新
网络	覆盖面广；费用低廉；快捷无时限；互动性强；多媒体动感；信息承载量大	效果评估困难；广告位有限；受众面相对窄小；对受众对象的控制力较弱

企业在进行国际广告的类型选择时，应考虑以下几个方面：

（1）目标受众的媒体习惯。例如，对青少年来说，电视和互联网是最有效的广告媒体。

（2）不同产品应选择不同的媒体。例如，女士服装应在彩色印刷杂志上做广告，相机最好通过电视广告进行示范演示，各类媒体在示范表演、形象化、解释、可信度和色彩方面具有不同的潜力。

（3）广告信息的紧急程度和重要性决定了媒体的类型。

（4）不同类型媒体费用不同，电视广告费很昂贵，而报纸广告相对较便宜。

3. 选择具体的媒体工具

选择具体的媒体工具，就是要选择一个成本效益最佳的媒体工具。企业在实际选择时，应考虑以下几个方面的衡量尺度：

（1）发行量，即刊登广告的实体的数量。

（2）目标受众，即接触到媒体的人数。如果媒体是可传阅的，则受众要比发行量大得多。

（3）有效目标受众，即接触媒体的具有目标特点的目标受众人数。

（4）每千人成本标注，即要计算某一特定媒体工具触及一千人的平均成本，企业应根据媒体每千人成本的高低排列成表，选择千人成本最低者加以考虑。

4. 决定媒体的时间安排

为了决定采用哪种媒体，企业面临总体安排问题和短期安排问题。在总体安排方面，企业必须决定如何根据季节变化和预期的经济发展来安排全年的广告；在短期安排方面，企业应在一个短时期内部署好一系列的广告展露，从而达到最大影响。企业在国际市场推出一项新产品时，必须在广告的连续性、集中性、时段性和节奏性中作出选择。

四、国际广告效果的评估

做广告的目的是为了促进销售。广告做出后是否达到了预期目标，效果多大，企业必须进行评估。评估的内容很多，其中主要有两个方面：一是对信息传递效果的评估；二是对销售效果的评估。

（一）信息传递效果的评估

信息传递效果的评估是评估广告是否将信息有效地传递给目标受众。常用的评估方法有两种：

（1）事前评估，即在广告作品尚未正式制作完成之前进行各种测验，或邀请有关专家、消费者小组进行现场观摩，或在实验室采用专门仪器来测定人们的心理活动反应，从而对广告可能获得的成效进行评价。事前评估可以根据评估当中产生的问题及时调整已定的广告策略、改进广告制作，从而提高广告的成功率。事前评估的具体方法主要有消费者评定法、组合测试法和实验室测试法。

（2）事后评估，即广告刊播后，邀请一定数量的顾客，了解他们是否听到、看到或谈到已做出的广告，能否回忆起广告的内容，对这则广告有何想法和意见等，用来评估广告出现于媒体后所产生的实际效果。事后评估的主要方法有回忆测定法与识别测定法等。

（二）销售效果的评估

销售效果的评估是评估广告使销售额增长了多少。这种评估很困难，因为产品销售额的增长，不仅取决于广告的作用，而且还取决于其他许多因素，如经济发展、顾客可支配收入的增加、产品质量的提高、渠道成员更有效率、价格定得更合理以及其他促销方式（如人员推销、公共关系、销售促进）的效果提高等。可见，在上述诸多因素中，单独确定广告在其中的作用难度是很大的。目前，企业对销售效果的评估主要采用以下两种方法：

1. 历史分析法

历史分析法是由研究人员根据同步或滞后的原则，利用最小平方回归法求得企业过去的销售额与广告支出二者之间关系的一种测量方法。用此方法对广告的促销效果进行评估，并以此作为以后广告促销的依据。在影响销售额的其他因素不变的条件下，采用这种评估方法较为有效。

2. 试验分析法

试验分析法是选择几个条件相同或相似的市场，分别采取不同的广告宣传，如有的市场使用广告，有的市场不使用广告，有的较多使用广告，有的较少使用广告等，然后比较各市场的销售额变化，从中评估广告的作用。这种方法也可用来评估不同媒体的促销效果，即在不同的市场采用不同的广告媒体，如在甲市场采用电视广告，在乙市场使用杂志广告，在丙市场采用报纸广告，然后比较各市场的销售额变化。

第三节 国际市场人员推销策略

人员推销是指企业的销售人员向顾客进行面对面介绍产品，以达到传递产品信息、促进产品销售的活动。人员推销是采用广告策略之后的主要促销工具，通过推销人员与客户面对面地沟通，可以有针对性地向客户介绍产品，展示产品的性能，解答客户的疑问，促成交易，并借机收集较为翔实的商业情报。但同时人员推销占了促销预算的绝大部分比例，开支大、费用高，从而可能会影响企业其他促销方式的使用。发展中国家相对廉价的劳动力正为企业在国际市场重点发挥人员推销的作用创造了有利的条件。从某种意义上讲，人员推销在国际市场上的地位比在国内市场显得更为重要。

一、人员推销的任务与步骤

销售人员是企业与顾客最直接的联系纽带。在大多数顾客眼中，销售人员就是企业；作为企业产品的提供者以及顾客信息的收集者，销售人员是企业促销策略取得成功的关键环节。

（一）人员推销的任务

人员推销的根本任务是销售产品，但由于人员推销的费用较高，所以许多公司还要求推销人员在推销的过程中为公司承担与销售有关的其他任务：

（1）寻找并招徕潜在顾客。这要求推销人员具有一定的开拓能力，能发现市场机会、发掘潜在市场的需求和顾客。

（2）确定联系目标。要求推销人员决定如何支配有限的时间，对消费者或潜在顾客进行拜访。

（3）积极沟通。将本企业的有关产品或服务传递给顾客，以及可能影响他人购买的一般公众，让他们了解企业产品和服务，树立企业的形象和信誉。国际推销人员不仅要销售产品，还要传递与反馈信息，进行市场调查和情报收集工作。

（4）做好服务工作。主要包括为客户提供技术帮助、融通资金、加快交货、帮助安装等。这要求国际推销人员要熟悉业务和专业技术，更好地为国外客户提供各种销售服务。

（5）提供分配建议。当产品短缺时，分析并评估各类顾客，然后提出分配短缺产品的建议。

（二）人员推销的主要步骤

世界上还没有一种在任何情况下都有效的推销方法，但任何一个成功的人员推销过程都包括一些共同的步骤，它包含以下几个阶段：

1. 寻找潜在客户

推销工作的第一步就是寻找潜在客户，主要的方法有：向现有的顾客打听；从供应商、经销商、非竞争者的推销人员、银行、同业公会等机构或人员中探询；加入潜在客户所在的组织；从事能引人注意的演讲等公关活动；查阅工商名录、电话号码簿等资料。找到潜在客户以后，还必须对该客户的财务能力（支付能力）、营业量、特点要求、地点、继续交易的可能性等情况进行进一步的了解，鉴定其购买的可能性及购买量的大小，决定联系目标。

2. 接触前的准备

在正式推销之前，推销人员要具备三方面的知识：

（1）产品知识，即关于本企业及其产品的特点及用途等。

（2）顾客知识，包括潜在顾客的个人情况，所在企业的情况，尤其是哪些人参与企业的购买决策，其购买风格如何等。

（3）竞争者的知识，即竞争对手的产品特点、竞争能力和竞争地位等。同时，推销员还应确定访问计划。访问计划应该包括工作日程、访问名单、有效路线和访问时间表。走访前，一般应该通过信函、电话等形式先同对象预约，约定在顾客方便的时间里见面。准备工作除了知识准备外，还有心理准备、仪容准备和物质技术准备。

国际销售人员在推销准备工作中还必须考虑当地的行为习惯、时间观念、交谈方式、身体语言的含义以及宗教信仰、价值观等，避免在沟通过程中出现理解的偏差，甚至由于不了解当地的文化背景而破坏企业的形象，造成恶劣影响。

3. 接触顾客

接触顾客这个阶段是指推销人员与顾客开始面对面交谈，这是决定整个推销活动是否成功的一个比较关键的步骤。此时，推销人员应有三个目标：①给对方留下一个好的印象，包括会见顾客时要注意仪表端庄、举止得体，懂得如何向顾客问候和向顾客致意；②验证在预备阶段所设想的所有情况；③要为后面的产品介绍做好铺垫准备。

4. 介绍企业及产品

在向顾客问候之后，推销人员要灵活巧妙、自然轻松地即时引入推销话题，向顾客宣传接受推销品，刺激其需求，引发其购买动机。对于没有推销经验的人员来说，可以在介绍之前将所要谈话的主要内容背诵下来，在正式谈话时就按事先准备的内容有重点地、有步骤地向顾客说明。对于经验丰富的推销员来说，可以根据交谈的内容，及时发现顾客的真正需求，采取有针对性的推销宣传。

在推销洽谈过程中，国际推销人员的语言要简洁、准确、通俗，提供信息要可靠，身份、口气要平等，主动创造和保持和谐、合作的气氛，鼓励顾客参与，让顾客积极反应，努力谋求一致。不管推销何种产品，包括无形产品（如保险业务），推销人员尽量借用一些图形、小册子、幻灯、电影、录音、录像、产品样品等辅助工具来增强推销效果。洽谈时间要适可而止，在整个介绍过程中，应着重介绍产品会给顾客带来何种利益。

【资料阅读 10-2】

在推销中应掌握国外客户的行为特点

在国际市场营销中，推销人员的语言与举止是否得体是一个十分重要的因素。国际销售人员应当努力说东道国的语言，这样可以使国外客户产生亲切感。国际销售人员还应当重视自己和外国客户打交道的“无声语言”即行为举止，如面部表情、身体姿势、手势、眼神和握手力度等，要注意自己的言行举止不能给对方产生不当的印象或错误的理解。例如，国际推销人员与日本商人打交道时，在双方举止上应注意这样一些问题：①日本人点头往往表示“我了解你的意思”但并不表示“我同意”，如果将点头理解为后者，就很可能产生误解；②日本人在被迫回答他们不愿回答的问题时，可能会抿着嘴笑，表示“这很困难”；③日本人不愿意用眼睛直视人，这只是一种习惯，并不是不尊重对方；④在日本人面前，不要手背朝上或用食指召唤人；⑤不要同日本人勾肩搭背，那样会使他们很不自在；⑥与日本人握手不能过重等。

（资料来源：陈一平．浅析日本人的非语言交际行为特征［J］．青年与社会中外教育研究，2009（7）：19-20.）

5. 应付异议

在产品介绍过程中或要求顾客订货时，消费者都会表现出抵触情绪。这种抵触既有心理上的，也有逻辑上的。心理上的抵触包括：对外来干扰的抗拒；喜欢已建立的供应来源或品牌；生性淡漠；对陌生人的不愉快的联想；对金钱的神经过敏。逻辑上的抵触包括：对价格、交货条件或产品或公司特征存有异议等。为了处理这些异议，推销人员要采取积极对策，请顾客说出反对的理由，向顾客提一些他们不得不回答的一些问题，否定他们的意见，或将对方的反对意见转化为购买理由。

6. 买卖成交

买卖成交是推销人员要求顾客购买的阶段。接触顾客和买卖成交被很多人认为是推销过程中两个最困难的阶段。推销人员应知道如何识别顾客发出的交易信号，这些信号包括他们的动作、语言、评论和问题。推销人员可以使用一种或几种达成交易的方法，如重新强调一下协议要点，帮助填写订单，询问顾客是要A产品还是B产品，或让顾客对颜色、尺寸进行选择，向顾客说明现在不买将会失去什么等。推销人员也可以给顾客特别的条件，如特价、免费赠送额外数量，或送礼物等，来诱使买卖成交。

7. 事后跟踪

交易一旦达成，推销人员就应着手做好交易后的各项工作。如交货时间、购买条件及其他问题，确定后续访问进程以保证顾客能得到及时提供的指导和服务，目的是保证用户满意并有后续交易。

二、国际人员推销的管理

（一）国际推销人员的招聘

1. 国际推销人员的来源

（1）本国外派人员（Expatriate）。这是指企业选用本国人员去国外专门从事推销和贸易谈判业务，或定期到国际市场调研考察和访问推销，这是国际市场人员推销的一般形式。这种人员推销的优势是：更好的技术训练，更了解公司以及产品生产线，更强的独立工作能力和更高的工作效率，有时在外国消费者心目中更具有权威性。当然，企业派出的推销人员也存在一些劣势，主要是文化和法律方面的障碍，愿意到国外长期生活的人较少，尤其是能力强的人更是缺乏。

（2）东道国当地人员（Local Nationals）。这是指企业录用东道国人员作为企业的推销人员。与本国外派人员相比，当地人员能绕过文化与法律的双重障碍，更了解东道国的商业结构和商业习惯，从而能更好地利用当地错综复杂的分销体系和销售网络。使用当地人员的另一个优势是较低的成本，外派人员需要一些生活补贴、搬家费、税收和其他一些维持外派人员在国外工作的费用，所以，费用仍然要高出很多。

使用东道国当地人员的主要问题是：企业总部员工容易忽视他们的建议，即便多数外籍员工都非常审慎地与企业维持着密切的关系，但常常由于语言交流技能有限，以及对总部决策制定程序缺乏了解，其影响力大打折扣；另一个明显缺点是当地缺乏合适的推销人员，特别是既懂外语又具有产品销售经验的人才，如果选择不当的推销人员，反而会影响企业的销售业绩，破坏企业在当地的形象。

（3）第三国人员（Third-country Nationals）。这是指离开自己的国土到别的国家为第三国的企业工作的推销人员，其国籍不同于所工作的国家和企业。以往在国外度过大部分职业生涯的第三国人员较少，而现在则已经开始出现真正的全球经理。第三国人员具有前面两种推销人员所不具备的优点：由于具有很多国家的生活经历，他们精通多种语言，受自我参照准则的影响很少，而且熟悉行业在各个国家的发展状况。因此，越来越多的企业选择第三国人员作为推销人员。

2. 国际推销人员的招聘标准

国际市场的推销人员除了要具备一般推销人员的特征，如有冒险精神、有使命感、有解决问题的能力、关心顾客、对访问进行认真计划等条件外，还应具备以下素质：

（1）果断的决策能力。这是因为国际推销人员工作在国外，难以及时与企业管理部门随时沟通，而国外市场环境又是复杂多变的，营销的风险和机会都比国内市场大得多，这就要求推销人员在自己的职责范围内能够根据市场环境的变化及时作出决策和调整决策。

（2）调研才能。能否及时搜集信息并抓住市场机会是搞好海外推销的重要条件，因此要求海外推销人员必须熟练掌握市场调研的技能。

（3）文化适应能力。外国的社会文化和风俗习惯与本国不同，推销人员必须能熟悉并适应异国文化，掌握不同民族的特点及心理特征，最好还能掌握目标市场国的语言。

（4）忠诚可靠。海外推销人员往往是独立工作，企业管理者对其难以实施有效的监督，因此其努力与否在很大程度上取决于本人的职业道德。

3. 国际推销人员的招聘方式

企业的管理层决定了选择标准后，接着就是招聘。招聘的途径有很多，可以由现任的推销人员推荐，也可利用职业介绍所或刊登招聘广告。与企业其他员工的招聘方式一样，国际推销人员的招聘也需要经过简历筛选、笔试、面试等程序，通过角色扮演、情景模拟等方式考核应试者的判断能力、快速反应能力及团队合作能力。

企业在招聘当地人员时，还必须考虑当地的有关法律规定，大多数发展中国家和许多欧洲国家都制定了强有力的法律来保护雇员的权利，对解雇员工制定了相应的惩罚措施。选拔的失误，不仅造成企业资金的浪费，同时也浪费了企业的时间和机会，企业的代价将非常高昂。

（二）国际推销人员的培训

为提高推销人员的素质和工作能力，更好地完成推销任务，企业应对推销人员进行培训，培训的内容主要是围绕推销人员应具备的条件。由于国际市场的推销人员来源不同，培训的侧重点也有所不同。对于本国的推销员应重点进行外语、礼仪、国外生活习俗和商业习惯等方面的训练；对于外籍的推销人员应侧重让他们了解本公司及产品的特点，经营历史、目标，组织机构设置和权限，主要负责人，公司财务状况和设施，主要产品和销售市场等。

（三）国际推销人员的激励与评估

1. 国际推销人员的激励

对国际推销人员的激励，同样可分为物质奖励与精神鼓励两个方面。物质奖励通常指薪金、佣金或者奖金等直接报酬形式。精神鼓励可有进修培训、晋级提升或特权授予等多种方式。企业对推销人员的激励，应综合运用物质奖励和精神鼓励等手段，调动海外推销人员的积极性，提高他们的推销业绩。

对国际推销人员的激励，还要考虑不同社会文化因素的影响。国际推销人员可能来自不同的国家或地区，有着不同的社会文化背景、行为准则与价值观念，因而对同样的激励措施可能会作出不同的反应。例如，对于来自北美地区的推销人员，可以给予直接的金钱奖励和晋级机会；而日本的推销员则会更关心集体的荣誉，并考虑同事之间的关系。对于在发展中国家招聘的推销员，提供免费的海外旅游或度假机会也是一种重要的激励措施。因为对他们来说，难得到海外旅游或度假，若是因其努力工作而给予这样的机会，无疑是一种有效的激励。

2. 国际推销人员的业绩评估

对于国际推销人员的激励，建立在对他们推销成绩进行考核与评估的基础上。但是，企业对国际推销人员的考核与评估，不仅是为了表彰先进，而且还要发现推销效果不佳的市场与人员，并且要分析原因、找出问题，从而加以改进。

人员推销效果的考核评估指标可分为两个方面：一是直接的推销效果，比如所推销的产品数量与价值、推销的成本费用、新客户销量比率；二是间接的推销效果，如访问的顾客人数与频率、产品与企业知名度的增加程度、顾客服务与市场调研任务的完成情况等。

企业在对国际推销人员的推销效果进行考核与评估时，还应考虑当地市场的特点以及不同社会文化因素的影响。比如，产品在某些地区可能难以销售，则要相应地降低推销限额或者提高酬金。若企业同时在多个海外市场上进行推销，可按市场特征进行分组，规定小组考核指标，从而更好地分析比较不同市场条件下推销员的推销成绩。

第四节 国际营业推广策略

国际营业推广（International Sales Promotion）又称国际销售促进，是指企业运用各种短期诱因，鼓励购买或销售企业的产品或服务的促销活动，是一种短期的刺激消费者购买或提升中间商和零售商效率的促销活动。营业推广的主要目的是诱导消费者试用或直接购买新产品，刺激现有产品销量增加或库存减少，鼓励经销商采取多种措施扩大产品销售，配合与增强广告与人员推销的作用等。目前，国际市场销售推广的总费用有超过广告费的趋势，原因是销售推广对刺激需求有立竿见影的效果。

一、国际营业推广的特点和类型

（一）国际营业推广的特点

国际营业推广的主要特点有：

（1）直接性。营业推广促销见效快，可以在短期内刺激目标市场需求，使之大幅度增长，尤其对于一些优质名牌和具有民族风格的产品效果更佳。

（2）具有灵活多样和非连续性等特点。销售推广的方式灵活多样，规模可大可小，企业往往可以根据销售的实际情况而采取促销的新方法。销售推广多是企业短期、暂时性的行为，一般不会对企业的长期营销政策产生实质性的影响。

（二）国际营业推广的类型

在国际市场上，营业推广一般可分为三类：直接对消费者或用户的营业推广；直接对出口商、进口商和国外中间商的营业推广；鼓励国际市场推销人员的营销推广。

1. 针对消费者的营业推广

针对消费者的营业推广（Consumer Promotion）的目的在于吸引新顾客，留住老顾客，动员现有顾客购买新产品或更新设备，引导顾客改变购买习惯，或培养顾客对本企业的偏爱行为等。营业推广的方式包括：赠品、样品试用、优惠券、促销包装、抽奖、现场示范和展销等。其中，赠送样品或使用样品是介绍一种新商品最有效的方法，但费用很高。例如，DHC上海公司在中国长期提供免费试用品以吸引消费者尝试产品；立顿通过赠送Q果趣奶茶杯吸引消费者购买一定数量的奶茶；可口可乐常年鼓励消费者收集瓶盖或易拉罐的拉环，参与网络上的抽奖活动，从而促销企业产品。

2. 针对中间商的营业推广

针对中间商的营业推广（Intertrade Promotion）的目的是鼓励批发商大量购买，吸引零售商扩大经营，积极购存或推销某些产品。其营业推广的方式包括：批发回扣、推广津贴、销售竞赛、交易会或博览会、业务会议和工商联营。在我国的汽车销售中，汽车制造商常常采用返点销售和销售竞赛方式鼓励销售商的销售行为。

3. 针对销售人员的营业推广

针对销售人员的营业推广（Salesforce Promotion）旨在鼓励销售人员热情推销产品或处理某些老产品，或促使他们积极开拓新市场。其营业推广包括销售竞赛、比例分成以及免费的人员培训和技术指导等。

二、国际市场营业推广的影响因素

企业在国际市场采用营业推广这一促销手段时，应特别注意不同国家或地区对营业推广活动的限制、经销商等的合作态度以及当地市场的竞争程度等因素的影响。

（一）当地政府的限制

许多国家对营业推广方式在当地市场上的应用加以限制。例如，很多国家对销售促进的形式和规模以及审批程序有一定的限制。有的国家规定企业在当地市场上进行营业推广活动要事先征得政府有关部门的同意，有的国家则限制企业营业推广活动的规模，还有的国家对营业推广的形式进行限制。对销售促进活动实施严格限制的国家有奥地利、比利时、丹麦、德国、意大利、日本、韩国、墨西哥、荷兰、瑞士和委内瑞拉等，法国则规定赠送礼品的金额不得超过促销商品价值的一定百分比，且规定赠送的物品必须与推销的商品有关。

（二）经销商的合作态度

企业国际市场营业推广活动的成功，需要得到当地经销商或者中间商的支持与协助。例如，由经销商代为分发赠品或优惠券，由零售商来负责交易印发处理，进行现场示范或者商店陈列等。对于那些零售商数量多、规模小的国家或地区，企业在当地市场的营业推广活动要想得到零售商的有效支持与合作就要困难得多。因为零售商数量多，分布散，不容易联系，商场规模小，无法提供必要的营业面积或者示范表演场地，加上营业推广经验缺乏，难以收到满意的促销效果。

（三）目标市场的竞争程度

目标市场的竞争程度，以及竞争对手在促销方面的动向或措施，将会直接影响企业的营业推广活动。比如，竞争对手推出新的促销举措来吸引顾客争夺市场，企业若不采取相应的对策，就有失去顾客而丧失市场的危险。同样地，企业在海外目标市场的营业推广活动，也可能遭到当地竞争者的反对或阻挠，甚至通过当地商会或政府部门利用法律或法规的形式来加以禁止。例如，美国通用电气公司通过与当地企业合资的方式成功地打入日本的空调市场。通用主要采取的两项有效促销措施是：对推销成绩突出的经销商提供海外免费旅游度假的机会，对购买数量达到一定额度的顾客赠送彩电。但随后，当地电器生产厂商利用贸易协会通过决议，禁止以海外旅游形式作为奖励措施，并限制赠品的最高价值，这些决议得到日本公平贸易委员会的许可。

三、国际营业推广策略的制定

企业要制定一套良好的国际市场营业推广策略，不只是选择一种或几种推广方式，还要结合产品、市场等方面的情况，慎重地确定营业推广的地区范围、鼓励的规模、参加人的条件、推广的途径、推广的期限、推广的时机、推广的目标和推广的预算，在营业推广的实施过程中和实施结束以后，企业还有必要不断地进行营业推广效果的评价，以调整企业的营业推广策略。

（一）营业推广鼓励的规模

营业推广面并非越大越好，鼓励的规模必须适当。通常情况下，选择单位推广费用效率最高时的规模。低于这个规模，营业推广就不能充分发挥作用；高于这个规模，或许会促使营业额上升，但其效率会递减。

（二）营业推广鼓励对象的条件

在国际市场上，营业推广鼓励对象可以是任何人，也可以是部分人，通常是鼓励商品的购买者或消费者。但企业有时可以有意识地限制那些不可能成为长期顾客的人或购买量太少的人参加。

（三）营业推广的途径

企业在确定了上面两个问题以后，还要研究通过什么途径向国际市场的顾客开展营业推广。营业推广的途径和方式不同，推广费用和效益也不一样，企业必须结合自身的内部条件、市场状况、竞争动态、消费者需求动机和购买动机等进行综合分析，选择最有利的营业推广途径和方式。

（四）营业推广的时机和期限

不同的商品，在不同的市场、不同的条件下，营业推广的时机是不同的。市场竞争激烈的产品、质量差异不大的同类产品、老产品、刚进入国际市场的产品、滞销产品等，多在销售淡季或其他特殊条件下运用营业推广策略。至于推广期限，企业应考虑消费的季节性、产品的供求状况及其在国际市场的生命周期、商业习惯等适当确定。

（五）营业推广的目标

推广目标主要是指企业开展营业推广所要达到的目的和期望。推广目标必须依据企业的国际市场营销战略和促销策略来制定。营业推广的目标不同，其推广方式、推广期限等都不一样。

营业推广介于广告和人员推销之间，用来补充广告和人员推销。与经常性有计划地进行国际市场广告和人员推销不同，营业推广主要是针对国际目标市场上一定时期、一项任务，为了某种目标而采取的短期的、特殊的推销方法和措施。例如，为了打开产品出口的销路，刺激国际市场消费者购买，促销新产品，处理滞销产品，提高销售量，击败竞争者等，往往使用这种促销方法来配合广告和人员推销，使三者相互呼应、相互补充、相得益彰。比如，青岛啤酒为了打开我国香港地区市场的销路，在开展人员推销和广告促销的同时，曾经采用过用一个啤酒瓶盖（必须带铁盖内的橡皮）换取一元港币的方法。于是，香港大饭店的服务员都热心地用青岛啤酒为顾客服务，成为青岛啤酒的推销员，大大提高了销量，使青岛啤酒在香港这个竞争激烈的啤酒市场上占有了一定的地位。但是，营业推广在国际市场上不宜经常使用，否则会引起顾客的观望和怀疑，反而影响产品销售。有这样一种说法：一个品牌为了提升销售量所投入的促销费用如果高于广告投入，就会非常危险。久而久之，促销会使积累起来的品牌资产在消费者心目中渐渐变得模糊甚至消失。

第五节 国际公共关系策略

一、国际公共关系的含义

公共关系策略是指企业为获得公众信赖、加深顾客印象而用非付费方式进行的一系列促销活动的总称，简称“公关”策略。塑造形象是公共关系策略的最终目标，也是公共关系策略的重要职能。20 世纪 80 年代以后，随着经济全球化进程的加速，越来越多的企业参与到国际市场营销中，国际公共关系的价值和作用得到认同和重视。国际公共关系策略是指国际企业为增进东道国公众的信任和支持，利用传播的手段以及各种形式的国际交往，树立企业在国外的良好形象，协调企业与社会、企业与消费者，以及企业与其他同行关系的活动。国际公共关系受到东道国政治、经济和文化环境的影响，企业必须针对东道国的具体环境特点开展公共关系，才能与东道国市场各方面建立融洽的关系，从而有利于企业的长远发展。

国际公共关系所涉及的对象十分广泛和复杂，包括股东、企业员工、消费者、供应商、中间商、竞争对手、当地政府部门、各社会团体、公共舆论媒体等企业在国际经营活动中发生联系的各个方面。其中，公司员工和竞争对手是企业国际公共关系策略中两个极为重要的对象。员工的凝聚力和使命感是企业对外公共关系形象的原动力，而处理好与竞争对手的公共关系则有助于缓和竞争、加强资源配置，与对方取得“双赢”。

二、国际公共关系的任务

作为促销组合重要手段的公共关系，无论是在国内营销，还是在国际营销中，其主要任务基本相同，包括以下几点：

（一）树立企业良好的形象

树立企业良好形象是国际公共关系的核心任务。从公共关系的一般定义可以看出，其最终目标和重要职能就是塑造和维持企业良好的公众形象。企业通过各种媒体的宣传，以及参加各种赞助和社会公益活动来体现企业良好的社会形象，从而起到间接促进产品销售的目的。

（二）加强与社会各方面的联系与沟通

通过公共关系，国际企业可以加强与东道国政府、社会各团体、消费者等的联系，有的企业还建立与国际市场目标公众固定的公开往来制度，经常说明企业即将或已经作出的社会贡献，并通过一些赞助、捐赠活动支持东道国政府的文化、教育、卫生、环保事业的建设。

（三）推广企业的产品或服务

公共关系策略作为国际市场促销策略的一种手段，包含了保持企业形象及推广产品的各种方案。其主要目的之一就是要运用各种宣传推广，向公众提供企业的产品、政策和人员信息，引起公众的广泛注意，使公众相信企业的产品和服务质量优良，最终达到推广企业产品和服务，促进销售的目的。

（四）平息企业或产品危机

国际企业面临的内外营销环境十分复杂，一旦企业在经营过程中出现差错，或由于他人故意中伤诽谤，加上企业沟通不良、信息失真，可能会导致产品销售和企业生存面临危机。如果出现重大危机，国际企业可以借助公共关系对错误进行及时补救、对不利企业的舆论进行纠正和反驳，防范和平息风波，重新树立企业和产品形象。

三、国际公共关系的内容

开展国际公共关系活动，常见的内容主要包括以下几个方面：

（一）企业内部的公共关系

企业要对外搞好公共关系，必须先在内部达成一致。企业员工必须在凝聚力、使命感、产品质量、企业形象等方面达成共识，才能同心同德为企业的发展努力，成为企业对外公共关系的直接原动力。

（二）加强与媒体的公共关系

新闻媒体承担着传播信息、引导舆论等社会职能，国际企业必须充分利用媒体为其服务，主动提供信息，与媒体建立相互合作的关系，通过媒体向目标市场国的公众宣传企业和产品信息，使当地公众对企业和产品产生深刻印象，从而达到促进销售的目的。一旦发现企业形象受损，应借助各种媒体（如召开新闻发布会、发表声明等）迅速采取有力措施加以弥补和挽回。

（三）加强与政府和公众的公共关系

企业在国际市场进入中，往往会遇到各种问题和障碍。企业加强与当地政府的沟通和联系，取得政府的信任和认同以及当地民众的支持和理解显得非常重要。企业通过公共关系加强与东道国政府的联系，了解相关法律法规和政策导向，积极调整自己的营销策略以适应政策的变化，从而避免可能的冲突和矛盾；同时，企业应收集和听取目标市场国的公众对产品和服务等方面的意见和态度，及时处理和消除公众的抱怨情绪。

四、危机公关

（一）危机的定义及特点

危机是一种使企业遭受严重损失或面临严重损失威胁的突发事件。这种突发事件在很短时间内波及很广的社会层面，对企业或品牌会产生恶劣影响。危机具有意外性、聚焦性、破坏性和紧迫性等特点。为使企业在危机中生存，并将危机所造成的损害降至最低限度，决策者必须在有限的时间限制下，作出关键性决策和具体的危机应对措施。

（二）危机公关及处理的原则

危机公关（Crisis Public Relation）是指企业针对危机所采取的一系列自救行动，包括消除影响、恢复形象等。广义地讲，它是指从公共关系角度对危机的预防、控制和处理。危机公关属于危机管理（Crisis Management）中的危机处理部分。

一旦发生危机事件，企业在进行危机公关时应遵循以下五个基本原则，即承担责任原则、真诚沟通原则、速度第一原则、系统运行原则、权威证实原则，这五个基本原则也称为危机处理的5S原则。

1. 承担责任原则

承担责任原则（Shoulder the Matter）是指当危机发生后，公众会关心两方面的问题：一方面是利益的问题，利益是公众关注的焦点，因此无论谁是谁非，企业都应该承担责任；另一方面是感情问题，公众很在意企业是否在意他们的感受，因此企业应该站在受害者的立场上表示同情和安慰，并通过新闻媒介向公众致歉，解决深层次的心理、情感关系问题，从而赢得公众的理解和信任。

2. 真诚沟通原则

真诚沟通原则（Sincerity）是指企业处于危机旋涡中时，是公众和媒介的焦点，这时应该主动与新闻媒介联系，尽快与公众沟通，说明事实真相，促使双方互相理解，消除疑虑与不安。真诚沟通是处理危机的基本原则之一，指的是诚意、诚恳、诚实。

3. 速度第一原则

速度第一原则（Speed）是指在危机出现的最初12～24小时内，消息会像病毒一样高速传播，但可靠消息不多，社会上充斥着谣言和猜测，企业的一举一动将是外界评判其如何处理危机的主要根据。因此，企业必须当机立断，快速反应，积极与媒体和公众进行沟通，从而有效、迅速地控制事态。

4. 系统运行原则

系统运行原则（System）是指在逃避一种危险时，不要忽视另一种危险。因此，企业在进行危机管理时必须注意系统运作，绝不可顾此失彼。只有这样才能透过表面现象看本质，创造性地解决问题，化害为利。

5. 权威证实原则

权威证实原则（Standard）是指当危机发生后，企业不要一味地为自己辩解，而最好请权威的第三者或专业的危机公关公司为企业解释和证实，使社会公众解除对企业的警戒心理，重获他们的信任。

（三）危机公关的流程和内容

危机公关主要包含以下流程和内容：

（1）问题管理。对可能对组织产生影响的问题进行系统化监控和评估。

（2）危机规划与预防。针对可能发生的危机情景进行预案研究与处理，建立危机管理机构。

（3）危机应对。面对爆发的危机实施全面管理方案，掌握危机管理的主动权。

（4）善后事宜。判断危机的损害程度、评估危机预案的效果，作出调整和修订。

此外还要强调，危机公关的效果直接取决于是否得到企业高管层的重视和支持；是否有制度化、系统化的问题管理项目与危机公关项目；以及危机沟通系统是否高效通畅。

【实例 10-1】

索尼：起火电池惹火上身

2006 年 6 月，在日本举行的一次会议上一台戴尔笔记本电脑突然着火，这一事件引起了业界的高度关注。此后，又有多次关于戴尔笔记本电脑起火的新闻。8 月 14 日，戴尔宣布召回 410 万块可能引起火灾的笔记本电池。鉴于戴尔笔记本电脑电池由索尼公司制造，索尼也承认，将对此次事件负责，并在财务上支持戴尔的召回行动。对问题电池一事索尼的处理态度是："说真话，说实话。"此后，苹果、联想、IBM、东芝、富士通等品牌的笔记本电脑厂商宣布回收由索尼公司提供的电池。

10 月 24 日，索尼在东京举行的新闻发布会上表示将借此次机会向因电池召回而引发的消费者担忧表示道歉。同时，索尼还表示已经对电池的生产、设计和检测方面进行了改善，防止此类事件的再次发生。索尼此前曾表示，这些电池故障是因为内部的金属微粒所致。至 10 月止，索尼为全球范围召回大约 1000 万块笔记本电脑电池支付了 4.44 亿美元。Gateway、富士通、夏普、日立、东芝和索尼自己的 VAIO 部门后来都要求部分用户返还索尼生产的电池。

12 月 27 日，历经大规模的电池回收事件后，索尼于 2007 年 2 月将有望恢复供应笔记型计算机电池给制造商。索尼在召回电池后已派出代表向各方游说，虽然电池召回对于索尼名声有相当大的打击，不过笔记本电池厂商依旧表示将会继续采购索尼制造的锂电池。

（根据以下资料整理：游昌乔．索尼：起火电池引火上身．［OL］http：//www.chinapr.com.cn/ExpertOnLine/Article/26367.shtml，2008-7-2）

第六节　国际会展

会展业是指以会议、展览为媒介，以在一定时期内聚集大量的人流、物流、资金流和信息流为手段，达到促进产品销售和经济发展目的的行业。其中，会议是泛指在一定的时间和空间内，为了达到一定的目的所进行的有组织、有主题的议事活动。目前还没有对展览的统一界定。结合实际情况，展览是指参展商通过物品或图片的展示，集中向观众传达各种信息，实现双向交流，扩大影响，树立形象，达成交易、投资或传授知识、教育观众目的的一种活动。展览往往是展中有会，会中有展，展会结合，所以也被称为展览会。

一、国际会展业的发展现状

20 世纪 90 年代以来，伴随着经济全球化的浪潮，世界经济快速发展，各国之间的技术、贸易、文化、经济等往来日益频繁，为国际会展业的发展提供了巨大的机遇。据国际协会联合会（UIA）统计，2003 年全世界的大型会展总数超过 15 万个，其中国际会议约 7 万多个，国际展览超过 8 万个，全球会展业的直接经济效益达到了 2800 亿美元。从 1999 年至 2008 年，全球国际会议总量保持不变，2009 年全球会展业的直接经济效益达到了 3850 亿美元，成为了全球经济中占有相当比重的新兴产业。

经过 100 多年的积累和发展，欧洲会展经济历史最为悠久、整体实力最强，具有规模最大、国际化程度高、专业化强、重复率低、交易功能显著等特点。在欧洲地区中，德国、意大利、法国、英国都是世界级的会展业大国。美国和加拿大是世界会展业的后起之秀，每年举办的展览会近万个，美国已成为举办国际贸易博览会的主要国家，吸引着世界各国的客商。据 ICCA 的统计，2007 年美国和加拿大分别位居国际会议市场的第一和第十名，见表 10-6。亚洲会展经济的规模和水平仅次于欧美，其中日本会展业发展水平遥遥领先。我国香港也是亚太地区重要的会展中心之一，被誉为“国际会展之都”。

表 10-6　2007 年国际会议市场国家和城市排名

名　次	国　家	城　市
1	美国	维亚纳
2	德国	柏林
3	西班牙	新加坡
4	英国	巴黎
5	法国	巴塞罗那
6	意大利	布达佩斯
7	日本	里斯本
8	巴西	北京
9	奥地利	阿姆斯特丹
10	加拿大	马德里

（资料来源：国际大会和会议协会 ICCA 报告．）

如今会展业也出现了一些新的特点和趋势，主要表现在：会展一体化、规模大型化、内容趋于专业化、信息技术与实物展览相结合、集团趋势增强等。

二、会展营销的特点和功能

会展营销已成为各企业展示产品、形象、服务和收集信息的重要渠道，企业通过举办各种形式的展览会、博览会或其他会议，从而进行自身产品的推广与宣传，以达到促进销售的目的。

（一）会展营销的特点

1. 信息高度集中

会展营销之所以不断发展，主要在于它能够在短时间、小范围内聚集大量的信息，包括大量的供求信息和会展产品信息，无论是买家还是卖家或者观众，都可以节约大量的时间和精力，从会展营销中获得大量的重要信息。

2. 选择空间大

会展聚集了大量的买家和卖家，为买卖双方提供了广阔的交易空间。事实上，通过会展营销，卖家可以面对大量的订购型买家，可以选择最优的对象进行合作；会展中的大量同类卖家使得卖家间竞争激烈，买家不仅可以从会展中获得大量的同类或者替代品信息，还可以对不同卖家的同类商品进行性能、质量及价格的比较，从而进行采购活动。

3. 涉及行业最新前沿

会展营销不仅要提供新会展产品和服务，还要聚集最新的思维与理念以及行业的最新发展态势。因此，“新”成为了会展营销过程的主旋律。

（二）会展营销的功能

1. 展示品牌并提高企业知名度

企业通过参与国际会展，能够直接与国外的目标客户群接触，这种与客户面对面的交流使得客户能够在较短的时间内认知本企业的品牌。此外，会展展示的不仅仅只是产品，还宣传了本企业的文化。通过参加会展，能够使目标受众加深对本企业的印象，提高企业在国外客户中的知名度。

2. 检验参展产品是否适销

同一产品在不同目标国的消费群体中会面临不同的需求。在企业决定是否正式将一种产品打入一个国外市场之前，企业可以通过参与会展这种方式，小规模地试探目标市场对该产品的反应。同时，新产品在展会上亮相，企业将接受不同的受众从多种不同的角度对其产品进行评价，这也为企业提供了宝贵的市场信息，有利于企业对其产品进行改进，并最终成功进入国外市场。

3. 节约营销成本

会展作为企业的一种营销方式，其费用远远低于人员推销、公关、广告等营销手段的费用。根据英联邦展览业联合会的调查，通过一般的渠道找到一个客户，大概需要花费 219 英镑，而通过会展方式，却能将成本降低至 35 英镑。会展不仅大大降低了企业的营销成本，而且还能让企业获得比其他营销方式更好的效果，如在会展中可以综合运用广告、人员推销、公关等多种营销手段。

三、会展营销策划的步骤和策略

会展营销策划是参展商进行会展营销的依据，是参展商实现参展目的的保证。而会展组织者依据自身特点为参展商精心准备的参展计划则更具有实际意义，更有助于参展商的目标实现。

（一）行业调查

行业调查是指参展商专业结构调查，尤其是参展行业发展趋势的信息调查。通过为参展商提供这些信息，帮助参展商了解市场动态、获取与企业经营活动密切相关的市场信息，从而使企业把握行业发展的脉搏，准确找到市场切入点，及时调整营销策略。对重点参展商而言，这是具有实际价值的“增值”服务。

（二）统计分析

统计分析是指历届展览专业观众的分类与构成比例。展会招商和招展是互相影响、互相作用的。一方面，如果展会招商效果好，到会观众数量多，质量上乘，参展商的展出效果就有保证，企业就更乐意来参展；另一方面，如果展会的招展效果较好，参展企业尤其是行业知名企业较多，展品新，信息集中，观众到会参观就会更加踊跃。对历届会展专业观众的统计分析则可以协助重点参展商评估展览，理解参展价值。

（三）场地规划

场地规划是指明确指出重点参展商可优先选择的特色区域，为重点参展商进行场地规划和展台设计提供建议。展位选择至关重要，选择合适，可以事半功倍；选择不合适，则事倍功半。一般来说，确立标准、选好展位、设计好展位造型，这是参展商必须要考虑的。

展位的地点最好选择以下地方：开幕式主席台对面及两侧；入口处的正门口或正门口的两侧；出口处的后门口或后门口两侧；主要人行干道的两首或“十”字干道的中心四角处；上述 4 个地方的邻近处；知名大企业及有影响的团体或组委会附近。总之，参展企业要多留心进行观察，分析和比较展馆内的不同展位位置给企业带来的影响，争取利用选择展位位置的有限权利。

（四）参展价值分析

参展价值分析是指分析重点参展商的会展营销所可能取得的成果，如利用国际会展这一营销工具，企业可能实现很多营销目标，要通过成本和效益的分析判断此次参展营销带来的价值，除了信息价值、产品价值等之外，还有增值服务价值及媒体价值。

【实例 10-2】

海尔产品在国际博览会上展风采

进入 21 世纪以来，海尔集团不断加大了国际市场的推广力度。2001 年 3 月 7～9 日，海尔以前所未有的投入参加了在德国科隆举办的国际家电博览会。海尔是该届博览会占地面积最大的参展企业之一，并推出了满足欧洲市场需求的 58 个门类 159 个规格品种的新产品，特别是首次在欧洲市场亮相的“太空”系列网络家电产品，吸引了众多参展客商的目光。2004 年 2 月 25～27 日，海尔集团再次参加了科隆国际家电博览会，并在全场最佳位置搭建了全场最大的展台，集中展示了海尔网络家电、A＋＋产品等 50 个系列的 168 种新产品，吸引了来自全球各大渠道的大经销商和海内外著名的媒体。

2006 年 2 月 28 日～3 月 3 日，在意大利米兰举行的国际供暖、制冷、卫生洁具及浴室设备展览会上，海尔空调推出的“聪明风”系列空调，受到了参会年轻消费者的追捧。2006 年 3 月 14～17 日，在莫斯科举行的“制冷世界（MIRCLIMATE）”空调制冷展会上，海尔展出了 2006 年最新推出的超薄高效直流变频空调。海尔空调不仅外观时尚，具有双向换新风的先进功能，而且还根据俄罗斯的气候特点推出了空调在零下 30 摄氏度制冷的配套功能模块，很好地提升了海尔品牌形象，拓宽了销售空间。在该展会上，海尔空调成功落实了 4～5月份客户订单一万多套。

（根据以下资料整理：海尔在欧洲［OL］．海尔官方网站．http：//www. haier. ch/about/worldwide_europe. shtml.）

四、参加国际会展的注意事项

（一）了解各国会展的规则

企业在参加国际会展之前，一定要充分收集与会展有关的信息，了解各国会展的规则。亚洲的商品交易会有许多不成文的规定。为了防止被竞争者仿制，许多最好的产品并没有被展示出来，想看到令人感兴趣的产品的唯一方法是同高级销售人员交谈。例如，美国的绝大多数商品交易会只持续 3～5 天；中国的广州商品交易会每半年举办一次，并持续一个月。绝大多数美国商品交易会的开放时间从早 9 点至下午 4 点或 5 点，而墨西哥的商品交易会通常到下午 2 点或 3 点才开门，并在晚上 8 点或 9 点结束。墨西哥的商品交易会参观的高峰时间是下午 6 点或 8 点，在拉丁美洲的绝大部分地区，情况都是类似的。巴西的商品交易会通常在下午开始，有时甚至到下午 4 点，交易会一直开放到晚上，偶尔会在晚上 12 点才结束。

（二）参加国际展览的展品选择

由于国际会展在地理上位于国外，而且大多数参观者也是会展所在国的当地人，因而参展商在展览期间最好要适应当地的文化传统；其次，要考虑会展所在国对产品包装、运输的要求。

（三）做好参展商品的物流管理工作

对于参展交易的商品，视同一般的进出口贸易对待，企业可选择不同的贸易条件和运输方式；同时，选择有利的报税方式。

（四）做好商品交易会的费用预算

在英国，制造业的公司将其几乎 1/4 的促销预算用在商品交易会上。许多欧洲公司常常会为商品交易会花费最高达 50％的促销预算（美国公司的平均花费只有不到 1/6)。欧洲方式的交易会被描述为“聆听和学习”，而美国方式则是“展示和销售”。

关键词

促销组合（Promotion Mix）
公共关系（Public Relations）
销售促进（Sale Promotion）
推动策略（Push Strategy）
拉动策略（Pull Strategy）
通知型广告（Information Advertising）
说服型广告（Persuasive Advertising）
提醒型广告（Reminder Advertising）
人员推销（Personal Selling）
营业推广（Sales Promotion）
国际会展（International Convention & Exhibition）

思考题

1. 什么是促销和促销组合？简单分析影响促销组合的因素。
2. 结合某一产品，简述人员推销的步骤。
3. 通过对自身的分析论述，谈谈如何才能成为一名成功的国际市场推销人员？
4. 企业应该如何对推销人员进行有效地激励和评估？
5. 试比较各广告媒体的优缺点，并举例说明如何运用媒体组合策略达到最大的广告效果？
6. 举例说明在国际营销中进行营业推广需要考虑哪些因素？
7. 公共关系在国际促销组合中有何重要意义？
8. 参加国际会展要注意哪些问题？可采取哪些主要策略？如果你是一家快速消费品市场的营销主管，你如何通过会展进行营销？
9. 简要分析国际会展营销给企业带来的功能效应，并举例说明。

【案例分析讨论】

福特福克斯的成功上市

福特汽车公司是世界著名的汽车企业之一，福特福克斯自1998年面世以来在全球已荣膺超过100项大奖，其中包括15项“年度车”桂冠，是第一辆同时在欧洲与北美都获得年度风云车的车型，其时尚动感又不失大气的外形，宽敞舒适的空间以及优越的操控性能，在欧洲和美洲享有很高的声望。然而，福特福克斯在中国的知名度还仍然有限。面对中级车市场群雄并起的局面，福特福克斯如何脱颖而出？

福特福克斯目标消费者为生于1970年前后，月收入较高的城市居民。他们受过良好的教育，正逐渐成为社会的精英。他们喜欢动感的生活与时尚的外形，喜欢尝试新生事物，注重文化消费，网络是目标人群工作与生活的重要媒介。鉴于此，长安福特在制定营销战略时，根据产品特点以及目标消费者的特点，采用创新的方式，将目标消费者与他们感兴趣的话题或活动进行深度结合，并通过这些活动与目标消费者就产品和品牌进行深度沟通，从而树立福克斯动感活力的品牌形象，并创造良好销售业绩。

1. 新车上市与电影概念相结合

长安福特在制定营销战略时，把目光放在了电影上。我国涌现了一批有实力的新生代导演，新生代导演具有“创新”的特质，而福特福克斯具有“新锐”的特质，长安福特运用此种关联，决定以新锐导演为主体，进行一次集体创造。为了更利于目标受众接受和认同电影，增加传播的广度，并将传统的电影方式改成三分钟短篇的形式展现。由此福特福克斯携手王小帅、贾樟柯、孟京辉等中国新锐导演，与著名电影人田壮壮合力打造的中国汽车史上的第一部主题电影由此诞生。这也是中国汽车营销史上首度以制作电影的方式推出一款新车。

2. 多阶段的传播强化

长安福特将福克斯上市分为了热身、预售第一阶段、预售第二阶段和上市共四个阶段，分阶段传播不同的信息。

(1) 热身阶段。此阶段的事件为福克斯亮相上海车展，主要向消费者传达的核心信息为福特福克斯就要来了。

(2) 预售第一阶段。此阶段的事件为“动感生活聚焦福克斯”电影活动，传达的核心信息是聚焦福克斯电影，聚焦福克斯。

(3) 预售第二阶段。此阶段的事件为8月1日接订单，向消费者传达的核心信息：福克斯开始销售了，你最佳的选择是福克斯。

(4) 上市阶段。该阶段的主要事件包括：9月下旬新车发布和9月底经销商展厅公众上市、传播主战役（电视广告10月播出、赞助十运会等）、主要城市试乘试驾、区域促销和全国性经销商促销，使消费者全方位的接触和深入了解福克斯产品。

3. 多重传播手段的配合

福克斯上市活动整合了线上广告、公关、线下活动、网络、经销商和客户关系等传播营销手段，创新了整个传播模式。具体的传播执行情况如下：

以福克斯主题电影活动为例，阐述福克斯上市活动在传播上的创新。王小帅、贾樟柯等8位中国第六代新锐导演代表在仅3分钟的时间内，用最新的创意与拍摄技巧，引领各位观众去感受现代中国的时尚动感生活与电影艺术的独特魅力。将8种情绪贯穿在8个故事中，演绎城市最真实的情绪，展示福特福克斯人都市生活情态，意在呼唤福克斯人的共鸣。而福特福克斯也成为影片中最精彩、最时尚动感的“配角”。在电影活动的传播方面，线上广告方除了传统的电视平面广告外，还采用了网络iCast、主题电影在电影院贴片和楼宇电视播出，产品和主题影片制作成DVD在展厅派发播放，主题影片通过杂志夹带等创新的传播方式，充分地利用了每个可能的消费者接触点。在公关方面，针对不同的阶段，传播了以下信息：

(1) 认知期。使目标受众了解电影和产品基本信息，对福克斯产生初步关注。

(2) 兴趣激发期。使目标受众了解电影详细内容，将消费者对电影的兴趣过渡到产品上，并开始思考产品兴趣和利益关注点。

(3) 深度沟通诱导期。通过信息全面散播，使目标受众主动接受信息内容，并对汽车产品利益点进行主动搜集。在公关媒介组合上，重点采用了娱乐、汽车和大众媒介组合应用：娱乐媒体以演员、导演、影片为核心信息，完成观众从对影片拍摄的关注到下载欣赏的过程；汽车媒体将关注点过渡到产品，以产品为中心进行沟通，并传播福克斯电影营销在汽车营销史上的意义；大众媒体将受众分流到汽车和娱乐，制造上市活动的社会影响，构成广泛舆论关注。

综上所述，福特福克斯主题电影在传播上有以下几个突出特点：

（1）变单向传播为互动沟通。网上投票方式最终选出一名最佳人气奖影片，该影片的导演届时将获得福特福克斯一台，通过抽奖方式，一名参加网上投票的幸运选民也将赢得福特福克斯一台，加强电影在受众中的传播。

（2）变被动接受为主动获取。影片的新锐导演阵容、预热传播方式和情节及内涵文化元素，使消费者对电影和福克斯的关注大大增强，从以往的被动接受改为主动获取信息内容，对电影和汽车产品利益点进行主动搜集，并传递影片和汽车信息。

与传统电影营销相比，福特福克斯主题电影活动不仅深入地展示了福特福克斯产品的卓越性能和功能利益，同时也展示了其倡导的精神主旨和生活态度等品牌内涵。福特福克斯上市活动取得了较高的品牌及产品的曝光度，福克斯主题电影入围了东京和釜山电影界，使电影进入国际领域传播，为福克斯制造了更好的文化口碑。电影活动的互联网、电视、楼宇LCD、电影院贴片线上广告等广告手段覆盖人次近九亿人次。活动期间，电影活动首页流量超过了100万，网上投票数量超过了18 000，近20万人次观看了影片。北京、上海举行的活动每次聚集了百家左右的媒体进行采访报道，活动报道新闻稿达到600篇。福特福克斯也因此成为了市场关注和公关报道的焦点。电影活动还收集到了大量的目标消费者成为福特福克斯俱乐部成员，注册成员达到3.7万多人，为福克斯上市热销奠定了基础。

讨论题：

1. 福特福克斯在上市推广过程中主要运用了哪些促销策略，你对此如何评价？
2. 你认为福特福克斯主题电影的成功之处表现在哪些方面？
3. 如果你来策划福克斯的上市活动会提出哪些方面的促销建议？

（根据以下资料整理：福特福克斯上市推广活动［OL］. 中国公共关系网 http://www.17pr.com/html/82/t-287282.html，2008-4-24.）

第十一章　国际市场营销管理

【本章要点】

1. 国际市场营销计划的概念、内容及类别
2. 国际市场营销计划的编制
3. 国际市场营销组织设计的原则、程序及影响因素
4. 国际市场营销组织结构的形式
5. 国际市场营销控制的模式、程序及影响因素
6. 国际市场营销控制的内容和类型

【导入案例】

中国金融机构的全球投资战略

经过多年吸引外企投资并以外国公司进入中国市场换取实用技能后，中国的银行和保险公司拥有了充裕的资金，正寻找海外投资机会。中国金融机构的投资触角正伸向全球。

公开上市使中国金融机构拥有了在全球猎取投资机遇所需的资金。全球市场的中国金融机构最常采用的全球化方式是收购一家外国银行或保险公司的少数股权，而很少通过全资整体收购或内涵式增长。购买相对较少的股权虽然不会引起海外强烈的政治担心，但极少会收到转型的效果。除了财务回报外，中国的银行和保险公司还希望通过这些投资获取专业技能，特别是在风险管理、IT、产品开发以及客户服务方面的技能。它们还可以通过合资以及其他合作形式，利用投资机会在国外市场一展风采。

不过，要获取最大的收益必须要实现国际营销管理观念上的转变。由于资金充裕，在中国金融机构面前有很多投资选择。目前这种实现全球化的方法以交易为基础，具有较强的机会主义色彩，应当代之以更具战略性的规划。他们还应当思考，怎样才能使交易不仅能在投资组合中创造价值，而且能单独创造价值。有了更好的国际营销战略计划，他们便能根据更长远的目标来权衡考量投资机会，并且变得更为主动。

（根据以下资料整理：倪以理，王颐．中国金融机构的全球投资战略［J］．麦肯锡季刊，2008（6）．）

第一节　国际市场营销计划

一、国际市场营销计划概述

企业经营状况既取决于自身的实力及其所处的客观环境，同时也要看它选取的经营方向和策略。从一般意义上来讲，制订营销计划就是系统地分析企业所面临的环境，筹划在特定

的环境下应采取的行动，以实现企业预期的目标。制订国际市场营销计划可以使企业明确方向，使各级市场营销人员明确自己的责任和目标，充分调动其工作的主动性和积极性，保证市场营销目标的顺利实现。

（一）国际市场营销计划的概念

国际市场营销计划是指国际企业在将来一定时期内所要达到的营销目标和实现这些营销目标所要采用的方法和手段，它是企业国际市场营销战略的具体化。现代国际企业，特别是大型国际企业要想正常而高效率地运转是离不开市场营销计划的。国际市场营销计划对于国际业务比重很小的企业来说，只是整个市场营销计划的一部分，也就是市场营销计划中关于企业国际业务部分的计划。而对于把世界市场作为一个整体，奉行全球战略的国际性企业来说，企业的市场营销计划也就是国际市场营销计划。

（二）国际市场营销计划的内容

一份规范的市场营销计划应包括明确的目标、必要的资源、有计划的行动和预期得到的结果等。市场营销计划有各种各样的格式，不同的国际市场营销企业有不同的国际市场营销计划内容，但一般都应包含下述内容：

1. 摘要

该部分是整个市场营销计划的概述，简明扼要地介绍计划的各种主要目标和采用的主要方法与手段。通常包括前期的简要回顾、本计划的目标，以及执行本计划所必需的资源。

2. 背景或现状分析

该部分的内容主要包括以下几点：

（1）背景与现状的描述。提供与市场产品、分销、竞争以及现实环境有关的背景资料。例如，市场的基本情况，包括市场规模与增长，不同地区或细分市场的销售情况，消费者或用户潜在需求、消费观念及购买行为；产品过去几年的销量、价格、利润情况；主要竞争者的规模、市场占有率、产品质量、市场营销战略和市场营销策略，以及各方面变化或变化的可能性；各分销渠道的销售情况，各渠道的相对重要性及其变化趋势，主要经销商的经营情况，对它们进行激励所需的投入、费用和交易条件；影响该产品（品牌）市场营销宏观环境的有关因素及其未来变化趋势。

（2）机会和威胁、优势与劣势分析。采用SWOT框架进行分析，阐述来自外部的机会和威胁。通过优势与劣势分析，说明企业资源、能力方面的基本特征。“优势”是企业用于开发机会、对付威胁所具备的内部因素。“劣势”是企业必须改进、完善的内部条件。

（3）指出企业面临的主要问题以及对未来的主要假设。将机会与威胁、优势与劣势分析的结果用来指导营销计划决策，形成有关市场营销的目标、战略和战术。

3. 设定目标

设定目标就是阐述市场营销计划期望达到的结果。目标可以分为3类：生产、财务和市场目标。生产目标适用于生产/服务能力的利用及其质量要求。财务目标侧重于投资回报、销售收入、利润、现金流和股东权益等。市场目标主要涉及市场占有率、销售量、毛利、顾客满意度和价值等。设定的目标必须可以衡量，应包含任务的数量和完成时间的要求。

4. 市场营销战略计划

目标可以通过多种途径来实现，企业必须选择有利于实现目标的战略。市场营销战略计划要确定“为谁提供何种价值”。国际营销战略计划要选择特定的国家并确定特定的市场，要进行市场细分、选定目标市场和确定市场定位，进而完成STP战略的制定。

5. 市场营销组合计划

作为实现市场营销战略的手段，用以阐明“如何实现目标”。详细制订与市场营销战略相适应的市场营销组合计划。

6. 制订行动方案

行动方案就是要确定“需要做什么、谁来做、怎么做、何时何地做”，即如何执行营销计划。其中重要的问题是如何分配有限的营销资源，包括市场营销费用和人员等。首先要确定需要多少营销总预算，其次要确定如何将总预算分配到各类市场营销活动项目上。

7. 预计损益

营销计划所有的决策都必然涉及成本和收入。预计损益是评价营销活动绩效的依据。

8. 评价和控制

评价和控制用来衡量企业是否向既定的目标前进，营销者要将实际销售情况与计划的目标相比较，并采取适当的补救措施。同时，这部分通常还要考虑不同情况下的应急计划。

（三）国际市场营销计划的类别

1. 按照计划所涉及的问题来分

国际市场营销计划按照所涉及的问题可分为战略计划和经营计划。一般来说，战略计划是关于企业长远发展的、具有方向性指导意义的计划。它通常是长期计划，由母公司的高层决策者制订。经营计划是为实现战略计划而制订的策略和部署，它通常较战略计划期限短，且由母公司和子公司在战略目标指导下制订。战略计划的目的是决定营销目标和基本战略，经营计划的作用则在于将这些目标和战略付诸实施。战略计划是创始性的原则计划，经营计划是从属于前者的具体计划。战略计划是在最高管理层次上进行的一种战略选择的长期计划，力求将外部不可控因素对公司实力、任务和目标的影响纳入管理的轨道，主要涉及公司的长远目标和近期目标。经营计划则是规划具体措施和资源分配，借以在特定市场上实现战略规划的目标，主要涉及具体的市场营销策略和方案。

2. 按照计划的时间来分

国际市场营销计划按计划时间的长短不同可分为短期计划和长期计划。短期计划又称年度计划。包括年度营销目标、地区营销目标、产品营销目标，以及实现上述目标的方法与手段。短期计划主要由国际企业的高层和中层管理人员及计划部门制定，其执行者与控制者一般也是上述人员或部门。随着国际市场的进一步扩大，市场竞争更加激烈，企业要想在复杂多变的国际营销环境中取得主动地位，就应有长远的营销设想，从而也就需要制定长期营销计划。长期计划又称战略计划，可分为5年计划、7年计划、10年计划，甚至还有20年计划。长期营销计划包括长期营销目标、成长计划、竞争计划等，以及实现这些目标和计划的方法与手段。长期计划一般由高层管理人员和计划部门制订，其执行者与控制者一般也是上述人员和部门。

3. 按照计划制订者的身份来分

按这一标准可将计划分为母公司层次的计划和子公司层次的计划。一般来说，由母公司制订的主要是战略计划或长期计划；而由子公司层面制订的则是经营计划和短期计划。

二、国际市场营销计划的制订程序

（一）确定企业国际市场营销目标

国际市场营销计划规定的目标包括两层含义：一是选择特定的国家并确定特定的市场，即选择目标市场；二是建立特定的经营销售目标，即数量、效益指标。选择目标市场就是对要进入的国家进行分析和筛选，包括对有关国家的市场环境进行分析，要特别注意国别市场的强制性因素和各国的“关税”、“配额”、“禁运”、“外汇管制”及“非关税壁垒”等限制因素。在确定了目标国市场之后，便可确定企业经营销售目标。这是量化了的多项指标体系，如市场占有率、销售额增长率、企业利润率等。

（二）确定具体的市场营销策略

国际市场营销策略通常由一系列协调性的决策构成，主要包括目标市场策略、市场营销组合策略和市场营销费用策略 3 个部分。

（1）目标市场策略。由于不同的国际细分市场上顾客需求、市场对企业营销策略的反应以及企业能够提供的市场满足程度等方面各有特点，企业应立足于优化资源配置、赢取最大竞争优势的观点，在精心选择的目标市场上慎重地分配企业的营销力量，每一目标市场的营销策略应具有独特的适应性和竞争优势。

（2）市场营销组合策略。企业针对国际目标市场制定产品、价格、分销、促销等市场营销组合策略时，通常会有多种不同的备选方案。对此，市场营销人员要辨明主次，选出最佳方案，以实现预定的目标。

（3）市场营销费用策略。其目的在于编制能够带来最佳利润前景的销售费用预算。虽然较高的营销费用支出可以带来较高的销售额，但当销售额达到某一水准时，销售额进一步提高可能无法使利润进一步提高，反而会损害利润。所以，有必要仔细研究企业执行各种市场营销策略所需的最适量的市场营销预算。

三、国际市场营销计划的编制

国际企业的性质不同，领导体制不同，其子公司编制营销计划的方式也不同，大体上有三种方式：

（1）自上而下。由最高管理当局为较低层次的部门制定目标和计划，即主要由公司总部下达计划，子公司基本上没有发言权。

（2）自下而上。由各部门制定他们认为可以达到的最佳目标和计划，然后送给最高层领导批准，即公司总部完全下放权力，由子公司自己制订计划。

（3）目标下达——计划上报的方法。即由企业最高层领导纵览企业的机会和需求，建立公司目标，各个部门负责制订帮助达到这些目标的计划，当这些计划被高层领导批准后便成为正式的计划。这一方法又称为合作制订计划。一般来讲，合作制订计划的方法比较优越，因为这种方法兼顾了母公司和子公司双方的利益、目标和环境。

（一）短期计划的编制

许多国际企业在编制短期营销计划时，首先由在各国的子公司制订出短期计划，然后由母公司修正和协调。

1. 子公司短期计划的编制

国际企业的子公司一般都要制订短期的营销计划，短期计划的制订程序如下：

（1）总部规定原则。公司总部要事先为子公司制订市场营销计划规定出一般性的指导原则，如计划的程序、内容等。

（2）形势分析。形势分析一般包括下述几个方面的内容：一是上期计划的执行情况，如目标完成情况、超额完成或尚未完成的原因等；二是现状分析，主要是指企业目前的资源状况、市场需求状况、竞争对手现状、本公司的市场份额、优劣势分析以及本子公司当前的主要机会和问题等。应该指出，在制订计划的过程中，形势分析是最重要的一个步骤，是其他步骤的基础。如果不能正确评估自己的起点和环境，就可能导致整个计划的失败。

（3）前景预测。其内容包括子公司资源条件的变化趋势、市场需求的变动趋势、竞争对手今后的竞争策略、子公司销售额的前景等。预测的方法可采用定量方法，也可采用定性方法，还可将两种方法结合使用。预测人员可以是本子公司的人员，也可以是委托的外部专业机构，应视子公司的条件而定。

（4）确定市场营销目标。确定下一计划期子公司的市场营销目标，如销售额增长目标，市场份额增长目标，投资收益率目标，开拓新市场、新产品目标，公司声誉目标等。这些目标的确定当然要以前两个步骤（形势分析和前景预测）为基础。此外，还要受到两方面的制约：一是子公司总体目标；二是母公司的市场营销目标。因为子公司的市场营销目标既是子公司总体目标的一部分，又是母公司整个市场营销目标的一部分，所以要受到它们的制约。当然，子公司的整体目标和母公司的市场营销目标又会受到母公司总体目标的制约。

（5）确定市场营销策略。有了目标还不够，还要有达到这些目标的具体步骤，亦即市场营销策略。为了实现上述目标，子公司应在产品、渠道、促销、定价等诸方面进行哪些改进，如何将责任落实到各个部门甚至人员，这些都是市场营销策略中所要规定的问题。

（6）编制市场营销计划。应该指出，计划、制订计划有不同的含义。计划只是制订计划过程中的一个步骤，只是一个书面文件，而制订计划则是一项重要的管理职能或管理制度，包括为编制计划而进行的各种准备、计划的编制甚至包括计划的执行和控制过程。当然，编制计划也是整个计划制订过程的一个重要环节，它以书面文件的形式规定了下一阶段营销工作的目标以及为实现这些目标而采取的策略和步骤。

（7）修正和获准。子公司应将编制出的书面计划上交母公司，由母公司负责审核，并根据公司的总体目标对子公司的计划提出修改意见。子公司可根据母公司的意见和本子公司的具体情况对计划进行适当修改，然后送交母公司批准。一经批准，子公司便完成了短期市场营销计划的制订过程。

应该指出，上面所讨论的只是一个简化过程，并不一定适合各公司的具体情况。例如，有些大型的多国公司在各国设有子公司，而且还在世界几个主要地区设有区域性总部。这样，子公司的计划过程就要经历更多环节，受到更多制约。又如，有些企业介入国际市场营销的程度还没有这样深，只在少数几个国家有出口业务，这些企业的计划制订过程可能会更简单一些。因此，具体的制定程序要根据各个企业的情况进行适当调整。

2. 母公司的短期计划

母公司的短期计划一般是在各子公司短期计划基础上制订的，但这并不意味着在各子公司计划完成之后才开始制订母公司计划。母公司的计划过程早在子公司制订计划之前就已开始了，母公司向子公司提供的制订子公司计划的指导原则，就是母公司计划制订过程的开端。在子公司计划的制订过程中，母公司不断地提出自己的意见，也是母公司本身制订计划的过程之一。母公司在提出意见之前，必须经过充分的调查和研究，掌握大量与决策有关的信息。经过与子公司反复协商和对子公司计划的反复修改，帮助子公司完成其短期营销计划。这时，公司总部的计划人员面临的任务，就是将各国子公司的计划进行比较分析，然后制定母公司的总体市场营销目标及其策略。

母公司的总体市场营销目标基本上由各国子公司的市场营销目标构成。除此之外，总体目标中一般还包括开辟新市场的目标。例如，公司在某些国家尚无市场营销业务，或者介入的层次较浅，如果这些国家需求上涨很快，很有发展潜力，而且从政治、法律、文化、经济诸方面的环境因素来看，进入这些国家很有利，那么公司的总体营销目标中就应包括这些新目标。在制订公司总体计划时，应注意两个重要问题：一是注意公司资源在各国之间的合理分配；二是注意对竞争对手的分析。各国子公司的经营现状，经营前景各不相同，母公司应逐步地把资源撤出那些没有前途的市场，对于那些潜力很大的市场应追加投资。此外，许多大型国际企业都把主要技术力量（如研究与开发部门）保留在公司总部，因此母公司还应合理安排资源在母公司和各子公司之间的分配。

（二）长期计划的编制

近年来，企业越来越重视长期计划的编制，主要原因是世界市场更加复杂多变，竞争日益激烈，为了应付这种复杂局面，企业必须具有长远的战略观点，制订长期的战略计划。

1. 母公司的长期计划与子公司的长期计划

从各国企业的实践来看，目前在子公司层次上还很少制订长期战略计划。原因在于：①企业制订长期计划只是近些年来的事情，虽然在企业界普遍受到重视，但大多数企业还只是在母公司层次上进行尝试；②制订长期计划需要专门的人才，而子公司层次上一般还比较缺乏这种人才；③制订长期计划需要对整个国际市场具有较深入的了解，需要掌握大量有关世界各国政治、经济、文化、法律等方面的信息，子公司往往还不具备这样的能力。

尽管大部分子公司尚未独立地制订自己的长期计划，但是许多子公司都在某种程度上参与了母公司长期计划的制订。许多母公司在制订其长期计划时，或请子公司派人参加，或者向子公司征询意见。因为子公司对所在国的营销环境更为熟悉。

2. 制订长期计划的程序

长期计划的制定程序与短期计划的制定程序基本一致。

（1）计划人员应首先检查过去若干年期间企业的经营效果和计划完成情况，总结经验，找出存在的问题。

（2）分析企业的经营现状，如企业在世界各国子公司的经营现状，所占的市场份额，竞争对手的状况，世界各国政治、经济、文化、法律等环境因素的现状等。

(3) 前景预测，未来若干年中世界经济、技术、贸易和竞争格局将发生哪些重大变化，对本企业产品的需求将发生什么影响等。

(4) 确定目标，计划人员应根据对前景的预测，为本企业今后的发展确定目标，如企业应向哪些产业发展，企业应进入哪些国家、应撤出哪些国家，企业应发展哪些新技术、新产品，等等。

(5) 制定战略与战术，即为实现这些目标而应采取的行动方案和步骤。

(6) 落实监督和控制手段，即如何保证上述战略和战术得以实施。

(7) 决定计划调整措施，即当环境发生重大变化，计划已不符合实际时，由哪些人负责以及怎样来调整现有计划。

(8) 编制计划。计划人员将上述诸方面的内容形成一个正式的文件，从而完成计划的制订过程。

(三) 国际市场营销计划的实施

市场营销计划的实施是将市场营销计划转化为任务部署行动的过程，并保证任务的完成，以实现市场营销计划所确定的目标。计划实施的有效性决定着市场营销计划的效果。国际市场营销计划的实施，涉及相互联系的以下三项内容：

(1) 组织结构因素。在计划的实施过程中，组织结构因素如企业的营销职能、控制系统和政策方针等起着决定性的作用。组织因素决定着任务在部门和人员之间的分配，规定明确的职权界限和信息沟通路线，协调企业内部的各项决策和行动。组织结构应当与国际营销计划的任务相一致，同国际企业自身的特点、环境相适应。

(2) 执行因素。为有效实施市场营销计划，应制订详细的行动方案。方案须明确市场营销计划中的关键性环节、措施和任务，并将任务和责任分配到个人或团队。一个高效率的行动方案应该明确：要实施的活动，谁负责实施，实施的时间和所需的预算以及实施过程如何实现。同时，营销经理的谈判能力、资源分配和建立非正式组织的安排等因素也影响计划的实施。

在国际营销计划实施的过程中，执行者还必须关注以下四个方面的问题：①时机的把握，即要及时认识并把握国际市场发展变化的规律，进而把握计划实施的时机。②国际营销物流问题。营销物流问题的顺利实施，是实现营销计划的关键因素。③国际广告等营销沟通的有效性。④成本。成本问题是实施营销计划时必须关注的问题。

(3) 各因素间的协调。行动方案、组织结构、规章制度等因素必须协调一致，相互配合，才能保证营销计划的顺利实施。

【实例 11-1】

联合利华的"成长之路"战略

一、"成长之路"战略背景介绍

联合利华公司在进入 20 世纪 90 年代中期，出现了销售下降、利润率降低、股票的收益率下降等问题。面对外部环境的变化，从 1999 年底开始，联合利华开始酝酿一个崭新的综合发展战略，命名为"成长之路"战略，目的是通过 5 年的努力帮助企业迅速走出困境。

二、"成长之路"战略的内容及实施步骤

（一）加强核心品牌战略

联合利华计划从1600个品牌中选出400个核心品牌予以保留，其目的就是要改善品牌在各自价值链中间的战略定位，并将精力集中于市场和促销方面，如百乐门、和路雪、力士，还有碧浪等。余下的那些与企业发展不相符合的品牌，联合利华采取了抛售的战略。比如，2001年10月，联合利华将Diversey Lever商务清洁公司卖给了Johnson Wax专业公司。在中国，联合利华出售了美加净品牌。通过系列的品牌清理，联合利华的品牌组合得到了优化，核心品牌在公司销售的占有率由1999年的75%上升到了2003年的90%。

（二）创新战略

联合利华知道，只有开发出更加适合消费者的产品，才能更好地占领市场。因此，联合利华加大了对新产品的开发。比如，联合利华整合了在中国的业务，把自己在中国的生产基地从上海转移到安徽合肥，在上海建立了新的研发中心，其目的就是为了能够生产出更多适合中国人的产品。除此之外，联合利华还勇于尝试新的业务领域。比如，联合利华在南亚地区建立了茶室，专门出售自己的茶叶品牌。

（三）收购战略

为了实现增长目标，2000年和2001年两年，联合利华开始了大举收购，其中2000年用于收购的金额就达到280亿美元，是当时收购力度最大的公司之一。2001年4月，联合利华先是以2.23亿美元收购美国的Ben & Jerry's冰淇淋公司，以23亿美元收购了Slim-Fast食品公司，两个月后，又以243亿美元收购了美国的Bestfoods公司。

在联合利华的众多收购案中，Ben & Jerry's公司是比较典型的一个，该公司在美国的高端冰淇淋市场上拥有众多消费者，其销售业绩仅次于哈根达斯。对Ben&Jerry's的收购，给联合利华带来了新的市场机遇和利润增长点。

三、成果及借鉴意义

联合利华成长战略的成功之处在于：首先，制定了一整套明确和完善的战略方案。从确立增长目标到具体实施内容，都进行了详细的规划，在总的战略目标框架下，包含了各方面的细分战略，如营销战略、品牌战略、收购战略、创新战略等，这些战略又有具体的实施方法。其次，联合利华的战略方案可操作性较强，并且有明确步骤。联合利华以"增长"为目标，削减品牌数量、保留核心品牌，以收购为主要方式，进入另一块市场，最终达到增长目的。这些都具有很强的可操作性，因为公司拥有众多品牌，在战略方向明确的前提下，削减非核心品牌比建立新业务所付出的成本要小，取得的成效也更快。另外，联合利华面临外部环境的变化，最终选择了加强核心竞争力的战略方向，这一点与很多跨国公司非常相似，如柯达、佳能等公司在发展到一定阶段，都摒弃了与核心产业无关或是缺乏竞争力的业务，转而强化其核心业务和产品，提高创新和研发能力。联合利华在下一个阶段的战略已经转向对环境、对社会以及对消费者的更多关注。

（根据以下资料整理：

[1] 吴谨．试论当今企业的国际发展战略——基于联合利华成长之路的思考［J］．时代金融，2009（4）.

[2] 张雪松．浅析联合利华通向"增长"之路战略［J］．企业活力，2005（1）.）

第二节 国际市场营销组织

一、国际市场营销组织设计的原则

市场营销组织是指企业内部涉及市场营销活动的各个职位及其结构。任何企业在进行国际营销时，都会面临应当建立何种组织机构模式的问题。只有建立适应国际市场营销环境的组织机构，才能有效地实施国际市场营销战略、执行市场营销计划、进行市场营销控制，从而提高市场营销效率。国际企业在设计市场营销组织结构时，应遵循以下基本原则：

（一）集权和分权相结合的原则

国际企业的任何经营单位都是围绕总部的全球战略目标与经营方针进行的，因而国际企业的内部管理必须具有整体性。但各子公司所处的市场环境可能相差迥异。各子公司应有权根据当地的市场变化灵活地决策；同时，又要求以总部的战略目标为出发点，受总部整体目标的制约，保证企业整体利益的实现。所有机构设置必须充分考虑集权和分权的程序和范围，既不能使企业总部过于集权化，也不能使各子公司过于分权，应做到总部与国外子公司之间的集中管理和分权有机结合起来。

（二）沟通和协调的原则

国际企业往往规模庞大，经营范围广，子公司遍布世界各地，总部在设置机构时应充分考虑企业各部门间的纵横沟通和协调，以保证企业总体目标的实现。国际企业的营销决策，首先考虑的是总体利益最大化，这就要求各子公司必须相互配合，不能因子公司局部利益而损害全局利益。

（三）精干、节约、高效的原则

国外子公司及其组织机构的设置必须科学、经济、合理，以充分保证完成企业内部各项任务为前提，定任务、定机构、定岗位。只有机构精干，才能将组织的管理费用降到最低限额，从而更有效地完成组织管理任务。

（四）责权利相结合的原则

组织结构在因事设职的基础上，必须明确每一个管理职位应尽的责任、相应的权力及相应的报酬。有多大的责任，就要有多大的权力；绩效大则奖励，无绩效则处罚。

（五）专业化分工与协作原则

分工与协作是企业大生产的客观要求。国际企业的营销管理，工作量大、专业性强，应按专业分工找到最佳部门划分方法，以获得最大的专业化分工的利益。

（六）稳定性与适应性相结合原则

组织结构一旦确定下来，就要相对稳定。但国际经济环境日新月异，为了及时、准确地作出经营决策，组织结构必须适时地作出相应的调整。因此，国际企业营销组织的设计，必须遵循稳定性与灵活性相结合的原则。

二、国际市场营销组织结构设计的程序

企业国际市场营销组织的建立是一项较为复杂的工作，通常要经过以下几个步骤。

（一）确定目标

从事国际化经营的企业，为了在国际市场上站稳脚跟和逐步获得竞争优势，必须通过制订战略计划的形式，对企业的内外部环境进行认真的分析和研究，找出外部环境中存在的机遇和威胁，并结合自身拥有的优劣势，制定国际市场营销的战略目标和策略组合。而企业组织结构的设计则应为实现市场营销战略目标服务。这就是说，有什么样的战略目标，就应设计什么样的市场营销组织结构。战略目标改变，市场营销组织结构也应随之调整。

（二）分解目标

组织结构设计是以企业市场营销战略目标为依据。然而，战略目标不是一蹴而就的，必须通过完成若干项工作任务而逐步实现。这就要求组织结构的设计人员首先要将战略目标分解为若干项工作任务，再将这些工作任务按照科学的方法进行分类，如按专业分工的方法对各种任务进行重新组合。

（三）确定不同的工作岗位和部门

组织结构的设计人员，根据员工的能力决定每个人在一定时间内应该完成的工作任务数量，并据此确定各种岗位的数目。然后，将相关的岗位归集到一起，成立有关的部门，如产品部、区域部等。

（四）决定协调和沟通的方法和渠道

为了使各个岗位部门的工作能够形成一个整体，就需要规定各岗位和部门之间的责任和权限。这种责任和权限一般都用岗位责任书、工作说明书等文字形式固定下来，以规范员工的行为和活动。

三、影响国际市场营销组织结构设计的因素

（一）外部环境

国际营销企业在经营过程中要受到不同国家和地区的社会、经济、文化、政治、法律和技术等宏观环境因素的影响，同时也会受到供应商、中间商、消费者、竞争者和公众等微观因素的影响。外界环境的差异性、动态性和不稳定性越大，组织内部的差异性和复杂性也就越大。对于许多国际企业来说，东道国政府为了维护本国企业的利益往往会对其施加压力或实施某些管制，这可能迫使一些企业设立相应的公关部门。同时，随着世界经济一体化的发展，地区经济同盟诸如欧盟（EU）、北美自由贸易区（NAFTAR）、东南亚国家联盟（AFTAR）、安第斯共同市场等经济集团的产生和发展，使某些国际企业的总部从原来按国

设立改为按地区设立。

（二）企业的管理导向

美国学者钱德勒提出的“结构跟紧战略”，说明了战略对组织结构的影响。实施国际化战略的企业根据其国际化的程度、目标和倾向，可以分为四种管理导向：本国中心主义、多中心主义、地区中心主义和全球中心主义。不同的管理导向标志着不同的权利重心基础；不同的权利重心基础自然会影响企业国际营销组织结构的设计。实行本国中心主义的企业将国内业务放在首位，而将国际业务放在次要地位，只有国内市场出现产品过剩时才会开展国际业务。实行多中心主义的企业认识到国际市场的特殊性，将海外业务看成是企业不可缺少的组成部分，并根据各国市场的差异制定相应的营销战略和策略，即按照国别组织营销活动。实行地区中心主义的企业主要根据某地区内各个市场之间存在的共性，制订一体化的地区营销计划，从而以地区为基础将母公司的利益与子公司的利益结合起来。实行全球中心的企业则从全球的角度来考虑组织资源的优化，根据全球市场环境确定全球战略目标。全球营销战略目标要求在多国经营的基础上实现全球利益最大化，而不是斤斤计较某个市场的得失。

（三）企业规模和产品性质

如果公司的海外业务量很小，在公司总业务量中所占的比例不大，公司完全可以采用国际（业务）部式的国际市场营销组织结构，而使企业的海外业务得到有效的发展。如果公司的业务大部分来自海外经营，这时公司往往会放弃国际（业务）部式的国际营销组织结构，取而代之的是产品或区域式的结构，以促进公司海外业务的发展。一般来说，企业规模越大，市场营销组织就越复杂。企业经营的产品品类、产品本身的特色、产品项目之间的关联性以及产品技术服务方面的要求等，都会影响国际企业营销组织结构的设计。如果企业经营的产品品类多、产品项目之间的关联性不强且需要提供较多的技术服务，一般应考虑建立产品型结构。反之，如果企业经营产品品类少，或各产品项目之间的关联性较强，则企业应在产品方面进行相对集中的管理，而在其他方面进行相对分散的管理，如采用地区型组织结构。

（四）国外子公司的地理分布

国际市场营销企业的国外子公司的地理分布影响着企业国际市场营销组织结构。如果企业的子公司是设在文化、经济差异不大的地区，如美国和加拿大，那么在这两个国家设立子公司，地理因素不成为影响因素。但是如果企业的子公司是设在地理位置差异很大的地区，如英国和越南，那么在这两个国家设立子公司的组织结构差异则比较大。

（五）企业是在同质还是在异质市场上经营

企业的国际市场营销活动可能在同质市场上经营，也可能在异质市场上经营。如果是在同质市场上经营，由于所需要的产品同质化倾向很高，企业的国际市场营销组织机构的复杂性就比较低。例如，对于可口可乐公司来说，其市场需求具有趋同性，因此，一般按地理区域组织自己的市场营销活动。而当企业为了满足多个差异性很明显的目标市场的需求时，其业务就复杂多样，于是就更需要各部门之间的相互协调和配合。因此，不难理解一些在多个地区经营多种产品的跨国公司常采用矩阵结构。

（六）重要区域性经济集团的出现

随着全球经济一体化进程的推进和区域性经济同盟（如欧洲联盟、北美自由贸易区、东盟等经济集团）的产生和发展，一些国际企业纷纷将自己的地区总部由原来的按国家设置改为按地区设置。

四、国际市场营销组织结构的形式

（一）出口部

当企业的发展达到一定规模，国内市场已无法满足企业的发展需求时，企业会寻求在国际市场范围内进一步发展。企业走向国际化的第一步往往是在公司原有组织结构的基础上设立从事出口业务的国际销售分部。国际销售分部负责所有产品的所有国际客户，通常由国际销售分部的管理人员控制对国际市场的产品定价与促销，该部门的人员具备特定国家或产品的专门知识，国际销售分部经理负责处理与出口管理公司、国外分销商和国外客户之间的关系。图 11-1 为出口部的组织结构图。出口部组织结构便于经理人员积累国际市场营销经验、减少管理障碍，抓住有利时机，扩展业务。出口部形式的不足之处在于它涉及的国际业务范围十分有限，如果企业在更深程度上参与国际市场营销，如在海外进行技术转让、建立合资企业或独资企业等，出口部的形式就不能适应要求，这时应该采用其他组织形式来管理已经发展了的国际市场营销业务。

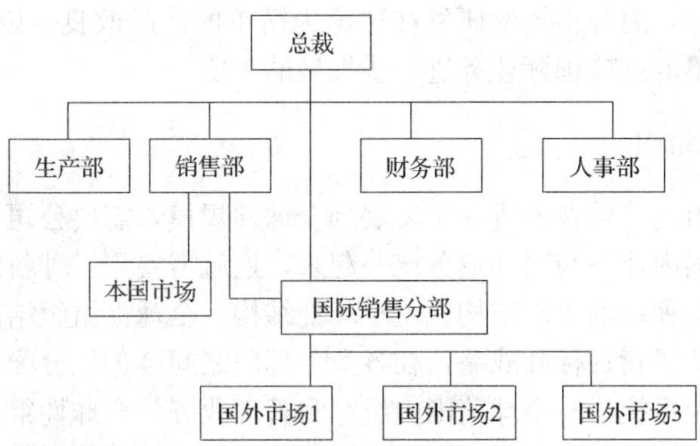

图 11-1　出口部组织结构

（二）国际部

随着国际业务的不断发展，企业进入国际市场的方式日趋多样化，因而使得协调国际市场活动的职责超出了出口部的范围。同时，出口部在国际业务方面与日俱增的权力也会引发与国内营销部之间的摩擦。因此，出口部的组织形式已不足以解决这些问题，而需要建立一个能统一管理和协调各职能部门之间差异的组织结构，这个机构在许多公司被称为国际部，其组织结构如图 11-2 所示。在这种结构下，公司活动分为两部分：国内部和国际部。国际部的主要职责是分管公司在国外的业务活动。国际部与公司其他职能机构平级，它由营销、生产、研发、财务、计划以及人力资源等部门组成，由国际部经理负责。

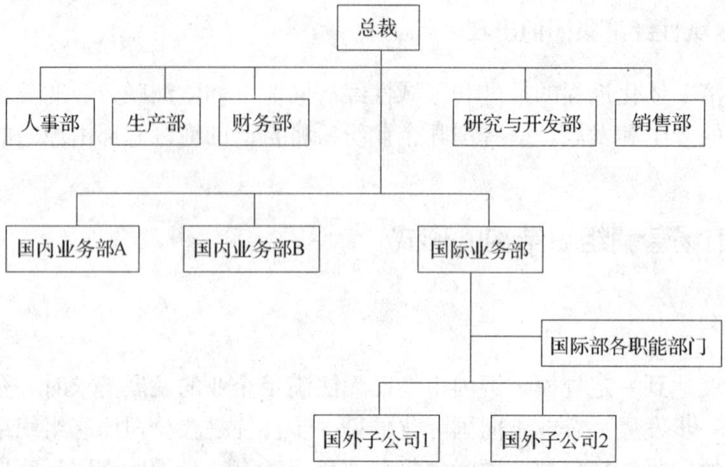

图 11-2　国际部组织结构

与出口部相比，这种组织结构的主要优点是，国际部经理拥有更大的权力，能在更大程度和范围引导企业拓展国际市场，使公司能充分利用自己的资源和能力在国际市场上施展拳脚。但是，这种组织结构也有缺点：①国际部仍然是从属于公司的一般业务部门，那些国内市场占绝对重要地位的企业可能会限制其国际部在国外市场的拓展；②国际部往往不能参与公司整体战略的制定，这就使得国际部得不到足够的资源用于开发特殊产品、实施促销计划和开拓海外市场；③随着海外业务的发展，高层管理者之间的摩擦也将增加；④由于公司的研发以国内市场为导向，海外市场的研发往往沦为简单的产品改良。因此，到一定阶段时，这种组织结构形式就不能适应国际业务进一步发展的需要。

（三）全球性组织结构

随着企业的国际市场营销业务进一步发展到全球性规模，需要公司总部将决策权集中到上层，从全球角度将国内业务与国外业务统一起来，这就需要用一种新的组织结构取代原有的国际部组织结构。这种新的组织结构就是全球性结构。全球性组织结构是指由总公司最高领导层来制定企业总的经营目标和战略，在各业务部门之间合理地分配资源，并建立一套有效的联络、协调和控制系统，在全球范围内组织和管理业务。全球性组织结构大体上可分为以下五种形式：全球职能型组织结构、全球地区型组织结构、全球产品型组织结构、全球混合型组织结构和全球矩阵型组织结构。

1. 全球职能型组织结构

全球职能型组织结构是指跨国企业按市场、财务、人事、研发及生产等职能分部，各部门由一位副总经理负责该项职能在全球范围内的活动，如生产部就负责全球范围内各种产品的生产活动等。通常这种组织结构适合于那些产品系列不很多，企业规模不很大的跨国企业，其特点是集权度高，决策权主要集中在企业的高级管理层手中。因为一种产品的生产经营要涉及各个职能管理部门，这些职能管理部门必须要相互协调才能正常运作，而它们的地位又相当，所以这种协调必须依赖于企业的最高管理层来进行。全球职能型组织结构如图11-3 所示。

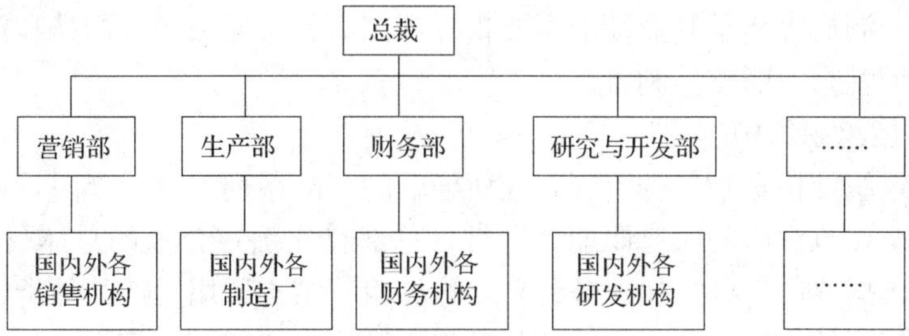

图 11-3　全球职能型组织结构

全球职能组织结构的优点在于，这种组织结构的专业性强，各职能部门只承担某一职能方面的管理，可获得规模效益和专业化分工的效益，而且既减少了管理层次，也加强了公司的统一成本核算和利润的考核。但它的缺陷在于，高度的专业化分工会形成不同的职能思维方式，从而有可能给各职能部门之间的沟通和联系带来困难，这些困难就需要高级管理层来协调，从而增加了高级管理层的协调负担。此外，各职能部门都不直接对最终利润负责，不利于各部门之间的竞争意识，当发生问题时也会出现互相推诿的现象。这种组织结构一般适合于企业规模较小，产品种类不多，市场不确定性较小和高级管理层能力较强的企业。

2. 全球地区型组织结构

全球地区型组织结构以销售机构所在地区或顾客的地理分布为标准来设置。地区经理负责该企业在世界某一地区的经营活动，总部负责全球的经营计划与控制。每一个地区性经理均负责所有的主要管理职能，因而可以在该部主管的区域内协调销售、生产和财务等方面的工作。在组织结构上采取以地区为中心的国际性公司，其国内经营部分只是公司的许多不同的地区性分支机构中的一个，如图 11-4 所示。

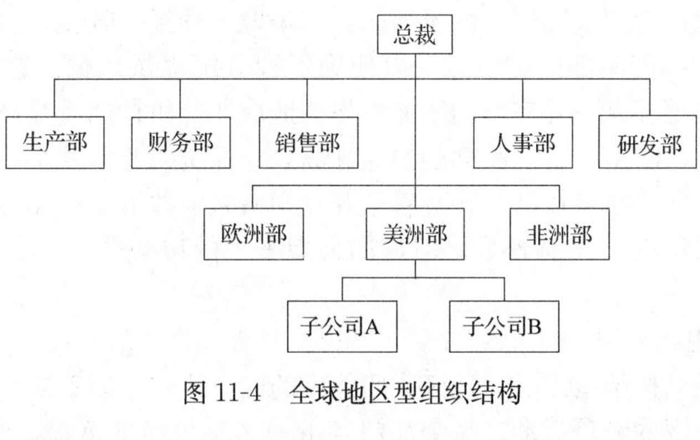

图 11-4　全球地区型组织结构

全球地区型组织结构的优点有：明确了总部和分部之间的关系与责任，减少了公司总部协调和管理的工作，有利于产品销售和生产的协调发展，并实现了在某一地区范围内企业资源的共享，使企业既能面对市场灵活应变，又能拥有统筹规划的整体优势。它主要适用于那些各地区市场之间差别大，而地区间的企业内部交易和产品转移程度低的企业，以及以地区为单位能够实现规模经济的企业。这一组织结构的缺陷主要有：①专业性较差，当企业业务增多并出现差异化时，就很难协调多种产品和业务的经营活动；②各地区设置很多相似的机构，需要配备大量具有国际经营经验的管理人才，造成了人才浪费；③由于各地区相对独立，各自为政，利润成为衡量其业绩的主要指标，因而就会导致企业产品和资源在各地区间移动困难，进而牺牲企业的整体利益。

3. 全球产品型组织结构

全球产品型组织结构是指依据跨国企业所经营的产品系列来划分部门，各产品系列部门要负责该产品在全球范围内的所有职能。通常，总部首先确定企业的总体目标和发展战略，然后各产品部门再据此制订各自的业务计划。这种组织结构适用于产品种类繁多，市场分布广泛，技术要求较高的国际企业。全球产品型组织结构，如图 11-5 所示。

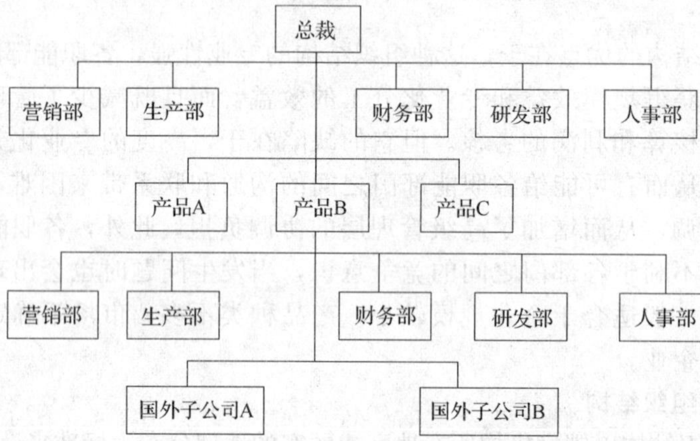

图 11-5　全球产品型组织结构

全球产品型组织结构的优点在于：①灵活应变，当国外市场环境发生变化时，具有很大主动权的产品部经理可以及时调整营销策略，剔除滞销的老产品，增添新产品，而不会对企业整体活动产生太大影响；②当涉足新的产品领域时，在组织结构上只要增加一个新的产品部即可；③按产品线设立直线部门，便于部门经理争取最佳经济效益，优化投资结构，还便于总部领导对比评估各产品部门的贡献，以便为资源分配提供依据。这种组织结构的缺点是：①各产品事业部都拥有一套完整的职能机构，造成职能机构的重复设置，导致管理人员的增加和成本的增加；②由于各产品部的独立性高，企业资源难以共享，很容易因为新产品的开发而产生摩擦；③产品事业部往往更看重开发和占领那些近期产品增长前景良好的地区市场，而忽略对那些远期增长前景看好但近期表现平平的市场的开发，导致区域协调难度较大。

4. 全球混合型组织结构

全球混合型组织结构是按产品、地区或职能中的两个或三个因素混合设立部门，分别主持协调一部分世界范围的经营活动。每个部门各由一名副总经理负责，他们分管一个方面，并直接向总经理报告。全球混合型组织结构如图 11-6 所示。

全球混合型组织结构弥补了单项组织结构中存在的不足，因此是一种综合型的组织结构。例如，美国的罗伊公司，其大部分产品的生产和经营由国际部控制，但化学塑料制品则另外设立全球性产品部。随着产品市场的多元化，混合式结构可能会越来越受到企业的重视，因为这种结构既弥补了按单一变量设计的组织结构的不足，又照顾了不同经营活动的特点。

全球混合型组织结构有利于国际性企业根据特殊的需要，选择不同要素加以组合建立机

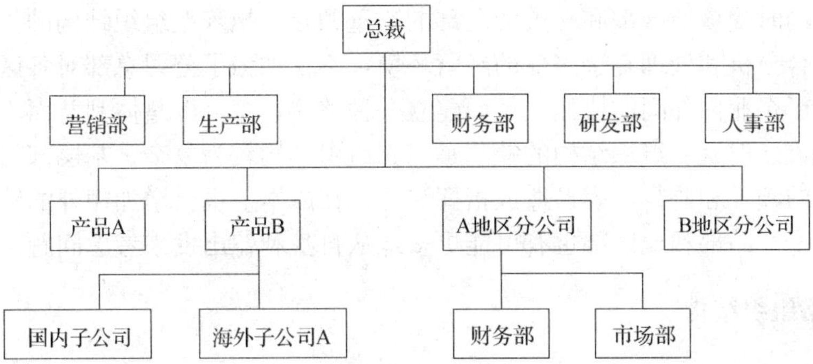

图 11-6　全球混合型组织结构

构，并且还可以根据国际经营环境的变化和业务活动的发展，及时调整组织结构。但这种组织结构的缺陷是，不够规范化，有的根据职能、有的可能根据产品组成开展国际营销的部门，头绪复杂，容易造成管理上的混乱。各部门之间由于差异很大，不利于部门的合作与协调，并且这种组织结构还使企业难以树立完整的形象。因此，它较适合于公司规模庞大、产品线众多，或从事不同行业时，由于不同业务有不同的全球需求、供给和竞争形态的跨国公司。

5. 全球矩阵型组织结构

全球矩阵型组织结构是在公司产品线众多或者从事多种行业的情况下，跨国企业所选择采用的一种组织结构。由于不同业务和产品在全球有不同的需求、供给和竞争态势，这种组织结构能弥补按简单业务和产品设计组织结构的不足，便于当某些产品和业务具有全球竞争优势时，可以扩大销售量和增加公司利润。这种结构吸纳了地区组织结构和产品组织结构中的很多优点，特别适用于那些多种化经营程度高、产品范围和经营区域都高度多样化的大型跨国企业，如图 11-7 所示。

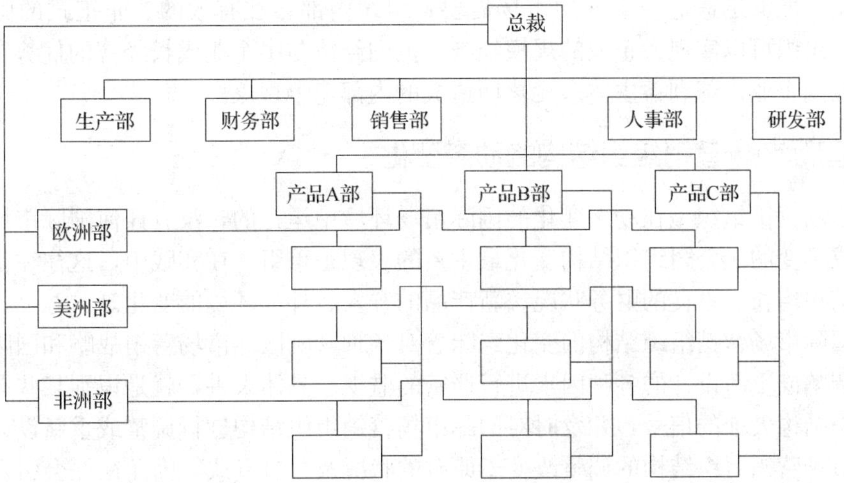

图 11-7　全球矩阵型组织结构

由于矩阵型组织结构是两种组织结构形式的混合，因此相对于其他基本组织形式而言就复杂很多。在这种结构中，地区部和产品部均由总经理直接领导，而企业产品在某一特定地区的经营活动同时受该地区部和有关产品部的双重领导。矩阵型组织结构的优点是：有利于企业更好地综合分析和处理复杂多变的经营环境，不仅加强了公司总部对各区域经营活动的管理，也加强了企业内部间的协作，从而建立一种整体观念，以整体利益而不是部门利益为准则来作出决策。但这一组织结构的缺陷是：①组织结构较为复杂，基层部门要同时受到地区部和产品部的领导和监督，容易造成指挥混乱，在成本上也会增加额外的管理费用，从而降低了效率；②产品部和地区部也有可能更多地从自身利益出发来考虑问题。

（四）网络组织结构

随着全球营销程度的不断加深，国际化经营企业必须面对日趋激烈的市场竞争、日新月异的技术创新和纷繁复杂的环境变化。传统的以分工细致、权限明确为主要特点的金字塔形（或层级组织）因缺乏灵活性而难以适应环境的变化。进入20世纪80年代中期，许多国际化经营企业以组织单纯化、单层化和联盟为目标，采取了网络组织结构。网络组织结构如图11-8所示。

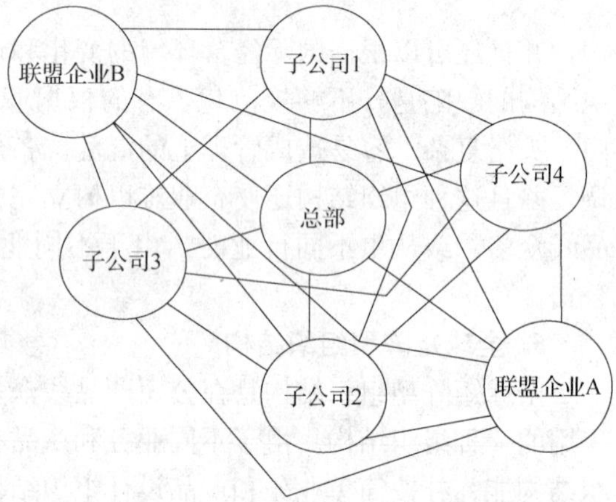

图 11-8 网络组织结构

在网络型组织结构中，企业内部没有严格的层级结构，取而代之的是以联盟式分权经营的独立公司。企业内部各层次、各单位之间联系灵活，企业整体以及整体的各个部分与外部建立了广泛的、多种形式的协作关系，从而为企业组织的动态发展和调整提供了较大的可能性，使企业能够更好地适应环境的变化。网络型组织实行内部分权化管理和外部广泛联盟，能够迅速适应多变的市场需要，组织内部存在有效的、非正式的内部沟通网络。网络型组织可以实现大企业的规模经济、范围经济与小企业成长经济的优势互补，同时也可能存在因企业内部利益主体多元化而造成的内部竞争现象。

五、国际市场营销组织结构的动态变化

国际市场营销组织是在动态变化的国际市场环境中运行的，没有任何国际市场营销组织结构是一成不变的。公司组织结构变化最主要的表现是重组。在实践中，这往往是由四个因素引起：销售增长、不良的财务状况、新产品的开发、外部环境的变化。

关注国际市场营销组织结构的变化意味着对各种影响国际市场营销战略和国际市场营销组织结构调整或重新设计的各种因素进行严密的监视。具体来讲，就是识别某些有关国际市场营销组织结构欠佳的信号，并及时对国际市场营销组织结构进行调整或重新设计。

国际市场营销组织结构的调整改变了原有的状况及办事方式，因而往往会引发组织结构内某些人员的抵制。为了确保企业的各部门对国际市场营销有统一的认识，对企业的国际市场营销组织结构的调整应逐步推进，而不应采取激进的方式进行。企业应在调整国际市场营销组织结构之前，广泛地与各部门的人员进行沟通，以争取各部门的支持，并减少组织调整过程中可能引起的冲突和损失。

【资料阅读 11-1】

新型企业形态：全球公司

在全球化和信息技术双引擎的推动下，一种称为全球公司的企业形态已经初具雏形。全球公司具有如下特点：①具备全球市场影响力；②有可供支配的全球财务；③员工来源于全球；④具有全球吸引力的产品；⑤全球性的利益相关者。企业要成为真正的"全球公司"也必须具备足够的条件。从跨国公司到全球公司虽非质的飞跃，但从丰田、IBM、GE、联想、诺基亚、宝洁、诺华等企业身上，我们的确能够看到诸多有别于跨国公司的特点。

从组织结构来看，跨国公司采取的是轮辐式结构，即以总部为轮轴，以海外子公司为轮辐。在这种结构下，企业试图将其在母国公司的所有商业流程复制到每个海外子公司中。宝洁公司就颇具典型性。该公司曾表示，它实现全球化的做法就是将宝洁总部的复制品搬到世界各地，组建一批"小宝洁"。然而，在全球化时代，轮辐式结构对效率的制约日益突出，不少企业已意识到，需要在全球范围内进行整合，根据优化配置的原则对组织结构进行调整，企业的结构因此变成了多点辐射的网络状结构。

跨国公司明显带有单一民族国家的特征，而全球公司却没有这一特性。全球公司的总部可能在美国，生产和采购中心可能在中国，客服中心可能在印度，研发中心可能在欧洲。透过前面的分析，我们可以得到一个初步的结论，即内部整合和外部竞合是全球公司的共性。通过加强内部的整合与协作，实现内部交易成本的最小化，这不仅是发展的需要，也是生存的需要。在一个门槛迅速降低的竞争平台上，企业之间是系统运营能力的对决，唯有获得系统整体优势的企业方具备相对持久的竞争力。另一方面，全球化和技术发展也在很大程度上改变了企业的竞争规则，企业比任何时候都更需要清楚自身的能力，并灵活调整与其他企业的关系，因为除了纯粹的竞争或合作关系外，既竞争又合作的竞合关系正在变成常态。

全球公司并非没有风险。当企业内部以及企业与外部之间联系越来越紧密时，任何一个链条的断裂都可能成为企业的致命伤。而在企业的管理上，正如IBM公司CEO帕米萨诺所说的，"层级森严、命令加控制式的模式再也行不通了"。面对新的组织结构和在文化思想上多元化的全球员工队伍，或许企业管理的革命才刚刚开始。

（资料来源：龚伟同．丰田汽车：全球公司时代的梦想和困惑［J］．商务周刊，2007（24）．）

第三节　国际市场营销控制

企业的跨国营销是一项复杂的工程。为了成功地开展营销业务，需要进行不间断的协调和有效的管理控制。通过审视的、有计划的协调和周密设计的控制体系，既可以使市场营销工作适合于具体市场的特殊情况，又可以使规划、战略及营销方案在不同程度上实现标准化，使之适应于全球市场的需要。

一、国际市场营销控制及其必要性

国际市场营销控制是指在动态变化的国际营销环境中，为保证既定营销目标的实现而进行的监督、检查和纠正偏差等管理活动的统称。国际市场营销控制是国际市场营销管理的关键职能。

国际市场营销控制与计划和组织是密不可分的，当企业制订了国际市场营销计划，建立了与之相适应的组织形式后，协调和控制就成为实现市场营销目标的关键。

由于企业的组织形式不同，国际市场营销控制的主体可能会由国际企业中不同层次的营销管理人员来担当。如果企业采取了高度分权的组织形式，则企业在海外公司的市场营销控制活动就主要由当地的营销经理进行。反之，如果企业建立了高度集权的组织结构，总部则会对在各国开展的市场营销活动进行直接控制，以保证企业统一营销策略的贯彻落实。

二、国际市场营销控制模式

在国际市场营销活动过程中，企业不仅需要适时调整其国际市场营销组织结构，而且还需要根据组织结构的变化相应地调整母公司对于公司的监控管理模式。国际市场营销控制模式主要包括三类：集权型控制模式、分权型控制模式以及分权与集权相结合的控制模式。

（一）集权型控制模式

集权型控制模式是指公司总部对其国内与海外分部实行集中型控制。这是最为传统的跨国公司控制模式。集权型控制模式主要表现在海外业务规划和控制两个方面，其特征是：子公司经营权掌握在母公司手中；子公司职员的工作业绩用母公司的标准来衡量；不管子公司能否消化，母公司都向子公司传达指令和信息；子公司虽然设在目标市场国，但母公司仍按母公司的标准对子公司进行控制，而不考虑当地的具体情况；子公司的高级管理人员一般优先选用母公司的现有人员，子公司当地人才的发展机会较少；子公司内当地雇员有自卑感，而母公司派往子公司的雇员有优越感。

集权型控制模式的优点是母公司便于发挥统一调配的作用，这也是这种模式能够存在的重要基础。但这种控制模式过分忽略子公司的社会人情及雇员利益，容易引起当地社会的不满，从而产生种种干扰，产生当地雇员的抵制行为和排外情绪。一旦矛盾尖锐化，可能导致当地政府出面干涉。

（二）分权型控制模式

随着企业国际化进程的推进，集权型控制模式往往背离子公司的经营环境及发展战略的需要，产生许多问题。经过多年的演变和发展，控制模式开始从集权型和以本民族为中心转向分权型和以多民族为中心。分权型控制模式得以产生的背景是：分布在世界各地的子公司同母公司在社会、政治、经济、文化等方面的环境差异和能力差异越来越明显，所以由母公司集权控制子公司的方式越来越难以继续下去，在这种情况下，分权型多中心控制模式产生了。

分权型控制模式的主要特征包括：子公司经营决策权掌握在子公司经理手中，母公司只承担子公司早期决策及高级管理人员深造的决策；子公司职员工作业绩用公司所在地通用标准衡量；子公司奖励水平与母公司不发生直接关系，各个子公司之间可以存在较大差异；母公司与子公司之间，以及子公司之间的信息交流很少；子公司中外籍员工和本地员工之间不存在等级观念。

总之，在分权型控制模式下，外国子公司实际上等于本地公司，因此，这种管理模式不会使子公司的雇员产生被压迫或被剥削的感觉。但从母公司立场来看，这种管理模式不能发挥统一调配资源的优势。在分权型组织结构中，各地子公司可以自谋发展机会，但也会相应失去集中利用国际市场和世界资源的机会，所以这种管理模式也有弊端。

（三）分权与集权相结合的控制模式

随着社会生产力的发展，国际间的经济合作更为广泛和深入，跨国公司的业务遍及全球，原来以母公司和本民族为中心的集权型控制模式和多中心的分权型控制模式均已不能满足实际需要，因而产生了一种新的控制模式，即分权与集权相结合的控制模式。

分权有利于更好地考虑世界各地的实际市场情况，集权可以从公司的整体利益出发开展工作，以满足公司的整体利益，当然也包括子公司的利益。分权与集权相结合的控制模式以全球为中心，既不偏爱本民族和母公司，也不偏爱其他民族和子公司，子公司根据公司整体战略目标自己制定经营方针和经营计划。母公司有权对子公司进行监督，如果子公司不努力执行计划或偏离计划，母公司可采取纠正行动。为了便于母公司实行集权控制，子公司必须按期向母公司报告计划执行情况，而母公司也经常派人到子公司进行视察。将分权与集权相结合，实际上充分兼顾了公司的整体利益与目标市场国当地市场环境的特点。

分权与集权相结合控制模式的主要特征有：母公司把经营决策权按照实际需要授予子公司，子公司在决策时考虑母公司提供的各种参数和标准；子公司员工及其工作业绩衡量标准依据平均效率和客观情况而定，既不能太高，也不能太低，要符合各国的实际情况；子公司发放报酬应依照目标和任务的完成情况而定，既不能偏爱母公司的员工，也不能偏爱子公司的员工；意见和信息在母公司和子公司之间以双向方式交流，母公司被视为公司经营集团的成员；子公司所在地人才也能被派往其他国家子公司或母公司任职；所有子公司的员工，虽然在国籍方面有差别，但彼此之间是平等的。

三、国际市场营销控制的程序和影响因素

（一）国际市场营销控制的程序

国际市场营销控制程序主要包括七个步骤：设定控制目标、明确控制对象、选择控制方法、制定控制标准、衡量工作绩效、分析偏差成因和采取纠偏措施。国际市场营销控制是一个动态的运行过程，上述七个步骤按照顺序不断地重复进行，当然每次重复都在一个更高的层次上进行，都有更新的内容。

1. 设定控制目标

控制目标有两层含义：

（1）第一层含义指控制本身的目标，即企业对经营活动进行控制的目的何在。控制自身的目标是保证企业制定的方针、政策得以贯彻、执行，促使企业经营有效运转。但是不同的时期、面对不同的环境，控制自身目标的具体内容也会有所不同，如有时控制加强是为了促使企业上等级，有时是为了克服某些方面的薄弱环节，有时则是为了应付面临的各种机会和挑战等。

（2）第二层含义是指被控制对象应实现的目标，亦即一定时期内企业经营应达到的目

的。在此，控制目标指第二层含义。

控制的目标就是企业计划的目标。控制目标与计划目标的内容是一致的，但控制目标又具有两个特征：①控制目标必须是具体的、可操作的；②控制目标是比较详细的，不仅企业各个层次、各个部门（单位）的目标必须明确无误，而且应指明各项目标的种种细节。

2. 明确控制对象

一般来说，国际市场营销内容广泛，不可能对所有的市场营销活动或市场营销的全过程进行控制。控制应遵循重点原则和经济性原则。有效的控制应针对关键活动、关键环节或关键项目。在设定了控制目标之后，应根据上述原则明确控制对象，从而使国际市场营销控制更有效率。

较常见的国际市场营销控制对象有销售收入、销售成本、销售人员工作绩效、广告效果、新产品开发、顾客服务、中间商行为等。

3. 选择控制方法

国际市场营销控制的基本方法有两种：直接控制和间接控制。直接控制是指企业总部有关管理人员直接参与所属机构的经营管理，如总公司上层领导以股东身份直接参与海外子公司对外合同签订，直接主持制订子公司的经营计划等。间接控制是指企业总部有关管理人员通过各种杠杆机制干预调节下属机构的经营活动。间接控制包括下达各种指令性或指导性计划指标，制定和宣布一整套完善的规章制度，投入或撤回部分资金，制定并下达各项政策，组织企业竞赛等。另外，通过签订正式合同的方法有可能为控制海外营销机构提供一种有效而直接的控制机制。合同控制法常常是通过定额和许可证的方式实行控制的，它要求国际市场营销机构达到具体的绩效。但必须注意的是，合同条款不是在任何情况下都能强制执行的。

4. 制定控制标准

控制的衡量标准应满足以下要求：①控制的衡量标准要与目标的指标一致；②要数量化，金额、数量要明确，并要确定相应的等级范围；③要充分考虑国外企业当地的经营环境，如不同的币种及其汇率，当地政府的税收、价格金融等方面的政策；④要顾及某些抽象性目标，如进入某一国家或地区市场对企业全球战略的意义。

5. 衡量工作绩效

（1）分配责任。实施国际市场营销计划的复杂性在于难以分配海外市场营销活动的具体责任，任何一个营销活动都可能需要多方人员的合作。母公司各不同部门都必须密切关注其他部门正在进行的活动。

（2）指定责任人。控制系统的责任人基本分三个层次：公司总经理及中央各职能部门是最高控制者，这是第一层次；国际事业部或地区部或产品部的副总经理及各职能部门，既是总经理及中央职能部门的被控制者，又是下属子公司的控制者，这是第二层次；子公司或其他下属机构的经理及其职能部门则是最下层被控制者，这是第三层次。企业要明确各层次的责任。

（3）衡量工作绩效。衡量工作绩效是指把实际工作绩效与控制标准进行比较，找出两者之间的差距，并据此对实际工作绩效作出评价。在国际市场营销中，公司总部对海外子公司经营状况的认定主要依赖定期报告制度，即总部要求子公司定期提交经营成果报告。除了报告制度外，公司总部的控制人员还应经常对子公司的市场营销工作进行实地考察，通过考察了解各地分支机构的真实经营状况。

6. 分析偏差成因

如果通过对实际工作绩效与控制标准进行比较，发现存在偏差，这时不管偏差是否超出了允许的范围，都要分析偏差产生的原因，包括要分析正偏差的成因。因为正偏差的出现可能是市场营销环境发生了重大变化，也有可能隐藏在正偏差背后的是负面信息。例如，某企业发现其产品在某海外区域的销量突然快速增长，通过分析企业发现，当地经济形势好转、市场需求规模扩大是导致销量增长的主要原因，但在了解了竞争对手的销量情况后，发现竞争对手的销量增长比本企业还要快许多，反而说明本企业的市场营销工作还有许多不足或执行不力的地方。

在衡量工作绩效时，应严格依据既定标准，确定被控制单位的业绩是否达到预期的水平。同时，还应充分考虑当地的经营环境。例如，当地汇率的变化、通货膨胀、经济不景气、政府政策变化等都会对企业的经营绩效产生重大影响，衡量要遵循实事求是的原则。衡量过程同时又是分析过程，尤其是被控制单位工作未能达到既定目标时，必须分析其原因，并提出相应的改进措施。

7. 采取纠偏措施

纠正偏差控制失误是控制的直接目的。在深入分析偏差成因的基础上，控制者要根据具体问题提出纠偏意见，并要求相关部门迅速采取措施，保证计划的顺利完成。

需要注意的是，有时偏差过大，可能是由于原有计划的不合理。在这种情况下，应对原有计划进行调整。但控制者不能以计划适应控制，任意地根据控制需要来修改计划。只有当事实表明计划标准定得过高或过低，或因为国际市场营销环境发生了重大变化，使原有计划的实施前提不复存在时，才能对原有计划进行修正。

国际市场营销控制是一个周而复始的循环过程。因此，纠偏既是上一个控制周期的终点，又是下一控制周期的起点。

（二）影响国际市场营销控制的因素

国际市场营销控制的方法不是千篇一律的，不同的企业由于各自的条件和所处的环境不同，所采取的国际市场营销控制手段也不完全相同，有时甚至可能截然相反。一般来说，影响国际市场营销控制的因素包括以下几个：

1. 国际市场营销控制方法

大多数国际化经营的企业都是先在国内市场上取得成功后，才开始开拓国际市场。在国际市场营销控制中，这些企业便继续沿用那些在国内市场营销中已被证明行之有效的控制方法。这种策略之所以可取，是因为国内市场营销控制方法已被实践证明行之有效，而且企业上上下下都熟悉并习惯于这种传统的市场营销控制方法。企业的市场营销控制方法只有被全体员工所了解和接受，才能得到彻底的实施，发挥积极的作用。事实上，现在许多国际企业已经在传统的国内市场营销控制方法的基础上建立了一整套标准化的控制制度，用以控制企业在全球范围内的经营和销售。国际企业的公司总部要求国外子公司定期提交标准格式的有关经营状况的报告。如果国外子公司的规模较小，则定期报告的内容可以简略、报告的周期可以缩短。这种标准化的报告控制制度有利于国际企业在全球范围内比较各个子公司的经营状况，有利于国际企业人才和信息在全公司内的流动。

2. 交通和通信系统

影响国际市场营销控制的另一个主要因素是交通和通信设施的发展水平。一个世纪以前，由于交通和通信设施很不发达，企业不得不采取高度分权化的管理。今天，交通和通信手段已经得到了飞速的发展，除了陆上交通和海上交通外，飞机已经成为世界上主要的远距离交通工具。这使得国际企业总部的管理人员能定期和国外子公司管理人员进行面对面的商谈。电话、电传和传真等电子通信手段使公司总部和国外子公司能保持不间断的接触，发达的现代交通和通信系统使国际企业加强国际市场营销控制成为可能。

3. 母公司和子公司间的距离

在其他条件都一样的情况下，母公司和子公司间的距离越大，母公司对子公司的控制就越小，子公司享受的分权也就越大。这是因为遥远的距离不仅增加了差旅费用和使用电话、电传及其他通信设备的费用，而且也可能延误决策的时间。因此，随着子公司与母公司距离的增大，母公司对子公司的授权范围也将增加。

4. 产品的性质

产品的性质直接影响国际市场营销控制的方法。技术复杂的产品由于在世界各地的用途很接近，所以可以由公司总部集中制定统一的控制标准和绩效评估方法。计算机和许多工业产品都是属于对文化环境不敏感的产品，所以可以采取统一的国际市场营销控制方法。药品、服装和食品以及许多日用商品等是对文化环境敏感的产品，所以对这些产品的控制不能一刀切，而要根据具体情况作出具体分析，采取分权式的控制方法。

5. 环境差异

母公司和子公司所处的政治、经济、社会、文化、技术、法律等环境相差越大，母公司对子公司的授权范围就越大，子公司所受的控制也就越小。例如，由于加拿大和美国在政治、经济、社会、文化等方面很相似，所以许多美国跨国公司对设在加拿大的子公司进行高度集权化的控制。许多国际企业为了加强在国外子公司的控制便采用了地区型的组织结构，成立若干个地区总部，使得各地区之间的差异较大，而每个地区内各国之间的差异较小。

6. 环境的稳定性

子公司所在国的环境（尤其是政治和经济环境）越不稳定，母公司对于公司的市场营销控制就越小。在子公司所在国环境动荡不定时，对母公司来说比较明智的办法是让处在第一线的子公司独立决策、自主经营。

7. 子公司的绩效

当国外子公司能圆满完成母公司制订的营销计划，且绩效卓著时，母公司对其控制将放松，国外子公司的自主权将加大。相反，当国外子公司完不成计划，屡遭败绩时，母公司对其控制将加紧，国外子公司享受的自主权不可避免地要削弱。

8. 国际市场营销业务的比重

国际市场营销业务的比重越大，公司总部的职能管理人员就越多，对子公司的控制相应地就越广泛。反之，国际市场营销业务的比重越小，公司总部所能雇用的职能管理人员就越少，对子公司的市场营销控制也就越狭窄。大型的国际企业不仅在公司本部设置诸如营销、财务、生产、人事等管理职能部门，而且在地区总部、产品系列部和国家子公司一级设立管理职能部门。在这样的国际企业中，对国际市场营销的控制相当严格。

四、国际市场营销控制的内容和类型

（一）国际市场营销控制的内容

国际市场营销控制的内容主要包括：

1. 销售额控制

销售额控制具有十分重要的意义。由于销售是企业经营活动的中心，销售额的大小反映了企业的经营发展规模，销售额的增长是企业经济效益提高的前提。因此，国际市场营销控制首先要对销售额进行控制。销售额控制主要是通过将每周、每月或每季度的销售数字汇总，将它与预期指标进行比较，以判断各种因素对销售量的影响。从销售量差异的分析中，可以找出什么是造成差异的原因，以便对症下药。从各国市场的销售差异中，可以辨别出哪些市场对公司的发展有利。从各类产品的不同销售差异中，可以找出公司扩大生产能力的方向。销售额的大小取决于在市场营销方面的努力程度，因此可以从销售额的大小来确定营销开支和推销程度是否与潜在收益相称。有关销售额的详细报告应当列举大量采购数字和市场份额的信息，从而使管理部门在实施控制时不仅能够促进本公司的销售，而且也了解本公司相对于竞争对手所处的位置。如果市场份额下降，即使销量增加也说明公司营销业绩不佳。

2. 价格控制

国际市场产品价格的控制标准较难确定，因此，应将注意力主要集中于控制不同国别市场和销售产品的盈利状况上，也可以为各子公司规定一个价格范围，要求各子公司根据这一标准来定价或变动价格。

3. 产品控制

产品控制至关重要，因为在竞争空前激烈的今天，产品质量的高低、款式是否新颖、售前售后服务是否周到往往决定着企业的生死存亡。

国际企业的产品控制主要包括：①建立统一的产品质量标准，要求企业必须严格参照执行；②公司总部及地区总部或产品总部必须设立质量控制部门，定期和不定期地对国内外市场的产品进行质量检验；③监控经销商的服务质量，各特约经销商必须提供完善的售前售后服务，根据需要公司还可增设服务点；④各控制管理部门必须建立完善的信息反馈系统，及时了解消费者对产品的意见。

4. 促销控制

促销控制主要是控制人员推销的目标、广告目标及其他促销形式的目标，以确保各分公司的业务遵循公司统一的国际市场营销目标。

5. 分销渠道控制

分销渠道控制主要是对中间商在代理销售、供应订货、售后服务等功能的执行情况、渠道的销售额、售后服务的效率进行控制。

6. 人员控制

国际营销的人员控制是指对下属机构的经理人员进行控制。人员控制主要包括：对聘任的经理人员必须经过严格的考核，必须定期对下属机构经理的工作进行考核检查，并作出评价。对工作积极、业绩较好的经理人员应给予奖励；对工作不努力者应给予必要的批评与警告；对不称职者应及时撤换。

7. 投资控制

海外直接投资是跨国经营的基础和基本特征。由于海外投资前景具有很大的不确定性，风险很大，因而必须进行严格控制。一般而言，海外直接投资应采用直接控制的办法，即公司总部高层负责人应直接参与海外直接投资的项目选择，可行性研究和重要的项目谈判。投资项目须经总经理的审查方能执行。项目开始执行后，总公司的高层负责人必须密切注视其进展情况，并及时了解投资回收和投资报酬情况。

8. 利润控制

国际企业的利润控制有两个方面：首先要控制企业的盈利水平。为此，公司要分析各海外分公司的损益表，以便了解它们的成本支出和经营状况以及当前的国外市场形势。其次，作为国际企业（主要是跨国经营企业）必须控制利润的来源国别，按照“责任中心”管理制度的要求，各海外企业分别建立各种中心，如成本中心、销售中心、投资中心、利润中心等。为了保证企业利润总水平的提高，各中心必须各司其职，而不能从局部利益出发，片面追求自己的利润水平。当然，公司总部必须对各种中心规定不同的考核标准。

9. 销售能力控制

销售能力控制主要是对不同产品、不同市场的销量，老客户与新客户的比例，新产品与老产品的比例及市场份额等进行控制。

（二）国际市场营销控制的类型

1. 按市场营销控制的先后次序分类

（1）运行条件控制

运行条件控制是指对国际市场营销活动得以正常运行的客观先决条件（如物质资源、资金、人力、信息等）加以检查和控制，使其始终处于最佳条件下，当条件发生变化时应采取调整措施，以保证国际市场营销活动的顺利进行。

（2）运行状态控制

运行状态控制是指对整个国际市场营销活动的状态进行不断检查和监视，当运行状态偏离营销目标时，应及时加以调整，使营销活动始终朝着既定目标进行。

（3）运行结果控制

运行结果控制是指对国际企业每个运行小阶段的运行结果和国际企业每个部门或下属企业的运行结果加以控制和检查，对不良的结果采取纠正措施，以保证整体阶段和整体企业营销目标的顺利实现。

国际企业在对市场营销活动进行控制时，并不是单纯采用上述某一种类型进行控制，而是三种控制同时采用，这是由三者之间存在着密切联系而不是互相孤立的特点所决定的。

2. 按对国际市场营销的影响分类

（1）年度计划控制。一般是将年度计划要达到的营销目标分解成季度和月份目标，然后按月、按季控制市场营销计划的运行情况，遇有脱离市场营销计划的情况则应采取措施及时加以纠正。年度计划控制的内容主要包括以下几个方面：

1）销售分析。销售分析主要是分析造成本企业销售没有按计划完成的具体时间、具体原因和具体产品与地区。一般从三个方面进行分析：①对比分析，即分析实际销售额或销售量与销售计划的差距；②差距原因分析，即分析影响销售计划实现的各种因素；③销售分类分析，即分析是哪种产品和哪个地区没有实现销售计划。

2）市场占有率分析。市场占有率分析就是分析本企业在市场上竞争地位的变化，并找出原因，即了解和检查本企业在市场上的竞争能力有哪些变化及造成这种变化的原因。

3）销售费用率分析。销售费用是指发生在销售环节上的费用，包括促销费用、市场营销调研费用、销售管理费用。销售费用率分析就是分析本企业发生在销售环节上的费用与总销售额的比率是否处在合理范围内。检查其变化情况，并找出原因，然后针对原因采取措施。

4）消费者态度分析。消费者态度分析是指从企业外部，亦即从消费者对本企业产品态度的变化上寻找影响市场营销计划完成的原因。这是因为消费者对本企业产品态度的变化往往是导致产品销售发生变化，乃至于市场营销计划能否实现的直接原因之一。当国际企业通过分析发现消费者的态度发生了有利于企业的变化后，企业应及时加以引导，使其更有利于企业；当发现消费者的态度发生了不利于企业的变化，则应及时采取措施加以改正或控制。

（2）盈利能力控制。盈利能力控制是指分析本企业各类产品、各个销售地区、各种不同分销渠道的盈利实绩与市场营销计划的差别情况，从中发现盈利能力或盈利实绩下降的产品、地区和渠道，然后分析并找出原因，最后针对原因采取措施，以确保本企业盈利目标的实现。

（3）策略控制。策略控制是指经常不断地分析本企业的外部环境变化及其对本企业市场营销计划造成的影响，以便根据变化后的客观环境调整或修正本企业的营销目标和营销计划，或采取某些措施以适应变化后的客观环境，从而保证原营销目标或原营销计划的顺利实施。

【实例 11-2】

麦当劳公司的控制系统

麦当劳公司是全球著名的经营快餐的公司。在快餐饮食业中维持产品质量和服务水平是其经营成功的关键，公司在采取特许连锁店经营这种战略开辟分店和实现地域扩张的同时，特别注意对各连锁店的管理控制。为此，麦当劳公司制定了一套全面、周密的控制办法。

公司各分店都由当地人所有和经营管理，公司主要通过授予特许权的方式来开辟连锁分店。其考虑之一就是使购买特许经营权的人在成为分店经理人员的同时也成为该分店的所有者，从而在直接分享利润的激励机制中把分店经营得更加出色。特许经营使麦当劳公司在独特的激励机制中形成了对其扩展业务的强有力控制。公司在出售其特许经营权时非常慎重，总是通过各方面的调查了解后才挑选那些具有卓越经营管理才能的人作为店主，而且事后如发现其能力不符合要求，则会撤回这一授权。

公司还通过详细的程序、规则和条例规定，使分布在世界各地的所有分店的经营者和员工们都遵循一种标准化、规范化的作业。公司对制作汉堡、炸土豆条、招待顾客和清理餐桌等工作都事先进行翔实的动作研究，确定各项工作开展的最佳方式，然后再编成书面的规定，用以指导各分店管理人员和一般员工的行为。公司在芝加哥开办了专门的培训中心——

汉堡包大学，要求所有的特许经营者在开业之前都接受为期一个月的强化培训。回去之后，他们还被要求对所有工作人员进行培训，以确保公司的规章条例得到准确的理解和贯彻执行。

为了确保所有特许经营分店都能按照统一的要求开展活动，公司总部的管理人员还经常走访、巡视世界各地的经营店，进行直接的监督和控制。除此之外，麦当劳公司还定期对各分店的经营业绩进行考评。为此，各分店要及时提供有关营业额和经营成本、利润等方面的信息，这样总部管理人员就能把握各分店经营的状态和出现的问题，以便商讨和采取改进的对策。

麦当劳公司的另一个控制手段是在所有经营分店中塑造公司独特的组织文化，这就是大家熟知的“质量超群，服务优良，清洁卫生，货真价实”口号所体现的文化价值观。公司的共享价值观建设，不仅在世界各地分店的员工中进行，而且还将公司的一个主要利益团体——顾客也包括进这支建设队伍中。麦当劳的顾客虽然要求自我服务，但公司特别重视满足顾客的要求，如为他们的孩子开设游戏场所、提供快乐餐厅和组织生日聚会等，以形成家庭式的氛围，这样既吸引了孩子们，也增强了成年人对公司的忠诚感。

（资料来源：闫国庆．国际市场营销学［M］．北京：清华大学出版社，2004.）

关键词

本国中心主义（Ethnocentrism）
多中心主义（Polycentrism）
地区中心主义（Regioncentrism）
全球中心主义（Geocentrism）
国际营销计划（International Marketing Plan）
市场营销组织（Marketing Organization）
全球性组织结构（Global Organization）
国际营销控制（Control of International Marketing）

思考题

1. 国际市场营销计划的含义是什么？它包括哪些主要内容？
2. 跨国公司母公司和子公司的国际市场营销计划的制订有何区别和联系？
3. 跨国公司国际营销组织结构的主要形式有哪些？各有哪些特征和优缺点？
4. 影响国际市场营销组织结构设计的因素有哪些？
5. 国际市场营销控制的主要内容包括哪几方面？
6. 简述国际市场营销控制的类型。

【案例分析讨论】

国际化战略：海尔 PK 华为

海尔和华为都是国内国际化做得比较早和比较好的企业。海尔在 2005 年对外就传播“1000 亿，世界的海尔”。全球销售额是 1000 亿人民币，海外销售大约为 100 亿元，占整体销售额的 10%左右。华为海外销售额在 2005 年达 47.5 亿美元，占同期全球销售额 82 亿美元的 58%。产品已销售至全球 80 多个国家和地区。

判断一个公司是否国际化，有一个很简单的标准：其海外销售额占全球销售额1/3以上的话，才可以称得上是一个国际化的公司。从这个角度评价，华为已是真正的国际化公司。华为已把国内销售总部降格为与海外其他八个地区总部平行的中国地区部，可见国际市场在华为的重要性。而海尔国内销售仍占大头，海外销售的话语权还不大，是一个还在国际化征途上的公司。

一、国际化战略的路径选择：海尔“先难后易”PK 华为“先易后难”

海尔“先难后易”的国际化战略就是先打开发达国家市场，后进入发展中国家市场的战略。按海尔的说法，到消费者最讲究、最挑剔的市场，到强者如林的成熟市场摔打历练，才能迅速成长，占领制高点；然后，居高临下，再进入其他市场。海尔先后在美国和意大利等地建立了工厂。海尔虽然在美国有所斩获，但在欧洲和日本等国家市场的表现却是差强人意。华为国际化采取的是务实的“先易后难”战略，其国际化战略是农村包围城市的“海外”翻版。华为的国内市场也是通过先做县城再做城市的农村包围城市战略创建起来的。这种“先易后难”的战略与其说是华为的主动战略选择，不如说在某种程度上也是一种不得已而为之的战略。因为华为当时不管在产品、技术、人才、综合实力等方面都与强大的国外竞争对手差距悬殊，华为先去亚洲、非洲、拉丁美洲市场发展，选择的是侧面迂回战略。

二、国际化人才战略：海尔“三融一创”PK 华为“输出革命，赤化全球”

企业要国际化，必须要有开拓国际市场的国际化人才。海尔在国际化人才战略上基本上是“拿来主义”，集中体现在海尔的“三融一创”上，即融资、融智、融文化来创立品牌；其国内市场人员和海外人员基本上是不流动的。海尔海外的销售管理模式基本是区域的代理制。在当地独资或合资的销售公司中绝大部分雇用的是当地的职业经理人。海尔负责海外销售的人员大部分是以商务出差的形式去管理海外市场，常驻海外的人员很少。基本是依靠当地的职业经理人来经营和管理。这就是“三融”中“融智”的具体体现。海尔奉行的是依靠当地人才的国际化人才战略。而华为的人才战略走的是和很多跨国企业相同的路径：先从国内大批的向海外输出人才开拓国际市场。据说，华为在海外工作的有1万人左右，占其员工总数的1/4。华为几乎将其所有的高层管理者派驻到海外去开拓海外市场。华为人把这种人才战略形象地称为“输出革命，赤化全球”。华为海外市场的销售业绩基本上是由中国派驻的华为人作出的。当然，随着华为国际化的深入推进，华为要走国际化人才战略的第二步，即培养当地的优秀人才，开放更多的高级职位给当地人才，让当地人才逐渐替代华为派驻的人员。只有这样，华为才能持续保证国际化的竞争优势。

三、国际化文化战略：海尔执行力文化 PK 华为狼性文化

海尔文化和华为的企业文化在中国企业里都是独树一帜、很有特色的。海尔文化的精髓是它的执行力文化。对市场、对用户需求都要“迅速反应、马上行动”。讲究下级对上级的绝对服从，上级对下级的绝对权威。这种文化对海尔在国内市场的成功立下了汗马功劳。华为的土狼文化在华为国内市场的成功上也起了至关重要的作用。当面对强手如林的国际通信巨头和被瓜分殆尽的全球电信市场，华为人非常崇尚狼性文化。狼有三种特性：一是良好的嗅觉；二是反应机敏；三是发现猎物集体攻击。华为人发挥他们的土狼精神，对市场猎物有机敏的嗅觉，为获取猎物团结合作。不管是海尔的执行力文化，还是华为的狼性文化，都面

临着在国际化阶段如何在海外推广和落地的问题。因为这些文化都是在中国市场和企业发展的特殊土壤里培育起来的，不是“放之四海而皆准”的。海尔和华为都要向它们优秀的跨国公司同行学习如何尽快地凝练和总结出能保证企业可持续发展、保证企业基业长青以及能在全球推广的核心文化理念，如企业的愿景、企业价值观、使命等核心文化理念。因为只有具备优秀的文化理念的企业（像 IBM、HP 等），才能在国际化的征途上如虎添翼、战无不胜。

（资料来源：韩锋．国际化战略：海尔 PK 华为［J］．中国乡镇企业，2008（3）．）

讨论题：

1. 简述海尔和华为的国际化战略。
2. 海尔和华为的国际化战略能给我国其他国际化企业带来什么启示？

第十二章　国际市场网络营销

【本章要点】

1. 国际市场网络营销的概念、特点及功能
2. 国际市场网络营销的微观环境和宏观环境
3. 国际市场网络营销的产品策略
4. 国际市场网络营销的价格策略
5. 国际市场网络营销的渠道策略
6. 国际市场网络营销的促销策略

【导入案例】

瑞星借助网络营销进军国际市场

2004年6月28日，瑞星宣布，通过全球各大主流下载网站推出一款名为“瑞星国际共享版”的英文版产品，自主品牌的国产软件开始借道互联网展开新一轮的全球市场攻势。

瑞星的“国际共享版”最主要的特点是通过网络下载、免费查毒、信用卡付费。瑞星公司副总裁毛一丁称，该版软件主要突出的是免费查毒的“体验”功能，同时完全采取网络下载的商业模式，目的是绕过欧美市场上的传播和渠道的各种高成本运作方式。毛一丁相信，通过这种方式将使瑞星的产品在最短的时间内、利用最便捷的方式入驻欧美等国用户的电脑。

瑞星推出“瑞星国际共享版”，标志着其海外市场战略出现重大调整，开始采取“避实就虚”的方式，利用互联网和电子商务的新模式绕过欧美市场的种种壁垒，全面进军全球市场。“网上收费下载已经成为欧美用户普遍的软件购买途径，所以我们通过互联网采取‘先看病、后卖药’的方式，全面进入市场。”毛一丁笑称，这是一招“四两拨千斤”的妙棋，而且也是低成本介入国际市场的一个途径。

（根据以下资料整理：先尝后买——瑞星发布国际共享版［J］. 每周电脑报，2004（23）.）

第一节　国际市场网络营销概述

一、国际市场网络营销的概念与内涵

（一）国际市场网络营销的概念

网络营销是20世纪90年代才发展起来的一门新兴学科。随着互联网的飞速普及以及IT技术的不断成熟，越来越多的企业开始利用网络对产品和服务进行推广、销售，并开始

在国际市场营销中应用。

1. 网络营销的概念

网络营销就是通过网络来做生意，它是随着互联网的发展而诞生的。网络营销（Online Marketing 或 E-Marketing）就是以国际互联网为基础，利用数字化的信息和网络媒体的交互性来辅助营销目标实现的一种新型的市场营销方式。简单地说，网络营销就是以互联网为主要手段进行的，为达到一定营销目的的营销活动。

（1）广义的网络营销。从广义上来说，网络营销就是以互联网为主要手段（包括 Internet（企业内部网）、EDI（行业系统专线网）及 Internet（国际互联网））开展的营销活动。

（2）狭义的网络营销。从狭义上来说，网络营销是指组织或个人基于开放便捷的互联网络，对产品、服务所做的一系列经营活动，从而达到满足组织或个人需求的全过程。

（3）整合网络营销。2002 年，网络营销的实践者敖春华提出了整合网络营销的概念：网络营销是企业整体营销战略的一个组成部分，是为实现企业总体经营目标所进行的，以互联网为基本手段营造网上经营环境的各种活动。这个定义的核心是经营网上环境，这里可以理解为整合营销所提出的一个创造品牌价值的过程，整合各种有效的网络营销手段为企业制造更好的市场营销环境。

可见，网络营销是实现企业营销目标的手段或方式，而不是目的，只是它借助了互联网这个工具。而互联网的全球性又决定了网络营销在国际市场营销中必将占有一席之地。因此，在国际市场范围内，网络营销受到越来越多企业的青睐，在国际市场营销中的应用也越来越广泛，表现出了极强的生命力。随着互联网和电子商务的不断发展和完善，网络营销将成为国际市场营销发展的主流。

2. 国际市场网络营销的概念

对国际市场网络营销概念的解释有很多，如国际市场网络营销是以互联网为基本手段，努力营造网上经营环境的各种活动；又如，国际市场网络营销是企业整体营销战略的组成部分，是建立在互联网基础之上、借助互联网手段实现一定目标的营销手段；再如，国际市场网络营销是指利用因特网技术，最大限度地满足国际市场目标客户需求，以达到开拓市场、增加盈利目的的营销活动过程。国际市场网络营销可以简单地理解为：在全球范围内，借助互联网技术，为实现企业的市场营销目标而开展的一切网上营销活动。

（二）国际市场网络营销的内涵

（1）国际市场网络营销是为实现网上交易与交换而进行的活动过程，其目的涉及多方面，如提升产品品牌价值、加强与目标市场客户沟通与交流、对外发布有关信息等。国际市场网络营销与网上销售不同，网上销售是网络营销的方式之一。

（2）国际市场网络营销不仅仅局限于网上活动，也不是简单地建立企业网站或者利用网络做广告宣传，一份完整而又完善的网络营销方案，需要借助网络的功能作用进行宣传和推广，但也必须利用传统营销手段和方式进行网下推广和实施。

（3）国际市场网络营销与国际电子商务是一对联系紧密又有明显区别的概念。其中，国际市场网络营销是企业为实现整体经营目标而采用的手段和方式，目的是通过网络拓展国际市场并获得更多客户。而国际电子商务则是指跨国经营企业将国际贸易所涉及的商务活动实现电子化。

二、国际市场网络营销的特点

与传统的国际市场营销方式相比，国际市场网络营销有其自身的特点。

（一）时空性

网络的无国界性和无限时性，使得网络营销打破了传统营销必须到达营销地，根据当地时间开展营销活动的限制，减少了跨国营销在地域和时差上的障碍。企业营销人员在本国即可开展全球网上营销活动。

（二）互动性

由于地域、时差、通信等方面的限制，国际市场上企业和消费者之间不能得到充分的互动沟通。而在网络环境下，企业可以通过网上调查、在线讨论、电子邮件和展示商品信息等方式，在全球范围内使消费者参与到产品的设计、包装、定价、服务及改进等全过程，可以实现双向互动沟通。这不仅提高了消费者的参与性，也使企业及时得到市场反馈信息，从而提高市场营销策略的针对性，减少失误。

网上定制产品便是双向沟通的良好结果，世界上越来越多的企业开始采用定制生产，如戴尔、海尔、Smart 汽车等。

（三）个性化

网络营销是一种以消费者为导向，强调个性化的营销方式，更能体现顾客的中心地位。消费者拥有更大的选择自由，他们可以根据自己的个性特点和需求在全球范围选择所需商品。网上购物日渐成为个性化的时尚追求，网上购物人数不断增长，我国在线购物发展潜力巨大。

（四）高效性

一方面，网络营销直接面向消费者，减少了国际市场营销中市场准入、中间商选择、存货管理等一系列中间环节，缩短了供应链，提高了经营效率；另一方面，企业提供大量信息使消费者直接查询，提高了信息传送的数量和准确性，并根据顾客的意见和需求，迅速更新产品或调整价格，以适应市场的需求。

（五）经济性

网络简化了信息传播的过程，网站和网页分别成为市场营销的场所和界面。一方面，可以节省大量的店面资金和人工成本，减少库存产品的资金占用，降低在整个产品供应链上的费用；另一方面，可以减少由于迂回交换带来的损耗。

国外一份权威调查显示：企业在获得同等收益的情况下，对网络营销工具的投入是传统营销工具投入的 1/10，而信息到达速度却是传统营销工具的 5～8 倍。可见，互联网将是信息时代开展国际市场营销最有效、最经济的营销手段。

三、国际市场网络营销功能

国际市场网络营销具有多种功能，它的这些功能使它在营销手段和方法多元化方面发挥出巨大作用。

（一）信息功能

信息功能包括信息发布功能和信息搜索功能。信息发布功能是网络营销的基本职能。无论哪一种营销方式都是要将一定的信息传递给目标人群。网络营销强大的信息发布功能是任何一种传统营销方式都无法比拟的。网上发布信息传播速度快、扩散范围广、沟通效果好、延伸能力强。而且，网络直接将信息传播给浏览者，舍去了很多传统信息传播的中间环节，降低了信息传播的错误率，且网络营销的互动性又便利了对信息的跟踪沟通。

在网上搜索信息是收集二手资料的有效途径之一。对于国际市场来说，由于地域、文化、价值观等差异，实地收集大量二手资料比较困难，而互联网则提供了一个大量收集国际市场二手资料的很好平台。一方面，解决了地域的不便性；另一方面，更新速度快，解决了报纸、杂志等出版物传递信息的相对滞后性。而且，通过搜索引擎、输入关键字，可以达到有目的性和针对性的多语言收集。除了可以收集到官方提供的各种资料外，还有私人网站提供的各种资料，可以了解各界人士的不同观念和意见。当然，在互联网上收集的二手资料和其他方式收集的二手资料一样，在使用前必须加以验证，以确认其真实性和准确性。

（二）网站推广

网站推广是网络营销的基本职能之一。网址推广不等于网站推广，网址推广是网站推广的方法之一。因为大量的用户不是通过记住网址进入网站的，而是通过搜索关键词进入网站内容，然后点击网站其他相关内容或进入首页。

网站推广是一个系统工程，而不仅仅是一些网站推广方法的简单复制和应用。网站推广的目的并不是为了让用户记住网址，而是为了获得更多的潜在用户，直到增加企业收益的最终目的。网站结构设计、网站功能、网站内容、网站服务、搜索引擎优化、网络广告、他国民族文化、风俗习惯等都是影响网站推广的主要因素。网站推广必须以网站内在因素和外部环境相结合为基础，制定有针对性的、有效可行的网站推广策略，并对各个阶段的每一环节进行有效控制和管理。

（三）品牌功能

网络营销和传统营销同样追求品牌价值。树立良好的企业网络品牌和网络形象是网络营销的主要任务之一。网络品牌是对传统品牌价值的扩展和延伸，是利用互联网和一系列推广措施建立的网上企业形象标志，是企业的无形资产。

网络品牌的国际化和井喷式传播使得网络营销在国际市场营销中发挥了重要作用。奔驰用 104 年、百事可乐用 100 年才建立起国际五星级品牌，而雅虎只用了 10 年。

（四）渠道功能

一方面，在传统营销渠道中，中间商占有重要地位。而网络营销渠道简化了大量中间商环节，丰富了直接营销渠道，增强了网络的虚拟性。网络营销渠道主要分为两大类：一是通过互联网实现从生产者到消费者的直接营销渠道（简称网上直销）；二是专业的电子中间商机构提供的网络间接营销渠道。另一方面，国际市场的各种贸易壁垒、地区封锁和交通、信息、沟通等多种障碍一直是国际市场营销的难题。网络的产生给企业提供了一种开拓国际市场新的营销渠道，减少了国际市场进入过程中的种种障碍。

（五）顾客管理

企业和顾客之间的良好关系是网络营销取得成效的必要条件，是企业重要的战略资源。企业可以通过发送电子邮件、聊天室、BBS、在线咨询、在线订单等对顾客进行跟踪管理，收集资料，再通过对顾客信息的整理分类、统计分析，建立详细的顾客信息数据库，这将是企业巨大的无形财富。

（六）网上调查

一手资料对于任何企业都具有重要的价值。由于地域差异、人员素质、资金等多种因素的制约，一般企业很难进行国际市场调研。互联网产生后，传统企业可以通过网上问卷、在线论坛、电子邮件、友情链接等方式实现网上调查。网上调查不仅节省了大量的人力、物力，而且还可以在线生成网上市场调研的分析报告、趋势分析图表和综合调查报告。网络调查效率高、成本低、节奏快、范围大，这就为广大商家提供了一种对市场的快速反应能力，为企业的科学决策奠定了坚实的基础。

当然，网上调查也存在一些不足，如顾客信息的真实性、目标顾客的局限性、重复递交问卷等。随着互联网技术的进一步发展，这些问题有望一步步得以解决。

（七）网上促销

销售量或访问量始终是衡量网络营销效果的重要标准。在进行网络营销时，对网上营销活动的整体策划中，网上促销是其中极为重要的一项内容。网上促销的价值不仅体现在网上销售上，还体现在网下销售上。

（八）网上服务

通过互联网可以实现网上浏览、网上咨询、网上订单、网上确认、网上支付等功能，以及与之相配套的物流服务，大大提高了交易的速度及订单的准确性。

此外，还可以通过电子邮件、在线咨询等，结合顾客信息数据库，对不同顾客进行有针对性的特色服务。

【实例 12-1】

瑞尔国际通过网络营销实现亿元营业额

依靠 1 万多元启动的小企业，没有做任何的金融和资本运作，用了不到 4 年时间就使营业额达到一个亿。从传统商业的角度，这样的故事估计很少有人会相信。然而，从事环保购物袋出口贸易的瑞尔国际实业有限公司（以下简称瑞尔国际），通过利用互联网电子商务营销手段创造的就是这样一个神话。

成立于2003年11月的瑞尔国际，因为眼光独特，2004年就完全依靠网络营销实现了6000多万的销售额，2007年的销售额是1.8亿元。

实际上，继白色方便盒之后，塑料购物袋也已经泛滥成灾，世界各地反塑料袋运动的呼声正逐渐增强。2000年前后，很多国家纷纷开始针对购物塑料袋制定规定，以限制或禁止使用购物塑料袋。瑞尔国际总裁路天云看到了韩国和欧洲市场巨大的环保购物袋市场空白和商机。

当然，有了好的商业“点子”之后，要想真正让商机变为现实还有很长的路要走。很快，路天云带领当时只能生产普通编织袋、工业包装用袋的潮阳市两英康发塑料编织袋厂转型，并将原公司第一商务部注册为瑞尔国际实业有限公司。

紧接着，路天云就遇到了市场推广的难题。成立之初的瑞尔国际当时对国际市场不太了解，而手上也只有1万多元的启动资金。“我们没有市场，没有客人，也没有太多的钱去投入。能利用的只有唯一的、最廉价的互联网。”路天云回忆到，“当时也很幸运，我们在互联网投放广告时发现，整个网络还没有一条关于这方面的信息，我们是第一家在中国发布购物袋产品信息的企业，一个先机就是这样产生的。”

发展至今，瑞尔国际所获得的所有订单，基本上可以说100%来自于网络平台。各类环保购物袋、礼品袋产品早已经通过网络贸易打入了家乐福、沃尔玛等大型国际超市。现在与瑞尔国际合作的海外买家也越来越多，其中也不乏可口可乐、百事可乐、迪斯尼、NBA、雅芳等许多国际知名买家。

（资料来源：耿军．购物袋编织绿色梦——瑞尔国际通过网络营销实现亿元营业额[J]．每周电脑报，2007（6）.）

四、国际市场网络营销的条件和手段

网络营销由于互联网和计算机的发明、发展而兴起，技术特征不仅仅体现在网络营销的硬件（如网站建立、物流设施配备等）方面，也体现在软件上，如营销技术方面的促销方法、调查手段等。

（一）国际市场网络营销的要素和条件

1. 文化知识

文化在网络营销中不能被忽视。比如，网站的主色调，在中国红色代表喜庆，在美国红色和爱情有关，而在西班牙也许会和社会关系联系在一起。美国人很直接、坦率，而日本人则很委婉，比如在产品描述时，不能用“不能在潮湿环境下放置”的表达，而应说“在干燥环境下放置会更好”。大多数的欧洲人都不大喜欢花哨的网站，网站的向导功能对他们来说也许更重要。另外，与宗教有关的图示、标志等最好不要出现在企业网站上。

2. 语言沟通技巧

（1）网站语言。不要认为将网站翻译成英文就万事大吉了。据统计，目前78%的网站所使用的语言都是英文，但35%的互联网用户看不懂英文电子邮件信息。在法国、西班牙、意大利，不到3%的人掌握英语。最好的解决办法是将网站翻译成目标市场的语言。例如，戴尔公司的网站使用了12种语言，Smart汽车公司则根据大洲分类，不同国家设计不同的网站。

(2) 翻译的准确性与便于记忆性。翻译结果中最重要的是不能产生歧义或不好的联想。例如，“可口可乐”这个中文名字，一直以来被认为是翻译得最好的名字，既“可口”亦“可乐”，不但保持英文的音，还比英文更有意思。但 Coca Cola 最初翻译到中国的时候叫“口渴口辣”，后来才改为可口可乐；而奔驰（Mercedes-Benz）比“默西迪斯宾士”的翻译更能体现汽车的特点，还便于消费者记忆。

3. 实地接触场所

网络毕竟是一个虚拟的空间，存在着极大的非确定性和非真实性，因此实地接触是极有必要的。在有些国家，消费者对能否退换货特别关注，有能力的企业有必要建立供消费者选择和退换货的场所。

4. 合适的产品

网络的发展使消费者面临的选择越来越多，有竞争力的产品是交易的基础。这里所谓的产品竞争力指的是产品的独特卖点，如低廉的价格、优秀的品质、特殊的性能等。国际市场比国内市场大得多，需求差异也大得多，在竞争加剧的同时也为企业提供了更多的创新空间。发掘这样的市场是企业开展国际网络营销的最重要的工作。

（二）国际市场网络营销工具

搜索引擎是目前国际市场网络营销最常用的工具，但不是唯一的工具。网络营销工具多种多样，并且还在不断地创新。熟悉并有效地运用这些工具，能够帮助国际市场网络营销者得到事半功倍的效果。

1. 搜索引擎

搜索引擎是开展网络营销最有效的工具。搜索引擎是人们查阅资料、发现新网站的最基本方法，它越来越被人们所青睐。在国际市场开展网络营销，对于搜索引擎的选择应是全球性的。搜索引擎排名是影响营销效果的重要因素，适当地购买引擎排名是必要的，有时甚至是必须的。一般情况下，当输入企业名称的关键词时，排在第一位的是企业网站，然后才是其他对于该企业的各种评论。

2. 网站

在互联网空间里，网站是一个企业的窗口。一方面，树立企业网络形象，完成网上业务；另一方面，给消费者以信任和依靠。企业网站上除了网上业务外，一般还有大量关于企业发展过程及事件的信息记载，有的还有其他媒体，如报刊、电视、广播等关于本企业或该行业的转载信息或评论。当浏览者面对舆论的各种评论而产生质疑时，企业网站的信息是其判断的依据。

3. 交换链接

交换链接或称友情链接，是内容相似、相关或互补的网站之间的合作形式，即分别在自己的网站上设置对方网站为超级链接，使得用户可以在一个网站内登录其他连接网站，从而达到互相推广的目的。交换链接的作用主要表现在以下几个方面：获得直接的访问量、增加用户浏览时的印象、在搜索引擎排名中增加优势、增加网站的可信度、获得合作伙伴的认可以及为用户提供延伸服务。

4. 网络广告

网络广告是指在互联网上发布、传播的广告，是广告业务在网络环境下的新拓展，也是网络营销中最先被开发的营销技术。在互联网上发布国际性的网络广告，仍要考虑不同国家的文化差异、风俗习惯、时区差别、目标人群等因素，不能一揽子化。

5. E-mail

开展E-mail营销的前提是拥有潜在用户的E-mail地址，企业可以根据自己的客户建立或通过正常渠道购买他人的邮件列表，此后便可以定期对这些邮件发送产品、促销和广告等信息。由于每个邮件组中的客户都是按某一主题编排的，因此邮件组可以为企业提供精确细分的目标市场。企业有比较准确的客户定位，有目的性地发布信息，能够增强与客户的关系、提高品牌忠诚度。

6. 网上商店

网上商店除了通过网络直接销售产品这一基本功能之外，它还是一种有效的网络营销手段。从企业整体营销策略和顾客的角度考虑，网上商店的作用主要表现在两个方面：一是网上商店为企业扩展网上销售渠道提供了便利的条件；二是建立在知名电子商务平台上的网上商店增加了顾客的信任度，从功能上来说，对不具备电子商务功能的企业网站也是一种有效的补充，对提升企业形象并直接增加销售具有良好效果，尤其是将企业网站与网上商店相结合，效果更为明显。目前，网上商店跨国界销售还存在许多障碍和困难，即使在国际市场快速扩张且非常成功的零售巨头沃尔玛，也没有跨国发展已经在国内广泛开展的网上销售。

7. 桌面工具

桌面工具是指非浏览器的桌面应用工具，如媒体播放器Windows Media P1ayer、RealP1ayer、聊天工具以及文件共享设置等。桌面营销正处于发展期，其优势在于便捷性，不需要页面下载，能够获得较高的顾客忠诚度，在定位目标客户方面比网站略胜一筹。

第二节　国际市场网络营销环境分析

随着现代科学技术和通信技术的发展，互联网全面进入人们的生活，这就为企业创造了一个全新的营销信息环境——网络营销环境。网络营销环境是指对企业的生存和发展产生影响的各种外部条件，即与企业网络营销活动有关联的因素的集合。国际市场网络营销环境是指对企业跨国网络营销活动产生直接或间接影响的各种内部和外部因素的集合。企业网络营销活动能否取得预期的经济效益，关键在于所制定的网络营销目标和各项策略能否正确反映不断变化的外部环境所施加给企业的影响，以及企业是否调动了内部的各种因素来迎接外部环境对企业网络营销提出的各种挑战，并进一步研究企业网络营销的目标策略在实施后对社会及公众的影响。

一、企业网络营销微观环境

（一）顾客资源的分析

在网络营销中，互联网所连接的顾客在收入、教育水平、消费品位和购物标准等方面都有鲜明的个性化特征。对网络营销顾客特征的描述将有助于企业选定目标市场，制定与之相适应的市场营销战略与营销管理模式，以满足目标市场特定顾客群的异质性需求，从而形成并巩固企业的顾客网络。网上产品购买者与传统模式的购买者有着明显的不同，主要体现在以下几个方面：

1. 年龄与性别特征

全球网络用户的年龄基本在18～35岁之间，其中男性使用者约为女性的两倍，但女性使用者的比例有持续增长的趋势。网络用户的消费水平、购买能力比一般消费者更强，接受新产品和新服务的速度更快，较大年龄的消费者一般是收入高、层次高的职业群体。

2. 教育程度、收入水平和职业特征

网络营销的顾客多属于受过现代高等教育的高学历者，多数人受过大学以上的教育，收入较高；从职业或职位上说，多数人是企业营销或管理方面的专业人员或经理阶层，他们的教育、经济和社会条件明显较高。随着世界经济一体化和互联网的发展，中低收入群体通过互联网购买产品和服务的比例有逐渐增加的趋势。

3. 地理、民族和国别特征

互联网超越了空间和地域的界限，企业可以面对不同国家、地区和民族的网络营销顾客开展营销活动。不同国家或地区的政治环境、经济条件、技术发展水平、法律制度、气候条件、社会文化背景、风俗习惯和宗教信仰不同，从而导致同一阶层、同一职业、同一收入水平的网络营销顾客的需求特征、购买行为和消费习惯具有极大的差异性，使网络营销顾客购买的个性化增加了民族性、地域性的特征。因此，在不同的网络营销环境条件下，只有运用市场细分的方法来确定目标市场，满足顾客更加理性化和个性化的消费心理和消费行为，提供更满意的产品和服务，才能吸引顾客以巩固市场。

（二）企业资源的分析

作为一种信息沟通的工具，互联网使企业更加便利地在网上进行信息的交流和利用，而不受经济规模的制约，也更有利于企业了解竞争对手和获得顾客的需求信息。

1. 企业自身因素

在传统的企业营销环境条件下，企业需要开展大规模的促销活动宣传产品，派出大批的营销人员从事推销和提供咨询服务活动，以便占领市场，提高销售量。互联网的发展为企业尤其是中小企业提供了更大的营销空间。在网络环境下，企业将产品品牌、规格、型号、性能和用途的介绍、包装式样及价格目录制成图文并茂的网页，放到互联网服务器上，便能覆盖世界任何一个国家和地区，使各国的营销企业和消费者随时查询企业信息，从而扩大产品的对外宣传力度。因此，网络营销需要企业有较高的互联网技术、制作高水平的宣传网页、设计有效的沟通方式和提供适时的信息服务。

2. 竞争者因素

网络环境同时也改变了企业竞争的格局。在国际市场上，企业不仅面临着与有着本土优势的国内大企业、跨国公司的竞争，而且面临着与数量众多的中小企业的竞争。企业必须全面分析同行业竞争者的技术水平、产品品种、品牌形象、价格策略、分销能力、促销手段和竞争战略，确立自身的市场竞争优势，以吸引更多的目标顾客。

二、企业网络营销的宏观环境

企业网络营销的宏观环境是指影响企业进行网络营销活动的一个国家或地区的政治、法律、人口、经济、社会文化、科学技术等宏观因素。宏观环境因素对企业长期的发展具有很大的影响。因此，企业要重视分析和研究国家政治体制、政治的稳定性、国际关系、法制体系等政治法律环境；分析和研究经济体制、经济增长、经济周期与发展阶段、经济政策体系及收入水平、市场价格、利率、汇率、税收等经济环境；分析和研究不同国家、地区、民族之间的人文与社会环境；分析和研究企业在网络营销活动中运用的产品开发、生产、管理技术和信息技术及网络顾客的教育水平等科技与教育因素；分析和研究自然资源现状、新资源的开发和应用及发展趋势等自然环境因素；研究和分析人口的规模、人口结构、人口组成、家庭类型及变化等人口因素。

1. 政治法律环境

进入21世纪，各国政府都非常重视与网络相关的行政立法工作，相继建立了以网络刑事法律、行政法规、部门规章为主体的涵盖网络运行监管、网络经济、域名注册、信息安全、营业场所管理等方面比较完备的网络法律体系，对非法侵入计算机信息系统、破坏计算机信息系统、利用计算机实施犯罪等行为进行规范。例如，联合国国际贸易法委员会制定的《电子商务示范法》、美国的《反域名抢注消费者保护法》和《通信法》、德国的《多媒体法》、澳大利亚的《电子交易法》、世界知识产权组织制定的《统一域名争议解决办法程序规则》和《统一域名争议解决政策》、欧盟的《电子商务统一法规》、中国的《维护互联网安全的决定》和《计算机信息网络国际联网管理暂行规定及实施办法》，等等。由于世界各国的网络行政法律制度与网络刑事制度发展不平衡，导致对运用互联网络开展市场营销活动的企业和网络消费者的权益缺乏足够的支持和保护，跨国网络营销企业需要根据不同的法律环境状况，确定其营销目标。

随着消费者保护的发展，世界各国消费者的维权意识越来越强。对网络营销活动可能对消费者带来的不利影响，各国消费者利益保护团体深感忧虑，来自世界100多个国家的消费者团体组成的联盟呼吁尽快制定保护消费者的国际电子商务指导方针，以解决电子商务中的权限、隐私和执行等一系列复杂问题。

2. 经济环境

企业网络营销的经济环境是指企业在网络营销过程中所面临的各种经济条件、经济特征、经济联系等宏观因素，主要包括一个国家或地区的居民收入水平、人口状况、经济制度、市场结构、金融市场结构与金融制度等，是企业网络营销决策过程中重要的影响因素。收入水平可以用国民生产总值、国民收入、个人收入、个人可支配收入、家庭收入等不同指标来表示，它决定和影响着网络营销目标市场的规模、市场潜力及市场购买力。在网络营销活动中，实现营销活动高效率地运行需要有效的支付手段，各种网络电子支付方式有赖于一个国家和地区的金融体制的开放及金融市场结构的多元化，从而使远距离购买与支付成为可能。此外，开展网络营销活动还需要设施完善、技术先进和高效率的物流系统，这是及时、准确交付货物的保证。企业在国际目标市场上是否开展网络营销活动，以及在多大程度上开展网络营销活动，主要取决于目标市场国家和地区的经济环境，因为它决定消费者的消费模式、购买行为、购买力水平和支付方式，从而决定了企业的营销模式和营销策略。

3. 科技环境

国际互联网是在网络技术、信息技术等高新技术发展的基础上发展起来的，现代通信技术使互联网形成一种辐射面广、交互性强的新型媒体。网络营销则是以互联网为媒体，以新的方式、方法和理念实施营销活动，能更有效地促成个人和组织交易活动的实现。因此，科学技术的发展是网络营销迅速发展的前提和基础。

网络技术的开发需要投入巨大的资金，网络技术开发的前景无限，网络营销的发展是21世纪企业营销的发展趋势。企业的生产能力、销售能力、服务能力和管理能力的提高都依赖于网络设备和网络技术的开发与应用，科学技术既为企业网络营销提供了科学的理论和方法，又为企业网络营销提供了物质手段。

网络技术的迅速发展迎来了信息网络的时代，消费者和经营者时刻都在接受着信息和科学技术快速发展的冲击。消费者承受着扑面而来的各种信息，面对着成千上万的新品种、新款式、新功能、新材料的商品推向市场，既增加了商品的可选择性，也增加了选择的难度；同时，科技的发展给企业带来了发展的机会，也伴随着风险和隐患，企业经营者面临着如何选择信息和市场机会以作出正确经营决策的问题。利用新技术发展的成果为消费者提供方便并降低购买成本是企业吸引顾客、占领市场的前提。

网络技术的发展对人们的生活方式、消费模式和消费需求结构产生着深刻的影响。一种新技术的应用可能会导致新产业部门和新市场的出现，使市场上产品和服务的品种不断增加，消费范围不断扩大，消费结构不断调整变化。因此，企业在制定网络营销策略时必须注意科技环境的变化，应选择适合企业发展的营销机会，避免科技发展给企业造成的损害。

4. 人口环境

网络营销市场是由接受互联网信息服务、通过互联网购买产品和服务、以电子货币为支付手段、具有购买力和购买意向的顾客构成的。分析网络营销市场的人口环境主要研究人口的年龄结构、职业、行业分布、地理分布、人口密度、流动性、出生率等特征，人口的多少直接决定市场的潜在容量，企业应密切注意国际目标市场上的人口特性及其发展动向，不失时机地抓住市场机会，及时、果断地调整自身的网络营销战略和策略。

工业发达国家人口流动的规律是先由农村向城市集聚，随着前工业化时代的结束，再由城市向小城镇或农村回流。发展中国家人口流动的特点是，农村人口大量流入城市或工矿地区；欠发达地区人口迁住经济开放的发达地区；经商、学习、观光、旅游使人口流动加速。人口流动增加了部分地区的基本需求量，并使消费结构发生了一定的变化，从而为企业带来较大的市场份额和市场机会；同时，由于流动人口收入的增加及消费观念和消费模式的转变，也为网络营销活动的开展提供了前所未有的机遇。

5. 社会文化环境

社会文化环境（如一个国家或地区的民族特征、文化传统、价值观、宗教信仰、教育水平、社会结构和风俗习惯等）会对网络消费观念、网络消费模式、网络购买行为和对互联网的接受程度产生深刻的影响，从而影响企业网络营销的活动方式和营销策略。各国的教育状况、对计算机知识的普及程度和互联网的应用范围也会对企业网络营销产生多方面的影响。受教育人口的增加为企业网络营销提供了人才资源的支持。同时，消费者对产品的鉴别能力增强，消费个性突出，也符合网络营销个性化的营销特征。

第三节 国际市场网络营销策略

一、国际市场网络营销的产品策略

（一）国际网络产品的概念

一个准备通过互联网把产品打入国际市场的生产企业通常最为关心的问题是：到底什么样的产品才适合通过网络走向世界，是不是所有的产品都可以利用网络营销这种方式。产品作为连接企业利益与消费者利益的桥梁，包括有形物体、服务、人员、地点、组织和构思，显然不是全部可以利用网络营销这种方式。一般而言，适合在互联网上销售的国际产品通常具有以下特性：

（1）产品特点。产品是否具有高技术，是否是无形产品，是否适于通过网络传送。

（2）产品质量。由于网络购买者在购买前无法尝试或只能通过网络来尝试产品，所以对产品的质量尤为重视。

（3）产品式样。通过国际互联网对全世界不同国家和地区进行销售的产品，需要符合该国或地区的风俗习惯、宗教信仰和教育水平。

（4）产品品牌。在国际网络营销中，生产商与经销商的品牌同样重要，要在网络海量的信息中获得浏览者的注意，必须拥有明确、醒目的品牌。

（5）产品包装。作为通过国际互联网经营的产品，其包装必须适合网络营销的要求。如通过网络传送的软件、游戏、信息等无形产品就可以没有任何包装，而其他的实体性产品，就应采用适合专业递送的包装。

（6）产品的目标市场。所面对的市场是以网络用户为主要目标市场的产品，覆盖广大的地理范围的产品更适合于利用网络进行国际营销。

（7）产品的经营成本。通过国际互联网进行销售的成本低于其他渠道成本的产品，适合利用因特网进行销售。

（二）国际网络产品的组合策略

1. 国际市场的两种消费倾向

目前，国际市场上主要有两种消费倾向：

（1）全球化、标准化。随着通信全球化、标准化技术的进步和全球经济一体化进程的加速，全球的消费者对需求有一种趋同化的倾向。

（2）多样化、个性化。由于经济的发展和人们生活水平的提高，消费需求的多样化、个性化倾向也日趋明显。消费的个性化、多样化并不排斥消费需求的全球化、标准化，也不与之矛盾，而是相辅相成，共同构成世界市场的整体。

国际互联网几乎覆盖全球的每一个角落，同时又具有一对一交互式沟通的优势，这正是迎合消费者全球化、标准化和多样化、个性化需求的最佳渠道。

2. 国际网络营销中的产品组合策略

（1）全球专业型产品组合削减战略。这种战略侧重于对某个特定细分市场进行世界性竞争，以迎合国际消费中全球化、标准化的趋势。企业利用国际互联网四通八达的特点，几乎可以把触角伸到世界的每一个角落，开发整个特定细分市场的每一个部分。通过全球专业型战略，能够充分利用全球竞争的益处，使产品的成本下降，提高企业的全球形象和地位。在实施过程中，这种战略在产品组合中由产品线削减策略来实现，企业根据自己的管理资源、技术资源、原材料资源，削减原产品线中利润水平不高的产品，只生产和销售单一或少数几个有关的品种。

(2) 全球多角型产品组合扩展战略。这种战略侧重于对某个消费领域多个细分市场或多个消费领域的细分市场进行世界性竞争，以迎合国际消费中多样化、个性化的趋势。经营企业利用国际互联网一对一交互式沟通的优势，可以把握消费的倾向，设计生产出满足各种不同层次和类型消费者的产品，从而获得较高的销售额和利润，以降低竞争风险。这种战略由产品组合的扩展战略来实现，企业在资金实力、管理资源和技术实力雄厚的基础上，多样化地进入不同行业，或从现行产品转移到主要的基本需求以及对该需求相关联的系列产品开发经营上。

二、国际市场网络营销的价格策略

随着近年来国际市场竞争的加剧，利用价格作为一种竞争武器，已逐渐成为习惯。国际市场网络营销中的产品定价，要在普通的产品定价的基础之上，对国际变数和网络变数加以综合考虑。国际网络营销定价关系到产品在网络市场上的销路和竞争地位、市场占有率等一系列指标。企业在制定国际网络营销策略时，必须审慎地制定产品的价格。

（一）国际网络营销的定价目标

定价目标是影响企业定价行为的一个极其重要的主观因素。有什么样的定价目标，就有与之相适应的定价行为。企业的定价目标应与企业的总目标相一致，并为总目标服务。

现代企业越来越把维持或扩大市场份额作为企业制定价格的首要目标。企业在国际市场上市场份额（即市场占有率）的大小及其变化趋势是企业国际营销状况和产品竞争状况的一种反映。离开市场状况，单纯地看销售额或利润是毫无意义的，必须在市场环境中对整个竞争状况加以综合考虑，也就是以市场占有率为考察指标，才能较为全面地反映企业在国际市场上的地位。

维持或扩大市场份额是企业获得最大利润和销售额指标的根本所在。因为由于规模经济的作用，市场占有率较大的企业往往在成本上具有较大的优势，所以盈利能力也比同行业的企业强。

同样，随着企业市场占有率的扩大，也就意味着从其他厂商那里夺取了顾客或者是开发了潜在的顾客，销售额不断扩大，获利也会增加。反映市场竞争的最为显著的指标就是市场占有率。

（二）定价策略

由于国际网络营销采取的媒体不同，其定价策略也与通常的国际营销定价策略有所不同。

1. 价格制定策略

企业在制定价格时，可以考虑两种策略：统一定价策略和差别定价策略。统一定价策略是指企业在相同的条件下，对所有顾客一视同仁，采用统一价格，绝不讨价还价。通过国际互联网对公司的产品进行统一的全球定价，可以使公司的产品在全世界范围内树立一致的形象，从而在最短的时间内在全球用户心目中占据一定的位置。

但由于同一产品在不同国家的生产成本、竞争价格和税收水平、顾客层次有差距，企业可以根据环境因素制定不同的价格，这就是差别定价策略。例如，在网络营销中可以利用网络的互动式沟通特性，开发智慧型网上议价系统，与用户在网上直接协商价格，或根据顾客的信用、购买数量、产品供需情况、后续购买机会等，协商出一个双方满意的价格。也可以利用网络记录中用户的交易情况，对购买数量在某一特定数值以上的顾客实施优惠价格。还可以举办网上价格俱乐部，依据会员过去的交易记录和偏好，给予顾客折扣，鼓励顾客上网消费。

2. 价格调整策略

由于网络交易的特殊性，产品价格的变动以及供需变化情况可以在网络上及时地反映出来。这就为企业在经营产品时调整价格提供了极为有利的条件，在价格制定以后，一旦市场发生较大的变化，产品的价格也可以随之进行调整，一般这种调整可以分为主动调价和被动调价。

当企业在市场竞争中，对商品供求关系已经有了比较准确的预测，在竞争时为了先发制人可以主动调整价格，包括主动调低价格和主动调高价格。企业为了刺激需求、进一步扩展市场或收复失去的市场，可以主动调低价格，但此时一定要密切关注竞争者和同行间的反应；企业为了对付通货膨胀造成的出口成本的提高，或为了挽回部分损失、保持或增加利润，可以主动调高价格，但此时也要取得中间商的谅解，密切关注消费者的反应，以防止因提价而失掉部分原有市场。

当企业不得不对竞争者价格调整作出反应时，可以进行被动调价，包括被动调低价格和被动调高价格两种。在被动调价以前必须进行调查，了解竞争者调价的目的、同行有何反应、竞争者调价对本企业有何影响、本企业采用被动调价后竞争者和同行又会作何反应等。只有在充分分析和研究的基础上，才能作出调价反应，不宜仓促采取对策。另外，在定价的过程中，应做到有一套应付竞争者价格竞争的一揽子方案，以便及时选择措施。

三、国际市场网络营销的渠道策略

（一）影响渠道选择的因素

选择合适的网络渠道，可以从六大方面来考虑，即费用、资本、控制、市场区域、特征和连续性。

1. 费用（Cost）

开发网络渠道的费用可以分为资本投资和维持成本两大类。资本投资亦即投资费用，是开发网络渠道的基本费用，包括设计制作网页、在 ISP（网络服务供应商）的开户费用等。

维持成本是指维护渠道的成本，包括 ISP/ICP（网络信息供应商）的服务费用、网页的更新费用以及网络营销人员的开支等。选择不同的 ISP/ICP，其收费标准不同，但其信息的传送速度也不同。一般来说，收费越高，其信息的传送速度就越快。

2. 资本（Capital）

如果公司的资本雄厚，就可以在互联网上开设自己独立的网站，采取较宽的带宽，方便消费者的浏览。

3. 控制（Control）

网络营销方式的出现，使公司更加有力地控制销售渠道成为可能。通过可以在瞬间传递信息的因特网和经过特别设计的软件，公司可以对产品的价格、销售量、销售日期、付款方式以及付款日期等有着更加清楚的把握。

4. 市场区域（Confine）

充分的市场区域可以保证公司在各个市场上获得最大可能的销售额，确保合理的市场占有率，取得满意的市场渗入。虽然通过互联网可以无孔不入地进入世界的每一个角落，但并不能据此认为在因特网上就可以不需要市场区划。面对不同民族、不同语言、不同风俗习惯、不同宗教信仰的世界各地的客户，设计符合不同地域特点的网页是必不可少的。例如，对中东国家就可以采用相似的页面设计，而对欧美国家则可以采取近似的页面设计。

5. 特征（Character）

选择经销渠道体系，既要适合公司的特点，又要适合公司所面对的市场。一些经营知识含量高、信息化程度高产品的公司，较适合在网上从事经营活动。同样，由于网络贸易可以迅速对贸易对手的行为作出反应，也较适合一些易于腐烂变质商品的经销。

6. 连续性（Continuous）

经销渠道往往会面临持久性的问题，由于网络技术的更新或竞争的原因，而导致的退出，会大大影响网络渠道的畅通以及生存。假如企业被迫更改网址，当传统的客户习惯地键入网址后，却惊奇地发现这个网站已不复存在，这显然足以打击任何一个忠诚客户的忠诚度。因此，选择信誉卓著、实力雄厚的 ISP 是非常重要的。为了确定一个全面的网络分销渠道，渠道的六个“C”必须要相互配合、相互平衡、相互协调，全面组成一个经济、有效的销售机构。一定要在公司的分销渠道长期方针的指引下来实现上述要求，而且这个长期方针要适合公司的长期规划。

（二）国际网络营销的分销渠道决策

仅从销售渠道层次的角度来看，网络营销的渠道则蜕化为网络这一单一的层次，因而在渠道的管理上就出现了传统渠道策略所没有遇到的新问题，即：

（1）顾客订货方式及订单的管理。订单管理是销售渠道策略中最重要的问题，由它可以生成顾客数据库，用来作为多项营销决策分析及效果评估的基础。

（2）运货及送货。这要涉及网络营销渠道与传统运货方式相配合的问题。

（3）与传统营销渠道的结合。利用网络营销将消费者引到传统渠道中购物，这要研究两类渠道的匹配问题。

（4）网上付款安全问题。在网络上直接用电子货币付款形式，如何保证安全是目前网络营销中最困难的问题之一。

四、国际市场网络营销的促销策略

国际市场网络营销采取的促销方式与传统的国际营销沟通方式最大的不同在于利用的媒

介不同。国际网络促销组合主要由网络广告、网络销售促进、网络公共关系三种方式组成。

（一）网络广告策略

1. 网络广告的特点

网络广告具有以下特点：

（1）选择性。它具有类似报纸分类广告的性质，上网者可以自由查询，既可以只浏览标题，也可以详细阅读全文；可以自由选择广告的种类，这样接受广告的主动权掌握在上网者手中，这样既节省了阅读的时间，又增加了阅读的有效性。

（2）交互性。网络广告是互动的，它利用最先进的虚拟现实界面设计来达到身临其境的效果，带来一种全新的感官体验。

（3）广泛性。广泛性表现在传播范围广、内容丰富、形式多样、风格各异，它可超越时空的限制。

（4）时效性。网络广告能够按需要及时变更广告内容、形式、时效性等，几乎达到经营决策变化和广告变化的相一致。

（5）易统计性。网络广告可以容易地统计出每则广告被访问的次数、频率、访问者访问的时间、地理分布等，从而有助于广告主和广告公司评价广告效果，进而审定其广告策略是否适当。

（6）经济性。网络广告媒体租用费和制作费虽然较高，但相对于传统媒体或人均广告费来讲，在经济上仍是合算的。

2. 网络广告策略

在国际互联网上，信息的传递方式发生了改变，信息由推动变为拉进，这不同于传统的广告策略。国际互联网内的企业广告信息被存放在企业的站点上，以便于用户主动挑选站点。因此，国际互联网的广告策略首先是吸引网络用户访问企业的站点，其次是吸引网络用户回访。

（1）吸引网络用户访问站点。在使用国际互联网进行促销时，企业首先要使用户知道站点的存在，这样才能吸引访客。但是，国际互联网内大量的网站使信息查询有时变得困难而混乱。因此，必须采取必要的策略来吸引访客。目前，企业吸引访客有五种选择：标题广告、商业中心、搜索引擎、传统媒体和口碑。它们既能单独使用，也可以结合使用。

1）标题广告。标题广告是放置在流行站点上的有关企业信息的标题。当国际互联网用户在浏览流行站点时，如果对该标题感兴趣，用户就会使用鼠标点击该标题来查看更详细的信息，通过这一点击过程，用户通常被带到发布该广告信息的企业站点内。例如，航空公司将企业的广告放置在 Yahoo 等所有在国际互联网上建有搜索结果的站点页面上，当用户键入 Airline 关键词查找信息时，站点的航空公司就会都显示出来，而航空公司的标题广告会出现在最上面。

2）商业中心。国际互联网上的商业中心包括数百个在线商店。由于其供货方式的多样性，这种商业中心可以吸引大量访客，顾客在这里可以同时选购几种产品和服务。它比较适合消费品生产企业的站点广告。

3）搜索引擎。搜索引擎是指在国际互联网内帮助用户依据分类或关键词快速查找信息的工具，它由一些专业计算机网络公司建立，并以站点的形式向用户提供信息查找服务。

4）传统媒体。要想使人们知道站点的存在就必须利用传统媒体来进行宣传。公司站点的地址应该融入从商业名片到电视广告等的一切宣传媒体中。这将增强站点的形象，并使人容易记起公司站点地址。例如，IBM 公司在中国的各种广告（包括印刷广告和电视广告）均强调宣传公司的站点地址。

5）口碑。开放的社区、高度的自我参与，加上分享信息的兴趣，使得国际互联网成为一个口碑载体，交流信息的广阔场所，用户甚至可以在国际互联网上建立他们自己的热门站点地址簿，通过超级链接通往既有趣又有价值的广告站点。用户的超级链接越多，企业的广告被击中的可能性就越大。国际互联网用户经常是观念领导者，并勇于采用新产品和服务。企业应瞄准这些市场，其意义不可低估。

（2）吸引网络用户回访。站点只有产生回访才能最终成功。吸引客户回访比吸引他们初次访问难得多。为了与客户建立长期良好的网上关系，企业必须要让他们有回访的理由。这就要求企业对客户的需求有深入的了解，能够为客户提供有价值的东西。目前，企业增加客户回访的策略主要有：

1）站点更新策略，即企业站点必须时常更新。例如，美国 CNN 每 10 分钟更新一次它的站点，这是吸引回头客的一个好办法。

2）定期更新自己的产品信息和消息、新闻、快讯这样的一般内容，或鼓励顾客登记自己的电子邮件地址，以便站点信息更新时能及时通知他们。

【实例 12-2】

英特尔公司的囧智慧营销

囧，这个在中国康熙字典里才有可能查到的字却成为 2008 年最火爆的网络流行语之一。本义代表光明的囧，字形酷似一张哭丧的脸，恰恰迎合了网民有点悲伤、有点无奈，又有点尴尬的心情，从而引起他们的情感共鸣。"囧吧"、"囧猪"、"囧人囧事"等一系列字眼在网络世界大行其道。

一些嗅觉敏锐的企业已经开始掘金网络流行文化，连李宁这样多年的品牌都开始走年轻化路线，推出囧鞋并且遭遇屡屡卖断货的囧境。作为全球芯片制造老大的英特尔也逐步改变以往正统、呆板的形象，适时地利用囧字大作营销，无形中拉近与亿万网民的距离。

1. 网站说囧

奥运会开幕式当天以张小盒为代表的盒子一族仍在忙碌工作，但是因为电脑、打印机速度太慢，大家不得不面临加班的囧境，盼望已久的开幕式也即将错过。突然，张小盒变身为超人，拿出破囧的秘密武器——英特尔迅驰 2 笔记本电脑，顺利地帮助大家完成了工作任务。这是英特尔的囧网站推出的一段视频，由于情节紧贴办公室生活、形式轻松幽默而备受网友欢迎。

2008 年 9 月，英特尔上线了一个名为"英特尔破囧（jiong. sohu. com）"的网站。在囧网站上推出了上班族代表张小盒与网络红人小胖遭遇各种囧境的搞笑视频。同时，英特尔也鼓励网友自行上传办公室的囧故事和关于科技破囧的各种方法建议。比如，网友用漫画总结笔记本电脑经常碰到的囧事：笔记本太重出门时跟带了两块砖头一样被压成"忍者神龟"，视频渲染一时半会完不成等待的心焦等。通过文字、图片和视频的传播，囧网站已经成为网友倾诉囧事的平台。

2. 话剧破囧

在囧网站之后，英特尔继续挖掘囧的营销魅力，在短短两个月的时间里推出了第一部博客话剧——《破囧英雄 6+1》。这部话剧不但在现实中演出，而且在演出之后通过视频博客形式将其完整搬上网络，使该剧成为第一部以网络为传播平台的博客话剧。

《破囧英雄 6+1》以主人公“何囧”的一周为主线描述了他在生活和工作中频频报囧，最后通过一系列努力在好友“英雄”的指点下破囧而出奔向幸福的故事。全剧围绕网络最红的古汉字“囧”展开，并且将白领们日常使用的 CPU、硬盘、移动硬盘等电脑硬件活化为剧中的角色，再结合现实的剧情很恰当地表达了白领心中的苦闷，从而产生共鸣。观众看完话剧之后的第一句话就是：“像是在看现实中的自己”。

《破囧英雄 6+1》的博客也在演出之后以剧组日记的形式上线将 70 分钟的剧情分成 6 段视频以便网友观看。同时，话剧视频的完整版和精编版，也上传至土豆、酷 6 等视频网站。

通过围绕破囧话剧和办公室囧境等相关话题的探讨，打造针对英特尔用户——办公白领的互动平台，成为英特尔与市场交流的一种重要手段。

3. 营销有囧智慧

如何将网络流行元素运用到营销案例中，是现在诸多互动广告公司都在考虑的难题。做得太像广告，往往流行不起来；而过多地考虑网民的恶趣味，客户又会觉得破坏品牌形象，不能推动销售。如何掌握这之间的“度”？英特尔的囧营销作出了大胆尝试。

无论是囧网站还是囧话剧，都表达了当代白领有些无奈、有些烦躁，希望改变现状的心情。英特尔正是利用网民中间普遍存在的这种情绪，通过囧营销向目标受众群灌输这样一种理念——科技能改变人们的工作和生活。

互联网战略专家陈晓功表示“网络作为虚拟的世界，有自己最独特的文化，利用好这些网络文化是营销必备的利器。所以网络营销一定要满足互联网的文化，甚至是自己创造的文化。”

（资料来源：熊莉．网络文化+英特尔：“囧”行天下 [J]．成功营销，2009（1）．）

（二）网络销售促进

销售促进主要是用来短期性地刺激销售。互联网作为新兴的网上市场，网上的交易额不断上涨。网络销售促进就是在网上市场利用销售促进工具刺激顾客对产品的购买和消费使用。互联网作为交互的沟通渠道和媒体，它具有传统渠道所没有的优势，在刺激产品销售的同时，还可以与顾客建立互动关系，了解顾客的需求和对产品的评价。一般而言，网上销售促进主要有以下几种形式。

1. 有奖促销

顾客总是喜欢免费的东西，如果你在站点上开展有奖竞赛或者摸奖活动，将会产生非同寻常的访问流量。还有的站点为进行推广，采取有奖参与的方式，只要访问该站点或点击广告就可以获得一定的现金。企业在开展网上有奖促销时，要注意促销对象是否适合在网上销售和推广，对于一些目前不适合网上销售的产品，虽然通过有奖促销可以吸引大量顾客访问网站，但可能只产生很少的购买量，达不到网上促销的效果。目前，适合网上促销的产品，多半是一些技术类产品和新上市产品。在进行有奖促销时，提供的奖品要能吸引促销目标市场的注意，一般网上促销奖品也多是用户日常使用的家电和通信产品。在利用互联网进行有奖促销时，要注意充分利用互联网的交互功能，充分掌握参与促销活动群体的特征和消费习惯以及对产品的评价，这样在网上促销的同时也完成了一次很好的购买行为调查，而且完成这些调查也是非常容易的。比如，记录访问者的访问时间、关心的特性，必要时可以设计一些简单问卷让参与活动的用户填写。

2. 拍卖促销

网上拍卖市场是新兴的市场，由于快捷方便，吸引了大量用户参与网上拍卖活动，我国的许多电子商务公司也纷纷提供拍卖服务。拍卖促销就是对产品不限制价格在网上拍卖。

3. 免费促销

互联网的开放和自由，使得对于一些易于通过互联网传输的产品非常适合在网上进行促销。例如，许多软件厂商大力吸引顾客购买软件产品，允许顾客通过互联网下载产品，在试用一段时间后再决定是否购买。

另一种形式是免费资源促销，其主要目的是推广网站。免费资源促销可以说是互联网上最有效的促销方式。免费资源促销就是通过对访问者无偿提供访问者感兴趣的各类资源以吸引访问者访问，提高站点流量，并从中获取收益。目前，利用提供免费资源获取收益比较成功的站点很多。例如，提供搜索引擎服务的 Yahoo 和中国的 Sohu；提供网上实时新闻信息的新浪等，这类站点通过免费资源的吸引力，扩大站点的吸引力，使其站点具有传统媒体的作用，并通过发布网上广告来获得盈利。

（三）网络公共关系

公共关系是一种重要的促销工具，它通过与企业利益相关者（包括供应商、顾客、雇员、股东、社会团体等）建立良好的合作关系，为企业的经营管理营造良好的环境。网络公共关系与传统公共关系功能类似，只不过借助互联网作为媒体和沟通渠道。网络公共关系较传统公共关系更具有一些优势，所以网络公共关系越来越被企业一些决策层所重视和利用。一般来说，网络公共关系有以下一些目标：

（1）通过与网上新闻媒体建立良好的合作关系，将企业有价值的信息通过网上媒体发布和宣传，以引起消费者对企业产生兴趣。同时，通过网上新闻媒体树立企业良好的社会形象。

（2）通过互联网宣传和推广产品。

（3）通过互联网建立良好的沟通渠道，包括对内沟通和对外沟通，让与企业利益相关者能充分了解企业，以巩固与老顾客的关系，同时与新顾客建立联系。

关 键 词

网络营销（E-Marketing）
国际市场网络营销（International E-Marketing）
交换链接（Link Exchange）
网络营销环境（E-Marketing Environment）
免费资源促销（Free Resources for Marketing）

搜索引擎（Search Engine）

网络广告（Network Advertisements）

思考题

1. 简述国际市场网络营销的特点与功能。
2. 简要分析国际市场网络营销面临的环境。
3. 在国际市场开展网络营销应具备哪些要素和条件？
4. 国际市场网络营销产品决策包括哪些内容？
5. 你对网上销售渠道的前景如何评价？

【案例分析讨论】

亚马逊书店的网络营销策略

亚马逊书店是世界上销售量最大的书店。它可以提供310万册图书目录，比全球任何一家书店的存书要多15倍以上。而实现这一切既不需要庞大的建筑，也不需要众多的工作人员。

亚马逊零售网站的商业战略和提供的功能如下。

1. 页面布置

亚马逊公司的页面布置非常合理。例如，在其书籍销售页面中，整个页面主要分为三列：左边一列是当日的礼物介绍和一些进入其他页面的超级链接；中间一列是一系列主题分明的广告和最佳书籍简介以及购物指南；右边一列是其他两个主页（音乐类和影视类）的最新动态和产品排行榜。这种菜单和页面布置方式，使得产品分类清晰，便于用户购买。同时，不同类别和主页之间又有相互交叉，有助于公司对多种产品的推销。另外，在每个页面的左上角最显眼的地方都放置了Search功能按钮，使用户能够方便查询和购买。

2. 运作活动

在亚马逊书店的网页中很少能看到涉及生产价值活动的部分。值得注意的是，我们仍旧可以从其网页上看到产品的客户化职能。它是如何运作的呢？如果你要在亚马逊书店站点买一本书并再次访问该站点，屏幕上就会出现欢迎你回访的内容。通过分析你的当前购买习惯及你已经作出的对其他书的估量，屏幕上将建议你购买几种你可能喜欢的新书。而且系统能记住你的个人信息，这样，以后再要买书，就不用输入个人信息，只需输入顾客号，用鼠标点击就能买书了。

3. 购买过程

进入亚马逊书店站点后，首先顾客可以通过各种检索手段找到自己想要买的书，把它放入手推车中；然后可以选择继续或付款；在手推车屏幕中，顾客还可以任意删减已选中的书；挑选完毕之后进入付款主页，在这里顾客可以选择付款方式；如果是礼品还可以附上赠言，甚至还可以选择礼品包装纸；最后可以选择交货方式和地点。

4. 进货

据了解，亚马逊书店的进货比传统书店有很大的优势，传统书店一般要配足160天的库存才能提供足够的购书选择，而进来的图书45天至90天后必须向分销商或出版社付款，因此必须承担 4 个月的图书成本。而亚马逊书店只保留 15 天的库存，且买主又是用信用卡立即付款，因此手中共有 1 个月左右的免息流动资金。

5. 发货

在运输管理中，亚马逊书店会给顾客多种运输方式的选择。对于不同的运输方式，货物运输需要的时间和运费是不同的，顾客可以灵活地选择所需要的运输方式。

6. 电子支付

亚马逊书店提供了多种支付方式，目前有信用卡支付、离线支票支付。它在安全保证上是怎么做的呢？在亚马逊书店的主页中，有专门对其安全可靠性的说明页，它对电子支付系统做了 100%的保证。可见，亚马逊书店在用户订货的方便和安全上下了不少工夫。

7. 经营销售

亚马逊书店的营销活动在其网页上体现得最为充分。亚马逊书店在营销方面的投资也令人瞩目。现在，亚马逊书店每收入 1 美元就要拿出 24 美分搞营销、拉顾客，而传统的零售商店仅花 4 美分就够了。

(1) 产品策略。亚马逊书店根据所销售商品的种类不同，分为三大类：书籍、音乐和影视产品，每一类都设置了专门的页面，同时在各个页面中也很容易看到其他几个页面的内容和消息，它将书店中不同的商品进行分类，并对不同的电子商品实行不同的营销对策和促销手段。

(2) 定价策略。亚马逊书店采用了折扣价格策略。折扣价格策略是指企业为了刺激消费者增加购买而在商品原价格上给予一定的回扣。它通过扩大销售量来弥补折扣费用和增加利润。亚马逊书店对大多数商品都给予了相当数量的折扣。例如，在音乐类商品中，书店承诺："对 CD 类给 40%的折扣，其中包括对畅销 CD 的 30%的折扣。"

(3) 促销策略。前面已经提过，常见的促销方式主要有四种：广告、人员推销、公共关系和营业推广。在亚马逊书店的网页中，除了人员推销外，其余部分都有体现。

在亚马逊书店的网页上，精美的多媒体图片、简单明了的内容简介和权威人士的书评都可以使人有身临其境的感觉。广告的位置也很合理，首先是当天的最佳书，而后是最近的畅销书介绍，还有读书俱乐部的推荐书，以及著名作者的近期书籍等。在亚马逊书店的网页上不仅有大量的多媒体广告，而且在其他相关网络站点上也经常可以看到它的广告。例如，在 Yahoo！上搜索书籍网站时就可以看到亚马逊书店的广告。

8. 售前售后服务

(1) 搜索引擎。亚马逊书店的主页提供了各种各样的全方位搜索方式，有对书名的搜索、对主题的搜索、对关键字的搜索和对作者的搜索，同时还提供了如畅销书目、得奖音乐、最卖座的影片等的导航器，而且在书店的任何一个页面中都提供了这样的搜索装置，以方便用户进行选购。这实际上也是一种技术服务，可以归结为售前服务中的一种。

(2) 顾客的技术问题解答。除了搜索服务外，亚马逊书店还提供了对顾客的常见技术问题解答这项服务。例如，公司专门提供了一个 FAQ 页面，回答用户经常提出的一些问题。

(3) 用户反馈。亚马逊书店的站点提供了电子邮件、调查表等获取用户对其商务站点的反馈。用户反馈既是售后服务，也是经营销售中市场分析和预测的依据。另外，它也经常邀请用户在网上填写一些调查表，并用一些免费软件、礼品或是某项服务来鼓励用户发来反馈的电子邮件。

(4) 读者论坛。亚马逊书店的站点还提供了一个类似于BBS的读者论坛，这个服务项目的作用很大。在读者论坛中可以开展热门话题的讨论。同时，开办网上俱乐部，通过俱乐部稳定原有的客户群，并吸引新的顾客群。通过对公众话题和兴趣的分析，把握市场需求动向，从而经销用户感兴趣的书籍和音像产品。

(资料来源：王秀丽，于秀丽．亚马逊成功的背后[J]．电子商务世界，2008 (11)．)

讨论题：

1. 亚马逊书店在美国取得了巨大成功，如果是在我国，你认为这种模式能成功吗？为什么？

2. 亚马逊书店的市场营销策略有什么特点？

参考文献

[1] Warren J Keegan. 全球营销管理［M］. 段志蓉，等译. 北京：清华大学出版社，2004.

[2] 菲利普 R 凯特奥拉，玛丽 C 吉利. 国际营销［M］. 崔新建，改编. 北京：中国人民大学出版社，2009.

[3] 罗杰·贝内特，吉姆·布莱斯. 国际营销［M］. 刘勃，译. 3 版. 北京：华夏出版社，2005.

[4] 杰拉尔德·奥尔巴姆，埃德温·杜尔，杰斯珀·斯特兰斯科夫. 国际营销和出口营销［M］. 张新生，吴侨玲，译. 5 版. 北京：中国人民大学出版社，2007.

[5] 沃伦 J 基坎，马克 C 格林. 全球营销原理［M］. 傅慧芬，郭晓凌，戚永翎，蒲军，译. 北京：中国人民大学出版社，2003.

[6] 苏比哈什·贾殷. 国际市场营销［M］. 吕一林，雷丽华，译. 6 版. 北京：中国人民大学出版社，2004.

[7] 沃伦 J 基根. 全球营销管理［M］. 7 版. 北京：清华大学出版社，2004.

[8] 菲利普·科特勒，凯文·莱恩. 营销管理［M］. 梅清豪，译. 12 版. 上海：上海人民出版社，2006.

[9] 约翰 A 昆奇，罗伯特 J 多兰，托马斯 J 科斯尼克. 市场营销管理［M］. 吕一林，等译. 北京：北京大学出版社，香港：科文（香港）出版有限公司，2000.

[10] 特普斯特拉. 国际营销［M］. 郭国庆，等译. 8 版. 北京：中国人民大学出版社，2006.

[11] 菲利普 R 凯特奥拉，约翰 L 格雷厄姆. 国际市场营销学［M］. 周祖城，赵银德，等译. 北京：机械工业出版社，2003

[12] 罗森布洛姆. 营销渠道：管理的视野［M］. 宋华，等译. 7 版. 北京：中国人民大学出版社，2006.

[13] 布鲁斯 G 范登·伯格，海伦·卡茨. 广告原理选择、挑战与变革［M］. 邓炘炘，等译. 北京：世界知识出版社，2006.

[14] 贝尔奇. 广告与促销：整合营销传播视角［M］. 张红霞，等译. 6 版. 北京：中国人民大学出版社，2006.

[15] 罗纳德 B 马克斯. 人员推销［M］. 郭毅，江林，等译. 6 版. 北京：中国人民大学出版社，2002.

[16] 巴顿·威兹，斯蒂芬·卡斯伯里，小约翰·坦纳. 销售与顾客关系管理［M］. 胥悦红，等译. 北京：人民邮电出版社，2008.

[17] 迈克尔 R 津科特，伊尔卡 A 朗凯恩. 国际市场营销学［M］. 曾伏娥，刘颖斐，译. 8 版. 北京：电子工业出版社，2007.

[18] 王海忠. 全球营销：规则、指南和案例［M］. 北京：企业管理出版社，2002.

[19] 万成林，佟家栋. 国际市场营销理论与实务［M］. 天津：天津大学出版社，1995.

[20] 朱雪芹. 国际市场营销理论与技巧［M］. 2 版. 呼和浩特：内蒙古大学出版社，2005.

[21] 李永平. 国际市场营销管理［M］. 北京：中国人民大学出版社，2004.

[22] 陈启杰. 现代国际市场营销学［M］. 上海：上海财经大学出版社，2000.

[23] 吴晓云. 国际市场营销学教程［M］. 天津：天津大学出版社，2004.

[24] 甘碧群. 国际市场营销学［M］. 北京：高等教育出版社，2001.

[25] 徐子健，朱明侠. 国际营销学［M］. 2 版. 北京：对外经济贸易大学出版社，2007.

[26] 彭瑶，周玉泉. 国际市场营销［M］. 北京：中国轻工业出版社，2006.

[27] 陈信康，邓永成. 国际市场营销教程［M］. 上海：上海财经大学出版社，1999.

[28] 庞鸿藻. 国际市场营销 [M]. 北京：对外经济贸易大学出版社，2006.
[29] 闫国庆. 国际市场营销学 [M]. 北京：清华大学出版社，2004.
[30] 郭国庆，张平淡. 国际市场营销 [M]. 北京：中国人民大学出版社，2008.
[31] 杜学森，等. 国际市场营销 [M]. 北京：对外经济贸易大学出版社，2008.
[32] 刘志超. 国际市场营销 [M]. 广州：华南理工大学出版社，2003.
[33] 李威，王大超. 国际市场营销学 [M]. 北京：机械工业出版社，2008.
[34] 王纪忠. 国际市场营销 [M]. 北京：清华大学出版社，北京交通大学出版社，2004.
[35] 姚小远. 国际市场营销理论与实务 [M]. 上海：立信会计出版社，2007.
[36] 朱金生，张梅霞. 国际市场营销学 [M]. 武汉：华中科技大学出版社，2008.
[37] 王晓东. 国际市场营销 [M]. 2 版. 北京：中国人民大学出版社，2007.
[38] 甘碧群. 国际市场营销学 [M]. 2 版. 北京：高等教育出版社，2006.
[39] 张静中，曾峰，高洁. 国际市场营销学 [M]. 北京：清华大学出版社，北京交通大学出版社，2007.
[40] 吴晓云. 全球营销管理 [M]. 北京：高等教育出版社，2008.
[41] 寇小萱，王永萍. 国际市场营销学 [M]. 2 版. 北京：首都经济贸易大学出版社，2005.
[42] 孙国辉，崔新健. 国际市场营销 [M]. 北京：中国人民大学出版社，2007.
[43] 杨晓燕. 国际市场营销教程 [M]. 北京：对外经济贸易大学出版社，2003.
[44] 涂永式，江若尘，李颖灏. 国际市场营销 [M]. 北京：科学出版社，2010.
[45] 陈启杰. 现代国际市场营销学 [M]. 上海：上海财经大学出版社，2008.
[46] 吴宪和. 分销渠道管理 [M]. 上海：上海财经大学出版社，2008.
[47] 王晓东，赵忠秀. 国际物流与商务 [M]. 北京：清华大学出版社，2008.
[48] 彭建仿. 分销渠道管理学 [M]. 广州：中山大学出版社，2009.
[49] 王涛生，黄志红，等. 国际市场营销学 [M]. 长沙：国防科技大学出版社，2005.
[50] 方虹. 国际市场营销 [M]. 北京：机械工业出版社，2009.
[51] 刘爱珍. 国际市场营销学 [M]. 北京：首都经济贸易大学出版社，2008.
[52] 韩宗英. 国际市场营销 [M]. 北京：化学工业出版社，2008.
[53] 彭瑶，周玉泉. 国际市场营销 [M]. 北京：中国轻工业出版社，2007.
[54] 汤定娜. 国际市场营销学 [M]. 北京：高等教育出版社，2006.
[55] 崔新建. 国际市场营销 [M]. 北京：高等教育出版社，2007.
[56] 杜学森，等. 国际市场营销 [M]. 北京：对外经济贸易大学出版社，2008.
[57] 卢泰宏，杨晓燕. 促销基础案例 [M]. 北京：清华大学出版社，2007.
[58] 朱海松. 国际 4A 广告公司品牌策划方法 [M]. 北京：中国市场出版社，2009.
[59] 刘松萍. 会展营销与策划 [M]. 北京：首都经济贸易大学出版社，2009.
[60] 刘大可. 会展营销教程 [M]. 北京：高等教育出版社，2006.
[61] 朱明侠，薛书武，戚永翎. 国际市场营销 [M]. 北京：对外经济贸易大学出版社，2007.
[62] 刘文纲. 国际营销管理 [M]. 北京：经济科学出版社，2006.
[63] 王涛生，等. 国际市场营销学 [M]. 长沙：国防科技大学出版社，2005.
[64] 蔡新春，何记祺. 国际市场营销学 [M]. 广州：暨南大学出版社，2004.
[65] 逯宇铎，常士正. 国际市场营销学 [M]. 北京：机械工业出版社，2004.
[66] 范应仁. 国际市场营销学 [M]. 北京：中国林业出版社，2008.
[67] Tommy Staahl Gabrielsen，Stefan Roth. Delegated Bargaining in Distribution Channels [J]. Australasian Marketing Journal，2009 (3)：133-141.
[68] Jennifer L Nevins，R Bruce Money. Performance Implications of Distributor Effectiveness，trust，and culture in import channels of distribution [J]. Industrial Marketing Management，2008 (1)：46-58.

[69] Raymond Vernon. International Investment and International Trade in the Product Cycle [J]. Quarterly Journal of Economics, May 1966. 80 (2): 190-207.

[70] Rajiv Mehta, Pia Polsa, Jolanta Mazur, Fan Xiucheng, Alan J Dubinsky. Strategic alliances in , international distribution channels [J]. Journal of Business Research, 2006 (10-11): 1094-1104.

[71] Timothy Wilkinson, Lance Eliot Brouthers. Trade promotion and SME export performance [J]. International Business Review, 2006 (3): 233-252.

[72] Robert B Young, Rajshekhar G Javalgi. International Marketing Research: A Global Project Management Perspective [J]. Business Horizons, 2004 (2): 113-122.

[73] 门海艳，王莲芬．网络促销组合策略的优劣分析 [J]．企业改革与管理，2006 (7)：34.

[74] 王海忠．"全球"本地化：国际营销之谜 [J]．国际贸易问题，2001 (8)．

[75] 胡左浩．国际营销的两个流派：标准化观点对适应性观点 [J]．南开管理评论，2002 (5)．

[76] 晏国祥．国际营销标准化与本土化研究述评 [J]．商业经济文荟，2005 (6)．

[77] 庄道秋．张裕全面出击国际市场 [N]．中华工商时报，2006-4-21.

[78] 陈志杰．菲亚特收购克莱斯勒35%股权 [N]．南方日报，2009-01-22.

[79] 王海忠．国际营销为何流行标准化 [J]．中外管理，2001 (4)：37-38.

[80] 刘刚，等．中国制造渐失成本优势 [N]．环球时报，2010-4-2.

[81] 刘爱东，陈森．对华反倾销产品和案件的统计分析 [J]．经济研究导刊，2009 (25)：99-100.

[82] 林珏．加入WTO以来国外对华反倾销特点、原因及对策研究 [J]．世界经济研究，2008 (4)：14-20.

[83] 席元凯，吴旻．基于多Agent的供应链风险管理 [J]．物流科技，2009 (3)：68-70.

[84] 韩锋．国际化战略：海尔PK华为 [J]．中国乡镇企业，2008 (3)．

[85] 龚伟同．丰田汽车：全球公司时代的梦想和困惑 [J]．商务周刊，2007 (24)．

[86] 倪以理，王颐．中国金融机构的全球投资战略 [J]．麦肯锡季刊，2008 (6)．

[87] 先尝后买——瑞星发布国际共享版 [J]．每周电脑报，2004 (23)．

[88] 耿军．购物袋编织绿色梦——瑞尔国际通过网络营销实现亿元营业额 [N]．每周电脑报，2007 (6)．

[89] 熊莉．网络文化+英特尔："囧"行天下 [J]．成功营销，2009 (1)．

[90] 王秀丽，于秀丽．亚马逊成功的背后 [J]．电子商务世界，2008 (11)．

[91] 史亚妮．波导公司海外目标市场的选择 [J]．中国水运：理论版，2006 (11)：63-64.

[92] 唐任伍，王宏新．国际产品生命周期与企业跨国经营——兼评弗农国际产品生命周期理论 [J]．经济管理，2002 (23)：49-52.

[93] 安也致．海尔国际化为何总能先一步 [J]．中国企业报·消费电子周刊，2009 (9)．

[94] 国际营销——客户价值链管理世界．http://www.ccmsky.com.

[95] 陆原．跨国产品遭遇文化差异 国际营销偏爱入乡随俗．http://www.zjol.com.cn.

[96] 入乡随俗的国际营销方式．http://www.china-ah.com.

[97] 国际营销禁忌研究．http://www.ucnu.com.

[98] 家乐福兵败日本与国际营销．http://www.zyk.szpt.edu.cn.

[99] 赵志霞．美国铝业公司进驻中国模式分析．http://www.pinggu.org，2009-7.

[100] 李萌．日本理光进入中国模式分析．http://www.pinggu.org，2009-7.

[101] Carol Matlack, David Welch, David Kiley. 菲亚特公司的潜在优势 [J]．商业周刊中文版，2009 (10)．http://www.businessweekchina.com.

[102] Frederik Balfour. 东南亚令人刮目相看 [J]．商业周刊中文版，2009 (7)．http://www.businessweekchina.com.

[103] Tim Dunne. 中国豪华车市场前途光明 [J]．商业周刊中文版，2009 (7)．http://www.busi-

nessweekchina. com.

[104] Jessi Hempel. 诺基亚的北美问题 [J]. 财富中文版，2009 (3). http：//www. fortunechina. com.

[105] 世界品牌实验室，2009 年中国 500 最具价值品牌排行榜. http：//www. worldbrandlab. com/brandmeeting/2009china500/

[106] 周展宏. 李宁品牌管理之道 [J]. 财富中文版，2009 (6). http：//www. fortunechina. com.

[107] 戴维·基利 (David Kiley). 世界的福特 [J]. 商业周刊中文版，2009 (8). http：//www. businessweekchina. com.

[108] Suzanne Kapner. 沃尔玛大力压缩食品成本 [J]. 财富：中文版，2008 (8). http：//www. fortunechina. com.

[109] 斯蒂芬·怀尔德斯特龙. 笔记本电脑：700 美元的差距 [J]. 商业周刊：中文版，2009 (9). http：//www. businessweekchina. com.

[110] 布赖恩·伯恩赛德. 折扣亦有风险 [J]. 商业周刊中文版，2009 (9). http：//www. businessweekchina. com.

[111] 彼得·伯罗斯. 微软咄咄逼人的新定价策略 [J]. 商业周刊中文版，2009 (9). http：//www. businessweekchina. com.

[112] 国家发改委. 绿色包装壁垒对我国产品出口的影响. http：//www. gov. cn.

[113] 李征. 资生堂细分“岁月”. 中国营销传播网. http：//www. emkt. com. cn.

[114] 在国际营销中如何突破非关税壁垒的障碍：http：//www. dqcom. com.